敦煌建筑研究

萧默 著

中国建筑工业出版社

图书在版编目（CIP）数据

敦煌建筑研究 ／ 萧默著. — 北京 ：中国建筑
工业出版社，2014.6（2024.6重印）
　ISBN 978-7-112-16749-4

Ⅰ. ①敦… Ⅱ. ①萧… Ⅲ. ①敦煌壁画-研究 ②古建
筑-资料-研究-中国 Ⅳ. ①K879. 414 ②TU-092

中国版本图书馆CIP数据核字(2014)第074313号

责任编辑：徐　冉　陈海娇　王莉慧
书籍设计：肖晋兴
责任校对：芦欣甜

敦煌建筑研究

萧　默　著

*
中国建筑工业出版社出版、发行（北京海淀三里河路9号）
各地新华书店、建筑书店经销
北京市晋兴抒和文化传播有限公司制版
北京富诚彩色印刷有限公司印刷
*
开本：787×1092毫米　1/16　印张：30½　字数：467千字
2019年3月第一版　　2024年6月第二次印刷
定价：498.00元
ISBN 978-7-112-16749-4
　　　　（25553）

前言

作者从1963年至1978年曾在敦煌宝库工作十五年，但多半都是"文革"年代，还长期做了一些别的事，所以，实际上，本书的系统写作是"文革"结束以后才开始的，1982年完稿，但1989年才得以在文物出版社首次出版。初版共14文，线图200幅，照片只有43幅，且限于当时的条件，全是单色。1999年本书获文化部首届优秀成果奖。2003年本书由机械工业出版社再版，共16文，增加了"回忆梁思成、常书鸿与叶圣陶——代序"、"绪论——敦煌历史与敦煌建筑"及"敦煌古城与两关"三文，删去原书"引论"。结构改为两编，第一编为"敦煌壁画中的建筑"，第二编是"敦煌现存古建筑实物"。趁那次再版之机，对各文都进行了修改，并作了十分重要的补充，线图扩至219幅，大量增加了照片，达到110幅，彩色印刷。2008年，本书第二版的韩文版由韩国成均馆大学教授、韩国建筑历史学会会长李相海博士翻译，在韩国出版。同时，日译本也由日本京都大学人文科学研究所所长田中淡博士译成，将在日本出版。

又过去多年了，趁第三版之机，作者再一次进行了全面修改，并依近年所得，增加了一些材料和论述，主要体现在"佛寺"与"塔"二章中，力图减少一些"挂一漏万"的遗憾。线图数量基本同于前版，照片则比第二版又增加了70幅，达到180幅，绝大多数都是彩色。线图虽然有利于比较明确地展示对象，但历史研究，重在展现原状，照片显得更加重要。

写作中，作者对自己提出过三点要求：一是力求资料的翔实可靠；二是要把最重要的资料尽可能加以收录；三是希望对这些资料能够不仅仅只是客观的罗列，而是借助于宏观史学的研究方法，以"百科全书"式的视野，上溯其源，下追其流，从时间和空间，即纵、横两个方向尽量与古今中外的文化史和建筑史进行联系、考订与论证，以图尽可能发掘敦煌资料的潜在价值。故本书对于中国佛寺史、阙史、城市建设史、塔史、住宅史和其他多种建筑类型、建筑部件与装饰、建筑施工、建筑画史等课题，都尽可能作了比较系统的求索。作者狂妄自忖，若要对上述领域进行探索，本书无疑是值得一顾的。本书对于展现古代的社会生活，结合建筑对象，也给予了充分注意。

从始至终，此书的工作已伴随作者整整46年了，来日苦短，这可能也是作者最后的一次修订，对于敦煌建筑，只得寄望于新进日后更多的发掘了。

萧　默

2009 年 12 月

回忆梁思成、常书鸿与叶圣陶
（代序）

早在51年前，梁思成先生要我读一读他写的"我们所知道的唐代佛寺与宫殿"和"敦煌壁画中所见的中国古代建筑"，我才第一次知道了敦煌。但当时并没有想到以后居然能有这样的幸运，在梁先生的帮助下，得以与这座宝库亲近了15年。

1957年夏天，我还是清华大学建筑系一名二年级学生，没有上过建筑史课，只是自己胡乱学了一点，忽然想到要找一座唐宋实例体味一下。我和一位同学选定了天津蓟县独乐寺，商量以后，决定马上去请教梁先生。那时天色已晚，梁先生亲切接待了我们。他说独乐寺的观音阁和山门，从整体到局部，的确有一套严谨的逻辑关系和造型韵律，值得仔细体味。他从书架上取下载有他写的"蓟县独乐寺观音阁山门考"的《营造学社汇刊》借给我们。临走前，梁先生着重提到独乐寺有很强的唐代作风，说唐代是中国建筑发展的重要时期，可以说是高峰。而要了解唐代，就不能不了解敦煌，那真是一座宝库，壁画里有多得数不清的唐代和其他时代的建筑，可以填充好几百年的史料空白，几座

图1 梁思成先生

窟檐也都是唐代作风。他要我们读一读上面提到的两篇文章（图1）。

"我们所知道的唐代佛寺与宫殿"写于1932年，谈的几乎全是敦煌建筑，是梁先生在新中国成立以前发表的第一篇论文，也是敦煌建筑研究的开山之作[1]。无独有偶，写于1951年的"敦煌壁画中所见的中国古代建筑"则是梁先生在新中国成立后的第一篇论文。仅从这里就可以想见他对敦煌建筑的重视[2]。

他在第一篇文章中写道：

"假使我们以后的学者或考古家，在穷乡僻壤中能发现隋唐木质建筑遗物，恐怕也只是孤单的遗例，不能显出它全局的布置和做法了。

既没有实例可查，我们研究的资料不得不退一步到文献方面。除去史籍的记载外，幸而有敦煌壁画，因地方的偏僻和气候的干燥，得千年余岁，还

1 梁思成. 我们所知道的唐代佛寺与宫殿. 中国营造学社汇刊, 第3卷, 第1册, 1932.
2 梁思成. 敦煌壁画中所见的中国古代建筑. 文物参考资料, 第二卷, 第五期, 1951; 梁思成文集（一）. 北京: 中国建筑工业出版社, 1982.

在人间保存……其中各壁画上所绘建筑，准确而且详细，我们最重要的资料就在此。"

文章系统介绍和论述了敦煌唐代建筑资料，最后认为"唐代艺术在中国艺术史上是黄金时代"。由于条件的限制，梁先生当时只能依靠法国人伯希和拍摄的《敦煌石窟图录》进行研究。在《图录》中他意外发现还有木构窟檐，虽然只露出了一个不完整的转角铺作，而且甚不清晰，凭借丰富的经验，梁先生敏锐地看出"无一不表示唐代的特点"。1932年3月，他给伯希和去了一封信，得到了有关窟檐的题记抄文，确定这座窟檐建于北宋初年，是当时国内发现的最早木构建筑实物。梁先生正确地认为，敦煌地处边陲，虽已至宋初，仍会遵循唐风，窟檐仍"可以无疑地定为唐式"[1]。四十七年以后，1979年，在梁先生这个论断的指导下，我对全部五座窟檐进行了测绘和研究，从大量数据比例的定量对照中，证明了梁先生的论定，有些做法甚至比中唐的南禅寺大殿还要古老。

在梁先生发表第一篇论文的时候，常书鸿先生正在巴黎学习油画。1935年，他在塞纳河畔的旧书摊上第一次看到了《敦煌石窟图录》，为敦煌艺术的高度成就感到"十分惊异，令人不敢相信"。常先生在他的回忆文章"铁马叮咚"中写道，他当时"倾倒于西洋文化，而且曾非常有自豪感地以蒙巴那斯的画家自居……现在面对祖国的如此悠久的文化历史，真是惭愧之极，不知如何忏悔才是"。这也是促使他结束法国的九年学习早日回国的原因之一。1936年常书鸿回到北平。这一年，在一次学人经常聚会的场合，梁先生和常先生第一次见面了，他们都谈到了敦煌。常先生曾对我回忆说，当时他们两个人都兴奋不已。抗日战争中，他们在重庆和昆明又见了几次面。常书鸿在"铁马叮咚"中写道："第一次向我提起敦煌之行的是已故著名建筑学家梁思成教授。1942年秋季的一天，梁思成找到我，问我愿不愿意担任拟议中的敦煌艺术研究所的工作。'到敦煌去！'正是我多年梦寐以求的愿望，于是我略加思索之后毅然承担了这一工作。他笑了笑对我说：'我知道你是不会放过这个机会的，如果我身体好，我也会去的'。"1943年3月，常书鸿远赴敦煌，

1　梁思成. 伯希和关于敦煌建筑的一封信. 中国营造学社汇刊, 第3卷, 第4册, 1932; 梁思成文集（一）. 北京: 中国建筑工业出版社, 1982.

创建了国立敦煌艺术研究所，开始了他终生的敦煌事业。研究所隶属国民政府教育部，但是好几个月过去，经费却毫无音信。常先生只好给梁先生发去电报，请他代为交涉。第三天就接到了梁先生的回电，告知"接电后，即去教育部查询，他们把责任推给财政部，经财政部查明，并无国立敦煌艺术研究所的预算，只有一个国立东方艺术研究所，因不知所在，无从汇款"。显然，是财政部的大员们不知道"敦煌"为何物，把它误写成"东方"了。经过梁先生的奔走，经费终于汇出。梁先生的电报还鼓励常先生继续奋斗，坚守敦煌。这对于敦煌机构的维持和工作人员情绪的稳定，起了很大的作用。梁先生做了这些事，却从不向人谈起，如果不是常先生的回忆，大家就都不知道了。我记得，"文革"以前常先生还告诉过我，在研究所成立之初，梁先生还想请时任中国营造学社文献部主任的刘敦桢教授也到敦煌去，说敦煌的工作只有把建筑史的研究也包括进去，才是完整的研究。

中华人民共和国建立后，敦煌事业得到了国家的重视，不久，敦煌艺术两次在北京展览。梁先生看到了研究所的画家们多年来辛勤的临摹成果，那认真的、形神兼备的彩色临本使他对敦煌建筑的印象更具体了，于是欣然命笔写了"敦煌壁画中所见的中国古代建筑"。

这篇文章再次为敦煌文物之辉煌而惊叹：

> "敦煌千佛洞的壁画不唯是伟大的艺术遗产，而且是中国文化史中一份无比珍贵、无比丰富的资料宝藏。关于北魏至宋元一千年间的生活习惯，如舟车、农作、服装、舞乐等等方面；绘画中和装饰图案中的传统，如布局、取材、线条、设色等等的作风和演变方面；建筑的类型、布局、结构、雕饰、彩画方面，都可由敦煌石窟取得无限量的珍贵资料。"

> "许多灿烂成绩，在中原一千年间，时起时伏、断断续续的无数战争中，在自然界的侵蚀中，在几次'毁法'、'灭法'的反宗教禁令中，乃至在后世'信男善女'的重修重建中，已几乎全部毁灭，只余绝少数的鳞爪片段。若是没有敦煌壁画中这么忠实的建筑图样，则我们现在绝难对于那期间的建筑得到任何全貌的，即使只是外表的认识。"

梁先生曾多次向常先生表示要到敦煌瞻礼敦煌艺术全貌，但始终未能如愿。1966年是敦煌石窟开窟1600周年，曾经计议在敦煌举办第一次敦煌学术会议。当时我已在敦煌工作，常先生对我说，逢百的周年，一辈子只有一次，一定要把你梁思成老师请来。梁先生也欣然接受了邀请。但不久就开始了十年动乱，极"左"的狂暴风浪使这个计划完全破灭了，梁先生和常先生都被卷了进去。一直到梁先生去世，梁先生终生都未能实现去敦煌的夙愿。但梁先生知道，要深入研究敦煌建筑，不在现场进行长期的工作是不可能的。他自己虽然没有可能去，却为我创造了这个难得的机会。

1961年我从清华毕业，被分配到新疆伊犁哈萨克自治州建筑设计室。由于国家正处困难时期，一年以后设计室被撤销了，只好改行在伊宁市第四中学教书，执教几何与图画。正当彷徨无计之时，一天，遇到一位从乌鲁木齐到伊宁出差只有一面之交的人士，向我打听一个也是清华毕业分配到新疆名叫萧功汉的人，我说那就是我呀！是到了新疆以后才改名的。他才告诉我说他在内地一次会上遇到过梁先生，好像知道我已经改行，提起不知道我愿不愿意到敦煌去，还说那可是个艰苦的地方，要能下决心才行。那时我刚读了徐迟的报告文学《祁连山下》，那位以常书鸿为原型的主人公尚达，引起我无上的崇敬。于是马上向梁先生写了信，还引了辛弃疾的句子"城中桃李愁风雨，春在溪头野荠花"，以表一己之信念。不久就收到梁夫人林洙先生的回信和罗哲文先生信，说是正在想办法。事情办了半年，1963年隆冬，终于等到了常书鸿先生的电报和自治区的调令，调我到敦煌。

从柳园火车站到敦煌县城，有四个小时的汽车颠簸。所谓"柳园"，当时除了几蓬被称为红柳的小灌木外，其实连一棵正经树都没有。路上经过一个叫作"西湖"的地方，也是滴水全无。戈壁滩上，断断续续的只有一条夹杂些芦苇用沙土筑起来的汉代长城。当时的敦煌县城，按照内地的标准，也只不过是一座大村庄，黄土飞扬的街道，到处都是狗，却没有路灯。从县城到莫高窟，还得再走一个小时。天色已晚，敞篷车上，寒风凛冽，只看到一片黑沉沉的荒原。但敦煌文物研究所的朋友们事先已在我的小屋生起了一炉红火。常书鸿先生在他的小土屋里接待了我（图2），说起梁先生给他写了好长的信，提到敦

图2 常书鸿先生

煌建筑资料的重大价值，应该加强研究，还说可以期望我对敦煌建筑的研究，做出"一番事业"来。当时这封信转往国家文物局了，正在北京，可惜后来在"文革"中失落了。我迫不及待地深夜第一次巡礼石窟，手电光下，更衬出壁画的灿烂辉煌，不能不为她的神奇瑰丽所激动。

自从1961年以后，我就再也没有见到过梁先生。我永远不会忘记在敦煌那十五年的生活。那戈壁的落日，云边的掠雁；"大漠沙如雪，燕山月似钩"；寒夜檐铎叮咚，更显得异样的寂静。在斗室昏暗的煤油灯下，听着从冻结的山泉传来的冰块挤轧的声音，每每都会给这座庄严的艺术之宫，再添上几分静穆、几分深沉。她是那样恬淡，那样安详，仿佛处处都蒙上了一层宗教般的圣洁。每当这样的时候，我就会想起梁先生对我的期望。每年四月初八佛诞节前后几天，阳光明媚，四乡百姓赶着驴车，天天都可以达到万人，就云集在崖壁前的一片绿荫丛中。那可是我们一年只有一回的热闹日子，可以一面巡视洞窟，一面和老乡们闲聊，一解平日说话太少的寂寞。

但境况却并非总是这样的一片祥和。在"文革"中，我也和多数献身戈壁的敦煌工作者一样，被卷进了风暴，甚至放羊也成了美差，至少可以暂时逃避那些无穷的批斗会。我也正是在放羊时，在四无人烟的荒山野岭中，重读了梁先生的《中国建筑史》。

记得是20世纪60年代末还是70年代初，听到传达中央文件，说是要贯彻"给出路"的政策，提到了梁先生。大意是，清华大学有个权威叫梁思成，喜欢封建建筑那一套，不妨也给他一条出路，就让他去搞好了，也可以给革命群众当一个反面教员。我方得知了梁先生的一点消息。时隔不久，忽然从《人民日报》读到梁先生逝世的讣告，还发了先生的照片。得悉先生去世，我从遥远的敦煌向林洙先生发了一封唁函，略表我沐受过先生恩泽并作为梁先生学生的哀思。

但是，实际上我之正式开始撰写《敦煌建筑研究》，却是1978年离开敦煌回到母校开始研究生生活以后的事了，此前只是积累了一些资料，写过两篇文章。这本书的写作，除了完成梁先生生前的期望外，也与叶圣陶老先生的鞭策有关。

1976年夏天，正是周总理已经去世，"四五"运动刚被镇压，邓小平再次下台，四人帮最为猖獗，政治形势最为黑暗的时候，我因为麦积山加固工程的事到北京出差，遇到老同学陆费竞，问我愿不愿见见叶老先生。他曾向叶老提起过我，叶老说如果我到北京来，他很想见见。我们一起到了叶老家里，那是一所典型的北京四合院，叶老住在上房西边"纱帽翅"的套间。已经八十多岁了，耳朵听不太清，对他老说话必须声音很大才行；眼睛也不太好，要靠放大镜才能读书写字。但高大的身躯，清癯而非常有神，光着头，唇上有一抹浓密的白髭，更显出一番不凡的气度。叶老详细询问了我在敦煌的情况，得知我境况并不太好，地位经常介于"革命群众"与"牛鬼蛇神"之间，虽收集了不少敦煌建筑资料，却不敢动笔大胆去写，生怕又作为封、资、修的典型拿出来批判，但又为不能完成梁先生交付的任务而深感愧疚。叶老沉吟许久，好像还有许多话要说，却没有说得更多，只是低沉地说："学问，总还是要做的！"

离开叶老回到甘肃不久，陆费竞同学寄来叶老为我写的一幅宣纸横幅，用遒劲的铁线小篆写着鲁迅的诗句："横眉冷对千夫指，俯首甘为孺子牛"，落款是规规矩矩的漂亮楷书"萧默同志雅属，一九七六年夏，叶圣陶"，下方钤着一方白文篆印，刻着"圣陶"二字（图3）。听老陆说，这幅字是叶老一生写

横眉冷对
指顺道甘
对民
甘露沣

萧默同志 雅属
一九七六年夏叶圣陶

图3 叶圣陶先生赠字

过的倒数第二幅，是用放大镜写的。写完这幅以后，又为他老的一位孙女写了一幅，以后就再也没有写过了。结合当时的政治形势，叶老的这幅字实在具有不平凡的意义。他没有对我作过什么"政审"，只与我见了一面，就对我如此信任，称呼当时处于政治恐惧下的我为"同志"，还署下了他老的名字，激励我要"横眉冷对"眼前的现实，这对我来说实在是巨大的鼓舞，唤起我不断进取的勇气。

1978年我重回母校当了研究生，开始撰写《敦煌建筑研究》。1980年，接到敦煌文物研究所的通知，说是省里派来了落实政策工作组，已经把我的"五一六分子"帽子摘掉了，档案里的几十页材料也都一把火烧了。我大吃一惊，怎么我曾被打成什么分子了！回信去问是不是搞错了，我没有被揪上斗争台，也没有被勒令写过什么交代材料，怎么会是什么分子？回信说并没有错，革命委员会确实曾把我定为"分子"，只不过是"内定"，没有公开罢了。我想，我大概是中国唯一的一个既没有被斗争也没有被批判的最"幸运"的"分子"了。回想起那些年月我不阴不阳的处境和周围人投射过来的不阴不阳的眼神，真是如梦方醒。叶老对我的激励，就越发显得珍贵了。

1980年《敦煌建筑研究》初稿基本告成，仍然十分杂乱，书名也还没有想好。老陆知道了，又给我寄来了叶老写的署着"叶圣陶题"的"敦煌建筑研究"几个字，是他老替我定的书名，仍然是规规矩矩的漂亮楷书。这件事，我在《敦煌建筑研究》初版后记里已经提到了。后来此书在文物出版社出版，我和责编黄先生商量，是不是把书名的"研究"二字去掉？黄先生认为书名是叶老亲笔定的，不好随便改，再说本书也不都是史料，作者还是进行了研究，所以没有再动。

"人世几回伤往事，青山依旧枕寒流"。人生值得回忆的事太多，我想，最不该忘记的应该就是在关键时刻人们伸出的援手了。

我的博士生导师汪坦先生在将近八十高龄时收下了我这个徒弟，以世界的眼光给了我不少宏观的启发（这些在我以后主编《中国建筑艺术史》的工作中，更起了重大作用），夙夜批阅原稿，费了不少精力。老先生宽容豁达、提携后进、高风亮节、淡泊名利的品格，更令我受用终生。

吴良镛先生与我有50多年的师生之谊，从我十七岁进入清华不久，就得到了吴先生不断的关怀和鼓励。在写作此书时，记得几次我回敦煌补充收集资料，吴先生都来信叮咛不要忽略某些重要的迹象。有一次从敦煌返校，刚进校门遇见吴先生，他就迫不及待地把我的笔记要去，说是要"先睹为快"。在我获得硕士学位后，又给我促成了一个在职博士研究生的深造机会。以后，还为我主编的国家重点研究项目《中国建筑艺术史》撰写了序言。这点点滴滴的师生情谊，令我永志不忘。

本书在写作过程中，还得到了我的硕士导师莫宗江先生，以及陈明达、罗哲文、宿白、傅熹年、楼庆西、徐伯安等先生的许多宝贵指教。他们的意见，初版时来不及改正，现在都尽我力之所能，体现在这一版中了。当然，此书的完成，还得感谢敦煌文物研究所（现敦煌研究院）诸位先生的大力支持，一些观点的形成，都得到了他们的启发与指导。在本书初版本出版后，收到了我一向敬重的史苇湘先生祝贺的信，更令我难忘。现在，趁着《敦煌建筑研究》再版的机会，就聊以此文略表我对几位前辈和先生们的微薄的感激之情吧！

目 录

第一编　敦煌壁画中的建筑

第二编　敦煌古建筑

绪 论

敦煌历史与敦煌建筑

"明月出天山，苍茫云海间；长风几万里，吹度玉门关。"唐代诗人李白在他的《关山月》中是这样描述玉门关内外辽阔的边塞图景的。敦煌就位于汉代玉门关下，在这里，曾发生过多少感人的故事，留下了多少发人幽思的文化遗迹，尤其敦煌石窟，更是人类的宝贵文化遗产。但长期以来，敦煌却未得到应有的重视，直到1900年敦煌莫高窟藏经洞一大批珍贵文物被发现以后，人们才开始注意到这个地方，以后，人们更认识到了莫高窟自身的巨大文化艺术价值。于是，敦煌——这个西疆边陲上的弹丸小邑，才光荣地进入了中外学者的视域。现在，敦煌已被列入为中国历史文化名城和最具吸引力的胜地之一，莫高窟也被联合国教科文组织列为世界文化遗产。可以毫不夸张地认为，就文化史而言，敦煌之于中国，就正如雅典、罗马之于欧洲一样，是不可忽视的（图0-1、图0-2）。

这本书，就是从建筑艺术史的角度，对敦煌建筑，包括保存在敦煌壁画

图0-1 敦煌莫高窟全景

图0-2 九层楼

中的丰富的建筑资料，也包括现存敦煌建筑实物和遗址如古代城址、玉门关和阳关、莫高窟几座唐宋木构窟檐、莫高窟窟前建筑遗址和敦煌古塔等进行全面研究的著作。在进入我们的研究主题以前，有必要对敦煌作一次跨时空的漫游，循着历史的足迹，去追踪曾在这片神奇土地上席卷过的叱咤风云，探寻在这里发生过的壮丽场景，寻觅产生过辉煌的敦煌建筑艺术遗产的历史背景，寄托我们的无尽遐思。

敦煌历史

秦汉

华夏民族发源于黄河流域，这一带被称为中原。可以相信，早在公元以前很久，中原与西域就有了交往。《穆天子传》说公元前9世纪周穆王西行，与居住在昆仑山的西王母相会。《竹书纪年》更说，早在"帝舜有虞氏九年"（公元前21世纪以前），西王母就曾经来朝了。这些当然都是传说，但也可能有一定的真实成分，至少反映了中原人对于他们的西部邻居早就产生了兴趣。多数中外学者认为《穆天子传》有许多信史成分，相信西王母是西域一个部族的首领，是作为这个部族以至整个西域（其狭义即指今之新疆，广义还包括丝绸之路可通的广大地域，如中亚、西亚、南亚次大陆等）的代表出现的，周穆王也许真的到过今天新疆的和田、喀什一带。

外国古代历史著作中也有中西早就有所交往的记载，例如公元前3世纪印度人商那自的《政论》，讲到公元前4世纪中国的丝织品就运销到了印度。古希腊和古罗马人都把中国称为"赛里斯"（Seres），意为丝国。据说公元前1世纪罗马恺撒大帝穿着中国的丝绸袍子去看戏，引起了一片惊叹和轰动。古代中国的出口物最贵重的就是丝绸，当时主要是通过陆路交通进行的，所以现代史家都把这条东起中原、西迄地中海东岸的交通线称为"丝绸之路"。敦煌就位于丝绸之路上一个十分关键的位置（图0-3）。

敦煌在甘肃省西部，被称为河西走廊的最西端。河西走廊在黄河以西，呈东南—西北走向，长达一千公里，北有合黎山，南望祁连山，两山夹峙，

图0-3 北望莫高窟全景
1.上寺;
2.中寺;
3.九层楼;
4.大牌坊;
5.下寺;
6.新树林;
7.鸣沙山

中间是一条宽一百到二百公里狭长的戈壁平原,有绿洲地逦相望,恰如走廊一般,把中原和西域连接起来。《禹贡》分天下为九州,敦煌属雍州。先秦时代,敦煌是塞种、乌孙和大月氏(音yuè zhī)等部族共牧之地,后月氏强大,"世居敦煌"之塞种"为月氏逐迫,遂往葱岭西奔"(《汉书·西域传》)。"本与大月氏俱在祁连敦煌间"的乌孙在秦末也被月氏迫往今新疆伊犁河流域(《汉书·西域传》)。西汉初,居于漠北的匈奴强大起来,"西击走月氏",将大月氏也赶到了葱岭一带,控制了整个河西(《史记·匈奴列传》)。

匈奴始终是汉朝的大敌,占领敦煌以后,直到葱岭的西域各国尽为其所有。匈奴于其地置僮仆校尉(僮仆意为奴隶),实行奴役,又与居于现青海的羌人联络,阻挡了中原与西域的交通,更成了汉的心腹大患。汉初无力与匈奴较量,经过六十多年的积聚力量,到武帝时决心解决这个问题。为联合大月氏共击匈奴,建元三年(公元前138年)武帝派张骞出使西域。此时大月氏为乌孙所败,西迁至今阿富汗北部,建立了大夏国,已不愿再返回故地。张骞于公元前126年回朝。他的初始使命虽然没有完成,但回朝后向武帝报告了西域的各种见闻,沟通了中西关系,更加强了武帝以武力击走匈奴的决心。元狩二年(公元前121年)霍去病率大军逾居延,走祁连,终于把匈奴赶出了河西,割断了匈奴与羌的联系。同年于河西置武威、酒泉二郡,把长城从秦之临洮西延至玉门关，属之酒泉[1]。元狩四年（公元前119年）张骞二次出使西域，进一步加强了汉与乌孙及西域各国的联系。元鼎六年（公元前111年），将原酒泉郡的西部分出为敦煌郡，原武威郡西部分出为张掖郡。以上合称"河西四郡"。玉门关在敦煌西北，敦煌建郡后即改属敦煌。可能与敦煌建郡同时，又在郡西境设阳关。玉门关以输入昆仑山之玉得名，阳关则因在玉门关之南而名之[2]。当时丝绸之路有南北二道：南道出阳关，经鄯善（即楼兰，在罗布泊附近），继循塔克拉玛干大沙漠南缘经若羌、且末和于阗（今和田）；北道（后称中道）出玉门关经伊吾（今哈密）、西州（今吐鲁番），循大沙漠北缘经龟兹（今库车）西行。二道都可到达疏勒（今喀什）而至葱岭。越葱岭再西去可达中亚、西亚，南转可至南亚次大陆。二关分扼西域丝绸之路南北二道，而以敦煌为总绾。由敦煌向东经河西走廊可达长安、洛阳。敦煌从此成为中国古代西部最重要的城市之一，玉门关和阳关也成为古代边塞诗人最为神往的地方。元封六年（公元前105年）汉以细君公主远嫁乌孙王。细君死，又嫁解忧公主。她们出塞远适，路过敦煌，都受到官员迎候。以后，匈奴更败，新疆入于中国版图。

"敦煌"二字，在设郡以前就已存在。据《史记》、《汉书》，此二字是张骞第一次出使回朝后向武帝所呈报告中的话，很可能是当地原居部族称其所在之土音的汉语音译，有人认为即"吐火罗"（都货罗，Tokhara）的音转，似颇可能。吐火罗即大夏国，而大夏主要部族大月氏即原居敦煌。东汉应劭曾说："敦，大也；煌，盛也"（《汉书·地理志》颜师古注引），不免有望文生义之嫌。但敦煌郡地域也确实很大，在汉代，地辖今敦煌市、瓜州县全境，还包括今肃北蒙古族自治县和阿克塞哈萨克族自治县大部，比之今浙江一省，也不相上下。

可是这么广大的地域，绝大部分都是沙漠戈壁或干旱的黄土，只有大

1　在汉玉门关遗址附近发现有存字"酒泉玉门都尉"之汉简，故知玉门关之设在敦煌设郡之前.见向达.唐代长安与西域文明·两关杂考.北京：生活·读书·新知三联书店，1957.
2　敦煌遗书P.2005《沙州都督府图经》有"……在玉门关口（南），因号阳关"一语，见敦煌莫高窟藏经洞遗书（凡伯希和劫走的卷子均于编号前冠以"P"，斯坦因劫走者冠以"S"，下皆同）。《元和郡县志》亦谓："阳关……以居玉门关南，故曰阳关。"

约百分之一的土地是可以耕种的绿洲。敦煌南部有氐置水（今党河），北部有籍端水（今疏勒河）流过，都是溶雪山水汇成，域内许多绿洲即赖以生成。汉代敦煌郡在这些绿洲设六县二关。六县即敦煌（敦煌绿洲党河东）、效谷（敦煌绿洲党河西）、龙勒（今敦煌市区西南70公里南湖乡）、冥安、渊泉、广至（均在今安西）。人口约四万，绝大多数是内地迁来的汉族戍卒、田卒、农民和流犯，所以敦煌文化从西汉起就已属于地道的中原文化系统了。从敦煌、安西现存不少古城堡遗址，可知六县外，还有其他一些军屯基地。西汉对敦煌的经营也确有成果，效谷县即以"勤效得谷"得名。宣帝时，敦煌已"马牛放纵，蓄积布野"（桓宽《盐铁论》）（参见图10-2）。

东汉时，"天下扰乱，唯河西独安"（《后汉书·孔奋传》）。盖因窦融早在西汉末乱将起时，便以"河西殷富……精兵万骑，一旦缓急，杜绝河津，足以自守"（《后汉书·窦融传》）的地域条件，自请由长安来到河西，出任河西五郡大将军（五郡为原四郡加上金城郡，即今兰州），有效地治理和维持了地方的平静。东汉建立，窦融又和平归附了新政权，并向东进军，配合光武帝消灭了割据陇右的隗嚣。

东汉建武二十四年（公元48年），匈奴分裂为南、北二部。南匈奴内附，逐渐与汉族融合；北匈奴退居漠北，后乃趁东汉初国力不逮，重新占据西域，丝路南北两道中断达四十年。使西疆复归、丝路重开的有功之臣有窦固、耿秉、耿夔和定远侯班超等人，其中尤以班超的贡献更为突出。有几次出兵都是从敦煌出发或途经敦煌的，包括敦煌在内的河西为此提供了大量兵力。永元三年（公元91年），北匈奴"遁走乌孙"，最后走上了西迁欧洲的道路，汉之大患终于得除，新疆又得重归。但东汉与北匈奴和羌人的长期战争，消耗了河西力量，至东汉中后期，敦煌郡人口降至不到三万人。

魏晋南北朝

东汉末天下大乱，河西也陷于割据，敦煌"旷无太守二十岁"。三国时，魏明帝始派仓慈为敦煌太守，抑强扶弱，保护西域商旅，颇有政绩。仓慈以后的几任太守，也能"循其迹"而吏治平。

两晋十六国时，内地仍战乱不止，敦煌也先后为前凉、前秦、后凉、西凉、北凉统治。前凉一度称敦煌为沙州。这段时间的前期，相对而言河西还算是比较安定的，故中原士庶逃往河西者甚众，如前秦苻坚曾移江汉人万余户及中州贫民七千户到敦煌，增加了敦煌人口，加强了敦煌与内地的文化交往。公元400年，李暠建西凉，以敦煌为都，继续吸收东来士庶。李暠在敦煌"南门外临水起堂名曰靖恭之堂，以议朝政，阅武事"，绘圣帝明王忠臣孝子，亲为书颂，又建泮宫（学宫），图绘孔子和七十二弟子像。泮宫后园起嘉纳堂。还建造了谦德堂、恭德堂。公元405年，西凉迁都酒泉。

　　从汉代到十六国，敦煌涌现了一些在全国文化史上都享有名望的人物。大书法家张芝、索靖都是敦煌人。索靖还当过西晋的司空。刘昞是大经学家。张存是医学家。索丞是音乐家，他创作的雍门调一直是古乐中的名曲。晋时来自西域、久居敦煌的竺法护是有名的佛经翻译家，于西晋太康五年（284年）翻译了《修行地道经》、《不退转法轮经》，时人呼曰"敦煌菩萨"。在武将方面，敦煌人曹全、曹宽是汉代名将，以后又出了索迈、索班、索颋和张奂等人。他们的事迹，都见于史传。敦煌人才辈出，反映了它深厚的文化渊源。故李暠临终时谆谆告其子李歆曰："此郡（敦煌）天下全盛时，海内犹称之，况复今日，实是名邦"（《晋书·李玄盛传》、《十六国春秋·西凉录》）。

　　在敦煌发掘出土的汉晋墓葬文物，反映出敦煌当时的文化发展水平。如魏晋墓墓门上方砖砌的迎壁，壁上砌出阙形，其形制脱胎于汉阙而中间连以屋顶，同于四川汉墓出土的浮塑砖形象。

　　北魏泰常五年（420年），北凉王沮渠蒙逊攻占酒泉，李歆迁敦煌。次年沮渠蒙逊攻敦煌，三面筑堤，以水灌城，数十日不下。李歆遣壮士千余人出城决堤未果，守将开城投降，李歆自杀，敦煌归于北凉（《晋书·凉武昭王传》，《十六国春秋·西凉录》）。

　　这段时期的一件大事就是佛教在敦煌的大兴和莫高窟的开凿。

　　佛教早在公元前6至公元前5世纪始于印度，在中国先进入西域，后复传入中原，其传入的通道主要就是丝绸之路。如传说为"汉地沙门之始"

最早来到中国的天竺高僧迦叶摩腾和竺法兰，在东汉明帝永平十年（公元67年）随西行寻佛的蔡愔从印度来至洛阳，就是从西域经过敦煌的。安息国王子安世高于2世纪中叶也经此前往内地。中国僧人往西求法也要经过敦煌，如曹魏时中国第一位和尚也是第一个西行求法僧朱士行，曾于甘露五年（259年）出发赴于阗，也路经敦煌。以后西域僧人东行传法者渐多，多以敦煌为进入内地的第一站，在此停留，学习中国语言文字和风俗人情，有的停留很久，自然就成了敦煌僧人，如前举"敦煌菩萨"竺法护。佛教影响的扩大，甚至发生了为夺得高僧而兴兵之事。如前秦苻坚为抢夺龟兹的印度高僧鸠摩罗什，竟于建元十八年（382年）发兵七万伐龟兹，获罗什以归，当然也必过此。至今敦煌还遗有后人为纪念罗什西来白马驮经之事所建的白马塔。公元400年即李暠建西凉之年，高僧法显往天竺寻求戒律，在敦煌停留月余，受到李暠供养。

敦煌既然是西域以东接受佛教的第一站，必会更早地接受佛教和进行更突出的佛教活动，敦煌石窟的开凿，正是它的有力证明。

敦煌石窟实际是三处石窟群的总称，即敦煌莫高窟、西千佛洞和安西榆林窟，现存仍保有壁画和彩塑的洞窟共546座，以莫高窟最多，达492座。广义的敦煌艺术还包括附近地区如肃北、安西、玉门以至酒泉一带的石窟。

莫高窟的具体开凿时间，有不同的说法。在莫高窟晚唐第156窟前室唐人书《莫高窟记》中有"司空题壁号仙岩寺"一语，此"司空"系指大书法家、曾任西晋司空的敦煌人索靖（239～303年），由此知至迟3世纪中以后此处已有寺院。据《沙州土镜》："从永和八年癸丑岁创建窟，至今大汉乾祐二年己酉岁算得伍佰玖拾陆年记"（敦煌遗书 P．2691）。按东晋永和九年方为癸丑，故此八年应为九年，即公元353年，五代后汉乾祐二年为公元949年，二者正好相隔596年。如此，莫高窟的开凿应始自公元353年。而现存敦煌研究院的武周《李君修慈悲佛龛碑》则曰："莫高窟者，厥初秦建元二年，有沙门乐僔，戒行清虚，执心恬静，尝杖锡林野，行止此山，忽见金光，状有千佛，遂架空凿口，造窟一龛。次有法良禅师，从东届此，又于僔师龛侧，更即营建。伽蓝之起，滥觞于二僧"（现碑残，文据原拓片录）[1]。据此，则创于前秦建元二年即公元366年。综上，至迟自4世纪中叶，已开始了石窟的开凿。

由于后代的改造或自然的破坏，最早开凿的洞窟现在已经不存在了。据专家研究，现存洞窟最早者为十六国晚期北凉时，即公元4、5世纪之交。从此，敦煌历史就与敦煌石窟的发展史密不可分了。

北魏从公元420年起统一中国北方一百多年，北魏太延五年（439年）攻灭北凉，敦煌入于北魏版图。敦煌郡在北魏先改称为镇，后又改称"瓜州"。据古代文献"敦煌地接西域，道俗交得，其旧式村坞，相属多有塔寺"（《魏书·释老志》），可见敦煌此时佛教已普及民间。534年北魏分裂为东魏、西魏，瓜州归之西魏。557～581年西魏为北周所代，瓜州属北周。在前述武周李君碑中，于乐傅、法良事以后，又记载说："复有刺史建平公、东阳王等各修一大龛。而后合州黎庶造作相仍"，知此段时期内，官方对于莫高窟的开凿曾颇有所为。北魏宗室元荣于孝昌元年（525年）前出任瓜州刺史，后被封为东阳王。西魏时元荣仍任刺史，持州政约二十年。建平公则是北周的瓜州刺史于义[2]。实则东阳在前，建平在后，碑文有所颠倒。西魏、北周时规模最大价值也最高的洞窟为现编第285窟和第428窟，或系"各修一大龛"之指（图0-4、图0-5）。

隋至盛唐

敦煌于隋开皇元年（581年）杨坚代北周自立时起即入于隋。隋初敦煌仍称瓜州，大业三年（607年）复称敦煌郡，下属敦煌、常乐、玉门三县，其敦煌县地域约即现敦煌市全境和肃北、阿克塞两县部分地域；常乐县城在今安西县城东约50公里的双塔堡附近，即汉的冥安和魏周以来的常乐郡所在地。隋唐以后的玉门关已东移，亦在双塔堡附近，与常乐靠近[3]。隋志载当时常乐"有关官"，可能隋玉门关官署设在常乐县内；至于隋玉门县治所，则在

1　李永宁. 敦煌莫高窟碑文录及有关问题（一）. 敦煌研究，试刊第1期，1981.
2　宿白. 东阳王与建平公. 向达先生纪念文集. 乌鲁木齐：新疆人民出版社，1986.
3　向达. 唐代长安与西域文明. 北京：生活·读书·新知三联书店，1957.

图0-4 西魏第285窟窟内

今玉门市以北20余公里赤金堡一带。可见隋的敦煌郡，范围包括汉敦煌郡全部和酒泉郡大约一半之地，十分广大。但人口还是很少，据隋志，全郡有户7779，依此推测，人口当约三万，比西汉敦煌一郡还少，仅约与东汉相近。

隋代结束了十六国以来河西走廊政权迭更长达260多年的混乱局面，开启了隋唐两代丝路经营的高潮，敦煌的地位也随之更突出了。其时，经过魏晋北朝的开发，经由河西通向西域的道路由前之南北二道已发展为南、中、北三道，此一情况在隋裴矩《西域图记·序》中首先被提到："发自敦煌，至于西海，凡为三道。北道从伊吾，中道从高昌，南道从鄯善，总凑敦煌，是其咽喉之地"。伊吾即今哈密，高昌即今吐鲁番，鄯善系指楼兰。从此记可知，经过楼兰的南道和经过高昌的中道相当于汉以来的南道和北道，此时新开通的是经由伊吾的新北道。这条道路从敦煌经伊吾、蒲类海（今巴里坤湖），沿天山北麓西行渡北流水（今伊犁河、楚河）而达西海（今地中海）（《三国志·魏书·东夷传》注引《魏略·西戎传》）。但隋初以上三道都并不通畅，原因是在敦煌西北和北面有突厥、西南和南面有自4世纪起即活动

图0-5 北周第428窟中心柱

于此的吐谷浑（从漠北西迁之鲜卑），这两大部族势力，分别阻挡了北、中二道和南道的交通。隋对突厥采取离间政策，使其分成东西二部，并分别削弱他们的力量，终于使占有今新疆东部、北部的西突厥尊隋炀帝为"圣天可汗"（《隋书·西突厥传》），北道、中道得以重通。对吐谷浑则采取武力征伐，大业四年（608年）和大业五年两次战争，吐谷浑战败，包括今新疆南部和青海的吐谷浑故地尽为隋所有，南道也得以再通。在大业五年之战中，隋炀帝亲自出征，可见朝廷对开通丝路的重视。

战胜吐谷浑以后，又增加了一条与河西走廊平行的经由青海的通道，即从甘肃陇西经临洮、永靖进入青海，沿青海湖北岸向西抵新疆若羌，与南道相接。它被称为吐谷浑道或河南道，是河西走廊的补充。其实此道更早时已有，北魏熙平元年即公元516年，敦煌僧人宋云即从此道由洛阳前往天竺。但通向新疆的道路仍始终以河西走廊为主。

为了加强对西域的经营，隋恢复了汉魏曾设置过的西域校尉，由裴矩"掌其事"。从裴矩活动的地方看，西域校尉府大概设在张掖。张掖比敦煌距中原较近，又在河西走廊中段较安全的地方，当时实际上已成为中西国际交易市场。大业五年，隋炀帝为征伐吐谷浑，亲临张掖，并会见西域各国使臣，举行盛况空前的大会，"伯雅（高昌首领）、吐屯设（伊吾首领）及西域二十七国（使臣）谒于道左……帝复令武威、张掖士女盛饰纵观，衣服车马不鲜者，郡县督课之。骑乘喷咽，周亘数十里，以示中国之盛"（《通鉴》卷一八一）。自此而始，中原西域交往频繁，《隋书·裴矩传》称："时西域诸蕃，多至张掖，与中国交市"。裴矩通过这种交往，了解了很多西域情况，撰成《西域图记》，今存其序。

作为西域三道之"总凑"、"是其咽喉之地"的敦煌，可以说是在中央王朝直接控制下的最西边的一个据点，其重要地位，当可想见。隋文帝崇佛，定佛教为国教，仁寿年间曾几次下诏在全国三十州选形胜之地建舍利塔，并由朝廷颁行塔式。瓜州崇教寺（即敦煌莫高窟）也在中使主持下起塔一座。莫高窟在隋代短短37年中，竟开凿石窟79个，在占石窟开凿不到百分之四的时间段内开凿了占石窟总数百分之十六的洞窟。

隋末群雄更张，陇右薛举自称秦帝，河西李轨自称凉帝，割据一方。公元618年，唐代隋祚，建元武德。武德二年（619年）唐大力关注西境，以秦王李世民为凉州总管，使持节甘凉等九州事，陇右河西次第乃平。同年改敦煌原汉龙勒地为寿昌县，仍属敦煌郡。武德三年敦煌郡一度又称瓜州。不料瓜州刺史贺拔行威称王反，在敦煌割据两年，武德五年（622年）终为敦煌士族所杀，瓜州仍归于唐。同年分州为二，即西沙州和瓜州。西沙州领原瓜州敦煌、寿昌，治区约与今敦煌市全境同，当汉敦煌郡的一半（按：由晋至唐敦煌郡的面积与其所辖寿昌县领地关系甚大。如唐高宗和武周时，寿昌西境辖区竟西至一千七百余里，与龟兹接；西南更达二千三百里，与于阗接。仅寿昌一县，即可比之于今内地好几个省。但如此广大的西域土地，应皆属羁縻性质，故本文未将其包括在内）；唐之瓜州则约与今瓜州县境同。贞观七年（633年），西沙州去西字，称沙州。天宝元年（742年），全国都改州为郡，沙州又复称敦煌郡。不久，安史之乱起，肃宗即位，于乾元元年（758年）复改郡为州，仍称沙州。

唐初，西域交通虽已有隋的经营基础，但仍是不平静的，上举薛举、李轨、贺拔行威诸事，已可见地方离心势力之为乱，同时又有西突厥和西域其他地方力量的时降时叛，吐谷浑残部也时相侵扰，以后又有势力强大的吐蕃与唐争胜，一时使丝路交通比隋季大有不逮。

由于丝路不畅，唐政府禁止人民西行。贞观三年（629年）玄奘从长安秘密西行求法，在瓜州受到瓜州刺史独孤达的热情接待。他没有经过敦煌，而从敦煌之北沿疏勒河西行，独身过莫贺延碛，历经艰险，沿丝路中道赴天竺。

为重开丝路，唐太宗李世民于贞观十四年（640年）决心征伐阴结突厥阻碍丝路的高昌麹文泰政权。遣侯君集伐高昌（西州，今吐鲁番），灭麹氏，置安西都护府于高昌交河城。不数年中，在西突厥挟控下的焉耆、龟兹皆被唐攻克，震动西域，各族纷纷摆脱西突厥控制，来朝大唐。唐即将安西都护府迁龟兹，统龟兹、于阗、碎叶（在今哈萨克斯坦）、疏勒四镇，统称安西四镇，丝路三道尽属之。

贞观十八年，玄奘从印度循南道返，朝廷命沙州官府派员赴流沙迎接。

高宗初年（650年后），唐置北庭都护府，统辖伊、西、庭三州及丝路天山北道。后安西四镇一度被吐蕃占据，公元692年复归于唐。

吐蕃是中国藏族的先祖，在唐朝建立的同时开始崛起，原吐谷浑故地渐为其所有。吐谷浑隋时本已入于中央王朝统治，此时也转归吐蕃，大部由吐蕃国相禄东赞控制，沦为奴隶，武周时常"突矢刃弃吐蕃"来投河西。在新疆吐鲁番阿斯塔那225、230号墓中曾发现武周时敦煌文书，就透露了吐谷浑首领派人至瓜州联系投奔之事[1]。敦煌曲子词武周时作品《献忠心》云："臣远涉山水，来慕当今……学唐化，礼仪同，沐恩深"，正是这段史实的反映。

武周后，吐蕃已进至河西走廊南侧祁连山间，突厥则挟持在北侧合黎山下，河西走廊成了一条名副其实的狭窄"走廊"，形势相当紧张。开元十五年（727年），吐蕃甚至一度攻陷瓜州。唐为确保丝路，在河西走廊设有重兵，敦煌及其附近常驻军兵一万四千五百人。在上述保卫西疆安

---

1 陈国灿. 武周瓜沙地区的吐谷浑归朝事迹//敦煌文物研究所. 1983年全国敦煌学讨论会文集（上）. 兰州：甘肃人民出版社，1987.

宁的斗争中，敦煌人民承受了巨大的牺牲，除了供应军需外，更需喋血他乡。"胡马因风，敢掠阳关之草；王师电举，分邀碛外之踪"，就是敦煌将士豪壮气势的写照[1]。

由于朝廷和军民上下的努力，河西虽不算平静，但总的来说，隋至盛唐安史之乱前大约一百七八十年间，敦煌与中原之间的联系仍是比较通畅和频繁的。尤其贞观之世是中国封建社会经济和文化发展的高峰时期，政治稳定，经济繁荣，同时，又以充满民族自信心的精神，敢于和乐于吸收外来文化，为民族文化高度发展的盛况更增添了一片清新的勃勃生机。这在敦煌壁画中也有明显的表现：盛唐画风，气度富丽辉煌，色彩灿烂温暖，风格宏丽细腻，大度而内在，与内地壁画杰作几无二致，而与北朝以前多以表现悲惨的佛教牺牲精神为主题，画风质朴，色调常较阴冷，并具更多地方风格甚至西域风格有明显不同。

唐时沙州人口，按新旧唐书地理志记开元时为户4265，口16250；据通典所记开宝年间数字有很大增长，户6395，口32234，是东汉以来敦煌人口最多的时期。

景云元年（710年）后，唐朝疆土远达今新疆更西广大区域，中原与西域商队若织，旅人如流。盛唐诗人张籍《凉州词》曰："边城暮雨雁飞低，芦笋初生渐欲齐；无数铃声遥过碛，应驼白练到安西。"就是当时商旅繁忙的写照。而王之涣的《凉州词》："黄沙直上白云间，一片孤城万仞山；羌笛何须怨杨柳，春风不度玉门关。"[2] 就更是表露了边塞将士戍守边疆的一片雄浑和一丝哀怨之情的绝唱了。然而，从这首哀唱中，人们似乎已感到了某种不祥的气息。

果然，到了天宝十四年（755年），"渔阳鼙鼓动地来，惊破霓裳羽衣曲"，安禄山叛乱事起，悲剧就真的开始了。吐蕃趁安史之乱，乃大举入寇唐朝西境，河西及西域竟一时沦入吐蕃统治。

1　沙州文录·右军伟十将使孔公浮图功德铭. 并参见史苇湘. 丝绸之路上的敦煌与莫高窟//敦煌文物研究所. 敦煌研究文集. 兰州: 甘肃人民出版社, 1982.
2　此诗中"黄沙直上"也有版本作"黄河远上"，本文从唐玉门关地望环境，认为应为前者。

先是，为平息安史叛乱，唐急调安西、北庭、河西兵入陕勤王，西境空虚，吐蕃遂于广德元年（763年）尽陷兰、河、廓、鄯、洮、岷、秦、成、渭等陇右地区，"陇坻旧陌，走狐兔之群"（《大唐陇西李府君修功德碑记》）[1]，河西、北庭、安西与中原之通路遂绝。广德二年，吐蕃由东西进，陷凉州（今武威），河西节度使杨志烈由凉州仓皇西奔甘州（今张掖），又为西突厥别部沙陀人所杀。大历元年（766年）张瑰自立为节度使。时郭子仪请遣使巡抚河西，派观察使周鼎历经艰险来至甘州，去张瑰，宣朝命任杨休明为节度使。同年年底甘州亦陷。杨休明继续西奔，越过肃州（今酒泉），徙镇沙州。休明苦撑危局，尽其所能，对沙州防守作了部署，"卸传甲帐，警侯田畴"。同时又以依例兼授伊西北庭节度使的身份，亲往西去寻求此时名义上仍在唐之版图的北庭援兵。不想行至长泉地方，被伊西庭留后（即留守政权）周逸勾结突厥杀害。周鼎遂自任节度使，只得又派员另往安西四镇请援，索兵一万名，可能仍是周逸作梗，未果。到大历十一年（776年），瓜州也陷，周鼎打算焚弃沙州，引众从漠北东奔。沙州人阎朝遂杀周鼎，并在极端孤立的境况下，以都兵马使名义，领导人民继续坚持抗蕃斗争。史籍留下的抵抗斗争资料很少，但看来是十分惨烈的，以致吐蕃赞普赤松德赞都要"徙帐南山"，亲自督战围攻。沙州终于在建中二年（781年）与吐蕃订立了"城下之盟"，敦煌陷落，阎朝旋被暗杀[2]。从大历元年算起，一个包括东来流亡人口在内大约只有四五万人的弹丸之邑沙州，与强大的吐蕃争战，孤军奋战竟达15年之久。敦煌沦陷后，便进入所谓蕃据时期。贞元六年（790年）后不几年间，北庭和安西四镇亦相继入蕃。

蕃据时期——中唐

在蕃据时期，正因为城陷时的激烈反抗，在当时仍处于奴隶制并从事游牧生产的吐蕃统治下，沙州在"城下之盟"的文约中，与陷蕃的其他州郡相比，也得到了一些优待，最重要的如规定人民可以"不徙他境"，得以保全

1　《大唐陇西李府君修功德碑记》，现存莫高窟148窟前室。
2　史苇湘. 河西节度使覆灭的前夕. 敦煌研究，创刊号，1983.

其先进的农业生产方式，汉文化也赖以延续。这一点对于敦煌以后的历史，将起到十分重要的作用。可能也是优待措施之一，东来的没蕃八百人和杨休明、周鼎的遗体也得以安全东归[1]。

吐蕃对沙州的统治，只知有乞利本、节儿、部落使、守使等官职，其他行政建置未明。敦煌遗书《书仪》是一个唐降官以后被任为吐蕃敦煌守使的人所写的公文，其中有上赞普表二件，其一云："自敦煌归化，向历八年，歃血寻盟，前后三度"，却仍不免"频招猜忌，屡发兵戈"，今以沙州所藏舍利骨一百三十七颗，用金棺银椁盛装献与赞普，以表"大赦所获之邑"的敦煌对赞普的"感戴"云云（敦煌遗书 S.1438）。从此也可知沙州人民并未放弃对吐蕃的反抗，以致在八年之中吐蕃要对之"屡发兵戈"，三次重订"盟"约。《书仪》中另一表又记载了献舍利后两年，驿户氾国忠和张清的两次反抗斗争，以至吐蕃节儿"伏剑自裁"的史实[2]。

蕃据时期的敦煌文化仍保持了一贯的汉传统文化特色，并未少变，这可由敦煌中唐壁画得到鲜明的印象，仍在盛唐已开拓成熟的荫庇下继续原来的风格，取得了很高成就。只是在维摩诘故事画中，将立在维摩诘座前的各国国王像原以中国皇帝为中心改为以吐蕃赞普为中心。蕃据前的州、县官学此时可能也已不存了，但从敦煌卷子中可知寺学仍然存在[3]，一些高门子弟，如以后在敦煌历史上起过很大作用的张议潮就曾在寺学读书。有些陷蕃唐官也遁入空门为寺学师，使寺学除教授佛学经律论外，也传承包括儒学在内的世俗学问。敦煌遗书中就有张议潮在寺学所抄《封长清谢师表闻》的抄文（敦煌遗书P.3620）。这篇充满忠君报国激情的文章，肯定对张议潮产生了很大影响。

一种文化传统，只要它的人民没有离散，生产方式没有根本的改变，语言和文字得以延续，就不会轻易中断。所以敦煌即使在蕃据时期，虽"州人胡服臣虏"，仍"每岁时祀父祖，衣中国之服，号恸而藏之"（《新唐书·吐蕃传》）。即在河湟其他地区，居人或已被迫改农业生产为游牧，也

1　史苇湘. 吐蕃王朝管辖沙州前后. 敦煌研究, 创刊号, 1983.
2　史苇湘. 吐蕃王朝管辖沙州前后. 敦煌研究, 创刊号, 1983.
3　李正宇. 唐宋时代的敦煌学校. 敦煌研究, 1986（1）.

仍然是心存故国,故杜牧诗《河湟》云:"牧羊驱马虽戎服,白发丹心尽汉臣",正表达了此时陷蕃人民的心境。而敦煌的传统汉文化保存更多,敦煌遗书《张淮深变文》写到一位朝廷使节在沙州重新返唐后来到沙州的沿途所见:"观甘凉瓜肃,雉堞凋残,居人与蕃丑齐肩,衣着岂忘于左衽("左衽"为吐蕃服色),独沙州一郡,人物风华同于内地"(敦煌遗书P.3451)。由今观之,言词中虽不免有华夷歧见的影子,却确切反映了当时的真实。

文化是一种巨大的力量,正因为此,这座河西最后入蕃的城市却最先实现了归唐。公元842年,朗达玛赞普被杀,吐蕃从此大乱,为继嗣事论恐热与尚婢婢互相攻伐,张议潮遂趁时而起,在敦煌入蕃67年之后,于唐大中二年(848年)率州人起义,一举推翻吐蕃统治,同年攻下瓜州。随即派其兄张议潭为首的使团赴长安报捷。敦煌唐代曲子词《菩萨蛮》云:"敦煌古往出神将,感得诸蕃遥钦仰。效节望龙庭,麟台早有名。只恨隔蕃部,情恳难伸吐。早晚灭狼蕃,一齐拜圣颜"(敦煌遗书P.3218),可能正作于瓜沙已复而东路仍未全通之际,强烈表达了久被压抑的民族之情。未久,议潮又以雷霆万钧之势,西收伊、西,东下河西陇右,"得地四千里,户口百万之家,六郡山河,宛然而归"。乃将伊、西、沙、瓜、肃、甘、兰、鄯、河、岷、廓等十一州图籍以献大唐。直到大中五年(851年)朝廷方得知此一消息,于是"百辟欢呼,忭舞称贺"(敦煌遗书S.6161《张淮深碑》),乃建十一州节度使于沙州,未久改称归义军节度使,以张议潮任之(图0–6)。从大中二年算起,敦煌进入归义军时期。

归义军时期——晚唐五代北宋

归义军时期由唐入宋,历时一百八十年,除五代时少数几年所谓金山国时期外,敦煌一直隶属于中央王朝。

咸通八年(867年)张议潮入朝,从此没有再回到敦煌,委其侄张淮深为沙州刺史兼归义军留后。不料祸起萧墙,张氏及其戚党间杀伐迭起,淮深一家全部遇难。先是大顺元年(890年),议潮婿索勋以拥立议潮子张淮鼎为

图0-6 晚唐第156窟张议潮出行图

借口，发动政变，杀淮深及夫人并六个儿子。张淮鼎不久也死，索勋乃挟持张淮鼎之子即张议潮之孙张承奉，自己篡掌大权，并终于在景福元年（892年）索得朝廷任命，自为节度使。这却又引起了当时拥兵凉州、与唐朝联宗的又一实力派人物、张议潮的另一女婿凉州司马李明振的觊觎，乃起兵剿灭索勋，大约在894年，仍将承嗣名义归于承奉。现藏于莫高窟第148窟前室的《唐宗子陇西李氏再修功德记》碑为李明振所立，中云夫人张氏，自先君（议潮）归觐后，"于是兄（淮深）亡弟（淮鼎）丧，社稷倾沦，假手托孤，几辛勤于苟免。所赖太保（指议潮）神灵，幸恩剿毙，重光嗣子，再整遗孙"云云，即是指此。但河西实权实际上乃掌在李明振家族握中。为此，张承奉与李氏进行了长时期的争夺，到光化三年（900年），终于等到朝命，命承奉为归义军节度使，标志着承奉斗争的胜利。

而此时唐王朝自己也已危在旦夕，中原军阀纷争，敦煌士人竟纷纷上言承奉自立为帝。敦煌卷子《白雀歌》就是劝进诗之一。其词云，"白雀飞来过白亭，鼓翅翻身入帝城，深向后宫呈宝瑞，玉楼深处送嘉声"（敦煌遗书P.2594、P.2864《白雀歌》），有"帝城"、"后宫"用语。承奉可能即于五代后梁开平二年（908年）建国号曰西汉金山国，自称"白衣天子"。

正史关于金山国的记载只有21个字，曰"沙州梁开平中有节度使张承奉自号金山白衣天子"（《五代史·吐蕃传》）。金山国存国时间大约只有六七年，即为曹氏政权取代，原因是当时其外部环境恶劣，有强大的回鹘势力兴起，以金山之微，无力与之周旋，更加承奉不能审时度势，遂致速亡。

早在8世纪初，原属突厥的回鹘部族逐渐强大。公元744年，骨力裴罗可汗曾建立了东起辽河，西迄巴尔喀什湖的回鹘汗国，是其最强大的时期。安史之乱时，回鹘曾发兵助唐平叛有功，唐赐姓可汗为李。但到了840年，回鹘发生灾荒和内乱，在外敌黠戛斯（今吉尔吉斯族先祖）的攻击中失败，汗国灭亡，部众四散，大部分在特勒勤可汗率领下西迁。西迁回鹘主要分为三部，即甘州回鹘、安西回鹘和葱岭西回鹘。甘州回鹘建牙甘州（为今甘肃裕固族先祖）。安西回鹘又称西州回鹘，占领西州、伊州，以后又发展至于阗（为今新疆维吾尔族先祖）。他们分别成为瓜、沙、肃等州的东、西两大威胁。张议潮时期统治的河陇西域共十一州这时只剩下了八州，且东面五州还为甘州回鹘所阻。张承奉立国后，不顾回鹘此时力量远大于己，妄图攻伐回鹘三州，恢复乃祖时局面，重通东西商路。敦煌遗书《龙泉神剑歌》就反映了这种愿望："蕃汉精兵一万强，打却甘州坐五凉；东取黄河第三曲，南取口威及朔方；通同一个金山国，子孙分付坐敦煌"（敦煌遗书P.3030）。可惜事与愿违，金山国与甘州回鹘进行了三次战争，终于失败。回鹘兵临沙州，承奉被迫尊回鹘可汗为"天可汗"，屈辱地承认"可汗是父，天子是子"[1]。

大约在后梁乾化四年（914年）金山国的割据随着张承奉的故去而结束，

---

1 王冀青. 有关金山国史的几个问题. 敦煌学辑刊, 第三辑.

政权转归其部将曹议金，以后敦煌便是曹家归义军时代[1]。

　　曹议金祖籍安徽亳州，祖上官居敦煌，遂成敦煌士族。曹议金与张议潮一样，都是在敦煌历史上作出过杰出贡献的人物。他接受了张承奉失败的教训，一改张氏内外举措，去国号帝号，仍奉中原王朝正朔，复称归义军节度使，以示本身的正统地位和依托中原为后盾，并实行与周围民族政权交好的政策。此时的归义军实际所控之地仅瓜、沙二州，甘州及以东的凉州、以西的肃州都已为甘州回鹘所据，至于陇原五州更是鞭长莫及，皆自有其主。议金乃东面结好甘州回鹘，娶可汗女为妻（莫高窟、榆林窟此时许多壁画着回鹘装题名"北方大回鹘国圣天可汗的子敕授秦国天公主陇西李氏"者即其人，李为唐赐姓），又嫁女给甘州回鹘可汗为妻（壁画题名"甘州圣天可汗天公主"者即其人，时回鹘可汗妻亦称天公主）。他同样重视与西边于阗国的交好。此时于阗已为安西回鹘所有，其王亦为回鹘李姓。议金嫁女给于阗国王李圣天为妻，天福年间被后唐王朝册封为于阗皇后。壁画题名"大朝大于阗国大政大明天册全封至孝皇帝天皇后曹氏"者即其人。壁画中还有李圣天像，题名为"大朝大宝于阗国大圣大明天子"（图0-7）。由于这些符合时势的政策，加以重视发展生产，曹氏家族内部相对而言也比较团结，使得敦煌一地在五代宋初中原王朝更迭争战不休的动乱中，倒显得相当安定。莫高窟在曹家时期开凿了一大批规模十分巨大的石窟（如曹议金时期的98窟），就正是其经济实力得以恢复发展的证明。敦煌曲子词《望江南》云："曹公德，为国托西关，六戎尽来作百姓，压坛河陇定羌浑，雄名远近闻"（敦煌遗书P.3218），就是对他的颂歌。议金曾自称"托西大王"。

　　后唐清泰二年（935年），曹议金死，子元德立。元德与甘州回鹘可汗以兄弟相称，说明瓜沙势力已渐强，但在与甘州的一次冲突中，曹元德失败并战死，弟元深继立。天福三年（938年），后晋天使出使于阗册封，途经瓜沙，"其刺使曹元深等郊迎，问使者天子起居"（《旧五代史·于阗传》）。推测元德死及其弟元深继位在此事以前。

1　关于曹氏时期敦煌历史，参见贺世哲，孙修身. 瓜沙曹氏与敦煌莫高窟//敦煌文物研究所. 敦煌研究文集. 兰州: 甘肃人民出版社, 1982.

图0-7 五代第98窟壁画于阗国王李圣天像

天福八年，后晋授元深为归义军节度使。敦煌曲子词《望江南》之二云："敦煌郡，四面六蕃围。生灵苦屈青天见，数年路隔失朝仪，目断望龙墀。新恩泽，草木总光辉。若不远仗天威力，河湟必恐陷戎夷，早晚圣人知。"正反映了此时敦煌的政治势态和民心状态。"六蕃"是泛指如回鹘、吐蕃、突厥、吐谷浑、嗢（音wà）末（陷蕃汉人啸聚为部落之自称）、羌和党项等民族。敦煌为诸多民族包围，中原路隔，而天使降临，又新授符命，故云"新恩泽"云。

开运二年（945年）元深卒，弟元忠继位。显德二年（955年）后周正式授元忠以节度使衔，显德五年又自称敦煌王或托西大王。曹元忠是曹氏政权时期统治瓜沙时间最长的一人，从945年算起到宋开宝七年（974年）卒止达二十九年。这一段时间也是曹氏政权的鼎盛期。元忠继续其父兄政策，以弱小偏远的瓜沙一隅之地，"远仗天威力"，奉中原皇朝为正统以作号召，与宋和辽都保持密切的朝贡关系，近以姻亲之谊与强大的东、西回鹘交好，致力于本境的安定和发展生产，"可谓时平道泰，俗富人安"[1]。曹元忠与其父兄一样，也十分佞佛。在此时期，莫高窟的佛事活动特别频繁，开凿了如第61窟、第55窟等几个著名的大型石窟，重修了大佛窟即盛唐第96窟高达30余米的重楼式窟檐，又开始在全部石窟群崖面上绘制大面积露天壁画，重建窟檐及窟前建筑，在流经莫高窟的宕泉上游也有所建设。

开宝七年（974年）元忠卒，其侄曹延恭继位，为时只有两年即去世，继由其堂弟即曹元忠之子曹延禄为节度使。

延禄统治敦煌二十六年，仍遵其父祖政策与邻境交好，娶于阗公主为妻，在莫高窟第61窟增画的供养人题名"大朝大于阗国天册皇帝第三女天公主李氏为新授太傅曹延禄姬供养"（图0-8）者即是。与甘州、西州的关系也较好，同时不断向宋、辽朝贡。但曹氏鼎盛期已过，元忠佞佛大伤民力的后果逐渐显现，到咸平五年（1002年），据《宋会要辑稿》称："当道二州八镇军民，自前数有冤屈，备受艰辛……内外合势，便围军府"，发生了暴乱，

1　（日）松本荣一.敦煌画的研究附影印敦煌遗书"乾德四年重修北大像记".

图0-8 宋代第61窟壁画曹延禄姬于阗国公主像

"延禄等知其力屈，寻自尽"。但史界于此条记载的完全真实性颇有怀疑，盖因其出于延禄的族子以后继掌政权的曹宗寿向朝廷呈递的报告。报告中宗寿自称先已知觉延禄将被害，他即避投瓜州，延禄死后，他为"三军所迫，权知留后（即临时执政）"，意求朝廷正式任命。故颇令人生疑为宗寿借暴乱之机杀害延禄以求自进。

宋廷则以瓜沙本为"羁縻"之州，又有甘州阻隔，鞭长莫及，无遑深究，乃承认既成事实，授宗寿为节度使。大中祥符七年（1014年）宗寿子曹贤顺继之。以后，敦煌遂为党项人建立的西夏国所占领，但在西夏据敦以前，可能有一段回鹘占领的时期。

回鹘西夏蒙元

党项为羌族的一支，在11世纪初崛起于西北，1038年建国曰大夏，史称西夏。建都于兴庆府（今宁夏银川），全盛时辖地有今宁夏全境、甘肃大部及内蒙古、陕西、青海的一部分。早在西夏建立前，党项即"南掠吐蕃健马，西收回鹘锐兵"，向邻境扩张势力。党项要向河西发展，甘州回鹘是其最大的阻力。宋大中祥符元年（1008年）、三年，党项两次向甘州用兵，均败。宋天圣六年（1028年），在骁勇善战的太子李元昊（李为唐赐姓，或姓赵，则为宋赐姓）率领下，党项再攻甘州，甘州回鹘亡，可汗自焚，俘其妻孥。明道元年（1032年）又东克凉州。

沙州何时入于西夏？史界有多种不同意见，主要为两种：一种认为，沙州是于宋景祐三年（1036年）元昊西进一举攻下回鹘残部占领的肃州和曹氏的瓜州、沙州时入于西夏的[1]；另一种意见认为沙州曹氏政权在1028年甘州陷于元昊时实际上已经不存在了，而为"沙州回鹘"所控制。沙州从唐时即有东来的回鹘人居住，称"沙州回鹘"，在张议潮义军中即有回鹘营的编制。但沙州回鹘在1028年以前并未掌政，自甘州回鹘亡后，甘州回鹘多有西奔者，与沙州回鹘合流，大大加强了回鹘势力，并有西边的西州回鹘为后应，遂夺得曹氏政权。自称敦煌王的曹贤顺只好东避瓜州，改称"瓜州王"（一说此时曹贤顺已为沙州回鹘所杀，称瓜州王者为曹贤顺之弟曹延惠）。沙州回鹘东攻瓜州，逼得瓜州曹氏只好越过仍在回鹘控制下的肃州投向西夏，故《宋史·夏国传》才有以下的记载："（天圣）八年（1030年）瓜州王以千骑降于夏"，曹氏政权最终灭亡。史籍又有如下记载，北宋庆历元年（1041年）"沙州镇国王子遣使奉书曰：我本唐甥（按：唐曾数以公主嫁回鹘），天子实吾舅也，自党项破甘凉，遂与汉隔。今愿率首领为朝廷击贼"（《资治通鉴长编》卷一三一），此应为沙州回鹘向北宋遣使，希企远借宋力，抗衡党项；又庆历二年"沙州北亭可汗遣大使……入贡"（《宋会要辑稿》卷一九七），都说明沙州并未在1036年入于西夏[2]。据莫高窟第444窟前室窟檐柱上第一个西夏记年题记"天赐礼盛国庆二年"即公元1071年（此后西夏的题记就相当多了），沙州应在1071年以前，即约11世纪60年代才归于西夏的。从1028年算起至此约40年，敦煌为沙州回鹘人统治。对此问题，本文

---

1 刘玉权. 西夏时期的瓜沙二州. 敦煌学辑刊，第二辑.
2 汤开健，马明达. 对五代宋初若干民族问题的探讨. 敦煌学辑刊，创刊号，1983.

暂从后说。

在此，有必要提到有关敦煌"藏经洞"的问题。藏经洞即莫高窟第17窟，是一个小窟，在原凿于晚唐的16窟甬道北壁，发现前，洞口以土坯封闭，并在封墙外壁面绘有壁画掩护。清末光绪二十六年（1900年）道士王圆箓发现了此窟和其中所藏达五万余件古代文书包括经卷佛画和其他文物，因称此为"藏经洞"。藏经洞自发现后先后为列强各国的"探险家"染指，遭到了大肆劫掠。此等文书含有极宝贵的历史研究价值，被称为敦煌遗书或敦煌卷子，它们和敦煌石窟艺术一起现已形成为范围广大的"敦煌学"。藏经洞的封藏年代，据其卷子最晚的题记纪年为北宋咸平五年（1002年），故史家估计其封藏约在天圣年间（1023～1032年），据此，很可能是1028年甘州回鹘西来沙州，沙州回鹘即将掌政时，沙州汉族僧人仓皇东逃瓜州时封存的，此后封存人再未打开，一直密藏了近九百年。但藏经洞的封闭时间和原因，史家又有多达五六种其他说法，在此就不能多论了。

西夏从11世纪60年代起至公元1227年敦煌为蒙古人占领止，共统治敦煌约一百六十年。此时敦煌仍称沙州[1]。

西夏统治者仰慕中原文化，一方面要向中原扩张，但当它受到挫折时又对宋表示臣服，对辽也是这样。以后金代辽兴，西夏和金由于都要对南宋进行战争，双方妥协，保持了八十余年相安无事的局面。不论是和平还是战争，西夏与中原的关系都比较密切，因甘州回鹘的阻挡已经消除，敦煌与中原的隔绝状态得以缓和，敦煌石窟艺术也打破了从蕃据时期开始的长期保守的局面。西夏同样崇奉佛教，在敦煌莫高窟、西千佛洞和安西榆林窟都开凿或改造了大量石窟。西夏后期，又从西藏迎来了藏传佛教即以后俗称喇嘛教的宗教艺术，所以从此而至蒙元，犹如回光返照，敦煌艺术又兴起了最后一个高峰。西夏因占据瓜州较沙州为早，所以榆林窟的西夏遗迹较莫高窟为多。

西夏后期，北方草原蒙古族迅速崛起，向西夏和金开始用兵。公元1205

1　关于西夏时期的敦煌历史，参见《宋会要辑稿》卷一九七，与刘玉权. 西夏时期的瓜沙二州. 敦煌学辑刊，第二辑. 及万庚育. 莫高窟、榆林窟的西夏艺术. 和刘玉权. 敦煌莫高窟、安西榆林窟西夏洞窟分期. 均载于敦煌研究文集. 兰州：甘肃人民出版社，1982.

年，蒙古就曾纵马瓜、沙。1206年成吉思汗统一蒙古各部，建立蒙古汗国，进一步大举西进，西夏不支，逐渐败亡。1224年，成吉思汗远征西域还至沙州，兵围州城，城中坚守半年，西夏主李德旺请降，始解围。成吉思汗二十二年（1227年），即元朝正式立朝40多年前，沙州终被蒙古攻占，西夏最终灭亡，敦煌进入蒙元时代。从1227年起到元至正二十八年（1368年）元亡，敦煌蒙元时代历时141年。

自宋代后期始至蒙元时期，由于海上交通渐趋发达，逐渐代替了陆上丝绸之路的地位，敦煌在全国的重要性开始削弱。

沙州和瓜州在至元二十五年（1288年）曾有过一次大迁移，居民被迁于甘州、肃州交界处"划地使耕"。二十八年，余下的瓜州人民也被迁往肃州。看来瓜、沙的居民已经很少了。大德七年（1303年），"御史台言，瓜沙二州自昔为边镇重地，今大军屯驻甘州，使官民反居边外非宜，乞以蒙古军万人分镇险隘，立屯田以供军实为便。从之"（《元史.成宗纪》），敦煌主要已成了蒙古军屯之地[1]。元代在莫高窟和榆林窟也造了一些以藏传佛教内容为主的洞窟，艺术水平极高。如第465窟，是中国现存最早的后弘期藏传佛教壁画。第3窟则与内地元代艺术风格同，其湿壁画千手千眼观音像，堪称敦煌艺术最高水平的作品之一。元曾委西宁王速来蛮（成吉思汗四子拖雷之八世孙，二等王）镇敦煌，于至正八年（1348年）在莫高窟造"六字真言碣"，现仍存敦煌研究院[2]。碑文额书"莫高窟"三字，下刻四臂观音像，像周围绕用汉、梵、藏、西夏、八思巴（由藏传佛教萨迦派教主八思巴为当时蒙古人所创的文字）和回鹘等六种文字所刻六字真言"唵嘛呢叭咪吽"，意为"皈依莲花上的摩尼宝珠"，是藏传佛教信众最常习念的心咒。最下刻西宁王速来蛮名及纪年。由此碑，亦可知当时敦煌已全为信奉藏传佛教的蒙古人所控制。

1　齐陈骏. 敦煌的沿革与人口（续）. 敦煌学辑刊，第二辑.
2　李永宁. 敦煌莫高窟碑文录及其有关问题，四. 敦煌研究，试刊第二期，1982.

明清至民国

到了明代，敦煌已几乎没有汉人居住了。明洪武五年（1372年），冯胜出兵西征，建嘉峪关，关外如敦煌、安西之地以至新疆仍为蒙古各部势力所据。永乐（1403—1424年）后，才先后在敦煌设沙州卫和罕东左卫，管理居住在当地的蒙古瓦剌和其他各部落。正德年间，沙州又曾一度被吐鲁番占领。在明代，莫高窟已完全停止了修建和其他佛事活动。

清初，康熙晚年决定发兵西征，解决新疆蒙古准噶尔部分裂势力，但没有得到结果就死去了。雍正、乾隆继续他的事业，到18世纪中叶，北疆、南疆次第重新和内地获得政治上的统一，归于中央王朝直接统治之下。雍正元年（1723年），在敦煌置沙州所，三年升所为卫。此时，朝廷接受川陕总督岳锺琪的建议，开始从陕甘五十六个州县迁民到敦煌定居，他们才是现在敦煌土著的祖先。乾隆二十五年（1760年）改沙州卫为敦煌县。清代在莫高窟搞了不少壁画和塑像，往往是在前代作品上画蛇添足，不但丑陋不足称，还破坏了大量前人的精美作品。

民国时敦煌仍为县。自清末莫高窟藏经洞发现后以至民初，外国"探险家"蜂拥而来，第一个来到的是英国人斯坦因，继而有法国人伯希和（图0-9）、日本人桔瑞超和吉川小一郎、俄国人鄂登堡，盗窃了大量珍贵的敦煌遗书，劫余者运往北京。美国人华尔纳来得较晚，遗书已经没有了，目光方转向壁画和彩塑，对之下了毒手。1917年十月革命后，一部分沙俄白军逃亡到甘肃，住在莫高窟洞室内，竟在窟内生火做饭，又一次给石窟带来了巨大破坏（图0-10）。1943年国立敦煌艺术研究所在敦煌建立，常书鸿任所长，正式开始对宝贵的敦煌石窟艺术和文物进行保护和系统研究。中华人民共和国成立后，机构改名为敦煌文物研究所，"文革"前，敦煌石窟得到全面加固（图0-11）。1984年机构改称为敦煌研究院。敦煌地区也有了空前发展，人口从新中国成立初约六七万发展到今天已超过十万，1987年改县为市。

图0-9 1909年法国人伯希和在藏经洞盗取敦煌文物　图0-10 民国初年白俄军队侵扰莫高窟

图0-11 1966年完成的莫高窟加固工程

敦煌建筑

敦煌石窟壁画中的建筑

玉门关下，羌笛声中，从公元4世纪开始，就绽放出了一片美丽的艺术之花。这绚丽灿烂的花朵，度过了千年寒暑，历经了兵戈沧桑，到了今天，已成为中国优秀传统文化的骄傲和人类文化史的瑰宝，这就是我们现在要研究的敦煌石窟艺术，尤其其中蕴藏的丰富的建筑史料宝藏。

从关于敦煌历史的回顾中，我们已经知道，以佛教石窟艺术为代表的敦煌艺术在敦煌的产生和发展，并不是偶然的现象，而有着深厚的历史文化根源。首先与敦煌在古代交通史上的特殊重要地位有关；其次，不论统治者属何，敦煌的居民和文化一直是以汉族为主体，同时又与周围各民族不断保持着密切的联系；第三，敦煌虽地处边鄙，本身的人口也不太多，却在历史上、文化上发挥过极其重要的作用，与中原息息相关，因而敦煌艺术绝不单纯是一种地域性文化，同时也具有不可忽视的全国性意义。

所以，正是在这个地旷人稀的地方，产生了如此辉煌伟大的艺术。

渊源于古代印度的佛教石窟艺术，经丝绸之路，从南亚、中亚，首先传到新疆，然后在中国各地流行起来。为了祈求旅途的平安，寄托对来世幸福的向往，或者为了长保现世荣华，消灾弭祸，人们曾经以极大的宗教热情与虔诚，在敦煌地区开凿了数以百计的石窟，于其中图绘了数万平方米的壁画，彩塑了成千尊的佛教造像，并且，在莫高窟各窟窟前，几乎都修建过木结构的窟檐，用栈道连接着。敦煌的第一座石窟的开凿时间，目前学界一般采用唐人《莫高窟记》的说法，定为前秦建元二年，即公元366年。

已如前述，我们所称的敦煌石窟，实际是三处石窟的总称，其中规模最大和最重要的是莫高窟，在敦煌市城区东南25公里处大泉西岸的鸣沙山东麓峭壁上，与其东三危山相望。在高30～40米的悬崖上，现有492座保存有壁画和彩塑，时代起于十六国，终于元代（表1，图0-12～图0-14）。另外二处，一为西千佛洞，在敦煌城西党河北岸的陡崖上，西距莫高窟60公里，现存16座洞窟，时代起自北周迄于中唐；一为榆林窟，东距莫高窟有一百多公里，

表1 敦煌莫高窟历史分期及洞窟数统计

时代		起讫年代	时间	窟数	小计
早期石窟	十六国晚期	？～北凉永和六年（438）	约数十年	7*	37
	北魏	太延五年（439）～永熙三年（534）	95年	11	
	西魏	大统元年（535）～恭帝三年（556）	21年	7	
	北周	闵帝元年（557）～大象二年（580）	23年	12	
隋		开皇元年（581）～义宁二年（618）	37年		79
唐代	初唐	武德元年（618）～长安四年（704）	86年	40	232
	盛唐	神龙元年（705）～建中元年（780）	75年	81	
	中唐（蕃据）	建中二年（781）～大中元年（847）	66年	46	
	晚唐	大中二年（848）～天祐三年（906）	58年	60	
		属唐代洞窟而具体分期未明者		5	
五代		后梁开平元年（907）～后周显德六年（959）	52年		27
北宋		建隆元年（960）～天圣六年（1028）	68年		34
沙州回鹘		约宋天圣六年（1028）～11世纪60年代末	约40年		64
西夏		约从11世纪60年代末～南宋宝庆二年（1226）	约158年		
蒙元		成吉思汗二十二年（1227）～元至正二十八年（1368）	141年		9
明		洪武元年（1368）～崇祯十七年（1644）	276年		0
清		顺治元年（1644）～宣统三年（1911）	267年		4
时代不明者					6

总计：492窟

注：1. 本表所列洞窟，均为现仍保存有壁画或彩塑者。
　　2. 所示各朝代起讫年均指该朝代统治敦煌时期。
　　3. 本表据敦煌文物研究所资料室1979年统计编制，但据近年史学界研究成果略作修正，
　　　 如北魏统治敦煌的开始年代及补充沙州回鹘时期等。沙州回鹘与西夏之窟数因目前断
　　　 代研究仍在进行，故仍统计为一。
　　4. 洞窟时代判断标准以洞窟内现存壁画或彩塑作品的时代为准。
　　5. 凡一窟内同时存在不同时代之壁画或彩塑者，以其中最早为准。
　　6. 经全部改画重塑的洞窟，按改造的时代统计。
　　* 其中第267、269、270、271四窟实为以第268为主窟的毗诃罗式窟的四个小支窟。

图0-12 从窟内遥望"九层楼"

图0-13 莫高窟"三危揽胜"坊

图0-14 下寺附近的白杨

在敦煌东邻安西县城西南祁连山中榆林河东西两岸的峭壁上，现存38个由中唐到元代的洞窟（此外，在邻近敦煌的地区还有一些规模相当小的石窟群，如肃北五个庙、文殊山，安西东千佛洞、水峡口下洞子，以及玉门市昌马、酒泉万佛洞等石窟，广义上也都可以纳入于"敦煌石窟"的范围）。

以上三处石窟的岩石都属于酒泉系砂砾岩，是由大小卵石夹杂砂土胶结而成，成岩时间较晚，虽有坚硬的卵石，整体上却不够致密，尤其风化后的表面比较疏松，不适宜雕刻，所以敦煌石窟与内地许多以砂岩或石灰岩等以石刻著称的石窟如云冈、龙门等不同，采取了壁画和泥塑敷彩的形式（图0-15、图0-16）。虽然一般来说壁画和彩塑不如石质雕刻坚实耐久，但在西北干旱的特定环境中却能够较好地保存下来。壁画比石刻更易于表现生动的情节和复杂的细部。这批形象的资料对于我们的研究是至关珍贵的。

图0-15 敦煌壁画（榆林窟中唐第25窟）

图0-16 敦煌彩塑（莫高窟盛唐第45窟）

　　敦煌壁画的内容主要包括佛、菩萨和供养人等佛教人物画像、各种佛教故事（本缘、因缘、佛传、佛教史迹、经变故事等）、依据佛经绘出的佛国变相（经变画）及丰富多彩的装饰图案等。北朝壁画的内容以宣示佛祖神迹的本缘故事画和宣扬佛教因缘的因缘故事画为主，唐代起则以大型经变画为主。

　　比起新疆石窟，敦煌艺术显然更多地受到中原的影响，但敦煌艺术本身早晚各期的风格又有很大变化。一般说来，北朝虽然已经有了汉民族传统艺术的强烈显现，但仍能明显感受到新疆甚至犍陀罗艺术的影响；唐代以后，中国高度成熟了的民族传统艺术进一步有了鲜明的表现，西域和外来艺术的因素已经融合于民族传统之中了。隋代则处在二者之间的转变过程中。但在中唐（蕃据时期）直到北宋的250多年中，由于地缘政治的原因，敦煌和中原的交通受到阻隔，使得敦煌艺术愈来愈带有保守的倾向，在高度成熟的唐前期艺术的基础上逐渐程式化。在短暂的沙州回鹘时期和西夏初、中期，敦煌艺术萧疏简率，已不复见唐画的恢宏壮丽。而从西夏晚期开始到元代，虽然创作不多，但由于与中原的关系又趋于密切，宗教上更有了藏传佛教的流行，给敦煌艺术带来了新的契机，重新出现了一段风波激荡的高潮，但总的来说已经是尾声了。

一切种类的文化艺术作品，都是一定的社会生活在人们头脑中反映的产物，敦煌艺术也不例外。在创作方法上，我们无意给敦煌艺术戴上现实主义的桂冠，但作为艺术品，它毕竟仍是社会生活的某种反映，甚至虽然是折光的却仍然是深刻的反映。既然是造型艺术，为了把那些玄奥抽象的佛经变成生动可识的画面，画家们不能不从人世间撷取丰富的可视形象。所以，广阔的现实生活场景及各种人物和事物的形象，诸如建筑、舟车、乐舞、服饰、工具、自然风光、动物植物以及人们的生活和社会活动，在敦煌艺术中都有大量的再现。所以，敦煌艺术不仅以其高度的艺术价值，同时也以其高度的历史价值成为珍贵的遗产。它既是我们研究艺术史的直接对象，也是研究古代政治、经济、军事、民族关系和中外交通史等课题以及各种科技史、文化史的重要资料宝库。敦煌建筑研究就是其中一个十分重要的方面。

欧洲人说：建筑是石头的史书。随着社会历史的发展，建筑也在不停地发展之中。建筑与人类活动之间有着密切、广泛而深刻的联系，社会历史在建筑中得到了生动而贴切的反映，建筑史的研究不但在于探讨建筑本身发展的规律，至少同样重要的是，可以从中宏观地了解整个社会的历史文化进程。

建筑艺术又从来都是艺术总体中的一个独立门类，建筑艺术史的研究是艺术研究中的一个不可缺少的方面。与所有的其他历史门类的研究一样，既具有历史的意义，也具有现实的意义。

在敦煌壁画中就保存有十分宝贵的建筑史资料。除元代洞窟中较少建筑画以外，从十六国晚期一直到西夏末，前后八百多年时间内，壁画中都描绘出很多的建筑，向我们展示了一部不断发展的建筑史，其上限可推到5世纪初。检阅一下我们以前已经掌握了的资料。汉代虽没有留下什么木构建筑实物，但它的许多陶质建筑模型（明器）、画像砖、画像石、石阙和石室等，还有一些墓室壁画，已经能给我们提供不少的形象。中、晚唐的建筑资料虽仍感缺乏，但已经有了一些木结构建筑实物，如建于782年的五台山南禅寺大殿和建于857年的佛光寺大殿，众多的唐代砖石塔，以及不少遗址和墓室壁画，也扩大了我们的认识。宋代更有了系统的建筑学专著即李诫的《营造法式》（成书于1100年）。宋、辽直到明、清，建筑实物就更多了。唯独从魏晋南北朝到中唐以前大约五百多年中，可供研究的资料实在缺乏，而魏晋南北朝正是上承秦汉，下启隋唐的重要时代，隋至初唐、盛唐更是中国建筑艺术繁荣发展的最高峰。可贵的是，敦煌建筑资料的精华所在恰恰反映了南北朝和隋唐的建筑面貌，填补了盛唐和盛唐以前近四百年的空白，在很大程度上弥补了这一缺憾。至于中唐以后一直到西夏末的敦煌建筑资料，当然也增加了我们对这后四百多年建筑发展的认识。

同样重要的是，敦煌壁画中的建筑资料非常丰富。从数量上来说，包括三座主要的石窟群在内，全部敦煌壁画大约有50000平方米的面积。也就是说，如果建设一条5米高的画廊，敦煌壁画将占满10公里的长度。这是何等惊人的数字。它们又都是以故事画和经变画为主要题材的，而所有的故事画和经变画又几乎都少不了对建筑的描绘。有相当多的画面，如在净土变中，若按所占画面面积来说，甚至可以说是以建筑画为主的。单是在约三百幅大型西方净土变和东方药师变中，所详细绘出的建筑按单座计就不下四千座。若总计全部，至少也当接近万数之多。

资料的丰富也表现在建筑类型的多样上，最常见的如佛寺、城垣、住宅、宫殿、塔、阙等，已经包括了中国古代几种最主要的建筑类型。对于一些较次要的类型，如监狱、坟墓、穹庐、帐帷、舞台、草庵、客栈、酒店、屠房、桥梁等，也不同程度地有所表现。在以上这些建筑中，有一些如佛寺等并不只是单座建筑，而是以成院落布局的组群形式出现的。而院落布局，正是中国建筑总体布局的重要特征，唐代以前已经没有什么实例可求了，宋至明代以前的院落遗存又往往迭经改造，难窥原状，壁画中大量唐宋院落布局的描绘无疑将大大充实我们的认识。

壁画还给我们留下了丰富的细部做法并显示了古代建筑的色彩处理，诸如台基、台阶、勾栏、墙垣、门窗、柱枋、斗栱以及屋顶、脊饰等，都有可观的表现。尤其是斗栱，按数量来说，至少当以万计，形式类型也十分多样，并呈现出不同时代的不同形制，给斗栱发展史提供了许多新的例证。

壁画中还难能可贵地保存了几幅施工图画，使我们得以略窥古代匠师实际操作的情景。

中国古代建筑画（宋以后又称界画），历来就有以现实为师的优良传统，画家必须对建筑有详尽的了解，甚至画家本人就可能参加过建筑工程。宋人郭忠恕就是这样一位画家，他的作品，"其斗栱逐铺作为之，向背分明，不失绳墨"（宋·郭若虚《图画见闻志》卷一叙制度楷模条）。但画史资料对于建筑画关注颇少，又且多从规矩尺度处着眼，对于画家如何通过惨淡经营去规划构图，表达意匠，却甚少言及，甚或有持极鄙视之不当观点者。除敦煌外，唐以前的建筑画作品已极少存在，故敦煌建筑画实为研究中国建筑画史最重要的对象。

当然，作为佛教艺术而存在的敦煌建筑画，在引导我们走向现实的道路上，也自有其局限之处，其中的资料或有失真，对于它们是需要下一番披沙沥金的工夫的，这在本书各章中都将具体加以讨论。

本书第一编各章拟依研究对象的类别，对敦煌壁画中的建筑资料作全面的介绍和研究，共分九个专题，在各专题的叙述中将尽可能照顾到历史的顺序。

需要加以说明的是：笔者认为，在一定的历史条件下产生的某种文化现象，绝不是孤立自在之物，它与同类现象必有着千丝万缕的联系，归根结底，它是那个历史阶段社会政治和经济、文化的反映。所以，我们对敦煌建筑的研究也不能仅限于资料的罗列和描述，故笔者将适当结合有关历史文献和已知的中外建筑史现象，以"百科全书"式的视野，与敦煌资料相互印证，以求说明建筑史上的一些问题。这样，有时可能会显得略为泛杂，其本意实出于此，非敢故为枝蔓也。同时，本书毕竟是一部建筑史著作，对于建筑理论方面，就不拟过多发挥了。

敦煌古建筑

除了存在于敦煌壁画中的建筑资料外，对于敦煌地区实际存在过的建筑，也理应加以关注。十分可贵的是，敦煌地区至今还保存有一些建筑实物和遗址，时代涵盖面甚至较石窟还要更加绵长，类型也有不少，同样具有很大的研究价值，有的甚至可以解决以往建筑史学长期未能解决的问题。

敦煌是古代丝绸之路上的重要通道，早已为人熟知并见诸于诗人吟咏的汉代玉门关和阳关都在敦煌境内。玉门关现在仍有遗址，保存基本完好；阳关也有迹可循。至于曾发生过多少动人故事的汉唐以来的敦煌古城，也理应包括在我们的研究之中。可惜由于遗址的湮灭或史籍记载之不明，明清以前的敦煌城址现仍不能确知其所在，但根据对包括敦煌遗书在内的文献的研究，仍可以对其加以某些探讨。清代的敦煌城，就是现在的敦煌市区，大体格局仍在。

又如石窟窟室本身，也是一种建筑空间，从建筑学的角度观之，其形制依时代早晚显出有规律的变化，可以看出它们与同时代木构建筑如佛寺、佛殿等之间有密切的关系。同时，也可从中得出中国石窟寺的一些特点，察觉到文化交流史上的一些有趣现象。

敦煌莫高窟现在仍存的一座残缺的晚唐窟檐和四座完好的宋初窟檐，都保留了很强的唐代风格，且都属于中国现存不多的几座最早的木构建筑之列，以之互相对比并与壁画对照研究，将有助于说明建筑史上的一些重要问题。例如唐代建筑风格和唐式斗栱的特点、对中国建筑至关重要的屋角起翘问题的探明等。在其中三座窟檐内部，还完整保存着绚丽的宋初彩画。

经考古发掘发现的莫高窟窟前宋代建筑遗址，也为古代建筑复原研究提供了资料。笔者选择第53窟窟前建筑遗址，参考几座窟檐实例，对之进行了可信的复原，得出了它的原貌。

敦煌还存在十余座古塔，如时属北凉的四座小石塔，将之与邻近地区如酒泉和吐鲁番出土的其他八座相类小石塔一起，联系西至印度、东至中原的资料进行研究，可以看出，它正是作为原型的印度窣堵波塔与以后盛行于各代的中国密檐式塔的过渡形态，解决了密檐式塔的渊源这个长期困扰建筑史界的问题。敦煌的两座宋代古塔，也都具有特别的意义，其一可说是中国现存最早的一座木塔，也可以说是中国最早的一座亭子；另一座为土塔，也是中国最早的一座所谓"华塔"[1]。此外，敦煌在宋、元和清代，还有几座别的土塔，元代以后多作喇嘛塔式。

对于以上所提到的各个方面，将在本书第二编中进行研究。

1　"华塔"是一种特殊类型的塔，以巨大的形如笔尖的塔顶为特征，并有特殊的宗教含义，详见"敦煌古塔"章。

本章参考文献

1 史苇湘. 敦煌佛教艺术产生的历史依据. 敦煌研究，试刊第1期.

2 史苇湘. 丝绸之路上的敦煌与莫高窟//敦煌文物研究所. 敦煌研究文集. 兰州：甘肃人民出版社，1982.

3 施萍亭. 敦煌与莫高窟. 敦煌研究，试刊第1期.

4 史苇湘. 世族与石窟//敦煌文物研究所. 敦煌研究文集. 兰州：甘肃人民出版社，1982.

5 齐陈骏. 敦煌的沿革与人口（十六国至清）. 敦煌学辑刊，第2期.

6 陈良. 丝路史话. 兰州：甘肃人民出版社，1983

7 刘铭恕. 丝路掇琐——丝绸之路上的丝绸. 敦煌学辑刊，第5期.

8 向达. 唐代长安与西域文明. 北京：生活·读书·新知三联书店，1957.

9 陈连庆. 汉唐时期的西域贾胡//敦煌文物研究所. 1983年全国敦煌学术讨论会文集（上）. 兰州：甘肃人民出版社，1987.

10 潘玉闪. 略谈"丝绸之路"和汉魏敦煌. 敦煌研究，试刊第1期.

11 刘光华. 建郡后的汉代河西. 敦煌学辑刊，第2期.

12 梁尉英. 汉代效谷城考//敦煌文物研究所. 1983年全国敦煌学术讨论会文集（上）. 兰州：甘肃人民出版社，1987.

13 刘光华. 论东汉敦煌在中原与西域关系中之重要地位//敦煌文物研究所. 1983年全国敦煌学术讨论会文集（上）. 兰州：甘肃人民出版社，1987.

14 牛龙菲. 说武威雷台出土之铜铸"天马". 敦煌学辑刊，第5期.

15 李正宇. 乐尊史事纂诂. 敦煌研究，第2期.

16 宿白. 东阳王与建平公//阎文儒，陈玉龙编. 向达先生纪念论文集. 乌鲁木齐：新疆人民出版社，1986.

17 施萍亭. 建平公与莫高窟//敦煌文物研究所. 敦煌研究文集. 兰州：甘肃人民出版社，1982.

18 梁尉英. 张芝籍贯辨（关于西凉建筑、汉唐城址）. 敦煌研究，第2期.

19 段文杰. 十六国、北朝时期的敦煌石窟艺术//敦煌文物研究所. 敦煌研究文集. 兰州：甘肃人民出版社，1982.

20 陆庆夫. 略论隋朝对丝路的经营. 兰州大学学报，1983（1）.

21 陈国灿. 武周瓜沙地区的吐谷浑归朝事迹//敦煌文物研究所. 1983年全国敦煌学术讨论会文集（上）. 兰州：甘肃人民出版社，1987.

22 史苇湘. 河西节度使覆灭的前夕. 敦煌研究，创刊号.

23 马德. "敦煌廿咏"写作年代初探. 敦煌研究，创刊号.

24 汪泛舟. 敦煌曲子词中民族、爱国词篇考释. 敦煌研究，第2期.

25 李正宇. 唐宋时代沙州寿昌县河渠泉泽简志. 敦煌研究，1989（3）.

26 史苇湘. 吐蕃王朝管辖沙州前后. 敦煌研究，创刊号.

27　阎文儒. 敦煌两个陷蕃人残诗集校释//阎文儒, 陈玉龙编. 向达先生纪念论文集. 乌鲁木齐：新疆人民出版社, 1986.

28　李永宁. 敦煌莫高窟碑文录及有关问题. 敦煌研究, 试刊第1期.

29　李正宇. 唐宋时代的敦煌学校. 敦煌研究, 1986（1）.

30　段文杰. 张议潮时期的敦煌艺术. 敦煌学辑刊, 第3期.

31　姜亮夫. 罗振玉"补唐书张议潮传"订补//阎文儒, 陈玉龙编. 向达先生纪念论文集. 乌鲁木齐：新疆人民出版社, 1986.

32　钱伯泉. 归义军与安西回鹘的关系. 1983年全国敦煌学术讨论会文集（上）. 兰州：甘肃人民出版社, 1987.

33　王冀青. 有关金山国史的几个问题. 敦煌学辑刊, 第3期.

34　阴法鲁. 晚唐佚诗"敦煌廿咏"所反映的当地情况//阎文儒, 陈玉龙编. 向达先生纪念论文集. 乌鲁木齐：新疆人民出版社, 1986.

35　苏莹辉. 巴黎藏石室本归义军节度使曹议金四疏笺证. 敦煌研究, 1989（4）.

36　贺世哲, 孙修身. 瓜沙曹氏与敦煌莫高窟//敦煌文物研究所. 敦煌研究文集. 兰州：甘肃人民出版社, 1982.

37　黄盛璋. 沙州曹氏二州六镇与八镇考//敦煌文物研究所. 1983年全国敦煌学讨论会文集（上）. 兰州：甘肃人民出版社, 1987.

38　孙修身. 五代时期甘州回鹘和中原王朝的交通. 敦煌研究, 1989（4）及1990（1）.

39　汤开建, 马明达. 对五代宋河西若干民族问题的探讨. 敦煌学辑刊.

40　黄盛璋. 敦煌于阗文几篇使臣奏稿及其相关问题综论. 敦煌研究, 1989（2）.

41　黄盛璋. "西天路境"笺证（河西地理）. 敦煌学辑刊, 第6期.

42　段文杰. 党项蒙古政权时期的壁画艺术. 敦煌研究. 1989（4）.

43　刘玉权. 西夏时期的瓜、沙二州. 敦煌学辑刊, 第2期.

44　刘玉权. 敦煌莫高窟、安西榆林窟西夏洞窟分期//敦煌文物研究所. 敦煌研究文集. 兰州：甘肃人民出版社, 1982.

45　万庚育. 莫高窟、榆林窟的西夏艺术//敦煌文物研究所. 敦煌研究文集. 兰州：甘肃人民出版社, 1982.

46　阎文儒. 元代速来蛮刻石释文. 敦煌研究, 试刊第1期.

47　李永宁. 敦煌莫高窟碑文录及有关问题（四）. 敦煌研究, 试刊第2期.

48　金荣华. 斯坦因——敦煌文物外流关键人物探微. 敦煌研究, 1989（2）.

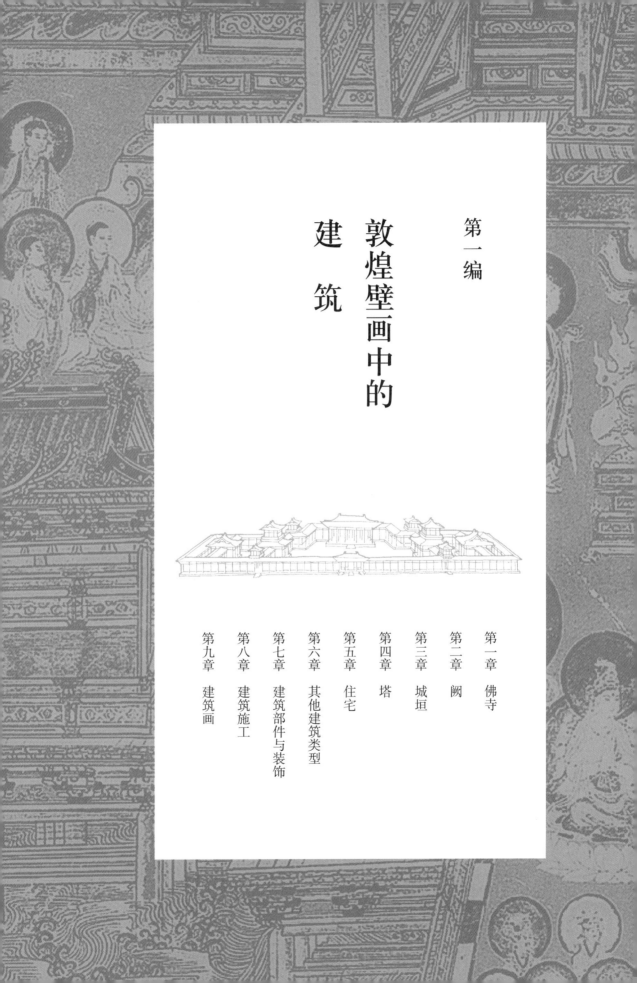

第一编

敦煌壁画中的建筑

第一章

佛　寺

　　对于建筑史的研究来说，敦煌壁画有一个十分值得珍视的特点，就是它所表现的建筑，许多都是成组群地出现的：或者是几座建筑以对称的方式组织到一起；或者表现了一些较简单的院落；在大型经变画中，更多的是伟丽恢宏的大型建筑组群，画出了由回廊围成的很大的庭院，庭院中仔细安排了许多殿堂和亭台楼阁以及水池。

　　这些建筑群是隋以后壁画表现的重要对象，也是敦煌建筑资料的重点之一。

　　我们知道，中国建筑的主要特点之一就是它的成院落布局的群体组合方式。但除了个别遗址外，唐以前的组群实物现在是一个也不存在了，宋辽以后的实例也多被后代改动，较完整的组群只有明清才有保存。所以敦煌壁画所反映的唐宋以前的建筑群体组合，无疑具有很高的研究价值。

　　但是，如果认真按照佛经来解释，那些描绘有大型建筑组群的画面，其绝大多数，本意并不是要表现人间的建筑，而是天国，即《观无量寿经》、《阿弥陀经》、《药师如来本愿经》、《弥勒上生经》……所叙述的西方净土、东方净土或兜率天宫等超凡入圣的境界。然而，马克思说："宗教本身是没有内容的，它的根源不是在天上，而是在人间[1]。"所谓天国，也是人们按照现实世界的模式创造出来的，作为具体的壁画形象，它甚至可能是人间事物的相当准确的写照。可以认为，这些画面主要是古代佛寺的反映。

它们大多都有钟楼经楼之设。钟楼里悬钟一口，经楼里满贮经卷，二楼对称地峙立在院庭东西。从隋唐文献可以知道，这种既有钟楼又有经楼的建筑布局，只有佛寺里才可能出现[2]。此外，它们大都画得雄大幽深，细致而具体，其所据原型不可能不是画家十分熟悉之物。据记载，隋代郑法士欲求杨契丹画本，"杨引郑至朝堂，指宫阙、衣冠、车马曰，此是吾画本也"（唐·张彦远《历代名画记》卷八）。但是对于更多的画家来说，大概不会有这样的机会能经常出入于朝堂宫阙之间，而佛寺却是对公众开放的，人人可以得见。画家在寺院中作佛画，天天都可以体察它，耳濡目染，自然发于毫端。况且，这批壁画都意在表现佛国世界，在意义上应与人间的佛寺关系更密切一些，而与宫殿等世俗建筑较为疏远。佛教中常用的"刹"字，就可既指佛国，也指佛寺。这个看法，亦可由壁画中的宫殿多简率不足称而得到佐证。最后，即从壁画所据的佛经中，也可以看到这些形象的现实依据，如西方净土"讲堂精舍、宫殿（应为殿堂）楼观，皆七宝庄严自然化成"（曹魏·康僧铠译《佛说无量寿经》卷上）、"阿弥陀佛讲堂经舍，皆自然七宝相间而成……此讲堂精舍……"云云（王日休校辑《佛说阿弥陀经》卷上）。这里所谓的讲堂和精舍，也都是佛寺里才有的建筑。

1　马克思. 1842年11月30日马克思致阿卢格的信//中共中央马克思恩格斯列宁斯大林著作编译局. 马克思恩格斯全集：第二十七卷. 北京：人民出版社，2008.
2　佛寺中贮藏佛经的处所名为经藏（或曰经楼）。经藏与钟楼对设，分立于佛寺院庭的左右。而宫殿里历来都是鼓楼和钟楼对设，如宋·宋敏求《长安志》叙唐长安太极殿云："殿东隅有鼓楼，西隅有钟楼，贞观四年置。（见清·徐松《唐两京城坊考》卷一，唐长安西内太极殿条。若按《永乐大典》载阁本太极宫图则钟楼在东，鼓楼在西）"唐·舒元舆《御史台新造中书院记》记唐大明宫宣政殿："至含元殿……入宣政门及班于殿廷则左右巡使二人分押于钟鼓楼下。"宋·王应麟《玉海》记宋东京大内"次文德殿，殿东南隅鼓楼漏屋，西南钟楼"。唐宋文献，未见有宫殿设经藏与钟楼相对，亦未闻有佛寺设鼓楼，而佛寺设钟楼经藏的文字记载却很多（参见后文），故钟楼经藏对设的布局可以看作是佛寺的标志。直到宋代以后，才有佛寺钟、鼓楼对设的制度，可见后文。

故本章以"佛寺"为题。

但另一方面，我们也不能把那些画面完全看成是现实佛寺的真实写生。首先，它们受到佛经的制约，或者说，它们都带有一定的理想化的成分。例如，为了表现佛经中所谓"八功德水"，净土变的大型建筑群中，都有很大的水面，有的甚至毫无平地，全部建筑都架立在水面上，就不一定是唐宋佛寺的普遍情况了。

其次，绘画史方面的因素对于形象的表现也有很大影响。从隋代壁画建筑的简略平扁到初唐对于透视画法的探索，从盛唐的成熟技法到中唐以后的因循沿袭，以至西夏中期壁画的冷落荒疏和西夏晚期的异军突起，都使壁画里的建筑呈现出不同的面貌。但这些表现方法上的差别，并不反映各代佛寺发展演变的真实情况。

又如，为了在有限的画面中，尽量表现更大的和更完整的场面并力图把建筑单体画得详尽，画家们大都有缩小横向尺度的倾向，致使正面建筑的开间数画得很少，不过三五间而已，因而建筑形象显得高耸。壁画的特点也使得它在透视处理上不着意于表现空间的深远，而拉近前后建筑的距离，使我们有像是从望远镜中看建筑群的感觉。所有这些，也都是绘画表现方法对于形象的影响。

中国佛寺，历来与其他建筑类型如宫殿、官署、住宅、道观、祠庙等有密切的亲缘关系，不像欧洲的教堂与宫殿、府邸、住宅那样各是截然不同的建筑类型，而是具有相当大的一致性。这个现象，牵涉到民族的建筑审美观念，在此不拟深论，但至少可以看到，木结构的使用应也起了很重要的作用：同样使用木材柱梁结构构筑的房屋单体，在体形和体量上一般不会有太多变化，无非是殿堂、楼阁、亭、廊之类，上至宫殿下至住宅，同样都是用这几种有限的单体组合而成。其组合方法也基本一致，即采取院落形式把整群建筑有机地联系起来。这种院落可大可小，可多可少，具有很强的适应性，基本上可以满足当时社会各种功能要求。这样，各类型建筑之间就具有很大的共通性，以至于往往可以互相改换[1]。因此，被我们视为佛寺的壁画形象也不无理由同时是宅第、官署、道观、祠庙甚至宫殿的某种间接的反映了。

隋代佛寺的一殿二楼布局

北朝石窟没有出现有关佛寺的壁画，但它的洞窟形制，尤其是洞窟的中心塔柱式布局，反映了早期在庭院中心建有高塔的这种佛寺的某些特点。具体分析，可见于"敦煌石窟洞窟形制"一章。

在壁画中最早出现的可作为佛寺看待的画面在隋代，其最普遍的形式是正中立一座五开间大殿，单檐歇山或庑殿顶，形象突出，大殿左右各立一座三层或四层楼阁为陪衬（第423、436、419等窟），三座建筑都是正立面，没有画出周围廊舍，所表现的应是寺院中部最主要的一组建筑（图1-1、图1-2）。我们由文献知道，许多早期佛寺其主要建筑并不是佛殿，而是塔，佛殿在塔的后面。而据初唐·释道宣《戒坛图经》对寺院的叙述，塔的位置反移到了前佛殿的后面，突出了前佛殿的地位（图1-3）[2]。其实，就在早期，也应该同时就有着这种以佛殿为主体建筑的布局，尤其是在由住宅改建成的佛寺中，由于平面布局先已完成，无由再在寺中主要位置立塔，当然是以佛殿为主。北魏洛阳建中寺本是阉官司空刘腾宅，就是"以前厅为佛殿，后堂为讲堂"，并不建塔的（北魏·杨衒之《洛阳伽蓝记》卷一）。

1　官署就可以改为佛寺，其实"寺"字在秦汉原意就是官署。《日知录》说："自秦以宦者任外廷之职而官舍通谓之寺，汉人以太常、光禄、勋卫、太仆、廷尉、大鸿胪、宗正、大司农、少府为九寺"。传说佛教初入中原时就是因为外僧曾暂寄居于这种官署内，以后才把佛寺也称为"寺"。《释名》曰，"寺嗣也，治事者相续于其内，本是司名。西僧乍来权止公应，移人别居，不忘其本，还标寺号"。叶梦得《石林燕语》更具体说到最早的佛寺东汉永平十一年（公元68年）的洛阳白马寺原来就是因鸿胪寺而改的。

住宅改为佛寺的就更多了，如《洛阳伽蓝记》卷四云："（北魏）经河阴之役，诸元歼尽，王侯第宅多题为寺，寿丘里间列刹相望。"同书记"舍宅为寺"者比比皆是。《寺塔记》卷下记唐长安奉慈寺，开元中原是虢国夫人宅，安禄山时成了伪京兆尹的官府，以后又成了驸马郭暧宅，最后改为佛寺。此书所记长安十六寺大约有九寺都是由住宅或藩邸改作的。舍宅为寺是达官贵人阉宦等人的一种佞佛行为。宫殿也可改为佛寺，《长安志》卷九记通义坊兴圣尼寺是"唐高祖龙潜旧宅，武德元年以为通义宫，……贞观元年立为兴圣尼寺焉"。

2　（唐）道宣. 戒坛图经（《续藏经》第一辑第二编第十套第一册）。道宣为初唐时律宗高僧，曾参与玄奘的译经工作，乾封三年（668年）卒。

图1-1 隋代第423窟窟顶弥勒经变

图1-2 隋代第423窟窟顶弥勒经变

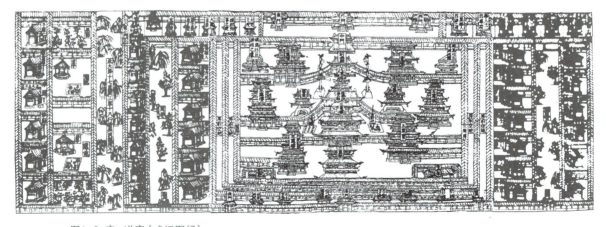

图1-3 唐·道宣《戒坛图经》

《洛阳伽蓝记》共记录了洛阳近五十个佛寺，只有十五座寺有塔，其中十三座塔是立在新建寺中，只有两座塔立在由住宅改建的寺中。由此可见，虽然那种突出佛塔的佛寺布局，在早期较后代更为多见（这有宗教上的原因，具体论述，也参见洞窟形制一章），而脱胎于传统院落式住宅、中心无塔因而以佛殿为寺中主要建筑的佛寺，即使在早期也已有相当数量。隋唐以后，随着佛教之更重义理，少倡戒行，那种宣讲佛教义理所需要的佛殿讲堂形制得以继续发展，而戒行礼拜所需要的中心建塔的形制就逐渐式微了。即使建塔，也多在别院，或在后，或在侧，少有建在主要佛殿前面的。敦煌壁画中的佛寺大多以佛殿为主，就反映了这种情况。上举隋代壁画中几座佛寺也正是如此，说明在《戒坛图经》以前，寺院中已经流行了这种布局。《戒坛图经》又说："正中佛院中门内为前佛殿，左右有楼各三层"，恰与隋代壁画相合。这就进一步说明隋时已通行《图经》所说的方式了。文献表明，更早在宫殿中就有了类似的布局，如《长安志》记后秦姚兴："尝于逍遥园引诸沙门听番僧鸠摩罗什演讲佛经。起逍遥宫，殿庭左右有楼阁高百尺相去四十丈"（宋·宋敏求《长安志》卷五）。

隋代及初唐、盛唐佛寺的"凹"形平面布局

在隋代及初唐、盛唐壁画西方净土变中还多见这样的寺院建筑组合，即中间大殿，左右各有一座小殿，三殿平面组成"凹"形，如隋第433窟（图1-4）；有的在三殿间连以廊庑，如初唐第338、68窟（图1-5）；有的左右二殿是二层楼阁，与中间大殿以弧廊相连，如初唐第341窟（图1-6）；或者三座建筑都是楼阁而以廊道相连的，如初唐第321、205窟（图1-7）。在第205窟的这组建筑的左右又各有一楼，全部楼阁群都架立在广阔的水面上，在建筑群前方架有几座平台。但在大多数场合，这种成"凹"形布局的建筑仍是建在陆地上的，只是在它的前面有方整的水池和平台。这在盛唐有更丰富的表现。如第217窟北壁净土变：正中是一座二层的佛殿，佛殿后面的回廊两臂前折形成了一个"凹"形，然后又各作东、西折延伸出去，在它们前方，左右还有些楼阁和高

图1-4 隋代第433窟窟顶   图1-5 初唐第338窟北壁说法图

图1-6 初唐第341窟阿弥陀经变

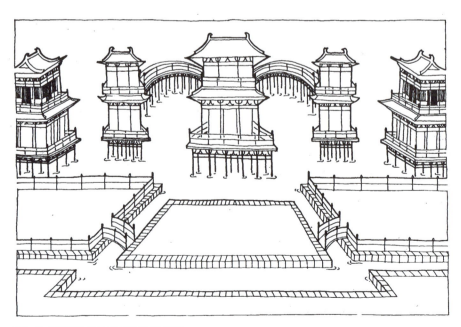

图1-7 初唐第205窟北壁阿弥陀经变

图1-8 盛唐第217窟北壁观无量寿经变

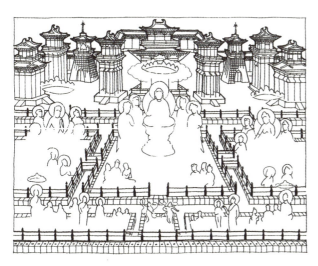

图1-9 盛唐第217窟北壁观无量寿经变

台。整群建筑前是水池和平台，平台好像是水中的岛：中轴上有一座，左右又各一座，连以小桥（图1-8、图1-9）。第45窟北壁中央也是一座两层殿堂，左右斜向伸出呈八字形的两层廊道，更左右为单层廊，曲折情状同于上图，全部建筑群前也是水池和平台（图1-10）。第225窟盛唐所画的阿弥陀经变较为简单。它的中央是单层佛殿，左右端各置一座二层楼阁，与单层殿合成"凹"形,三座建筑之间连以弧形廊屋,整组建筑前也是水池。总的意匠和上举初唐、盛唐数例一致(图1-11、图1-12)。

图中这种水池是根据《观无量寿经》和《阿弥陀经》所说的西方净土"八功德水"画出的。经说:"有七宝池,八功德水充满其中……四边阶道,金、银、琉璃、玻璃合成,上有楼阁"(姚秦·鸠摩罗什译《佛说阿弥

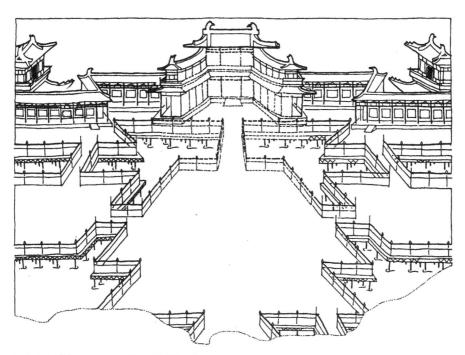

图1-10 盛唐第45窟北壁观无量寿经变

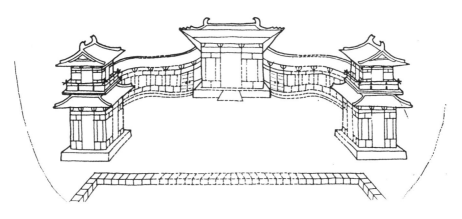

图1-11 盛唐第225窟南壁龛顶阿弥陀变

图1-12 盛唐第225窟南壁龛顶阿弥陀变

陀经》）。或"极乐国土，有八池水。——池水，七宝所成"（刘宋·畺良耶舍译《观无量寿佛经》）。所谓"八功德水"是供天国的佛、菩萨等沐浴用的，在其中沐浴时，冷热随意，深浅任便，皆随意念而自行变化，另外还有诸如澄净、清泠等八种别的好处，故称"八功德水"。壁画东方药师净土变与西方净土变（包括观无量寿经变和阿弥陀经变两种）构图极为相似，殿庭中也有大量水面。这是因为佛经描写的东方药师净土"亦如西方极乐世界，功德庄严，等无差别"（隋·达摩笈多译《药师如来本愿经》）。这种描写，当然出于想象，可能与印度热带地区时时需要沐浴有关。所以，壁画中的大量水面，在唐宋佛寺中不一定是真正普遍的情况。段成式在《寺塔记》中所记十六寺，只有三次提到过水池，其中二处尚且"填之"或为"先有"，另一处是放生池，完全没有说起在寺院正中院庭有像壁画中那样的大水池和平台[1]。但我们在日本寺院中却可以找到相类的布局。

净土信仰从10世纪中叶在日本兴起以后，一直到11世纪前后，主要都

1　《寺塔记》卷下崇义坊招福寺，"寺内旧有池……填之"；卷上靖善坊大兴善寺，"寺后先有曲池……今复成陆矣"，卷下崇仁坊楚国寺，"门内有放生池"。又宋敏求《长安志》卷七记唐长安开化坊大荐福寺"寺东院有放生池"。

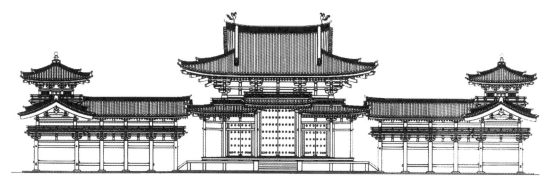

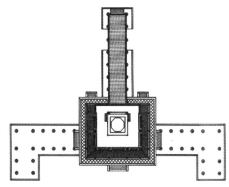

图1-13 日本平等院凤凰堂

是强调其天国欢乐的一面。为了再现天国的影子,在建筑、佛教绘画和法会的仪式中都显出一种快乐和华丽的气氛。这在被称为日本建筑瑰宝的平等院凤凰堂表现得十分明显:精致、华丽、开朗和欢乐是这组建筑表达的精神基调。凤凰堂建于日本天喜元年(1053年),中间建歇山楼阁,称阿弥陀堂,左右和后面有双层廊,平面形如大鸟展翅,故名凤凰堂。左右翼廊在尽端各凸出一个小屋顶再折向前围成"凹"形而结束。引入的宇治川的水在建筑前形成水池(图1-13、图1-14)。此后,在京都建造的法胜寺、鸟羽的胜光明院、平泉的毛越寺和无量光院、圆隆寺等,都有相似的布局。这些寺院的水池设在大门和后部"凹"形平面建筑群之间,沿纵轴在水池中有中岛和通向前后的桥,后部"凹"形建筑的左右在前伸临池处多以楼阁结束,其总体和上举壁画数图相当一致。相同方式的布局在日本平安期贵族的所谓寝殿造住

图1-14 日本平等院凤凰堂

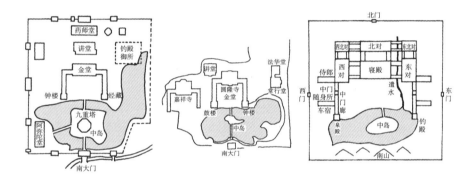

图1-15 日本京都法胜寺（左）、平泉圆隆寺（中）复原平面及寝殿造宅院（右）

宅园林中也有流行（图1-15）。平安京神泉苑建于8世纪，是寝殿造较早和较典型的例子。

这一批日本寺院及园林布局，在日本被称之为"净土园林"[1]。据日本学者研究，凤凰堂就是以"阿弥陀净土楼阁图"为依据而建造的[2]。考虑到中日两国古代文化上的频繁交往，可以认为这种净土图同两京寺院的净土变壁画以及上举敦煌石窟壁画应都是相类的。

我们可以认为：这种水池平台源于佛经，或许与印度的沐浴习惯有关，但对于中国佛寺来说本来不过是想象之作，可是既经在壁画中出现，不免引

---

1 杨鸿勋. 我国园林对日本造园影响的一些情况//建筑科学研究院建筑理论及历史研究室编. 建筑理论及历史资料汇编, 第二辑.
2 世界美术全集: 第五集. 日本:角川书店版.

起人们的兴趣，从而反作用于社会，遂在现实中加以模仿，所以凤凰堂等与敦煌壁画的此种吻合，也就可以理解了。同时，日本既有实例，中国唐代应当也曾有所实行，只是实物已经无存，文献也少记载而已。北宋晋祠圣母殿前的鱼沼飞梁很相似于壁画中的水池平台。宁波保国寺大殿殿前月台下有南宋建造的长方形"净土池"。南方还有其他一些佛寺也都类此。据说创建于唐代的昆明圆通寺[1]，现状庭院内满是水面，中有一岛，岛上建八角大亭，岛前后有路通向山门和大殿，也颇相合，可能在后代重修时仍保存了原来的布局（图1-16）。

壁画中以"凹"形平面的建筑群作为中心建筑的佛寺，中唐后即不多出现。仅四川大足北山晚唐第245龛浮雕净土变[2]和敦煌五代第72窟北壁弥勒经变中还有这样的布局。

盛唐以后佛寺的院落式布局

上举壁画佛寺，虽已较隋代所画的一殿二楼丰富，但仍以主要表示主体建筑为限。而自盛唐以后，历中、晚唐以至

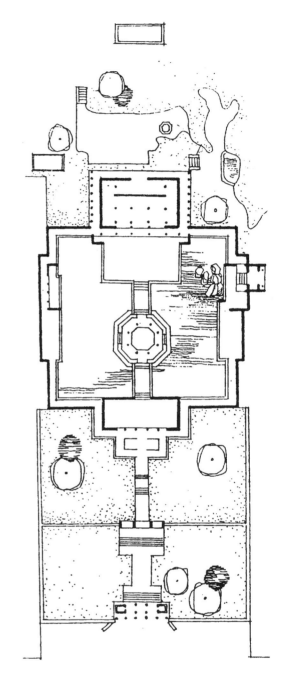

图1-16 昆明圆通寺平面

---

1 《云南通志》："圆通寺……建自蒙氏，元延祐间重修。"按南诏大观二十三年，终于天复二年，适当唐世.
2 辜其一.四川晚唐摩崖中反映的建筑形式.文物,1961(11).

五代、宋初，壁画表现又前进了一步，就是全都画出了院落，有的更画出了三门[1]，使我们能更完整地看到寺院的布局。这些院落依其组合又可分为三种类型：即单院、前后纵列的二院和左右横联的三院。这样的佛寺，绝大多数画在大型经变中，如观无量寿经变、阿弥陀经变、东方药师变、弥勒上生经变等。数可在三百幅以上，是壁画建筑资料中的大宗。以下将按类型依次介绍。因为中唐以后一直到宋代，壁画风格和壁画中的建筑已具有保守的、程式化的倾向，看不出多少布局上的发展，为了叙述的方便，我们有时可能要打破一下时代的顺序。

单院式

单院佛寺的表现方法有两种。一种是经变画中出现的，寺院左右对称、视点放在寺院中轴线上方、基本上采用一个焦点的透视画出的鸟瞰图。这样的画面都很大，非常华丽，渲染出了强烈的天国欢乐气氛。另一种集中见于宋初第61窟西壁著名的《五台山图》中，采取近似轴测投影的画法，所画的寺院比较小也比较简单。现在先从《五台山图》谈起。

山西五台山是佛教传说文殊菩萨的道场，《水经注》记载北魏时山里就有了佛寺[2]，虽经北周武帝灭法，多从煨烬，隋时恢复[3]，至唐代，五台山已成为佛教圣地，僧徒弟子往来不绝，《五台山图》乃应运而生。在这种兼具地图性质的图画上，绘有山里的大寺院。第61窟建于宋初（一说建于五代），该窟的《五台山图》所据原本当出自唐或五代，故所图寺像反映了晚唐五代时的情况。图中寺院大小有六十七处之多。小者仅一屋，大者都作单院式。院落都由回廊围成方形，和日本飞鸟、奈良时期寺院的方院一样，是唐代寺院通行的院落形制，不同于现存宋、辽以后寺院呈纵深院落的做法。在院落

---

1 三门，即寺院大门或其中心回廊院大门，可能是三座门，也可能只是一座门，但唐代一般都称之为"三门"。详见后文.

2 《太平御览》卷四十五引《水经注》云："五台山……今多佛寺，四方僧徒善信之士多往礼焉。"今本《水经注》无此文。据纪昀等序云："崇文总目称其中已佚五卷，故元和郡县志、太平寰宇记所引滹沱水、泾水、洛水皆不见于今书。"五台山应属滹沱水，故今本已不存。

3 《广清凉传》卷上引《灵迹记》："（五台山）粤自后周以来，极遭废毁……大率伽蓝多从煨毁。"《古清凉传》卷上："大隋开运，正教重兴，凡是伽蓝并任复修"。按五台山又称清凉山。

图1-17 第61窟西壁五台山图的几座佛寺

的正面，正中设二层门楼，院四角多有二层的角楼，院中多为一到三座单层或二层建筑，有的在院外也有建筑。其中"大佛光之寺"院中是一座二层楼阁。此楼阁明显与该寺现存建于唐大中十一年的单层七间庑殿顶大殿不同。《广清凉传》卷下："释法兴，隶名佛光，遂有终焉之志……修弥勒大阁凡三层九间（《宋高僧传·法兴传》作'三层七间'）"，所述是会昌灭佛前的情况，此图或为之示意（图1-17、图1-18）。1937年梁思成先生率领考察组发现的佛光寺大殿是当时所知中国最早的木结构建筑实物，这一发现成为建筑考古界一桩值得纪念的大事。顺便提一句，梁先生考察佛光寺大殿，即起因于敦煌第61窟的《五台山图》。

"大法华之寺"左侧的某寺，院庭中心所建是一座单层六角塔，反映了此时中心建塔的佛寺布局并没有全部消失（参见图1-17）。同图之"万菩萨楼"寺，在院落正中所建之四层楼阁，其实也可以认为是塔（图1–19）。
就在大型经变画中，一直到西夏，这种布局也仍有数处表现（图1–20）。日
僧圆仁撰《入唐求法巡礼行记》所述晚唐时在中国的见闻，记山东莱州城
外龙兴寺，"佛殿前有十三级砖塔"；敦煌宋代卷子《节度押衙董保德

图1–18 五代第61窟西壁五台山图大佛光之寺

图1–19 五代第61窟五台山图万菩萨楼

图1–20 宋代第307窟前室西壁西
夏绘佛寺

等建造蓝若功德记》（S. 5929）也说：“创建蓝若一所，刹心四廊，图素（塑）诸妙佛铺，结脊四角，垂拽铁索鸣钤（铃），完然具足。新拟弥勒之宫，似创阿育之塔……”，似都表明此式之实行。实物则可见于应县辽佛宫寺[1]、洪洞广胜寺[2]等。

大型经变中的单院佛寺可以盛唐第172窟和中唐第361窟数图为代表：

第172窟南北两壁都画有大型观无量寿经变，都是莫高窟艺术的杰出作品。其北壁一幅所绘佛寺系一方形大院，院落后部沿纵轴顺置三座大殿：前殿单层，单檐庑殿顶，面阔五间，进深三间；中殿是两层楼阁，亦单檐庑殿，面阔较窄；后殿单层，面阔最宽，顶同前。横轴在前殿以前，东西两端各置单层单檐歇山顶五开间配殿一所，配殿南北又各峙立一座二层楼阁，亦五间，歇山顶。后殿左右接廊庑，东西行至角折向南与侧翼建筑相接，在廊庑转角处于廊顶突起角楼。角楼歇山顶，以山面向前。廊庑深两间，沿中柱设墙，开直棂窗，每隔两间敞开一间，可互通内外。全部建筑都架立在广阔的水面上。在前殿以前的水面上立大小低平方台：沿横轴是一大平台，绘佛说法场面；前面有三个小平台：中间是伎乐歌舞，左右各一乐队伴奏。最前又横置五个小平台：中台有仙鹤，左右二台各是菩萨。平台之间及平台与殿堂之间连以小桥和斜道。图上露出水面较多，故气象较为疏阔，整体丰富而不拥挤，华丽而不艳俗。水面碧波粼粼，植莲荷菱蕖，化生童子嬉游其间。寺院廊庑以外绘山水，天空有活泼美丽的飞天、乘云而来的赴会菩萨和各种“不鼓自鸣”的乐器。

此图未绘出前部，但由上述《五台山图》几座寺院和其他净土变推断，前部也应由廊庑围成，正中是三门，左右亦有角楼（图1-21~图1-23）。

南壁的与北壁相似，但画面比较拥挤，配殿也只是一座楼阁，值得注意的是从后角楼的左、右，可见出在画面左、右还有更多院落和建筑没有绘出（图1-24）。

中唐第361窟北壁药师经变的单院佛寺以一座六角二层塔为中心。此塔造

1　陈明达. 应县木塔. 北京: 文物出版社, 1966.
2　林徽因, 梁思成. 晋汾古建筑预查纪略. 中国营造学社汇刊, 第五卷, 第三期, 1935.

图1-21 盛唐第172窟北壁观无量寿经变

图1-22 盛唐第172窟北壁观无量寿经变

图1-23 盛唐第172窟北壁观无量寿经变局部（孙儒涧）

图1-24 盛唐第172窟南壁观无量寿经变

型奇特，广泛使用曲线。左右配殿各是一座两层三间歇山楼阁。廊庑进深也是两间，但中柱无墙，全部敞开。角楼是圆形小亭。后廊正中似乎有后门一类的建筑，但被中塔遮挡，无由确知。在此后门与圆角楼之间于廊顶又突出一平台。圆角楼、平台和后门上部以虹桥连接。此图绘出了寺院前部，布置和后部相仿，但前角楼是六角亭，东亭悬钟一口，西亭处壁画残损。三门是一座两层楼阁，三开间庑殿顶。全部建筑包括三门和廊庑都架立在水面上，庭院水中有大平台，塔和配殿都建在平台上，平台前部左右各立一幡竿，竿

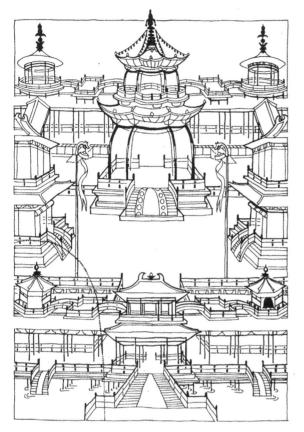

图1-25 中唐第361窟北壁药师经变

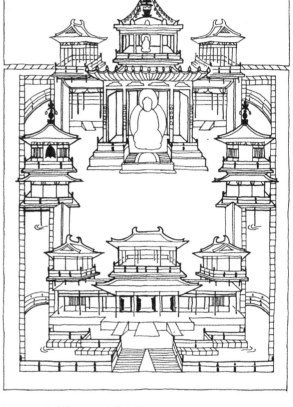

图1-26 中唐第361窟南壁阿弥陀经变

首龙头衔幢幡（图1-25）。

同窟南壁图中寺院建筑的配置大体与上图同，但配殿为二层的三开间方楼。西楼上层置钟，东楼上层贮经。寺院总平面呈纵长方形。院内没有水面，而在寺外沿寺一周设有规整的护壕（图1-26）。

敦煌壁画几百幅大型经变中的佛寺图，其配置几无一例是相同的。详细言之，包括上举三图在内，就正中一路来说，有只置一座单层佛殿的（盛唐第320窟，西夏第354窟）；有只置一座双层佛殿的（中唐第231窟，晚唐第85窟，五代榆林窟第16窟、第33窟，宋代第55、136窟）；有的是一座双层楼阁式塔（中唐第361窟二图，五代第61窟，宋代第307窟西夏绘前室）；有的是前后纵列两座大殿，两座中有时前一座是单层，后一座是双层（盛唐第172窟南壁、第148窟，中唐西千佛洞第15窟、莫高窟第91窟等）。第172窟南壁后殿

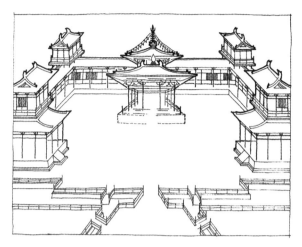

图1-27 西千佛洞中唐第15窟西壁阿弥陀经变

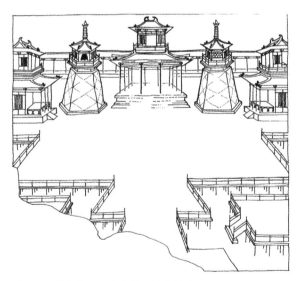

图1-28 盛唐第91窟南壁观无量寿经变

楼阁正中为五间，左右各挟一座两间的挟楼，俱为庑殿顶。西千佛洞中唐第15窟的后殿楼阁系四角攒尖顶，有刹、铎之设，也可以被认为是塔（图1-27）。第91窟的形制较少见，它是在前殿前方左右与配殿之间各置一六角砖台，台顶有六角亭，西亭悬钟，东亭贮经（图1-28）。唐·白敏中记滑州明福寺："隋开皇中……遂请舍宅为寺……周廊四回，前三其门，庭二其台，架危楼以声钟，植修茎以飞幡"与此相似（《文苑英华》卷八二〇《滑州明福寺新修浮图记》）。

纵列的两座大殿也可能前殿是双层，后殿是单层（五代第100窟南、北壁，第5、6、22窟，榆林窟五代第16、19窟，敦煌宋代第55窟，西夏第306、400窟）；或前后都是单层（中唐第158窟）；或前后都是双层（晚唐第85窟）；也有前后纵列三座大殿的，其顺序大都与上举第172窟北壁的一样，即前后两殿是单层，中殿双层（盛唐第172窟北壁、第199窟，晚唐第8窟）。后殿似多与后廊相连。

就配殿来说，一般都是二层的楼阁，少数是单层，个别的如前述第172窟：中间单层，南北各挟一双层。以楼阁为配殿的格局，实例可见于辽金

图1-29 山西大同善化寺大
雄宝殿

图1-30 河北正定隆兴寺
佛香阁及其东配殿慈氏阁

大同善化寺的文殊、普贤阁（图1-29）[1]。宋正定隆兴寺之慈氏阁及转轮藏
亦如之（图1-30）[2]。又《益州名画录》有"大圣慈寺文殊阁、普贤阁"
之句，可能也是左右对称的配殿（宋·黄休复《益州名画录》卷下，滕昌
佑条）。《历代名画记》也有："东阁……置……碑"（唐·张彦远《历代
名画记》卷三），可知应是唐宋时比较普遍的做法。配殿与东、西廊有的相
连，有的则在廊前，或许是以殿的后部与廊相连。

　　绝大多数佛寺都有角楼。角楼或方或圆，或六角或长方。有的在角楼
和后殿之间的廊庑顶上又耸起一楼，或圆或长方，其形式与角楼取得对比。

1　梁思成, 刘敦桢. 大同古建筑调查报告. 中国营造学社汇刊, 第四卷, 第三、四期合刊, 1933.
2　梁思成. 正定调查纪略. 中国营造学社汇刊, 第四卷, 第二期, 1932.

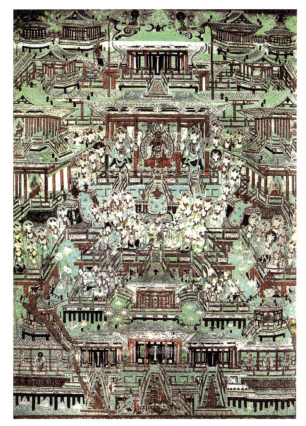

图1-31 五代第146窟北壁药师经变

图1-32 五代第146窟北壁药师经变

也有的将此楼改为只有平座勾栏的方台，甚至角楼处也是这样的小方台。廊顶的这些小建筑之间，常以虹桥相连。从中唐至宋代，许多图都画出了院落的前部，其处理和后廊部分差不多，但正中是三门。三门常是一座三开间的二层楼（参见图1-25），多数在此楼左右又各挟一座三开间的单层建筑（图1-31、图1-32）；也有三座双层楼并建，中间一座较大，左右的略小（参见图1-26，图1-33、图1-34）；个别的仅一单层三间门屋而已，同于独乐寺[1]、善化寺[2]等实例。

1　梁思成. 蓟县独乐寺观音阁三门考. 中国营造学社汇刊, 第三卷, 第二期, 1932.
2　梁思成、刘敦桢. 大同古建筑调查报告. 中国营造学社汇刊, 第四卷, 第三、四期合刊, 1933.

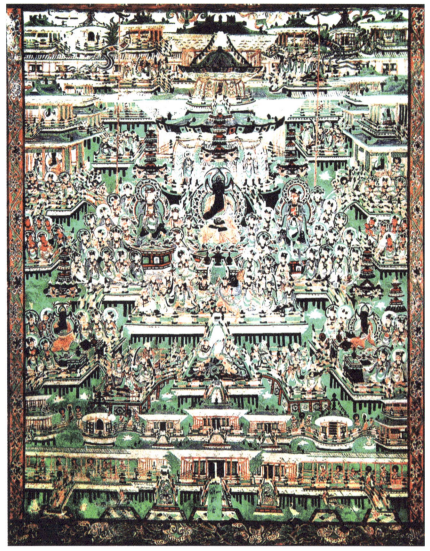

图1-33 五代第61窟北壁药师经变

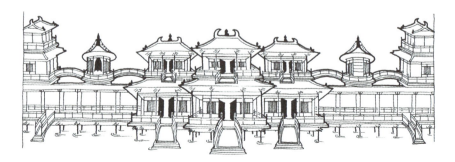

图1-34 五代第61窟北壁药师经变中的三门

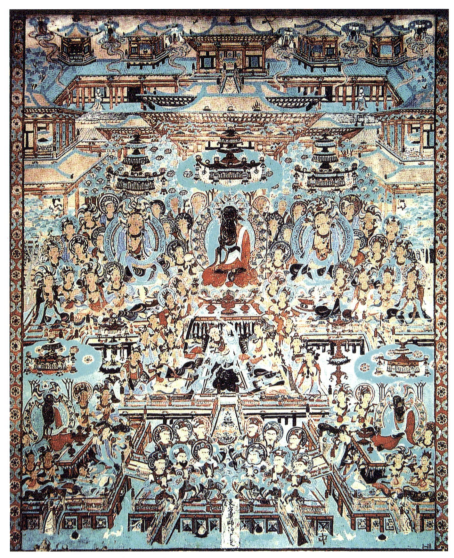

图1-35 晚唐第12窟北壁药师经变

前后纵置的双院式

　　此式布局相当于在上述单院后又接出一进后院。后院宽度同于前院，深度则比前院小。前院情形和单院式佛寺差不多。后院中路的布置因被前院建筑遮挡，大都不详。由晚唐第12窟所示，其后院正中有一座两层大阁（图1-35）。晚唐第85窟的壁画佛寺后院正中局部被挡，由所露出部分看来，似乎是并列的三座二层楼阁，上层以飞桥联系。在后院的左右部，又各

图1-36 晚唐第85窟北
壁药师经变

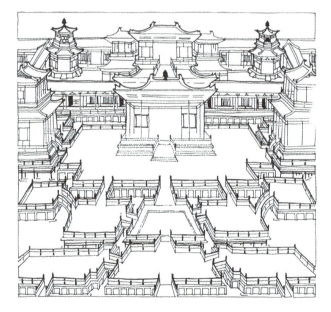

图1-37 晚唐第85
窟北壁药师经变

立一六角形双层楼阁，布置较为复杂（图1-36、图1-37）。五代第146窟的后
院中也有许多建筑（参见图1-31、图1-32）。盛唐第148窟的后院最复杂，似
乎分为左中右三个，以飞桥联结（图1-38、图1-39）。

　　在前后院之间的中廊与左右廊的丁字交接点上，有的也设置了角楼。

　　无论是单院式或双院式佛寺，都有许多画面显示出后廊在角楼处并不终止

图1-38 盛唐第
148窟东壁北侧药
师经变

图1-39 盛唐第
148窟东壁北侧药
师经变的佛寺

而继续向东、西延伸出去如盛唐第148、199、172窟，中唐第158（图1-40）、
159、361窟（参见图1-25），晚唐第12、85（参见图1-36、图1-37）、196、
468窟。第172窟南壁后廊的延伸段屋顶上还耸出有圆塔（参见图1-24）。

　　有一些佛寺图在后廊之北还有建筑物的屋顶显露出来（参见图1-40，
图1-41）。

横列三院式

这是比较特殊的形制，都出现在弥勒经变中，画在画面最上方横长的面积内，象征弥勒佛居住的兜率天宫。有两种方式：一种是横列三院互不连接各自独立成单院。中院最大，建筑南向，东西二院较小，方向各朝向中院，并与中院相对开门以通往来，如中唐第231窟（图1-42）、晚唐第138窟。也有的左右二院是园林，院中各有一六角亭（中唐第231窟）。晚唐第85窟的中院是一城，左右二院面向中院，又各分为前后二院（图1-43）。

另一种方式是三院接连，以盛唐第148窟所绘最完整。此图中院最大，左右二院的南北向宽度小于中院的进深，故中院的佛殿恰好坐落在一个凹形空间里，并使侧院朝向中院的立面完整显露。在这个立面上，正中设侧院的正门，南北端设角楼。三院全部由回廊围绕，总体布置得十分妥帖（图1-44）。

这种布局虽都是三院横列，但各图的变化都很大，并不规格。有的布局看来不可能实行，例如中院是一座城的布局，在实物及文献中都找不到什么根据，考虑到它们所处的横长画幅的地位，可以认为系出于画家的杜撰，并非写实之作。但其中某些例子，布局合理，或许是有现实依据的。

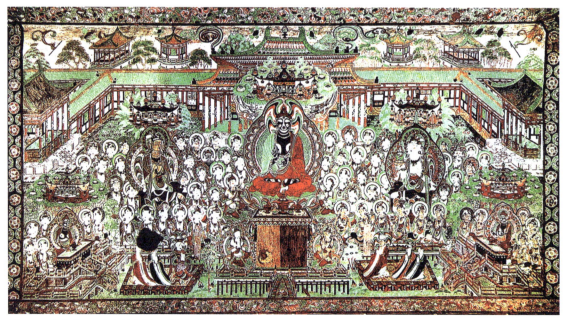

图1-40 中唐第158窟东壁南侧天请问经变

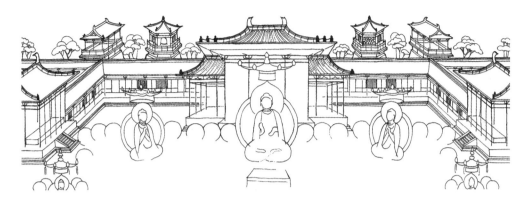

图1-41 中唐第158窟东壁天请问经变

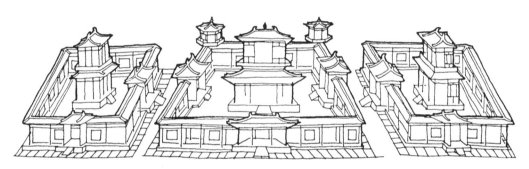

图1-42 中唐第231窟北壁弥勒经变的天宫

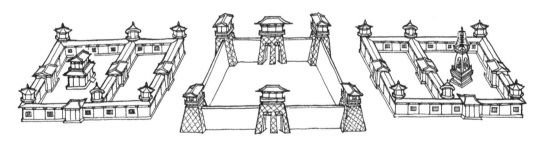

图1-43 晚唐第85窟西顶弥勒经变的天宫

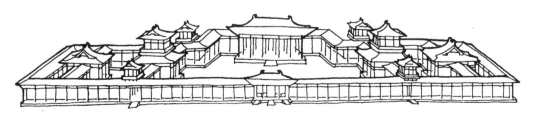

图1-44 盛唐第148窟南壁弥勒经变的天宫

佛寺院落式布局的讨论

以下我们对已介绍的院落式佛寺的总体布局和建筑单体加以讨论。

总平面

1. 回廊院

由回廊围绕的院落布局为中国各类建筑普遍采用，由敦煌壁画可以证明，唐宋佛寺也采取这种方式。《寺塔记》、《历代名画记》和《益州名画录》记唐、五代寺院，多有东、西、南、北廊或"院两廊"之称。这些廊子又连接着许多沿庭院周边布置的建筑，如"大圣慈寺东廊下维摩诘堂"（《益州名画录》卷上李洪度条）、"圣寿寺东廊下维摩诘堂"（《益州名画录》卷下有画无名条）及"北廊堂"（《历代名画记》卷三《记两京外州寺观画壁》千福寺条）等记载都说明了这种情况。据迹象推测，在现存大同善化寺内，原来也可能有左右回廊连接着廊上各建筑。以上都正与壁画相合。

壁画所示的回廊院平面近乎方形，而且一进院门，就可看见主要佛殿。而日本现存之早期佛寺在回廊院前则多有南大门之设[1]，以南大门与回廊院院门（中门）之间的距离作为佛寺总入口到主院之间的过渡，不至于一进寺门，就一览无余。中国的实际情况可能也是这样，至少大寺院应该如是。二门之间的这段空间，不但在建筑艺术上是必要的过渡，功能上也是需要的。达官贵族的从骑车马仪仗，在进入南大门以后，应该就是停顿在这块地面上。不过敦煌壁画着重于表现主要部分，对此没有画出罢了。《戒坛图经》的佛寺图在回廊院大门（图中称"中门"）之前确实还另有外门（参见图1–3）。

后代寺院，在进入寺门以后，还要经过好几个院子和小殿如天王殿、前殿之类，才能到达主要佛殿所在的庭院，与唐代壁画中门之内就是主要大殿不同，似乎透露了唐代寺院气氛比较开朗，后代寺院则趋向含蓄。

壁画中的佛寺，主要大殿都退置在横轴线以北，使大殿前有广阔的空

1　世界建筑全集，日本·I·古代。（日）平凡社所载法隆寺、飞鸟寺、四天王寺、药师寺、兴福寺及川原寺等平面配置图。

间。这个空间，衬托出主要建筑的壮丽，在艺术上很有必要，同时，也为寺院群众活动所必需。《入唐求法巡礼行记》记扬州开元寺一次设斋供五百僧的活动，就在这样的院庭中举行。唐代的大寺，常不止是宗教活动的场所，也是一个经济和文化的中心点：院庭两廊有名家壁画，殿堂里有精美的彩塑，寺院如同一座常年陈列的美术馆，寺中还常有演出活动。《南部新书》记唐时长安说："长安戏场多集于慈恩，小者青龙，其次荐福、永寿"（宋·钱易《南部新书》戊）。俗讲变文演唱当然也在寺院举行，每至开场，万头攒动。这些，都需要一个大的空间。宋代商业发达，由于寺院拥有巨大财富，也经营商业和典当，殿庭又可能成为公共集市。宋·王栐《燕翼贻谋录》记东京大相国寺曰："中庭两庑可容万人，凡商旅交易者皆萃其中"，可见当时的盛况。

横轴两端的配殿与纵轴上的诸殿因这样的处理而不致拥挤，并能起到对主殿的陪衬作用。

2. 院内横廊

上举诸文献中又多有"院内次北廊"、"次南廊"之名（《历代名画记》卷三《记两京外州寺观画壁》兴唐寺条），说明除了四周回廊以外，院内还有一至二条东西向的廊子，使院子呈日字形或目字形。画中的前后二院就是这种日字形的表现（图1-45）。

图1-45 日字形院

3. 东西廊以外的院落

前文所谓的单院式、双院式佛寺，不过是为叙述方便起见根据画面的主要特征暂时命名的。在中小型的寺院中或许就是这样，但在一些画面中那种左右又继续向外延伸的后廊已向我们提醒，我们的命名带有很大的局限性。实际上，唐代的大寺院绝不只是一两个院子而已，例如《寺塔记》记慈恩寺："凡十余院，总一千八百九十七间，敕度三百僧"（《寺塔记》卷下）。章敬寺本是鱼朝恩宅，后为章敬皇后立寺故名，殿宇达四千一百三十间，分四十八院（《长安志》卷十）。《戒坛图经》之佛寺竟有五十几个院落之多（参见图1-3）。可见壁画画出的只是中路的最主要部分而已，其余众多的院落并未画出。按《寺塔记》等各书记佛寺院名凡三十余，其中有以所居之人命名者，如"素和尚院"、"璘公院"；有以所供奉者或院内建筑命名者，如"华严院"、"塔院"、"玄宗御容院"；有兼表明方位者如"东禅院"、"西塔院"、"东廊大法师院"等，更有以位置命名的如"西北角院"、"东廊南院"、"东廊从南第二院"、"东廊从南第三院"、"东廊之南素和尚院"、"西廊院"、"西廊北院"等。由上知，这些比较次要的院落大多分布于主体大院的东西廊以外，故东西廊不仅是联络南北的交通道，而且也是由主体大院通向东西各小院的必由之路。所以在东西廊上必会开有通向各院的不止一座的门。诸书中就有如"西廊北院门"，"东廊南间东门"，"东廊悬门"之名。这样，总体布局大致就成了如上图所示的样子。

这样的总平面与山西汾阴金天会年间的后土祠庙貌碑（反映的是宋时情况，见图1-46），[1]及登封金承安重修中岳庙碑（图1-47）[2]、曲阜孔庙[3]和明初太原崇善寺等布局很相似了。不仅如此，它与各代宫殿布局大致上也是相类的，例如北京紫禁城宫殿，在中路的东西两侧，就各有一群较小的院落，簇拥着中路上的主要殿庭，总体包括一片很大的范围。

4. 后廊后面的建筑

壁画佛寺的后廊，往往是完全开敞的或半开敞的，有的在廊外还有一些建筑，如中唐第158窟所绘在后廊外还有四座台，台上建方形或六角形小建筑（参见图1-40）；晚唐第468窟的圆形钟楼和经楼也在后廊以北。这些都提醒我们后廊并不一定是寺院的北界，在它以北还可以有一些建筑，或者设置后园。日本飞鸟至平安前期的寺院，有一些就把钟、经楼设在回廊院以北，如法隆寺、飞鸟寺、南滋贺寺；有的更在钟、经楼以北还有许多建筑，如药师

1　王世仁. 记后土祠庙貌碑. 考古, 1963, 5.
2　刘敦桢. 河南省北部古建筑调查记. 中国营造学社汇刊, 第六卷, 第四期, 1936.
3　梁思成. 曲阜孔庙之建筑及其修葺计划. 中国营造学社汇刊, 第六卷, 第一期, 曲阜孔庙专号, 1935.

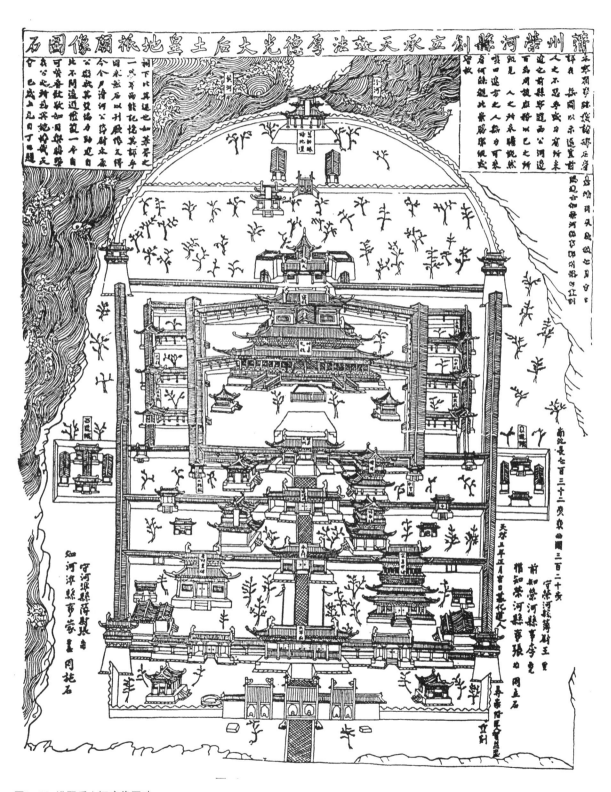

图1-46 汾阴后土祠庙像图碑

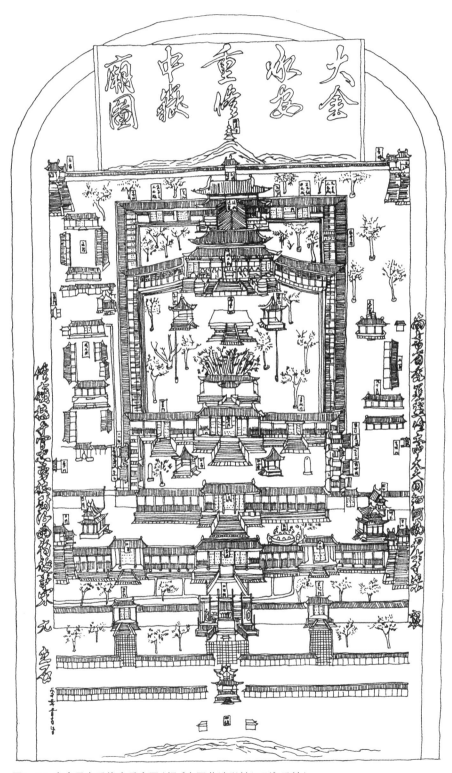

图1-47 大金承安重修中岳庙图（据《中国营造学社汇刊》重绘）

寺、兴福寺、大安寺等，都是这样（参见图11-12）[1]。

由上所述，可知唐代大寺院的实际规模，比壁画所表现出来的，还要更加宏大得多。由于唐代寺院经济的发展，大寺相当富有，如《两京新记》记长安化度寺曰："贞观之后，钱帛金绣积聚不可胜计，以致一寺之积可供天下伽蓝修理之用"，甚而燕凉蜀赵都远道来取，借出钱财都不用立约，"但往至期还送而已"（唐·韦述《两京新记》）[2]。所以，大寺都有能力致力于营建，甚至可以比拟宫殿。《唐会要》所记录的几个大臣上呈皇帝的奏章，就反映了这个情况："今之伽蓝，制逾宫阙"，"营造寺观，其数极多，皆务宏博"，"今天下佛寺，盖无其数，一寺堂殿，倍陛下一宫。壮丽甚矣，用度过矣，是十分天下之财，而佛有其七八"。故武宗诏亦曰："寺宇招提，莫知纪极，皆云构藻饰，僭拟宫殿"（宋·王溥《唐会要》卷四十七至卷四十九）。此等议论，或有言过之处，但所以作如是言，也必有其缘故，非徒耸人听闻而已。其佛寺之盛，亦可见一斑。

顺便还可以提到，这几百幅壁画寺院图，并无雷同，这说明画工们不屑于凭借一幅粉本处处复制，他们对每幅壁画都是单独起稿的。

这样多的寺院布局所依据的实物，不可能只是敦煌一地或其附近地区的寺院，尤其是一些大寺，华丽雄伟，当更非区区敦煌所有。《入唐求法巡礼行记》作者日本僧人圆仁到过中国很多地方，得出结论说："长安城里……一个佛堂院，敌外州大寺"，这肯定是真实的。唐代禅僧从谂又说："大道通往长安"，也表明了长安是四方文物荟萃的中心。所以壁画中的表现，应主要以两京和内地富庶繁华地区的佛寺为蓝本。这一点，也从侧面说明了敦煌艺术的全国性意义。

几种单体建筑

寺院的单体建筑，除前面已提到的主殿、配殿等以外，还有一些也

1　世界建筑全集，日本·I·古代。（日）平凡社所载各寺平面图。
2　《全唐诗》卷三十二引裴立智书《化度藏院壁诗》注也说，"西京化度寺内有无尽藏院，施舍日盛，开国以后具积至不可胜计。当使名僧监藏，一分供天下伽蓝修理之用，一分施天下饥饿，一分充旧供无遮之会。城中士女有大车载钱帛舍之弃去不知姓名者"。

值得讨论。

1. 三门

寺院一般南向，其最前面的总入口，《戒坛图经》称外门。在此以内的回廊院大门，《图经》中和在日本都称为"中门"，但唐代更多地称之为"三门"。《寺塔记》、《历代名画记》所记寺院，就都称之为"三门"，且还有"大三门"、"中三门"、"南中三门"、"西中三门"等称。为何作"三"字呢？一种可能的解释是当时的寺院普遍的当真有三座门屋。敦煌壁画里的佛寺凡绘出三门者，有许多就是这样的：或者是左右的单层建筑挟持着中间的双层楼阁；或也有三座建筑都是双层楼阁的。这种三座门屋并建以相挟的寺院在文献中多有所见，前引唐·白敏中记明福寺即有"前三其门"的句子。而唐·房琯《龙兴寺碑记》云："高阁叠起以下覆，三门并建以相挟，如少华之承西岳，少室之拱维嵩"，就说得更明确了。唐·封演《魏州开元寺新建三门楼碑》也说："既立三门，镇之层楼；又象对阙，校之连阁……崇崇乎信一时之壮观而全魏之卓绝也"（《文苑英华》卷八六三），既象"对阙，校之连阁"，可见也是"并建以相挟"的。这三座门屋，互相烘托成为一组，相当宏丽，应是用在规模较大的寺院中。但当时一定也有许多只有一座门屋的寺院，从壁画中就可以见到，它们为何也被称为"三门"呢？据《释氏要览》云："凡寺院有开三门者。有一门亦呼为三门者何也？《佛地论》云，大宫殿三解脱门为所入处。大宫殿喻法空涅槃也，三解脱门谓空、无相、无作。今寺院是持戒修道求至涅槃人居之，故由三门入也"（宋·释道诚《释氏要览》，《大正藏》卷五十四）。意谓入寺院门可得三解脱。故依此种宗教理解，那就不管是否真的有三座门还是只有一座门，凡寺院的主要大门都可呼之为"三门"了。

壁画中仅一座门屋的中小寺院，其门屋大多也是楼阁，可见门屋用楼的普遍。这在文献所见亦多，如上举封演诗："既立三门，镇之层楼"，又，《历代名画记》之"三门楼下"凡两见，唐·李邕《大唐泗州临淮县普光王寺碑》也说："层楼敞其三门"（《文苑英华》卷八五八）；《浙江通志》之禹迹寺："大中五年……复兴此寺……寺门为大楼奉五百罗汉甚壮丽"；

《燕翼贻谋录》记东京大相国寺："至道二年，命重建三门为楼其上甚雄"等皆是。其实早在南北朝，三门为楼者就已见记载：《律相感通传》记南朝荆州河东寺，"寺开三门，两重七间"；《洛阳伽蓝记》记北魏洛阳永宁寺南门楼三层，形制比于端门，东西二门则为两层。可见三门为楼为南北朝至唐宋所通行，这与后代寺院多仅施单层门屋不同。惟壁画中所见门楼，均至二层为止，未见三层的例子。至于门屋的间数，由壁画所见，不管是三座门屋还是一座门屋，也不管是单层还是双层，每座门屋统统都是三间。但古代实际上一定也会有例外，如前引河东寺的双层门屋就是七间的。

寺观三门之改称"山门"，可能通行在宋元以后。但唐人也有如此称呼的，如杜甫《秦州杂诗二十首》之二云："秦州山北寺，胜迹隗嚣宫；苔藓山门古，丹青野殿空。"韦应物《答东林道士》："紫阁西边第几峯，茅斋夜雪虎行踪；遥看黛色知何处，欲出山门寻暮钟。"苏轼《'天竺寺'并序》称"天竺寺有乐天亲书诗云：'一山门作两山门，两寺元从一寺分'"等。

由中唐至宋代，壁画所见门屋的屋顶全都是庑殿顶。实物门屋较早者为蓟县独乐寺（辽）和大同善化寺（金），也都是庑殿顶。但现存元以后佛寺门屋却很少用庑殿顶。

2. 廊

廊在古代普遍用于各类建筑，包括佛寺。从壁画所见廊子的具体形式大致有两种：第一种进深一间。此式又有两种做法。其一是完全敞开，柱外沿台基或架空的平座边沿都有栏杆，俯临平地或水面。这种做法的廊只作走廊和划分空间之用，但分而不隔，十分通透。其二是仅向院内一面开敞，向外一面则以墙或每隔一间开直棂窗的墙封闭，外实内虚，兼具寺院外墙的功能。这种廊子古代也或称为"轩"。左思《魏都赋》云："周轩中天"，李善注："轩，长廊之有窗者"（梁·萧统《文选》卷四）。所谓"周轩"，也应是用在院落周边的。

第二种廊进深两间，有三种做法。其一是全部通透。其二是在内外檐柱处敞开而中柱一线用墙封闭，墙上开窗，每隔一或两间又敞开一间以联系内外，其效果介于全部开敞与全部封闭之间。这种做法的廊用于寺院内部，使相邻庭院都有自己的"周轩"。其三是面向庭院的一间敞开（若为横向中廊，则是面向前院的一间）而另外一半作成可以居住的房间。壁画中显示其中有床榻之设。按《历代名画记》有"院内东廊从北第一房间"一语（《历代名画记》卷三，慈恩寺条），柳宗元《永州法华寺新作西亭记》云："有僧觉照，照居寺西庑下"（《文苑英华》卷八二六），应皆属此式。

廊子里光线充足，廊墙是绘制壁画的好地方，《寺塔记》等诸书所记壁画，许多就画在这里，成了名副其实的画廊。廊内又是饭僧之处。前引《入唐求法巡礼行记》记扬州开元寺云"五百众僧，于廊下吃饭"。孟浩然诗："旁见精舍开，长廊饭僧毕"。关于长廊饭僧，在许多维摩诘经变画中都有表现，盛唐第217窟法华经变中也见画出。又，前引《燕翼贻谋录》记北宋东京大相国寺的文字，还提到廊子可用作商旅交易之用。

3. 角楼

寺院中广泛地使用了角楼。所见有两种：《五台山图》中角楼都自成一楼，两层；但见于经变画中的角楼都并不由地而起，而是从廊庑屋顶上伸出柱子，作成平座勾栏，再于其上构一单层建筑。

寺院角楼的装饰性意义应大于其防御性意义。角楼与门楼、殿堂等取得呼应，丰富了立面的天际线，扩大了建筑群所控制的空间。佛寺角楼出现很早，北魏洛阳永宁寺遗址就存有西南角角楼基址（参见图11–10），后代则不多使用。辽金独乐寺、华严寺和善化寺等就都没有角楼，但仍可见于宋金后土祠庙貌碑及中岳庙图上（参见图1–45、图1–46），实物则有金泰安之岱庙。此三例均系连以高峻的城墙，防御性很强，同壁画角楼仅连以回廊不同。寺院角楼的实际用途，据壁画是作钟楼和经藏之用。在东西两座角楼里，其中一座悬钟，另一座满贮经卷。因多数壁画只绘出后部东西角楼，所以钟、经多放在此，但如绘出了前部角楼的，钟、经位置也有转放到前部的。有的也放在寺院东西廊的中间楼上或如前述放在北廊以外单独建筑的钟、经台上。盛唐第217窟也画有钟台、经台，置于中央大殿前方左右（参见图1–8）。这种布局也可见于《戒坛图经》插图，在"后佛说法大殿"前方左右分立着钟、经台（参见图1-3）。至于钟楼、经藏的方位，壁画中似无定制：有东钟西经者，也有西钟东经者，各占一半左右。然《寺塔记》记长安平康坊菩提寺云："寺之制度，钟楼在东，唯此寺缘李右座林甫宅在东，故建钟楼于西"，《戒坛图经》插图也作东钟西经，宋重修《大相国寺碑铭》也说："左钟曰楼，右经曰藏"。日本早期寺院也多作东钟西经[1]，可见当时确有通行之法。而壁画如此自由，恐系画工忽略所致。钟之于寺，早已成为不可缺少之物，晨昏作息、讲经、饭僧、法事等都必须打钟[2]。

读隋唐人咏寺之诗则更有"临风听晓钟"、"疏钟响昼林"、"停午闻山钟"、"迢递晚钟鸣"、"翻愁夜钟尽"、"清霜后夜钟"以及"夜半钟声到客船"等，几乎日夜钟声不绝[3]。钟声不仅给僧徒报示时刻，对外也是一种宗教宣传。《增一阿含经》说偈云："洪钟震响觉群生，声遍十方无量土。含识群生普闻知，拔除众生长夜苦……昼夜闻钟开觉悟，怡神静刹得神通"。又说："若闻钟声兼说偈赞得除五百亿劫生死重罪"（唐·释道世玄恽《法苑珠林》卷一一八《鸣钟部》引），可见僧徒们对于鸣钟的重视。试想当年长安各寺，百钟齐鸣，是怎样的一种气象！清钟夜响，动人诗兴，难怪诗人们都要争相吟咏了。

经之于寺自不必说，庋藏经卷，自是楼阁为佳，故"庋之高阁"，自古已然。至于鼓之为用，在宫殿中早已通行，《史记》"（秦）咸阳之旁三百里内，宫观二百七十……钟鼓美人充之"。但文献并不见唐代佛寺有击鼓的习惯。李林甫当朝重臣，不能得罪，移走一具钟，恐怕也不会再送去一张鼓，所以钟楼的对面，自然就是藏经的所在。若经卷渐多，小小一亭收藏不

1　日本·伊东忠太，日本建筑之研究上．法隆寺建筑说引今目录抄："东钟楼西经藏"；《七大寺日记》："金堂东钟楼云云，西经藏云云"；《七大寺巡札记》："东有钟楼西有经藏"（龙吟社版，第155、164页）。

2　《北梦琐言》卷三记曰："唐段相文昌家属江陵，以贫窭修善，常患口食不给，每闻僧寺钟动，辄诣就食，为寺僧所厌。自是乃斋晚后扣钟，冀其晚至而不逮食也"别书则将此事归于王播或吕蒙正，在此都无关紧要，总之，是说明了寺院开饭时是要打钟的。又《入唐求法巡礼行记》有多处皆记有讲经法会时打钟情况。

3　上述诗句分别出自隋·孔德绍《送舍利宿定晋岩寺》、隋炀帝《谒方山灵岩寺》、唐·孟浩然《疾愈过龙泉寺精舍呈易业二公》、韦应物《秋景诣琅琊精舍》、崔峒《宿禅智寺上方演大师院》、张继《枫桥夜泊》，均见《全唐诗》。"翻愁夜钟尽"则出自南朝至隋的江总《摄山栖霞寺山房夜坐简徐祭酒周尚书并同游群彦》，见《全汉三国晋南北朝诗》。

尽时，可能会另建别楼，故唐代已有"藏经阁"、"经楼院"之名。寺院中用鼓并设鼓楼应是宋代以后的事。唐宋寺院用鼓情况的不同与唐宋城市的夜禁制度的兴废有关。

唐时城市戒备森严，城门坊门晨昏开关，皆有定时。长安城中正对十二城门的大街上设有街鼓，晨时鸣鼓三千，暮时击鼓八百，各门启闭，皆随鼓声。夜间禁人行，除元宵三日金吾不禁外，实则夜夜戒严。又官署办公，分朝衙晚衙，也设鼓为号。圆仁《入唐求法巡礼行记》就说："唐国风法，官人政理，一日两衙。朝衙晚衙，须听鼓声"。白居易诗《城上》也有："城上冬冬鼓，朝衙复晚衙"句。这样，当然就不能容许寺院也设大鼓来搅乱视听了。宋初，汴梁府仍设有街鼓。但由于封建商品经济的发展，出现了繁忙的日夜贸易，夜禁显然已不可能，故宋太祖于乾德三年（965年）颁诏废除夜禁。仁宗时更废街鼓。鼓声也就逐渐不再具有那种严重的警戒意义了，从而大鼓才有可能在宋代以后的佛寺中得到使用。宋代佛寺用鼓可由宋·李弥逊《独宿昭亭山寺》："山寒六月飞霜雪，楼殿夜深钟鼓歇"，程渊《肖山觉苑寺雪后杜门》："诗书废放道眼净，钟鼓杳隔禅房深"等可证。又南宋人陈元靓《事林广记》续集卷三《禅教类》云："天明开净首座率大众坐堂闻一通鼓，首座大众上法堂二通鼓，知事赴参三通鼓"。

有了鼓，钟鼓对设，经就全部搬到置于寺院最后的藏经阁去了，钟鼓楼也都放到寺院最前部的左右，现之佛寺大率如是。寺院之是否用鼓，似属末节，但它对于寺院的总平面布局，却有相当大的影响，同时也是当时社会情况的某种反映。

4．幡竿

中唐至五代壁画中的大寺，多见在正殿庭院左右立二幡竿，竿首作龙头形，各衔巨幡一口（参见图1-25、图1-31、图1-33），前引白敏中记明福寺之"植修茎以飞幡"，就是幡竿。《西阳杂俎》曰："萧瀚初至遂州，造二幡竿立于寺内"（《西阳杂俎》卷五），说明幡竿是成对的，但在小寺中，也可能只立一根幡竿（参见图1-17）。《音义》云："案西域别无幡竿"（唐·释元应《一切经音义》卷六），正可反证中土已多用之。壁画幡竿下

图1-48 第321窟（初唐）北壁弥勒经变

图1-49 第321窟经变的花柱

图1-50 第321窟经变空中花柱

部多被遮挡，有露出者，可见幡竿颊的形状。至于幡竿端置龙头，又名"金刚幡"，可见于《瑜伽经拾古钞》。

敦煌壁画中的佛寺，在五代宋初这一百多年时间里，其布局和唐代相比大体上并没有什么变化。所以，唐以后至宋敦煌壁画中的佛寺，大致上仍反映着唐代的情况。唐代佛寺，我们虽有南禅寺、佛光寺两座中晚唐殿堂实例，但寺内其他建筑都系后代所建，肯定已改变了原来的布局，不能给我们作为依据。且此二寺比起壁画，实在是小巫见大巫，规模上相形见绌，不能并论了。而文献所记，又皆支离不详。就是专记两京寺塔的《寺塔记》，也正如该书之跋所说："《寺塔记》载长安两街梵刹，征释门事甚委，更著壁障绘画，而不及土木之宏丽"。所以说，有关的资料是很贫乏的。这样一批敦煌壁画，一下子给我们提供了数百幅建筑组群的图样，其宝贵的价值自不待言，值得对它作深入的研究。

5. 明珠柱—花柱—经幢—石幢—石灯

在初唐第321窟北壁弥勒经变画中，我们发现全画在各座水中平台四角和中部，都各绘有一座高而细长的"花柱"，顶端饰以火珠（图1-48、图1-49），值得注意。此画这类花柱甚多，在画面上部浮现云端的天宫楼阁也环绕着许多花柱（参见图6-16），甚至三柱成组地立在浮云上，并无其他建筑（图1-50）。除第321窟外，在同凿于初唐也同为弥勒经变画

图1-51 成都南朝梁《弥勒经变》石刻

的第329窟北壁也可见到，其花柱集中在画面中部一带（参见图9-7）。

赵声良注意到成都万佛寺出土的一方南朝梁（502～557年）时的浮雕石刻，在画面上部佛帐两侧和下部道路两侧，都对称地竖立了高大的石柱，柱端作圆盘状，盘上置火珠，圆形珠体，桃形珠焰，肯定这种柱子是人们按弥勒经中关于"明珠柱"的描述创作的（图1-51）[1]。南朝梁时，"广赞弥勒下生，梁时已入荆楚民俗"[2]，盛行弥勒下生信仰，并确有在佛寺内竖立明珠柱的情况，以表现《弥勒下生经》关于翅头末大城"街巷道陌，广十二里……巷陌处处，有明珠柱，皆高十里，其光照曜，昼夜无异，灯烛之明，不复为用"的描写。《南史》卷三十《何尚之传·何胤》记南朝梁时："（何）胤……于寺内立明珠柱，柱乃七日七夜放光。"《梁书》所记略同。可知寺内立有明珠柱在南朝确有其事。何胤立柱时间大概在6世纪初。

钟晓青补充了这种柱子在其他佛教遗物包括单体建筑如北魏正光四年（524年）河南登封北魏嵩岳寺塔塔身角柱、天水麦积山石窟、邯郸响堂山石窟等北朝至隋的诸多图像，认为这种柱子在南北朝晚期开始出现，至初唐式微，流行时段前后不过百余年（约6世纪初到7世纪）（图1-52～图1-56，参见图7-14）[3]。

1　赵声良.成都南朝浮雕弥勒经变与法华经变考论.敦煌研究，2001（1）.
2　转引自宿白.南朝龛像遗迹初探.考古学报，1989（4）.
3　钟晓青.火珠柱的流行与演变——兼谈嵩岳寺塔的建造年代.建筑意，第四辑.

据上，可以推论，初唐（敦煌研究院将618—704年定为初唐）第321窟、329窟那种顶端饰有火珠、柱身刻作连续花朵状的"花柱"，正是弥勒世界里的明珠柱或火珠柱的发展。二画又都是弥勒经变，应该不是巧合。但在敦煌仅发现于初唐壁画，盛唐（705—780年）以后消失，而在若干盛唐壁画中，出现了以织物制成的经幢，作为花柱的代替，如盛唐第225窟、第148窟，架下有十字

图1-52 嵩岳寺塔底层塔身火珠柱　　图1-53 麦积山石窟西魏第43窟火珠柱　　图1-54 北朝至隋石窟中的火珠柱（左：响堂山东魏石窟；右：巩县隋代石窟）

图1-55 麦积山石窟北朝洞窟的火珠柱

图1-56 南响堂山窟檐复原

图1-57 经幡（盛唐
第225窟南壁龛顶阿
弥陀变）

图1-58 华盖（盛唐
第172窟北壁观无量
寿经变）

木座，立木杆，杆上串连多重圆形华盖，华盖周围垂以幢幡、垂幔（图1-57，
参见图1-12）。值得提到的是，诸多佛菩萨头上巨大而多层的宝盖与经幡十分
相似，从宝盖的华丽亦可推见经幡可能达到的繁复情状（图1-58）。

幢字从巾，本意是旌旗，秦汉时也称为幡，或信幡、幡帜、铭旌和灵
旗。从壁画可知，盛唐以后佛教借用此字指称一种建筑群的装饰小品或佛前
供具，用意是"表麾群生，制魔众"。"麾"字的本意就是指挥用的旌旗。
敦煌唐代壁画里有很多幢的形象。开元天宝年间，印度密宗僧人金刚智及不
空三藏等在长安洛阳译经传教，密宗开始在中原流布，常在幢上书写陀罗尼
经文，认为可以灭罪避恶[1]，所以佛幢又常称陀罗尼经幢。为求久远，开始用
石刻造，以织物制作的经幢改为石幢。石幢遗物从唐代始，也以唐代最多，
据调查仅陕西就有八十余座。现存最早的石幢凿于唐永昌元年（689年，属初
唐晚期），距陀罗尼经译出只有几年。

唐代石幢可以佛光寺乾符四年（877年）者为代表[2]。此幢立在山门内庭
院近中部，全高4.5米，最下为须弥座，上承第一段八角形幢身，幢身上刻陀
罗尼经及立幢人名。再上为平置的八角华盖，八面皆刻垂幔、垂绥，八角各
出狮头衔缨珞。第二段幢身较细较低，亦八角，承托着幢顶八角攒尖屋盖及

1　陈明达. 石幢辩. 文物, 1960（2）.
2　梁思成. 记五台山佛光寺建筑. 文物参考资料, 1953, 5、6期合刊.

两重花叶托着的宝珠。可以明显看出它的华盖是对纺织品华盖的仿造，但也只是神似意到。石幢发展了原幢的较稳定的部分竿和座子，竿变成了幢身，而将华盖缩小，并浮雕垂幔等织品以为示意，经文也从华盖上转到幢身上，位置较充裕而且较适合观看。华盖之下稳重，以上则轻巧秀丽，全幢轻重合宜，繁简适度，与唐代建筑总体风格一致。唐代石幢实例造型多质直简朴（图1-59），至北宋趋于华靡，以河北赵县陀罗尼经幢规模最大，也最为华丽（图1-60、图1-61）。南宋以后逐渐少见，但直到明清仍有建造。石幢在朝鲜和日本佛寺中也经常可以见到。在敦煌盛唐第148窟东壁南侧观无量寿经变中，绘有一座非织物的高耸而华丽的装饰性造型，虽为彩色，却似乎是一座石幢（参见图1-38，图1-62）。敦煌中唐（蕃据时期，781～847年）以后，经幢渐渐少了。

图1-59 石幢：1、2.山西五台山佛光寺唐代石幢；3.西安开元寺唐代残石幢

图1-60 宋代及以后的石幢：1.河北赵县陀罗尼经幢；2.山西寿阳兴福寺；3.山西阳曲广化院；4.昆明地藏庵

图1-61 赵县宋代陀罗尼石幢的幡盖

图1-62 敦煌盛唐第148窟东壁南侧观无量寿经变经幢

图1-63 黑龙江宁安渤海国上京兴隆寺石灯　　图1-64 敦煌盛唐第148窟东壁南侧观无
量寿经变石灯

　　在此可附带一提石灯。

　　灯对于佛教有特殊意义。佛教把火光比作佛的神威的显现，灯是佛前供具，"百千灯明忏悔罪"、"为世灯明最福田"。这一观念可能与中国之把正月十五定为元宵节（灯节）有关。正月十五日在西汉已受重视，武帝于此日晚上曾在甘泉宫举行过祭祀"泰一"神的活动。传说释迦牟尼降伏神魔也恰在此日。东汉明帝时，蔡愔从印度求取佛法归来，将流行在印度摩竭陀国的传说带入中国，与西汉风俗结合。明帝令此日之夜在宫中和寺院"燃灯表佛"，僧众须举行"燃灯法会"，盛饰灯彩，云集瞻仰佛舍利，全民同庆，遂定此日为元宵节。关于元宵节的来历，还有一些别的传说，在此不论，至少可以知道，石灯在佛寺中是具有宗教意义的。石灯是常见的一种建筑小品，从它的宗教意义和形象，其出现有可能就受到了从明珠柱到石幢发展过程的启发。现存最早的石灯是太原童子寺的北齐遗物。唐代现存还有两座，在山西长子县法兴禅寺和黑龙江宁安县原渤海国上京兴隆寺（图1-63）。敦煌盛唐壁画似也有绘出，见于盛唐第148窟东壁南侧观无量寿经变（参见图1-38，图1-64）。在日本和朝鲜的佛寺及园林中遗存更多。石灯是在石柱顶上立中空小石亭，亭内置灯。石亭或象征天宫楼阁，灯则意为佛光普被，所谓"无量火焰，照耀无极"。

这样，一条明珠柱、花柱、经幢、石幢和石灯的发展系列，已清晰地呈现在我们的面前。

西夏晚期壁画中的佛寺

最后，我们还要谈到两幅精美的西夏壁画，它们分别画在榆林窟第3窟的南、北壁的中部，都是西方净土变，系13世纪初西夏晚期的作品。其构图、设色、用线都与唐宋以来的壁画风格大异其趣，而和南宋绘画及稍后的元代永乐宫壁画作风十分接近。所绘建筑的结构造型也与唐代流行的样式有很大区别，却和内地宋金建筑风格相通，尤其与河北正定隆兴寺建筑更为接近，在整个敦煌壁画中，呈现出新颖的面貌。

两幅壁画中的佛寺布局相近，都画出了寺院后部中轴线一带的建筑。最后部正中有大殿三间，重檐歇山顶，坐落在颇高的须弥座上。须弥座样式颇像《营造法式》中所说的那种[1]，在殿前台基左、右或左、中、右分设踏道通至平地。殿左、右接后廊。南壁所画后廊的左右端有重檐攒尖方亭。殿前庭院左右各一水池，池中各立一座两层楼阁，重檐歇山顶，并有平座层，腰檐也是重檐。南壁的楼阁下层四面各接出一个歇山面向前、面阔一间的龟头屋（图 1-65 ~ 图 1-68）。由此二楼再往前的建筑配置，南壁的较简单，是在左、中、右三座门屋之间连以廊，这三座门屋都是三间单层、覆重檐歇山顶。北壁的较复杂，其正中建筑是一座单层重檐歇山十字殿堂，即殿堂四面各接出一座"龟头屋"，也是歇山面向前。其南向者为三开间，其余各面为单开间。在此殿左右各有一重檐攒尖方亭。这三座建筑都分别立在木台上，木台架立于水中。三座木台间可相交通，但没有廊子连接。依理推断它们都不是门屋，所以这三座建筑都还不是寺院的前部。重檐的做法，在全部敦煌壁画中，尚只见于西夏晚期，此二图的所有建筑除廊子外都是重檐的。

1　宋·李诫《营造法式》"卷二十九石作制度"图样阶基叠涩座角柱、"卷十五砖作制度"须弥座。

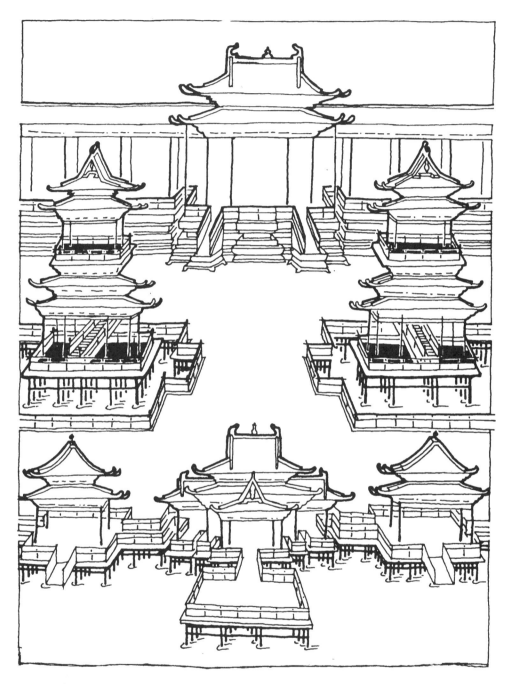

图1-65 榆林窟西夏第3窟北壁西方净土变

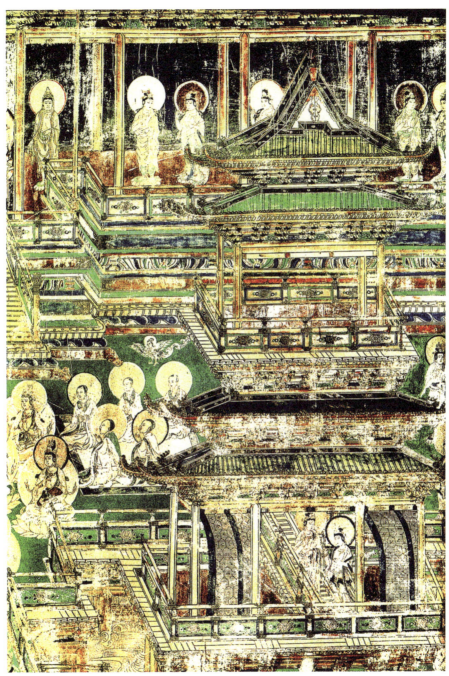

图1-66 榆林窟西夏第3窟北壁西方净土变局部

图1-67 榆林窟西夏第3窟南壁西方净土变局部

图1-68 十字殿，榆林窟西夏第3窟北壁西方净土变局部

　　关于西夏建筑的情况文献记载很少。据《旧唐书·西戎传》记党项旧俗，"居有栋宇，其屋织牦牛尾及羊毛覆之，每年一易"。又据西夏《番汉合时掌中珠》，其中既有木构建筑的各种术语，也有"毡帐"等名称，可以略窥党项族旧为游牧时有在庐帐居住的习惯。党项在建国西夏后，力求汉化，其生产方式也由游牧渐渐发展为定居农业，木结构建筑也就盛行了。壁画中显示的高度成熟的木结构建筑形象，也从一个侧面反映了西夏晚期的经济高涨。

　　河北正定隆兴寺创于隋，现存多为宋代建筑[1]，其总平面和某些单体建筑与此二图尤其是北壁之图十分接近。在隆兴寺中部的摩尼殿，最近发现有北宋皇祐四年（1052年）铭记。此殿也是重檐歇山顶、平面近似方形，也在四面各接出一个歇山面向前的龟头屋，其南向者也是三间，其余三面只一间。这些，都几与上述北壁寺院图下部中央的建筑完全一样（图1-69，参见图11-42）。摩尼殿后有戒台，戒台后面，左右各峙一阁，称"慈氏阁"和"转轮

1　参见梁思成. 正定调查纪略. 中国营造学社汇刊，第四卷，第二期，1932.

图1-69 河北正定隆兴寺摩尼殿

藏殿"，均宋建，形制都是二层带平座的歇山顶楼阁，除了不是重檐且底层向寺院中轴伸出"雨搭"外，也和此图左右对峙的楼阁十分接近。二者之间的这种相似，尤其是大殿的四正面都加龟头屋抱厦的作法竟如此一致，连龟头屋的间数都相符，除现知的这个资料外，尚不见于它处。

二图都没有画出钟楼、鼓楼，应是此时寺院的钟楼、鼓楼都已不再放到后部而普遍放到前部的缘故，隆兴寺就是这样。

榆林窟西夏壁画与隆兴寺建筑之间的这种相似，绝非偶然。

西夏公元1032年建国，约11世纪60年代末占领敦煌，一直到南宋宝庆二年（1226年）被蒙古人攻灭为止，统治敦煌约一百六十年。在这一百多年中，西夏与内地的关系一直比较密切，敦煌与中原进一步加强了文化交流，改变了它从中唐开始的长期与中原隔离的相对孤立状态。敦煌艺术也从中唐以来持续很久的保守作风中解脱出来，并又向前发展了一步。壁画中的建筑，无疑也是这种情况的反映。故壁画与隆兴寺的若合符节，是可以理解的。

西夏以后，敦煌艺术已很少再出现佛寺形象。

佛经说，净土世界里的建筑皆"初无作者，亦无所从来"，乃"自然化生"而成（王日休校辑《佛说阿弥陀经》卷上），当然全是宗教的虚构。根据我们的分析，壁画净土里的建筑布局和形象皆有所从来，主要都是对现实佛寺的模仿。佛寺，是中国古代尤其是唐宋时一种重要建筑类型。敦煌石窟中的佛寺资料，在北朝时可由其洞窟形制间接探求，隋唐以后则主要出现在大量表现佛国净土的经变画里。虽然所图本系想象中的极乐世界，但以之与唐宋文献中的佛寺及实例相较，皆能息息相通，若剔除其中若干想象成分，不啻为当时佛寺的某种写照。

敦煌地处边鄙，画家不可能经常看到大寺院的气象，壁画中佛寺的宏大规模适足以证明壁画底本实来自中原两京。两京绘画，既能传至敦煌，更西还要到达新疆，又能东渡扶桑，此又可进而知大唐文化势力之雄厚。考之各代文献和实例，处处都可看出敦煌艺术与中原的关系，从而也增加了我们对敦煌历史政治情况和对整个敦煌艺术的认识。

中国古代各类型建筑的布局，大致皆可互通，所以对佛寺的认识，也不妨可扩大为认识其他几类建筑的参考。故本文虽题为"佛寺"，但由此生发，研究的范围实又不囿于佛寺一端而已。

第二章

阙

　　阙是中国古代一种重要的建筑类型，至迟产生于周代，以后延续至明清，从未中断。随不同时期社会历史情况的不同，阙的形制亦代有演变。探讨历代阙制的传承关系和发展情况，在建筑史上是很有意义和颇具趣味的。

　　前人对于阙的研究，已经有了不少成绩，尤其对于现存东汉石阙，作过详细的调查。惟自来言阙者，率多瞩目东汉，材料有限，时代不长，未免不能尽意。或有认为汉代以后所谓的阙，在形制上与汉阙已没有什么关系，故在汉代以后，作为一种建筑类型的阙实际上已经消亡。

　　敦煌莫高窟的建筑资料十分丰富，对于阙也有一些很重要的表现。这些资料主要存在于敦煌早期即十六国晚期和北朝的洞窟内，隋唐壁画也有阙的表现，从形制上完全可以肯定它们是由汉阙发展来的，同时又可以明显看出隋唐以后直到明清的阙制对于它们的继承关系，证明阙在汉代以后并未消亡，而一直延续到了明清。因之，敦煌的资料承上启下，补充了阙史上的重要一环。

在国内学者一般认为可能凿于十六国晚期的一批最早的敦煌洞窟中，就有所谓阙形龛的出现，同时还画有阙形的城门。由此下迄整个北朝，阙的形象大约总有四五十处。此类形象，一部分是在壁画中出现的，一部分是在壁面上用泥塑出来并加彩绘的，形制上全都是在对立的双阙之间连以屋顶。详细而言，又可分成几种有区别的样式，虽都已不合汉阙的两阙孤植"中央阙然为道也"（汉·刘熙《释名》卷五《释宫室》）的做法，然由其总体形象看来，又确是汉阙传统的继承无疑。其不合于汉阙的做法，足以说明其发展的趋势，而启隋唐以后新阙形之先声。

我们结合这批资料及其他文献和证物，已经有可能将整个阙的发展史理出一个脉络来了。

阙史分期

阙之一词，起于《诗经》。《诗·郑风·子衿》曰："纵我不往，子宁不来？挑兮达兮，在城阙兮"，说的是一位恋人在"城阙"下焦急地徘徊，等待情人的到来，透露出东周时已经有了"城阙"。但《诗经》中只见"城阙"一词，对于它的形制、功用以及阙与其他建筑的关系，都没有提供更多的消息。然由文献及现存汉阙观，阙自东周以后一直到东汉，主要的都是作为一种观瞻性建筑而存在，依其地位，可有宫阙、城阙、墓阙、庙阙四名。形制都是双阙孤立，对峙在宫门、城门、坟墓和祠庙之前，而不与其他建筑相连。

大约从东汉中期开始下至南北朝，从文物资料看来，可以认为还一度盛行过用于坞壁大门处的阙。对于这种阙，前未见有专文论述，现姑名之曰"坞壁阙"。坞壁阙是由汉阙发展来的，形制上已有显著的变化。

由隋代开始，作为国家最重要的广场——宫廷广场上的中心建筑物的宫阙有了特殊的发展，阙的其他种类则渐归渐灭。这种新的宫阙是从上一时期的坞壁阙直接发展来的，形制又继续发生变化。

至于西周以前，虽然实物及文献均已无征，然而建筑史的规律表明：大凡一种建筑类型在它主要作为观瞻性建筑而存在、只具有精神性功能以前，总有一个主要作为实用性建筑、主要具有物质性功能的发展阶段存在。所以我们可以把西周以前视为阙的前期。

综上所述，我们可以把阙的历史大致分为四个阶段：一、西周以前；二、东周至东汉；三、东汉中期至南北朝；四、隋唐至明清。现逐一缕述如下。

作为阙的前身的"观"（西周以前）

西周以前的情况，没有直接的资料。但是历史研究的任务不仅在于将已知的东西加以系列阐明，同时也在于根据已知去推证未知。在事物发展的进程中往往会出现这样一种情况：一方面从原有事物中蜕变出新的事物，它与原有事物具有质的区别，但它也往往仍带有原有事物的某些影子；另一方面，在从原有事物蜕变出新事物的同时，原有事物并没有中止它的生命，而仍然沿着自己原有的质的规定性所遵循的道路继续发展着。

在阙的历史中就出现了这种情形：一方面，阙从它的前身——"观"中蜕变出来，开辟着自己的新的道路；另一方面，观也并不从此死亡，而在以后仍延续着自己的生命。

所以，当我们现在来探讨西周以前阙的前身——"观"的状态的时候，不妨利用西周以后的阙和观的材料去反推西周以前的某些情况。

关于阙的物质性功能，我们注意到汉·扬雄的一种意见。他在《卫尉箴》中说："阙为城卫，以待暴卒。国以有固，民以有内"（《全上古三代秦汉六朝文·全汉文》卷五十四）。他的这个意见十分重要，尤其在汉魏时代几乎所有关于阙的文献都只强调阙的精神性、观瞻性作用，他的这个记述就更显得难能可贵了。

这种用于"以待暴卒"的军事防御建筑就是所谓"观"。以后阙也常被称之为"观"，这正是因为阙是从观蜕变出来的，所以在名称上不免仍带有它所从出的"观"的影子。对于观的性质，《古今注》补充说："阙，观也……其上可居，登之则可远观，故谓之观"（晋·崔豹《古今注》卷上都邑条)。《释名》也说:"观也,于上观望也"(汉·刘熙《释名》卷五《释宫室》)。"其上可居"就能驻甲日夜守卫;"可远观",可"观望",当然就是察视敌人的动静。这正是军事防御建筑的具体功能[1]。

"观"的具体形制是怎样的呢?

《史记》曰:"公孙卿曰,仙人可见,而上往常遽以故不见,今陛下可为观……神人宜可致……且仙人好楼居。于是上令长安则作飞廉桂观,甘泉则作益延寿观,使卿持节设具而候神人。乃作通天台,置祠具其下将招来神仙之属"(《史记》卷十二《孝武本纪》)。可见观可以是楼,也可以是台。《释名》又说:"台,持也,筑土坚高能自胜持也"。可知台一般均为土筑。楼当然是木构的,一般是指二层和二层以上的建筑物。但是楼还有另外一种意义,就是台上建屋也可名之为楼,而不论此屋是单层还是多层。《尔雅》说:"四方而高曰台,陕(狭)而修曲曰楼",注云"凡台上有屋陕(狭)长而修曲曰楼"(晋·郭璞注《尔雅》卷五《释宫》)。所以观可能是土筑的高台,也可能是在土台上建屋,也可能是木结构的楼。《世说新语》云:"凌云台楼观极精巧"(萧梁·刘义庆《世说新语》卷下之上巧艺条),把台、楼、观三字连用到一起,可见它们之间的密切关系,也说明观就是台或楼。称之为"观"是侧重它的功能,称之为台或楼是指明其形制。

不管是台、楼或是台上建屋,都以其高耸为特点,对于军事防御建筑而言,其重要性自明。登之可以远眺,凭之可以控弦,凡言军事,莫不谆谆于此。《墨子·城守篇》中就有很多楼名,如"高楼"、"立楼"、"土楼"、"再重楼"、"楼杮"、"杮勇"、"坐候楼"、"磨禰"等都是。

所以,阙在作为观瞻性建筑正式出现以前,只是用作军事碉堡的楼台,即所谓"观"。既如此,它的位置就不必像后代的阙那样孤立在门外,孤立在外倒是于作战不利的。其次,既然主要只具有防卫的作用,位置在院内,不一定和大门发生什么关系,它的数目也就不必像阙那样成对出现;最后,

---

1 关于"观"的意义,历史上还有另外一种解释,如唐·孔颖达《春秋左传疏》注"象魏"(阙的另一称谓)曰:"然则其上县(悬)法象,其状魏魏然高大,谓之象魏。使人观之,谓之观也。是观与象魏、阙,一物而三名也"。清代孙诒让沿袭孔说,云:"宫门双阙,旧章县(悬)焉,使民观之,因谓之观"(《尔雅·释宫》孙注)。此说较刘熙和崔豹的说法为晚出,且颇牵强,故本文未采用。

这种不左右对峙的建筑也就没有必要做成二出三出即附建子阙的样子。这样，我们就已经推证出了这种建筑的形制了。

西周以后，虽然阙已正式出现，但这种单纯防卫性的"观"并没有绝迹。《公羊传》注云："礼，天子诸侯台门，天子外阙两观，诸侯内阙一观，盖为二台于门外"（《春秋公羊传》昭公二十五年，汉·何休解诂）。这几句话注得不十分清楚。按笔者理解，它应该是指以天子之尊，故可以立外阙，即立二台于门外，成外阙两观的格局；但诸侯卑，不应立外阙，只能作"内阙一观"，即院内的一座"观"。这种"观"，实际是一座碉楼。

这样的观，在西周后有时还大为盛行。如东汉时，阶级斗争激化，各地豪强蜂起，农民起义此起彼伏，以后到十六国和南北朝，又更加以民族间的纷争，豪族乘时割据，结集宗族宾客，组成部曲家兵，筑坞自守。在这些坞壁中修筑的所谓望楼，其实也仍然是"观"。这在东汉墓葬出土明器中有很多的反映，两层或三层，上层平座四角多有人张弩外向，紧张地准备射击，保卫着楼内对博作乐的豪族主人（图2-1）；又如武威雷台汉墓出土陶楼院中的五层高楼（图2-2）[1]、张掖郭家沙滩汉墓陶楼院中立的四层高楼（图2-3）[2]、河南焦作东汉中期墓葬陶楼院中的楼（图2-4）等均是[3]。四川东汉画像砖宅院图后右部的侧院内立二层高楼一座，除了没有附建子阙以外，形象与四川东汉石阙如高颐阙是很相像的，它也是"观"（图2-5）[4]。嘉峪关魏晋墓壁画画有许多土坞，四周由土墙围成，坞内中心多耸起一土筑高堡（图2-6）。敦煌北魏第257窟西壁须摩提女故事画中有一"豪尊富贵"之家的坞壁，坞中也有一座这类建筑中几乎必不可少的高楼（参见图3-25）。这些，都说明了"观"的继续存在。实际上，由于社会斗争的客观存在，终封建社会之世，这种"观"都是一直存在着的。凡农村地区地主豪绅宅院中的碉楼，应都是它的滥觞。

1　甘博文.甘肃武威雷台东汉墓清理简报.文物，1972（2）.

2　甘肃省文物管理委员会.张掖郭家沙滩汉墓清理简报.文物参考资料，1957（8）.

3　河南焦作东汉墓出土彩绘陶仓楼.文物，1974（2）.

4　闻有集.四川汉代画像选集.成都：群联出版社，1955.

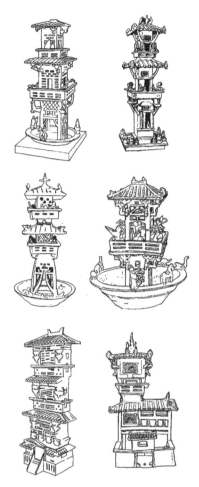

图2-1 汉代"望楼"明器

图2-2 武威雷台东汉墓出土坞壁明器

图2-3 张掖郭家沙滩东汉墓出
土陶楼院

图2-4 焦作东汉墓出土陶楼院

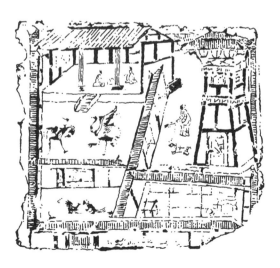

图2-5 四川东汉墓出土宅院图

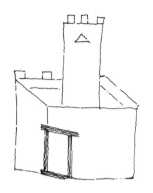

图2-6 嘉峪关魏晋墓壁画坞壁

宫阙、城阙、墓阙和庙阙（东周至东汉）

从东周至东汉，阙由"观"蜕变出来。由文献及实物可知，阙一开始就主要只具观瞻性的意义。

先是，作为军事防卫用途的观，高耸于众屋之上，形象突出，上有甲兵巡卫，很能向人民显示出统治阶级的威风，所以观也就同时具有精神威慑的作用。为了更好地服务于这一需要，突出它的精神震慑作用，就把观移建到宫门或城门的门外，两观双植和二出、三出的形制也就应运而生了，这就是正式的阙。

这个时期以至魏晋，关于阙的文献相当多，而且大部分是有关宫阙的，可见直接体现最高统治者帝王权威的宫阙是阙的主流，此外，还同时存在城阙、墓阙和庙阙。

宫阙

《古今注》说："阙，观也。古每门树两观于其前，所以标表宫门也……人臣将至此，则思其所阙，故谓之阙。其上皆丹垩，其下皆画云气仙灵奇禽怪兽以昭示四方焉"；《释名》也说："阙，阙也，在门两旁，中央阙然为道也"，都说明了宫阙的存在及其位置。

关于宫阙的作用，可归纳为三点：

1. 用以饰门，以别尊卑而向人民示威。《白虎通义》云："门必有阙者何？阙者，所以饰门，别尊卑也"（汉·班固撰《白虎通义》卷十二，杂录条）。又上引《古今注》之"标表宫门"，使人臣至此就想起自己的"缺点"而顿起竦惧之心，义亦同此。虽不免望文生义之嫌，却明确道出了阙的精神作用。

2. 用以张示政令。《周礼》云："正月之吉，始和，布治于邦国都鄙，乃悬治法于象魏，使万民观治象"。郑众注曰："象魏，阙也"（《周礼·天官大宰》）。唐·孔颖达《春秋左传疏》云："然则其上县（悬）法象，其状魏魏然高大谓之象魏……是观与象魏、阙，一物而二名也"。

3. 用以显示"德政"，所谓临抚万民，听穷省冤。

南朝梁·陆倕在其《石阙铭》中对以上几个方面的作用做了综合："以为象阙之制，其来已远……或以听穷省冤，或以布化悬法，或以表正王居，或以光崇帝里"云云，皆此之谓（梁·萧统《文选》卷五十六）。所有这些，全都属于精神性的功能，至于防卫性功能，则依靠别项措施，无需阙之为力了。

根据上引文献，古时似乎只有天子才能设宫阙，诸侯只能在宫院内部设"内阙"即"观"，否则就是僭上了。但这个制度到春秋时已经松弛，故《春秋公羊传》昭公二十五年云："子家驹曰，诸侯僭于天子，大夫僭于诸侯久矣。昭公曰，吾何僭矣哉？子家驹曰，设两观"。同书定公二年："雉门及两观灾"，注云"雉门两观皆天子之制"。唐·徐彦疏云："设两观云云者，此皆天子之礼，然则两观既为天子之礼，天恶其僭故灾之"。

设阙之制渐弛，到了汉代，甚至在一般贵族官僚的墓道或宗庙前都可以建阙了。

城阙

除《诗经》外，汉以前的文献及图像均不见有城阙的资料。近代曾有人认为传为东汉物的咸谷关东门画像石的形象就是城阙，其实它只是并立而相连的两座有楼的城门，并不是双植于门前的阙，故不能为据。稍晚的资料可

图2-7 麦积山石窟西魏第127窟窟顶壁画城阙

见到城阙的样子，如麦积山西魏第127窟窟顶壁画绘有一城，周围城墙，三面开门，可见的二面门外都有独立而双峙的二出阙，应即城阙（图2-7）。

城阙和宫阙在形制上可能不会有什么不同。从上举麦积山壁画可知，城阙应是放在凡有城门处，并没有特别的方向性要求。宫阙似也如此，如汉未央宫以北门为正门，置有北阙（玄武阙），但在东门外又置有东阙（苍龙阙）。东汉洛阳宫殿更在四向分置青龙、白虎、朱雀、玄武四阙，并不像隋唐以后的宫阙，都只放到宫城南面正门前，其他宫门都不置阙[1]。汉以后关于城阙的文献，还可以检到多条，如《晋书》："洛阳十二门，皆有双阙"（《元河南志》卷二引）。又《隋书》记何稠制行殿及六合城云；"四围置阙，面别一观，观下三门"（《隋书》卷六十八《何稠传》）。此处的"观"字引申为城楼的意思，并不含阙义，隋唐多有此用法。这一段的意思是在城的四面都有一座城楼，城楼下有三个门洞，城门前都有阙。此城虽系一临时工程，大约也反映了真正的城阙的状况。可能汉代也是如此。前述麦积山壁画城内有宫墙围绕的宫殿，其内容可能是萨埵那太子本生，其城的形

1　关于汉未央宫，一般认为只有北阙和东阙，没有南阙和西阙（见《史记》卷八《高祖本纪》唐·司马贞索隐及颜师古注）。东汉洛阳南、北宫则分置四阙，晋人崔豹《古今注》曰："苍龙阙画苍龙，白虎阙画白虎，玄武阙画玄武，朱雀阙上有朱雀二枚"（《古今注》卷上《都邑》），应即记此。

象，应是国君的都城；洛阳则是晋都，六合城在辽东，为炀帝驻跸行在，所以才可以有三道城门和各门置阙的规格。据上看来，城阙大约只有都城才能设置，一般城市未见有筑城阙的例子。

墓阙

见于记载最早的是霍光的墓阙。《汉书》记霍光死后，光子禹嗣为博陆侯，于是光妻显"改光时所自造茔制而侈大之，起三出阙，筑神道"（《汉书》卷六十八《霍光传》）。实物则见于东汉及晋所遗四川、山东诸石阙，多为二出。以四川高颐阙最为华丽，保存也较好，亦二出，用石头模仿木构柱枋斗栱及类似楼阁的形状（图2-8）。

0　　　　　　　　　　2米

图2-8 雅安高颐阙

由上举例，知当时大官僚墓阙多为二出，霍光阙是三出，当时就被认为"侈大"、"侮上"，可知汉时大约是只有天子才能用三出阙。此制应一直延至唐代，可由乾陵前的三出阙阙基残址及"号墓为陵"的懿德太子墓内壁画之三出阙证明。

庙阙

此处的"庙"不是佛道庙观的庙，而是祠堂宗庙之属。庙阙也可能在汉代才兴起。《赖乡记》曰："老子庙前有两石阙，大阙高九尺八寸，下三重石塜，阙边各有子阙"（唐·欧阳询撰《艺文类聚》卷六十二《居处部》阙条引），所述就是庙阙。现存河南嵩山三阙，分别置于太室山庙、少室山庙及启母石（当时可能也建有祠庙）前，也都是东汉的庙阙。由庙阙和前述的墓阙铭文看，它们又都可称为"神道阙"[1]，是一种纯纪念性的建筑物。为求久远，都用石制。就如同神道上常用的石人、石马一样，这种石阙也都只是原型的模仿物，所以都不可登临，尺寸也远较真阙为小。如老子庙阙才不足一丈高，合今尺不到三米。有的只是大致轮廓与真阙仿佛而已，连"其上可居"的楼观形式都未能模仿。

坞壁阙的兴起（东汉中期至北朝）

在阙史的东汉中期至北朝这一阶段，除上述四种阙仍继续流行外，代表这个阶段特点的是在民间坞壁中特别盛行的一种坞壁阙，其中大量流行的又是一种新形制，不同于以往的双阙孤立。敦煌早期洞窟中的阙就属于这一时期，它们生动地记录了阙的发展历程，填补了汉代和隋唐之间的空白，是笔者特别感兴趣的。

坞壁是一种宅院。关于在宅院大门处建阙的形象，最早可在东汉末沂南画像石墓宅院（或祠庙）图中看到，仍然是双阙偶立，同前述四种阙形并没

---

1 如登封少室庙阙刻有"少室神道之阙"铭，渠县冯焕墓阙刻有"故尚书侍郎河南京令豫州幽州刺史冯使君神道"铭。渠县沈府君墓阙和绵阳平杨府君墓阙也都刻有"神道"铭文。

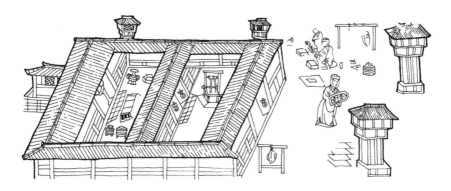

图2-9 沂南东汉墓画像石宅院

图2-10 沂南东汉墓画像石宅院图中的双阙

有多大的不同（图2-9）。

　　在四川东汉后期的画像砖墓门道两侧的墙壁上，常常嵌砌有塑着单阙的画像砖，两两相对。和沂南之例一样，阙下也常有捧盾或执戟的门吏形象[1]。对这些图像，不应孤立看待，联系到它们在墓中的位置，实际上它们都是象征墓主人生前所居宅院前的双阙，其形象仍同于古制。

　　但是典型的、大量的、代表着发展方向的坞壁阙却与此不同。它们的阙身都不孤立在门外，却是退而与院墙、大门等结合到一起：双阙之间是大门，大门上面有屋顶，双阙以外是左右院墙。

　　此式阙形在沂南画像石墓另一宅院图已可见到（图2-10）。一件传世的

1　冯汉骥. 四川的画像砖墓及画像砖. 文物, 1961（11）.

图2-11 汉代明器的坞壁阙（藏不列颠博物馆）

图2-12墓葬中的阙形砌体：1. 嘉峪关魏晋墓墓门上方阙形砌壁；2. 敦煌魏晋墓墓门上方阙形砌体（现存敦煌莫高窟第143窟内）

东汉明器中也有此示意，其中间大门处的上部，高度低于左右双阙屋顶，仍明显保留有双阙对峙的意念（图2-11）。有人曾据左右屋顶不相连而认为此件为残器，应不确。

    这种坞壁阙的最早和最明确的形象例证大约要算前举张掖郭家沙滩东汉墓和河南焦作东汉中期墓的陶楼院了（参见图2-3、图2-4）。它们都是坞壁。在这两座坞壁内部，除建有高耸的"观"以外，院门两侧都连有双阙。这种形制，在潼关吊桥东汉末杨氏诸墓[1]及敦煌和嘉峪关的魏晋诸墓墓门外上方砖壁中也多次出现，按其位置，显然也是象征坞壁的大门（图2-12）。这个新形象的完整而美丽的表现是出土于成都羊子山汉末墓中的画像砖：它的左右二主阙有两重檐子，外侧各附一子阙。子阙单檐。二主阙间连以屋顶，此屋顶与主阙下檐相平，屋顶下是大门，在各个屋檐都有柱枋及楼层墙壁的表示。大门屋顶上立一凤鸟，羽翼轻扬，向风欲翔。整座建筑轮廓起伏，权

1　陕西省文物管理委员会. 潼关吊桥汉代杨氏墓群发掘简记. 文物，1961（1）.

图2-13 四川羊子山东汉墓出土门阙
图画像砖

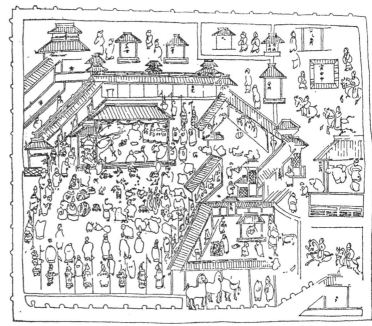

图2-14 和林格尔东汉壁画墓护乌桓校尉幕府

衡比例堪称上乘，相当丰富生动（图2-13）[1]。此图曾被称为"凤阙图"，并认为它就是《关中记》所记汉建章宫凤阙的写实。建章宫凤阙系武帝时物，而西汉及东汉早期的阙形都未见有连以大门和屋顶者，所以建章凤阙也必是双阙孤立的形制。它的凤凰有两个，分别立在左右双阙上。《三辅黄图》记此事时即引古歌云："长安城西有双阙，上有双铜雀，一鸣五谷成，再鸣五谷熟"，并案云："铜雀即铜凤皇也"（《三辅黄图》卷二，汉宫条），明言双阙双凤凰。且在汉画像石中就屡见在双阙本身屋顶上立有侏儒、凤凰或豹、猴之属以为装饰的图像，所以此图必非建章凤阙的写实，实际上，它只能是东汉中期开始出现的坞壁新阙形的写照。在和林格尔东汉壁画墓庄园图中也有一座坞壁，绘有坞壁阙。这种主要用于坞壁的阙偶尔也可用在别处，如此墓宁城图的护乌桓校尉幕府大门即是（图2-14）。

以前有一种看法，认为那种孤立双植的汉阙外侧附建的子阙是院墙的遗

1 　闻宥集. 四川汉代画像选集. 成都: 群联出版社, 1955.

图2-15 十六国晚期第275窟阙形龛

意。从我们上引的资料看来，实际情形可能正好相反：即由观蜕变出的孤立双阙和院墙并未曾发生过什么关系，所以子阙也只能是纯粹造型的意义，并不是院墙的遗意。阙与院墙发生关系是在坞壁阙的时代，那是较晚的事情了。

敦煌早期石窟中的阙，时值十六国晚期和北朝，较前举诸坞壁阙资料都晚，恰好填补了汉魏至隋唐的空白。在本文开头时已经提到，它们全都是在双阙之间连有大门和屋顶，总体形象与其他坞壁阙一致。其中绝大多数的中央屋顶与子阙屋顶相平或略有高低，但都低于主阙屋顶，与其他所举坞壁阙例证一样，仍明显地保留着双阙对峙的传统概念（图2-15、图2-16）。但我们要特别注意的是有个别的阙形却冲破了这个保持了数百年甚至上千年的传统。正是它们，给阙的进一步发展开辟了道路，显示了新的设计意匠并成为隋唐阙形的先声。

北魏第257窟南壁沙弥守戒自杀品壁画绘出了一座代表王居的阙，中央屋顶就不再低于主阙而与主阙屋顶相平（图2-17）。这种阙形敦煌仅此一例，别处也再没有见到，却是发展链条上不可缺少的一环。十六国晚期的第275窟南壁下部有佛传太子出游四门故事画，绘有两座城门，颇粗略草率，其中之

图2-16 北魏第254窟阙形龛

图2-17 北魏第257窟南壁沙弥守戒品的阙

图2-18 十六国晚期第275窟南壁游四门中的两座阙

一左部又被后人凿坏，但现存画面却明白显示出：在两阙之间的城门屋顶不仅不低于主阙反而更高出于主阙屋顶之上，成为整座建筑的构图中心。由于这种处理，使得左中右三部分虽然在平面上仍是一个整体并处于同一直线上，但在立面上屋顶却已各个独立，中央部分在构图意义上已经超出了左右二部，这就为阙的进一步发展提供了可能性，是隋唐以后各代宫阙最近的祖先（图2-18）。

顺便可以提到，早期石窟中出现阙的场所有两种：一用作王宫大门；二用作佛龛。龛内有弥勒菩萨交脚像，代表菩萨所居的兜率天宫。前者即宫阙，"表正王居"；后者与西汉长沙马王堆帛画所绘顶有伏豹的一对阙用意相似，是天宫的大门。《神异经》说："东南有石井，其方百丈．上有二石阙……上有蹲熊，有榜著阙，题为地户"。又说："东北大荒中，有金阙，高百丈，上有明月珠……名天门"（《艺文类聚》卷六十二《居处部》阙条引）。地户天门，都是神话。佛教传入中国，必然要对自身加以改造，力图符合中国人的心理，结合中国的原有神话，以提高自己的宣传效果。

虽然它们都是代表王居或天宫，但由其形象的较为简朴、尺度也甚小看来，毋宁说它们仍是根据现实生活中一般的民间坞壁阙画出来的。如前所述，这种坞壁阙的资料在敦煌和河西都多有出现，应是画工耳濡目染习见之物，所以它们不一定是当时宫阙的写照，我们宁可将它们作为坞壁阙来看待。此类情形，在敦煌壁画中常有出现，不足为奇。例如据佛经，所绘分明应该是一座宫殿或城市，画面上却只是一所简单的住宅。因此，我们遇到这类情形，就不宜过分拘泥于佛经了。

当然，这里所说的民间坞壁阙只是相对于帝王宫室而言，它的主人或系地主豪强，或同时也是官僚门阀，绝不会是下层人民。这样的坞壁阙反映了从东汉开始直至南北朝几百年时间里战乱频仍，生活不安定的情况。阙体紧挟在大门两边，与院墙相连，可以充分发挥它的防御工事的作用。可以说，坞壁阙"以待暴卒"的意义又上升成为主要的了，观瞻性的意义处于从属的地位。

至于南朝，自永嘉晋室仓皇南渡，未遑多所建置，并没有建筑宫阙。据南朝宋·山谦之《丹阳记》和唐代许嵩的《建康实录》，知宋时亦仅仿秦阿房宫表南山之颠以为阙的故事，遥指牛头山两峰而为象征。故梁·沈约《上建阙表》曰："昔在有晋，经创江左……万雉之外，两观弗兴，空指南峰，县（悬）法无所。世历三代，年将二百"（《艺文类聚》卷六十二《居处部》阙条）。直到梁天监七年，始"诏作神龙仁兽阙于端门大司马门外"（《南史》卷六《梁本纪》上）。以后，各代多在中原华北建都，故宫阙之筑，也多在北方。自隋代开始，宫阙的建筑有了特别的发展，阙又进入了一个新的历史阶段。

新宫阙的成熟与发展（隋唐至明清）

隋王朝结束了东汉黄巾起义以来约四百年的混乱，统一了全国，社会又趋于安定。为适应加强中央集权的政治需要，在都城规划上，于宫城前加筑皇城，集中安置官署，使分区更加明确。还以宫城门为中心，布置了国家级宫廷广场，在宫城门处建立宫阙。

此后一直到清末，是宫阙独步的时期，其他诸如城阙、墓阙、庙阙、坞壁阙等，除少数帝陵如唐乾陵外都停止了建造。六朝时有些陵墓也只立神道柱，铭为"神道"，而无神道阙之名[1]。

---

[1] 江南六朝陵墓皆无阙而有神道柱（现仅存萧梁物），现存有完整铭文的十柱皆铭为"神道"而无"阙"字，如"太祖文皇帝之神道"、"梁故侍中仁威将军新谕宽侯之神道"等。见朱希祖《神道碑碣考》所录，载《六朝陵墓调查报告》，1935.

经过东汉以来几百年时间，人们逐渐淡忘了对周汉阙制的印象，而对于东汉以后盛行的坞壁阙已经习惯，所以隋唐宫阙很自然地直接继承了这种阙形而发展起来。但是，作为宫廷广场上主题建筑物的宫阙，它的观瞻性作用又被大大强调起来。脱胎于那种较简朴的、平直的、实用性强的坞壁阙的宫阙，除了在体量上较前者大大增加以外，形制上也必会有新的发展。这种形制是：左右双阙又从墙体里脱颖出来，重新峙立于宫门前两侧。但这种双阙并没有简单地回复到老路上去，它并非游离于宫城城墙之外，而是另有南北向的墙把它和宫墙连接起来。经过这样一个否定之否定的过程，呈"凹"形平面布局的新宫阙就诞生了。这种阙形，强调了宫门上的城楼是构图主体。城楼特别高大巍峨；左右双阙与它形成犄角之势，处于陪衬的地位。"凹"形平面拉开了整组建筑的深度，使它控制的整个空间扩大了。平面进退有致，更加强了立面高低错落的效果，大大丰富了建筑群的造型。"凹"形所围成的封闭空间，其内界面是大片严整的墙面，明显增强了人们森严和压抑的感受，有更大的震慑作用。这一切，使整组建筑更能符合作为君临天下的皇权象征的皇宫大门的身份，在建筑艺术上达到了一个新的高度。还可以提到，坞壁阙只置于坞壁大门处，而坞壁只有一座大门，所以隋唐以后的宫阙也只置于南向的正门，不再像汉时四面都有了。

关于这种阙的形象以及它的过渡形态，我们仍可以在敦煌壁画里看到。如在隋代开始开凿而完成于初唐的第397窟正面佛龛外两侧下部，左右各绘出了一座宫阙：中为宫门，上建两层歇山顶城楼（底层甚促，形如平座腰檐），城楼左右各夹建一阙，阙体平面已略向前凸出，平面成为一个浅"凹"形。阙台上各建一歇山顶屋。此屋的纵轴线与正中城楼的纵轴线平行（图2-19）。盛唐第172窟南、北壁各绘一铺观无量寿经变，其未生怨故事中画的宫城门平面都作"凹"形：中为带挟屋的城楼，左右有曲折连屋，下列载架，也是这种阙制的一种表现（图2-20、图2-21）。晚唐第9窟南壁劳度叉斗圣变里有一座城，在城楼左右各建一阙，与城楼呈品字形布局。三座建筑间以弧形墙相连。双阙和城楼的纵轴也互相平行（图2-22）。所有以上各例的中央城楼都特别高大，夹建双阙只起陪衬作用。

图2-19 隋代第397窟西壁初唐绘壁画阙

图2-20 宫阙（盛唐第172窟南壁未生怨故事）

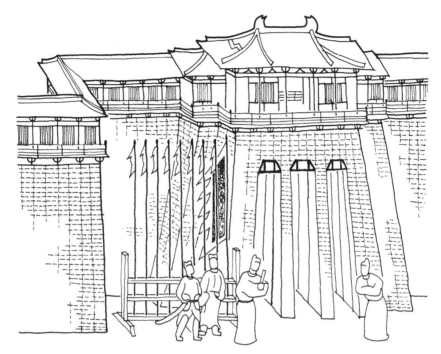

图2-21 盛唐第172窟南壁壁画未生怨故事中的宫门

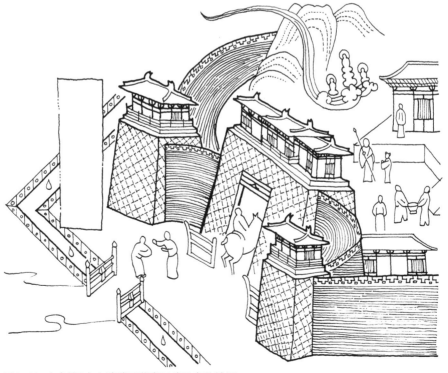

图2-22 晚唐第9窟南壁壁画劳度叉斗圣变的城阙

考虑到绘画晚于现实事物，且敦煌僻处边远，所以像初唐所绘第397窟的阙形很可能更早以前就已出现。《水经注》记曹魏时修筑的洛阳金墉城正门说："南曰乾光门，夹建两观"，大概就是这个样式（北魏·郦道元《水经注》卷八，洛水）。根据考古资料和文献，可以确证隋代的宫城正门的确已经是"凹"字式的了，此后一直到明清，其形制仍大致未改。

在我们对隋以后的各代宫阙进行具体考述以前，可以顺便提到，像第9窟中那样的城门布局，可能在一般城市中也曾个别出现过，如唐·李翱《泗州重修鼓角楼记》就说："军城例楼鼓角于正门以严暮警夜……宜特华壮……楼门左右臂出"（《文苑英华》卷八〇九）。

隋以后各朝都城和陪都地点及宫城正门的主要名称见下表。下面我们就按照表的序号逐一考察（表2-1）。

表2-1　隋以后各朝都城及陪都宫城正门名称表

序号	朝代	都城或陪都	宫城正门
1	隋	洛阳（东都）	则天门
2	隋	大兴（西京）	广阳门
3	唐	洛阳（东都）	应天门（五凤楼）
4	唐	长安（西京）	东内含元殿*
5	唐	长安（西京）	西内承天门
6	宋	汴梁（东京）	宣德门
7	宋	洛阳（西京）	五凤楼
8	辽	中京	闾阖门
9	金	中都	通天门
10	元	大都	崇天门（午门）
11	明	中都	午门
12	明	南京	午门
13	明	北京	午门
14	清	北京	午门（五凤楼）

* 唐长安东内宫城正门虽为丹凤门，但含元殿事实上起着宫城正门的作用，详见正文。

隋东都洛阳

宫城正门称则天门。《大业杂记》说："则天门两重观，上曰紫微观，左右连阙，阙高百二十尺"（隋·杜宝《大业杂记》。按此处的"观"字系指门楼，与"阙"义无关，两重观即两层楼。隋唐多有此用法，前举《隋书·何稠传》已见。又《大业杂记》云："则天门……端门……兴教门……重光门……泰和门……并重观"；《唐会要》卷八十六："永徽五年，修京罗城郭……九门各施观"，均是）。《元河南志》的记述与此完全相同。这里的"左右连阙"应就是连在中央城楼左右并向前伸出的阙楼。据考古报告，则天门中央部分与左右连阙整体平面正是"凹"形。报告称："在门址的东西两侧，在宫墙上有向南突出南北向的夯土墙两道，形式极为对称，各宽17.5米，相距83米，北端与宫墙相接处加宽为21米，南端突然加宽至30米后即被断崖破坏。再向南为洼地，无踪迹。两条夯土墙保留长45米，夯墙之上及其附近有较多的砖瓦堆积……现发现左右凸出的夯土墙垣，无论从土色土质及其夯筑结构，与宫城南墙并无差别，当无早晚关系，正好说明是左右两阙的残存"[1]。文中没有附图，为了更形象一些，这里拟画了一个平面示意图（图2-23），可以看出左右伸出部的前端阙台其纵轴和中央门楼的纵轴平行，与敦煌壁画所表示的方式相同。我们还注意到在"凹"形的拐角处夯土墙加宽广一些，是否暗示在此处墙顶也会有一座建筑呢？参考麦积山石窟西魏第127窟窟顶所绘的阙门形象

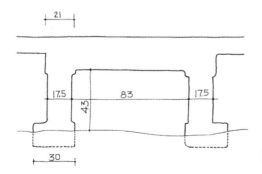

图2-23 拟画隋东都洛阳则天门

---

1 中国科学院考古研究所洛阳发掘队. 隋唐东都城址的勘查和发掘. 考古, 1961（3）.

（参见图2-7），相信这样做是完全可能的。麦积山壁画中的这座阙门由五座建筑组成，即中央门楼、左右各一座小楼以及峙立在门外的双阙。如果在左右小楼和左右阙之间连以城墙成为"凹"形，就和我们想象中的则天门十分接近了。

隋西京大兴城

大兴宫城正门称"广阳门"。隋大兴城就是唐长安城的前身，隋大兴宫在唐称"太极宫"，或称"西内"。据《唐两京城坊考》，唐长安西内"正南承天门，隋开皇二年作，初名广阳门，仁寿元年改曰昭阳门，唐武德元年改曰顺天门，神龙元年改曰承天门"（清·徐松《唐两京城坊考》卷一）。所述由广阳至承天，仅改名而未重建，可见承天门乃广阳之旧。故广阳形制可见下述承天。

唐东都洛阳

《唐两京城坊考》说隋代的则天门到唐初仍存，"武德四年以其太奢，令行台仆射屈突通焚之。显庆初，司农少卿田仁汪随事修茸，后又命司农少卿韦机更加营造。初因隋之名曰则天门，神龙元年避武后尊号改应天门，又避中宗尊号改神龙门，寻复为应天"（《唐两京城坊考》卷五《东京》宫城条）。唐·韦述的《两京新记》和宋·王溥的《唐会要》也皆记其事。

由此可知东都洛阳的宫城正门是在隋则天门的废址上重建的（据《唐会要》卷三十洛阳宫条，重建的具体时间是麟德二年）。重建后的形制可见于韦述的《两京新记》："东京紫微宫城，南面六门，正南应天门，门外观相夹，肺石登闻鼓"，看来仍是左右连建双阙的。考古发掘证明：武德焚则天门时只毁及上部建筑，而两观相夹的总平面格局并未撤毁，故麟德重建时才可能使用隋代的旧墙，作左右前伸状。

又，唐玄宗所撰的《唐六典》云："应天门端门（据《大业杂记》，端门是洛阳皇城正门，故此二字疑为衍文）若西京承天门"。所以应天和承天也可互证，见后文。

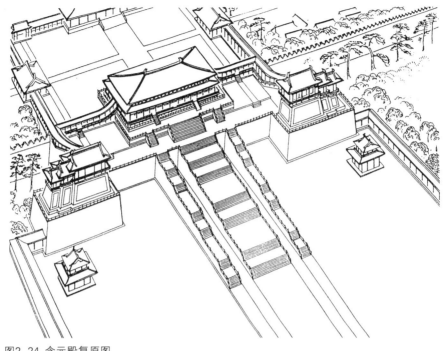

图2-24 含元殿复原图

唐长安东内

　　东内即大明宫，它的情形有点特别：大明宫宫城正门是丹凤门，但因为大明宫是一座别宫，不像别的正式宫城那样在前方还连有一座皇城，故丹凤门直接与民居街坊搭界，实际相当于一座皇城正门，而实际的宫城正门就由丹凤门以北的含元殿来充任了。唐·李华《含元殿赋》云："翘两阙以为翼"（《文苑英华》卷四十八），可见也是有阙的。关于含元殿及其左右二阙的形制已见考古报告并经傅熹年先生复原成图，其考订颇为精当[1]，此处不赘。简言之，其左右翔鸾、栖凤二阁实为左右双阙，它们建在阙台上，二阙纵轴与含元殿的纵轴平行，三者呈品字形，其间连以阁廊，总平面仍然是一个"凹"形（图2-24）。据上述则天门的情况，似乎在"凹"形左右拐角处也可能各有一座建筑存在，除去廊庑不计，通体也是由五座建筑组成。

1　傅熹年. 含元殿复原. 文物, 1973（7）.

唐长安西内

正门曰承天门。据《两京新记》："正南承天门，门外两观口（肺）石登闻鼓"，知门外也有两阙。但承天门的考古发掘只及于门道本身，其他部分都压在近期建筑下没有挖出，所以我们只能根据文献来考证了。

考证结果，可以认为承天门的平面形制也一定是"凹"形的。其理由如下：

1. 前引《唐六典》叙东都应天门时有"若西京承天门"一语，我们据考古报告已经知道应天、则天都是"凹"形的，故唐承天也理应如此。

2. 承天门同含元殿的地位和作用相同，都是外朝。《唐六典》说："若元正冬至大陈设宴会、赦过宥罪、除旧布新、受万国之朝贺，四夷之宾客，则御承天门以听政"。同书记含元殿说："丹凤门内正殿曰含元殿……元正、冬至于此听朝也"。可见它们的身份完全相同，形制上也会相似。

3. 承天与含元、应天的附属设置也相同。据前引《两京新记》以及宋·宋敏求《长安志》、程大昌的《长安宫城图》和清代徐松的《唐两京城坊考》，都记载了承天门和应天门均有所谓肺石、登闻鼓和朝堂的设置。《唐六典》又说："（含元殿）即朝堂、肺石、登闻鼓如承天之制"，故知含元也是这样。朝堂是京官上朝时候集的地方，肺石、登闻鼓是皇帝标示自己听穷省冤等"德政"的装饰[1]。三处建筑同有此物，也可作三处形制相似的旁证。

4. 我们还可以注意到模仿长安建造的日本京都平安京的宫殿，在朝堂院（相当于唐的宫城）南墙正门应天门前部左右各有一楼，名翔鸾、栖凤。二楼和正门间有墙相连，总体也围成一个"凹"字。这组建筑的身份相当于唐的承天门，其"应天"之名与洛阳宫门名同，其"翔鸾、栖凤"又与含元殿左右的阙楼同名，生动地显示了这几组重要建筑的密切关系（图2-25）[2]。

1　《周礼·秋官》："以肺石达穷民，凡远近茕独老幼之欲复于上而其长不达者，立于肺石三日。士听其词以告于王，而罪其长"，注云，"肺石赪石……立肺石三日，言赤心不妄告也"。唐·封演《封氏闻见记》卷四，瓯使条："梁武帝诏于谤木肺石旁，各置一函"。明·王三聘《古今事物考》卷三登闻鼓条："昔尧置敢谏之鼓，即其始也。用下达上而施于朝登闻。《东京记》曰'唐置瓯，兴国九年改为检院，曰登闻'"。登闻鼓清时仍有，但不置于宫城正门前。《大清会典事例》卷一〇四二："顺治元年，设登闻鼓于都察院门首……十三年，将鼓厅衙门移设于长安右门外……遇有击鼓之人，由司讯取口供"。
2　早在公元691年（当唐武则天天授二年）建设的藤原京宫殿朝堂院，就是这样的布局，在公元708年的奈良平城京和793年的京都平安京中完全沿用。朝堂院正门应天门前正对宫殿区中轴线上的朱雀门，所以朱雀门相当于唐皇城的正门，应天门相当于唐宫城的正门。

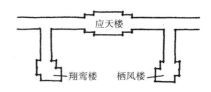

図2-25 日本京都平安京朝堂院宮門

图2-26 《瑞鹤图》中北宋汴梁端门

综上，我们可以肯定承天门也是呈"凹"形格局的，并由此推定它的前身隋代广阳门也必是如此。我们期望今后的长安考古能最终证实这一推断。

宋东京汴梁

汴京大内南正门名宣德门，《东京梦华录》称其为宣德楼（宋·孟元老《东京梦华录》卷一大内条）。据《揽辔录》："乾道六年……至东京，虏改为南京……过棂星门，侧望端门，旧宣德楼也，虏改为承天门"（宋范成大《揽辔录》）。可见又可称为"端门"，在汴梁作为金南京时，又被称为承天门。

赵佶所绘"瑞鹤图"中的建筑正是此处，其《跋》云："政和壬辰上元之次夕，忽有祥云拂郁，低映端门，众皆仰而视之。倏有群鹤，飞鸣于空中……"（见《艺苑掇英》第三期，1978年）。所绘端门正楼是一庑殿顶建筑，左右以廊庑与两侧的歇山顶阙楼相接。看得出来，阙楼的纵轴与正楼平行。但图上没有表出全貌，也未用透视，故左右是否前伸仍不明（图2-26）。然据《汴故宫记》云："至于汴……正北曰承天门……双阙前引"（元·杨

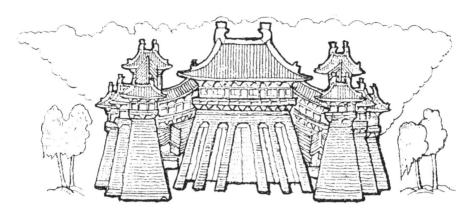

图2-27 辽宁博物院藏宋代铜钟所镌宫阙

夬《汴故宫记》)。这个承天门就是宋代的宣德门,既"双阙前引",平面也必为"凹"形无疑。

宣德楼在政和八年(1118年)扩建,中央门洞由三道改为五道。在辽宁省博物馆藏传世品北宋铜钟上铸有宫阙形象,有门五道,应就是改建后的宣德楼形象:在凹字形平面的城墙正中建单檐庑殿顶的中央门楼,左右斜廊连左右朵楼,由朵楼南出以行廊连左右阙楼。阙楼平面长边与正楼平行,外侧各有二重子阙。朵楼和阙楼屋顶也是单檐庑殿,整体形象仍同唐长安和洛阳的宫阙,十分壮观,是宫前广场的高潮。据记载,屋顶都用琉璃瓦(图2-27)。

宋西京洛阳

宫城正门称五凤楼,就是唐代的应天门,自唐至宋仅改名重修而未重建。实际上自唐开元年间起,应天门就已改称为五凤楼了。据《资治通鉴》,开元二十三年正月"都城酺三日(注曰"都城谓东都城",即洛阳),上御五凤楼酺宴"(《资治通鉴》卷二一四引《唐纪》)。这个五凤楼就是应天门,其具体考证,可见拙文《五凤楼名实考》(《故宫博物院院刊》1984年第1期),此不多赘。

五代后梁以洛阳为西京,仍沿用五凤楼之名并加重修。《旧五代史》云:后梁太祖"及登极……车驾将入洛,(罗绍威)奉诏重修五凤楼"(《旧五代史》卷十四《梁书·罗绍威传》)。宋初又重修了一次,可由宋初人梁周翰所作《五凤楼赋》中得见消息。赋曰："乃顾京室，时行圣谟，陋宸极之非制，稽紫垣之旧图。且曰不壮不丽岂传万世。……乃诏共工，度景之中，因旧谋新，庀徒僝功，台卑者丰，栋易而隆，橡斲而砻……"（《古今图书集成·考工典》卷四十八）。其"因旧谋新"，显然也是重修。

如此，则宋五凤楼仍是唐应天门的旧有形制，并未改作，况《五凤楼赋》又说到："矧象魏之县（悬）法，伊亿兆之所视……去地百丈，在天半空，五凤翘翼，若鹏逆风……双阙偶立，突然如峰"，提到"象魏"、"双阙"等词，也都与应天门形制相合。赋中所谓的"五凤"，可能是指整组宫阙由五座建筑组成。

辽中京

辽代大部分时间的京城是统和二十五年（1007年）所建的中京，在内蒙古自治区宁城县。中京宫城正门名"阊阖门"。北宋的路振作为朝廷特使曾于大中祥符元年即中京建成之次年到过那里，以庆贺辽圣宗耶律隆绪生日。他写过一个《乘轺录》专记这次出使的见闻。文曰："阊阖门楼有五凤，状如京师，大约制度卑陋"[1]。我们注意到洛阳五凤楼确有"五凤翘翼，如鹏逆风"，故知阊阖门与五凤楼在形制上应有某种渊源关系，仅阊阖的规模比较"卑陋"而已。文中之"京师"应指洛阳。洛阳在宋代也是西京，可以称之为"京师"，前举《五凤楼赋》中就也有"伊京师之权舆也"一语。

阊阖门已有发掘，据考古报告称："在阊阖门址之南八十米，大道（即报告中所指正对阊阖门的南北向宽约四十米的道路）与一条东西向之大路相交，路宽约十五米"[2]。为什么交叉点竟在门南80米之远呢？这使我们想起了《大业杂记》的一句话："则天门南八十步过横街"。若依每步为六尺，隋尺合今0.273米计，则八十步相当于130米（若每步五尺，则为110米）。正因为宫阙平面是"凹"形的，门前围成了一个广场，东西向横路在这个广场

1　此引文录自诵芬楼刊十万卷楼丛书本《皇朝事实类苑》卷七十七引宋·晁载《续谈助》文。粤雅堂丛书第三编第二十三集收有题宋无名氏撰《续谈助》第三卷，其录文多佚脱，无此。
2　辽中京发掘委员会. 辽中京城址发掘的重要收获. 文物, 1961（9）.

的南缘，交叉点就向南推出去了。闾阖门前的80米较则天门前的八十步小，正说明它的"大约制度卑陋"。现北京明清故宫午门前的道路交叉点距午门中心也有130米的距离。

金中都

金中都在今北京西南广安门外一带。据《金图经》说；"亮（金主完颜亮）欲都燕，遣画工写京师宫室制度，阔狭修短，尽以授之左丞相张浩辈按图修之"（清·朱彝尊《日下旧闻考》卷二十九引）；又《元一统志》云："天德（完颜亮年号）元年，海陵（即完颜亮）意欲徙都于燕……制度如汴，改号中都"（《元一统志》卷一），则其宫城正门端门（或名应天门、通天门）应如汴梁宣德门式。

《揽辔录》记此门云："驰道之北即端门十一间，曰应天之门，旧尝名通天，亦开两挟有楼。……东西两角楼，每楼次第攒三檐，与挟楼皆极工巧"。又清·孙承泽《春明梦余录》的记载是"通天门即内城之正南门也，四角皆垛楼"。由上二文互证可知也是双阙前引式：平面左右前伸之南端即"次第攒三檐"的"东西两角楼"，东北、西北拐角处也是二角，上有建筑，因其挟持在面阔十一间的正楼左右，故可称之为"两挟"；此二角合前二角共为"四角"。如此，两文皆可通。这样的四角皆有建筑，再加上正楼一座，一共是五座，如果其间再有廊庑相连，那就和现存明清午门相差无几了。

金中都是仿汴的，由上，可为宣德门的形制增加一条补证。

至于所谓"垛楼"，又可称"朵楼"，有时也可以指阙，是阙晚期的另一名称。《事物纪原》云："观……今俗谓之朵楼，盖周制也"（宋·高承《事物纪原》卷八）。

山西繁峙岩山寺南殿东壁金代壁画绘有一座宫殿，其宫阙形象与宋汴梁的宣德楼不同的只是改变了子阙的方向，使之与正楼垂直（图2-28）。

元大都

元大都即今北京。《辍耕录》说："宫城正南曰崇天……左右垛楼二，

图2-28 金代壁画宫殿

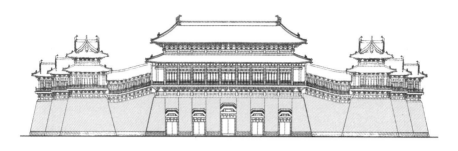

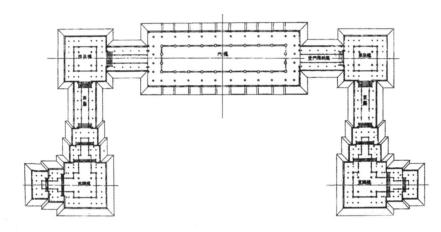

图2-29 元大都崇天门

垛楼登门（门后疑佚一"楼"字）两斜庑十门（门应作间），阙上两观皆三
垛楼，连垛楼东西庑各五间"（元·陶宗仪《辍耕录》卷二十一，宫阙制度
条）。这一段文字有些费解，但我们若与下一条史料互参，还是可以看懂它
的意思。明初人萧洵的《故宫遗录》说："崇天门……总建阙楼其上，翼
为回廊，低连两观，观傍出为十字角楼高下三级，两傍各去午门百余步，有
掖门"。"廊"而且"回"，是"凹"形回抱之义；"低连"证前文之"斜
庑"；"两观"的"观"字用得不妥，实即前文的"左右垛楼"，就是东
北、西北转角处的角楼；"十字角楼高下三级"即前文的"阙上两观，皆三
垛楼"。二文行文各别，但所记皆可吻合。如此，崇天门也是由五座建筑组
成的"凹"形平面，且有回廊连接各建筑，与今午门相仿。建筑史学专家傅
熹年先生据文献资料，已绘出崇天门复原图，十分壮观（图2-29）

　　《故宫遗录》书尾有明人陈世彭的《跋》："洪武元年灭元，命大臣
毁元氏宫殿。庐陵工部郎萧洵实从事焉，因而记录成帙"。看来成书于洪武

初，是目前所知记载"午门"一词最早的资料。作者记录的是元代宫殿，似可说明元代已开始使用"午门"一词了。

"午"就是"正中间"的意思，这个含意早有所见。汉代李尤为洛阳都城正对南宫正门的平门作铭曰："平门督司，午位处中；外临僚侍，内达帝宫；正阳南面，炎暑赫融"（引自周祖谟校释《洛阳伽蓝记·原序》注文）。

明清宫城正门的正式名称都叫午门。

明中都

明初朱元璋曾在他的老家安徽凤阳修建过宫殿，称凤阳为中都，不久又放弃了这个做法，改在南京建都，凤阳宫殿旋被拆毁，但至今仍留有许多建筑遗迹，其中就有午门。它的平面布局和现存北京午门完全一致（图2-30）[1]。

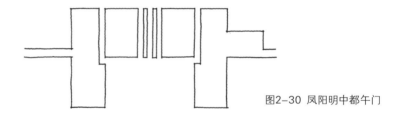

图2-30 凤阳明中都午门

明南京

《明会典》云："洪武十年改作大内宫殿，阙门曰午门，翼以两观"，所说的午门在南京，显然也是双阙前引式。现南京午门上部建筑已不存，城台左右前伸部从拐角处也被拆毁，但从中止处的断面情况看，仍显然可见左右前伸的迹象。

明北京

永乐十八年建北京宫殿，午门同时建成，嘉靖二十六年焚于火，次年仍原样重建，以后又多次重修，保存至今。

---

1 《建筑史专辑》编辑委员会. 科技史文集: 第5辑. 上海: 上海科学技术出版社, 1980.

图2-31 北京明清紫禁城午门

清北京

清定都北京后，于顺治四年重修午门，以后一直到今天又多次维修过。现午门城楼上还保存有许多早期彩画，很可能是清初的作品[1]。

午门的平面是"凹"形，正中有三个门洞。"凹"字东拐角处有一门洞西向，进门东行再北折，称为左掖门。西拐角的称为右掖门。城楼上正中建正楼一座，面阔九间，重檐庑殿顶；四角各建一座五开间重檐方亭；在正楼和左右拐角处的方亭间连以左右明廊，在左右方亭与左右伸出部前端的方亭间连以左右雁翅楼。午门左右翼中距约110米，造型宏丽，气魄雄壮，是中国古代建筑艺术珍品之一（图2-31）。

明清午门"凹"形左右前端所建筑的是一座方亭，已无所谓纵轴横轴，这是明清宫阙形制上的一点变化。

清午门也被称为五凤楼。《春明梦余录》就说："午门，即俗所谓五凤

1　王义章. 故宫午门的油漆彩画. 故宫博物院院刊, 1979（4）.

楼也"。在官修的《大清会典事例》中也有相同的记载（《大清会典事例》卷八六二）。我们已经说过，从唐开元年起，至五代和宋，洛阳宫城正门都叫作五凤楼。所以即从这个名称上，也可以看出北京午门的渊源。

午门又被明确地称之为阙。《大清会典》云："端门之内，东曰阙左门，西曰阙右门"（《大清会典》卷五十八）。端门之内当然是午门，"左门"、"右门"云云也当然是以午门为本位而名的，所以午门就是阙。"阙左"、"阙右"二门现仍存。

从上面考察的十四座隋以后的宫阙情况表明，唐以后的宫阙都渊源于隋。隋是一个只有三十几年的短暂朝代，但却是一个开创制度的时代，这一事实已为多方面的历史研究所证实，我们的研究也从一个侧面作了补充。

结合对于敦煌石窟中的阙的研究，我们对于阙的发展已经大致作了一个系统的考述。简言之，阙是由防卫意义上的"观"蜕变出来的，由东周至汉用作观瞻性建筑置于宫门、城门、墓道和宗庙之前。东汉中期至北朝，在官僚地主的坞壁中发展了一种门与阙的组合，隋直接继承了这种坞壁阙并作双阙前引式，用于宫城正门，列五楼于上。由隋至清，历代因袭大略未变。

敦煌的资料恰好补足了阙史十六国至隋唐这一大段空白，使我们的研究得以进行。这一段时间又正处于隋以后新宫阙的酝酿阶段，这些资料为此提供了珍贵的例证，具有不容忽视的价值。

通过对于阙史的探索，我们可以体会到，建筑的发展并不是一个偶然的孤立自在的过程，它自有鲜明的内在逻辑和规律，与社会历史的发展有着密切的关系。人们说"建筑是石头的史书"。我们从建筑史的研究中，可以亲切地感受到社会历史演化的脉搏。

第三章

城 垣

　　《史记》方士言于汉武说："黄帝五城十二楼"（《史记》卷十二《孝武本纪》）。汉·赵晔《吴越春秋》说："鲧筑城以卫君，造郭以守民"。晋·张华《博物志》则说："禹作城，强者攻，弱者守，敌者战"。上述文献虽不能告诉我们城市究竟起于何时，却透露出一个真理：城市与战争以及与"君"、"民"对立即阶级的出现有密切的关系。

　　根据考古资料，中国较早的城邑遗迹属于三千多年以前的商代中期。郑州商城和黄陂盘龙城都是这个时期的遗存。更早可能还有属于夏代龙山文化的城堡。经奴隶社会、封建社会一直到现代的几千年，城始终存在。现代战争出现以前，所有的城几乎都要修建城垣。了解古代城垣的情况，对于研究城市史、战争史、文化史和工程技术史，当具有一定的意义。

　　从北朝开始直到宋代的敦煌壁画中，都画有城的形象。早期佛教故事画如阿修罗王故事、须摩提女故事、须阇提本生故事等，都有城的形象。唐宋

图3-1 晚唐第138窟东壁维摩诘经变中的毗耶离城

的经变画如观无量寿经变边幅未生怨故事中有宫城，维摩诘经变中有用作整
幅画面背景的毗耶离城（图3-1），在法华经变、弥勒经变、报恩经变、华严
经变、劳度叉斗圣变以及佛教史迹画和佛传图中也都画有很多城。全部敦煌
壁画所绘城形，总数当不下数百座之多。这些城，若按照壁画所依据的佛教
经典，应该都在印度或者在天上，对于画工们来说都是未曾见过或无从得见
的东西，而作品的形象依据却只能来自现实，所以，壁画中的城就全是中国
的城的形象。由于它们大都只是表现了城垣，并没有太多的城市布局反映，
故本篇以"城垣"为题。

　　以下我们综合各城形象，对城垣各部分别加以叙述。

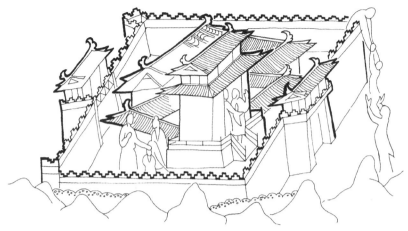

图3-2 方城（北周第296窟）

图3-3 方城（晚唐第85窟）

城形

壁画中的城形，大致有三种。

第一种是方形或长方形，占绝大多数。是在城的四面正中或相对两面正中设城门，城角多有角楼，城外有城壕，城壕或沿着城墙作方整转折，或宛转呈曲线。正对城门在城壕上架桥（图3-2～图3-5）。有的城壕在城门附近

图3-4 城垣（盛唐第148窟西壁八王争舍利图）

图3-5 方城（晚唐第12窟南壁劳度叉斗圣变）

向外折转，使城门前形成一个广场（参见图3-13：3）。这种方城在某一面城墙还可能有一些小的转折，转折处或设角楼，或也有城门（图3-6）。

现存中国北方古城也大都是方形或长方形的，与壁画中的这种城形相同，如酒泉、张掖、兰州、西安、正定、保定、大同、兴城等城，就都是这样。它们都位于平原或盆地平坦处，城内有正对四面城门的十字相交街道，在十字街交叉点一般都置钟鼓楼，城墙都建于明清。这种方整的格局是结合平坦的地形条件及其他因素产生的。从壁画看，可以认为这种格局在隋唐时已十分盛行。隋唐的长安城和洛阳城总布局也方正规整，大城内的里坊实际上是一座座小城，根据文献记载，它们是完全规整的。隋·杜宝《大业杂记》记隋东都洛阳云："……民坊各周四里，开四门，临大街，门上为重楼，饰以丹粉。洛南有九十六坊，洛北有三十坊。大街小陌，纵横相对"。宋·宋敏求《长安志》记唐长安的里坊说："皇城之东尽东郭东西三坊，皇城之西尽西郭东西三坊，南北皆十三坊。每坊皆开四门，有十字街，四出趣门。皇城之南东西四坊，南北九坊……每坊但开东西二门，中有横街而已"。京城和京城内的里坊的这种方正格局，无疑会影响到地方城市，尤其是多置于平坦地段的北方城市的形制，所以壁画中的城形绝大多数都取这种样式。

第二种城形城墙作多次直角转折，仅有的一例绘在第323窟南壁（第323窟现断代为盛唐，也有人认为是初唐）。图中只显出了全城的一部分，可以

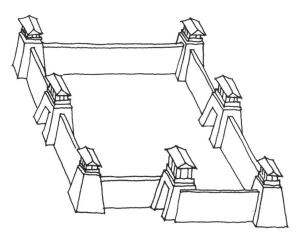

图3-6 方城（晚唐第9窟）

图3-7 汉长安城（盛唐第323窟）

看出，在城的一面，城墙有多达九次的直角转折（图3-7）。此图是佛教史迹画，绘周隋时高僧昙延来到长安的故事，城外画有昙延乘肩舆入朝并皇帝拱手相迎的场面，榜题"昙延法师入朝"。

在唐以前，中国城市城墙作多次直角转折的方式最典型者当属汉长安城。汉长安建于惠帝时，以后北汉刘聪、前赵刘曜、后赵石勒、前秦苻坚、后秦姚苌以及西魏跖跋氏、北周宇文氏都建都于此，一直到隋初，前后近八百年。至隋开皇二年在旧城东南龙首原营建新都大兴城，四年迁都，汉长安才被废弃。大兴城的外郭城墙要到迁都后29年即炀帝大业九年才开始修筑。汉惠帝筑长安城墙前，此处就先已恢复了秦代的一座离宫并予扩建，即长乐宫，又在其西邻建未央宫，于是长安南墙沿长乐和未央宫城南墙、北墙顺渭河水道，皆多次转折。后人形容此城"南为南斗形，北为北斗形，至今人呼汉京城为斗城是也"（《三辅黄图》），实际上因地制宜而已。直角转折，犄角相望，也有利于防守。

《续高僧传》载昙延事迹说，他有两次入朝，第一次在北周太祖建德中，是受皇帝招聘，来与陈使周弘正辩论；第二次在隋初，《传》云："隋

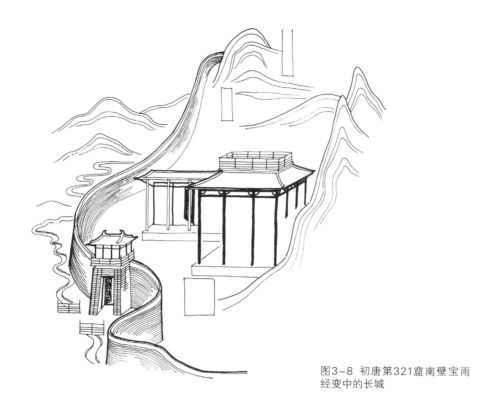

图3-8　初唐第321窟南壁宝雨
经变中的长城

文创业，未展度僧。延初闻改政即事剃落，法服执锡来至王廷……移都龙
首，有敕于广恩坊给地，立延法师众。开皇四年下敕改延众可为延兴寺"
（《续高僧传》卷八《昙延传》）。据同画其他场面的榜题有昙延为隋文帝
讲经和开皇六年昙延祈雨事，知所表现的是他第二次入朝。但入朝之时却是
在"移都龙首"以前，所入之城只能是汉代修筑的长安城。

　　这幅壁画是敦煌石窟中有具体描写对象的城图，其多次折转正与原
城形状大致相同。此图虽成于初盛唐，想当时已废置的汉长安旧垣仍
存，粉本可借以参考，故与现建筑史资料中"斗城"孤例汉长安城形制
相合，殊非偶然。

　　第三种城形也仅一见，画在初唐第321窟。该图已漫漶，但还能看出有一
段群山环绕中的城墙。城依山面水，城墙顺坡依势起伏蜿蜒，完全是曲线，
城门前也可见有城壕和壕上的桥。据研究，此图内容是"宝雨经变"，所绘
之城是古代长城的反映（图3-8）。

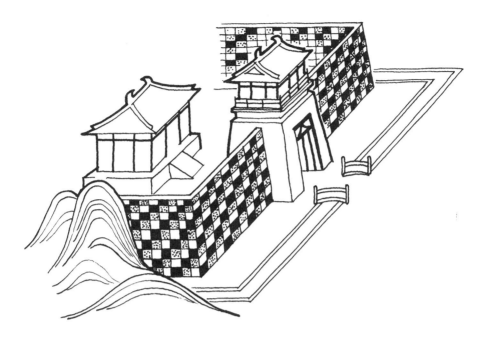

图3-9 包砖城墙（晚唐第156窟）

城墙

绝大多数的城墙都涂浅赭红色底再绘土红色密集横线，显然表示为土筑，横线就是版筑夯层的表示。过去一些文章，可能根据黑白照片或印刷件，误认这些横线是砖缝而断定壁画中的城全系包砖。实际上包砖的做法只用于城台（即城门部分）和角台处。包砖面用色彩表示，作灰、白或石绿色，与红色土筑城墙有别；有些还在上述底色上再用黑线界画出横直的砖缝以表示条砖包筑（为了绘制的方便，包砖都未画出错缝，而是纵横直通画作横长方格形）；也有用方砖包砌的，砖缝作斜交或正交的方格。总之，包砖城墙与土筑城墙的画法显然不同。

个别城墙如代表弥勒经变兜率天宫的城，则画作全部包砖，想是以此突出其崇高的地位（图3-9，参见图3-14）。

文献载东晋和南朝时已有砖城。《丹阳记》曰："石头城吴时悉土坞，义熙始加砖累石头"（宋·王应麟《玉海》卷一七三《宫室·城》，晋石头城条引）。《南史》："南兖州刺史运私邸米僦人作甓以砌城，武帝善之"（《南史》卷五十一《梁宗室传》，萧业传）。甓又称"瓴甋"、"令甓"。《考工记·匠人》疏云："令甓则今之砖也"。大约同时北方的邺城也"饰表以砖"（《水经注》卷十，浊漳水条）。但这只是很个别的例子。据考古发掘，隋唐长安的宫城、皇城、外郭城和大明宫城仍都只是夯土墙[1]；洛阳宫城、皇城有内外包砖的现象，但外郭城也还是夯土[2]；各城城门处都有大量的砖块遗存，说明城台是包砖的[3]。这些情况都能与壁画符合。唐代只有南方个别城垣包砖，这与南方地势卑湿，霖雨连绵，土墉难以久立的情况有关。例如，"江夏城风土散恶，难立垣墉，每年加板筑，赋青茆以覆之。……僧孺至，计茆苫板筑之费，岁十余万，即赋之以砖，以当苫筑之价，凡五年，墉皆甓葺"（《旧唐书》卷一七二《牛僧孺传》）；福州城筑于晚唐，亦砖表土心（黄滔《灵山塑北方毗沙门天王碑》）。实际上，城墙包砖的普遍实行和火炮的普遍使用有密切关系，那已是元明以后的事了。

城墙墙头有城堞，又名"城垛"，上开堞眼。城堞之间称堞口或垛口。清·魏源《城守篇》把城堞等的作用说得十分清楚："城堞亦名城垛……不宜太高，高则掷石无力。堞口不宜太狭，狭则碍于击贼……又必各留悬孔（按应即堞眼），贼远则堞口瞭之……近则悬孔视之"。由于城堞是城墙顶上加筑的小墙，为坚固计，以砖砌为佳。明代修筑的嘉峪关关城就是在夯土城墙上用砖砌筑城堞。壁画中的城堞大都作白色，也是砖砌的表示。宋·杨时《婺州新城记》有："陶甓以为堞"的记载。

由墙顶，往往可见城墙的厚度，但壁画中的城，比例大都特别高耸，故画中显示的很大的高厚比，并不足为据。

1　马得志. 唐长安考古纪略. 考古, 1963（11）；中国科学院考古研究所. 唐长安大明宫. 北京：科学出版社, 1959.

2　中国科学院考古研究所洛阳发掘队. 隋唐东都城址的勘查和发掘. 考古, 1961（3）.

3　马得志. 唐长安考古纪略. 考古, 1963（11）；中国科学院考古研究所. 唐长安大明宫. 北京：科学出版社, 1959；中国科学院考古研究所洛阳发掘队. 隋唐东都城址的勘查和发掘. 考古, 1961（3）. 马得志. 1959~1960年唐大明宫发掘简报. 考古, 1961（7）.

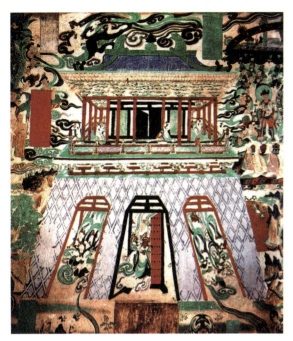

图3-10 三道城门（晚唐第9窟维摩诘经变）

图3-11 三道城门（晚唐第9窟）

城门道

壁画中的城，门道数从一到五都有。一道最多，粗略估计，占总数十分之七以上。二、三道较少，四、五道仅各见一例。

三道城门多见于未生怨故事画中，画作宫城的正门，也用于维摩诘经变中的毗耶离城，不见于小城（参见图2-20，图3-10、图3-11）。

汉唐都城城门绝大多数都是三道。汉长安已发掘出的城门如宣平、霸城、西安、直城等全都是三道，每门道各宽6米，由城门通往城内的大街也由三条并列的大道组成，宽度与门道相同[1]。隋唐长安外郭城的城门除明德五道、春明一道外，其他各门也是三道；皇城、宫城和大明宫城经发掘的城门中，安福、承天、丹凤等也都是三道[2]；隋唐洛阳的情况与此相同[3]。从文献中还可知其他都城和宫城也通行三道之制，如《晋书》记东晋建康："又开东掖、平昌、广莫及宫殿诸门，皆为三道"（《晋书》卷九十九《桓玄传》）；《洛阳伽蓝

1　王仲殊.汉长安城考古工作的初步收获.考古通讯,1957（5）；王仲殊.汉长安城考古工作收获续记.考古通讯,1958（4）.

2　陕西省文物管理委员会.唐长安城地基初步探测.考古学报,1958（3）；马得志.唐长安考古纪略.考古,1963（11）.

3　中国科学院考古研究所.唐长安大明宫.北京:科学出版社,1959.

记》记北魏都城洛阳"一门有三道，所谓九轨"（北魏·杨衒之《洛阳伽蓝记·序》），皆是。

三道之设，主要与封建礼制有关，一则它的规模较大，庄严对称，可壮观瞻；二则也是古代驰道制度的自然要求。

《三辅黄图》记汉长安城门"四面十二门……三涂洞辟"，意谓长安城门皆辟三个门洞，与城内由三条并列道路组成的大街相通，正符合考古发掘的情况。此三条道路中间的一条就是驰道，又称御道或中道。汉·班固《西都赋》云："披三条之广路，立十二之通门"（《全上古三代秦汉六朝文·全后汉文》卷二十四）；张衡《西京赋》："城郭之制，则旁开三门；参涂夷庭，方轨十二，街衢相经"（《全上古三代秦汉六朝文·全后汉文》卷五十二）。皆记此制。

驰道和通向驰道的中间城门道只有天子才能通行，其他人只能行旁道，要穿越中道必须绕到交叉路口或城门处去，甚至太子也得如此，否则就是逾制。《汉书》云："元帝即位，（成）帝为太子……上尝急召，太子出龙楼门，不敢绝驰道，西至直城门，得绝乃度，还入作室门。上迟之，问其故，以状对"（《汉书》卷十《成帝纪》）。因为过于不便，自此以后才"著令太子得绝驰道"。以后制度稍松，允许贵族官僚也可在驰道边上行走，但驰道最中间部分仍专属于皇帝，如果不慎逾入驰道中间去，是要受到纠察的。《汉书》记有这样一件事："丞相孔光四时行园陵，官属以令行驰道中（如淳注曰：令诸使有制得行驰道中者，行旁道，无得行中央三丈也），（鲍）宣出逢之，使吏勾止丞相掾史，没入其车马，摧辱宰相"（《汉书》卷七十二《鲍宣传》）。

驰道的制度，秦始皇时就开始实行了。《史记》卷六《秦始皇本纪》曰：始皇"二十七年……治驰道"。东汉应邵集解云："驰道，天子道也，道若今之中道然"。这种三道三门的做法魏晋以后仍然遵行，除上举文献外，又见于晋·陆机《洛阳记》记晋都洛阳："洛阳十二门，门有阁，闭中，开左右出入。宫门及城中大道皆分作三，中央御道，两边筑土墙高四尺，公卿尚书章服从中道，凡人行左右道，左入右出，不得相逢"（《元河

图3-12 二道城门（晚唐第85窟）

南志》卷二，纪晋宫阙引）。唐时，制度又松弛了一些，城中大道已不再分作三条，行人可随时横穿，但城门当中的门洞仍称为驰道，专属于皇帝。《资治通鉴》记安史之乱后肃宗迎玄宗入长安："上（肃宗）乘马前行，不敢当驰道"（《资治通鉴》卷二二○）。实际上一直到清代，北京故宫的午门、端门、天安门的正中门洞平时都不开启，只供皇帝车舆出入。

壁画中的三道城门正是这种历史现实的反映。

二道城门多见于毗耶离城或其他占幅面较大的城（图3-12，参见图3-3），考古发掘还没有发现过。据文献记载，它可能施用于州郡城门，如唐·郑吉《楚州修城南记》云："划为双门，出者由左，入者由右"（《文苑英华》卷八一二）。宫城门也偶或有用二道的，如后赵石虎邺宫："南面三门，西凤阳门……下开二门"（晋·陆翙《邺中记》）。又如梁建康宫"（天监十年）初作宫城门三重楼及开二道"（《梁书》卷二《武帝本纪》）。

壁画中的一道城门为数最多，散见于各经变画中的小城（图3-13）。由考古发掘得知，唐大明宫的旁门、后门如玄武门、左右银台门等都只开一道[1]。《清明上河图》绘宋汴梁外城的次要城门也是一道。一般郡县城门也应以一道为多。

五道城门在画中只见于晚唐第138窟弥勒上生经变中，是象征兜率天宫的

1　中国科学院考古研究所. 唐长安大明宫. 北京: 科学出版社, 1959.

图3-13 一道城门:1.中唐第361窟;2.晚唐第12窟;3.晚唐第196窟;4.晚唐第85窟;5.五代第61窟

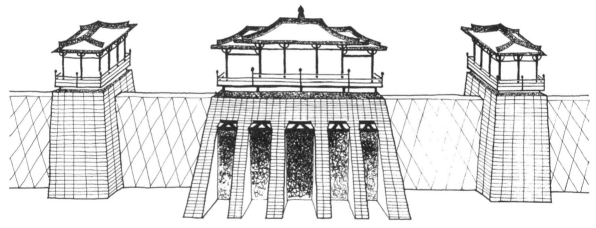

图3-14 五道城门(晚唐第138窟)

宫城的正门(图3-14)。记载中的唐代有五个门道的城门也只有长安外郭城南

面正门明德门一例,即"高宗永徽三年十月修筑京师罗城……九门仍各施观,

明德门一观至五门"(《册府元龟》帝王部卷十四《都邑》)。明德门经考古

发掘,原状已研究复原,其巍峨壮丽,无愧为当时世界第一大城的正门身份[1]。

壁画中此种城门城台虽仍为矩形,门楼平面却呈"十"字形,即中楼左右各挟

---

1 傅熹年.唐长安明德门原状的探讨.考古,1972(1).

图3-15 四道城门（晚唐第85窟）

一耳室，在城台左右又各峙一台，上有屋，都与明德门复原图不同。

四道的城门既不见于史乘，又不见于遗址，壁画中也只一见，即晚唐第85窟东壁用作毗耶离城的正门，城楼平面与上例同（图3-15）。

总的说来，壁画城门的门道数反映了城和城门等级地位的高低。

门道顶及门洞做法

壁画城门门道顶全都是木结构。

虽然在汉代的墓葬中已广泛使用了砖砌拱券、拱门和穹隆，但砖石结构的地面建筑并不多见。北朝以后，也只在一些砖塔中见到有砖砌拱门，跨度当然很小。到元代方才得见用作城门洞的砖拱，如元末大都和义门瓮城城门[1]。明代以后砖拱城门才逐渐普及。这个过程应也和战争中火炮的广泛使用有关。在砖拱用于城门道以前，城门门顶应都是木结构。

由壁画得知，木结构门顶做法有两种。一种是单层简支木过梁，方顶，见于北朝，唐代也有，多见于初唐，如北周第296窟（参见图3-2）、第397窟初唐绘夹建双阙的城门（参见图2-19）、第321窟初唐绘长城城门（参见图

1　中国科学院考古研究所, 北京市文物管理处元大都考古队. 元大都的勘查和发掘. 考古, 1972（1）.

3-8）。晚唐第85窟也见有一例（参见图3-4）；另一种是上下两层木过梁中间连以叉手或人字拱组成桁架，初唐开始出现，以后成为唐宋通行的做法。据宋·李诫《营造法式》，上层木过梁叫做狼牙栿，下层木过梁称洪门栿。从壁画看，有的狼牙栿和洪门栿一样长，门顶还是方形的（参见图3-12，图3-13：3、5，图3-3，图3-15）；有的狼牙栿比洪门栿短，所以在狼牙栿两端各用一条称之为托脚的斜向木撑撑持在洪门栿背两端，门顶就成了梯形的盝顶了（参见图2-20、图3-13：3）。实际上，此式门顶以盝顶最多。此外，还有个别的门顶略有变化，如盝顶用三层过梁（参见图3-10），盝顶左右两坡抹作弧形（参见图3-13：1）及门顶作三角形等（参见图3-13：4）等。

汉画像石、画像砖、壁画和明器中，城门或其他建筑的大门一概都是方顶，未见有盝顶。在敦煌壁画，这种早期较简单的门顶做法一直延续到北朝以后。以桁架代替单层简支梁是较前进步的做法，可以承受更大的荷载，跨度也就更大了。汉长安城门道净宽为6米，唐长安、洛阳门道净宽有大到8米左右的，宋《营造法式》规定洪门栿长为二丈五尺，减去两头搭在排叉柱（即沿门道壁设立的支持洪门栿栿首的立柱）柱顶的宽度，门道净宽也接近8米，说明随着社会的发展、交通流量的增加，城门跨度有加大的趋势。

除了敦煌的资料外，其他许多唐宋资料中的城门也多作盝顶式样，可见于宋画《清明上河图》、《中兴祯应图》等。

元代居庸关云台城门已用砖石砌筑，门顶立面外轮廓为半圆形，合乎筒拱的自然形式，但内轮廓是折线组成的梯形三边，形象仍未脱唐宋木构盝形门顶的窠臼（图3-16）。

城门门顶从木构发展到砖石结构，从方顶发展到盝顶再到圆券顶，从单层木梁发展到双层木梁以及圆拱，敦煌壁画为认识这一过程提供了有用的资料。

关于木结构门顶的门道壁做法，据汉长安城各城门的发掘，可知是沿门道左右直立的夯土壁密排柱础，础上再立排叉柱。这种做法一直沿用到宋元直至以后砖砌门券将它取代为止。从敦煌壁画看也是这样，若门道下部未被遮挡，常可看到排叉柱下连有纵向地栿。

图3-16 北京居庸关云台

图3-17 马王堆西汉墓
出土守备图中的箭道城

城楼

　　壁画中的城门，几乎都有城楼。城楼之作，不只是标示入口，华壮人居，也有其实际的军事用途。《北史》云："兖土旧多劫盗，（李）崇乃村置一楼，楼悬一鼓，盗发之处双槌乱击，四面诸村闻鼓皆守要路，俄顷之间声布百里，其中险要悉有伏人，盗窃始发，便尔擒送。诸州置楼悬鼓自崇始也"（《北史》卷四十三《李崇传》）。此段记载说明了城楼的警戒作用，所谓"诸州置楼悬鼓"，应该也包括城楼。唐·韦庆复《凤翔鼓角楼记》记城楼曰："大哉斯楼之作，上可以陈列鼙鼓，下可以禁限中外，近可以张皇斯众，远可以戒励大军"（《文苑英华》卷八〇九）。唐·李奚《泗州重修鼓角楼记》说："军城例楼鼓角于正门以严暮警夜"（《文苑英华》卷八〇九）。可见城楼可作警戒、指挥之用，当然也可在此射击，故城楼在大小城市，应是例所必建，实际上在长沙马王堆出土的西汉守备图中已可以看到城楼的形象（图3-17）。

图3-18 二层城楼（五代第53窟）

　　壁画城楼，由北朝至宋，除五代第53窟所绘为两层以外（图3-18），都只有一层。

　　从文献和其他资料知，隋以前多层城楼是常见的。传为东汉的函谷关东门画像石上的两座门楼是三层。《邺中记》的石虎邺宫凤阳门，"上六层，反宇向阳"，或曰："五层楼，去地三十丈"。《洛阳伽蓝记》记北魏洛阳永宁寺："南门楼三重，通三阁道，去地二十丈，形制似今端门"（《洛阳伽蓝记》卷一）。《梁书》记建康宫城门是"三重楼"。麦积山西魏第127窟所绘城楼也是三层（参见图2-7）。一直到隋代，据《大业杂记》东都的则天门、端门、兴教门、重光门、泰和门以及其他一些城门"并重观"，都是二层的。

　　敦煌壁画北朝的城仅很少几座，有些还可能只反映了坞壁的情况，例证太少，或不足以代表当时城楼的真实情形，但唐宋壁画中的几百座城图，除上举一处孤例外皆系单层，恐非偶然。且前举宋画《清明上河图》、《中兴祯应图》以及宋徽宗《瑞鹤图》和辽宁藏北宋铜钟的宫阙表现的宋代城楼也是单层，其中《瑞鹤图》和北宋铜钟表现的还是汴梁宫城正门，可见单层城楼是唐宋城楼的通行形制（参见图2-26、图2-27）。

　　《唐会要》记给事中张元素的话说："陛下初平东都之始，层楼广殿，皆令撤毁，天下翕然，同心欣仰"（宋·王溥《唐会要》卷三十，洛阳宫条）。同书及唐·韦述《两京记》也都记有唐初武德四年，高祖以东都洛阳宫城正门应天门二层的门楼"太奢"，令焚之。后应天门虽重建，应已改为一层。前于"阙"的一章中已经说过，应天门重建后多次改名，最后改为五凤楼，历五代至宋形制都没有变化。宋时以洛阳为西京，据宋·邵伯温《邵氏闻见录》云，"艺祖得天下之初即遣使图西京大内，据以改作"，可知汴梁宫城正门宣德楼也是其滥觞，其门楼也应是一层，正与《瑞鹤图》相符。可能正是因为唐宋最高等级的宫城正门城楼尚且一层，其余城门当然也就不得逾越了。

现存明清城楼，多有两层、三层者。第53窟所画毗耶离城一座双层城楼为五代作品，它是唐代以后最早的双层城楼的形象（参见图3-18）。但据上述，这一孤例似说明不了太多问题。

城楼做法一般是先在城台顶部构平座和栏杆。平座下或有很复杂的斗栱，与《清明上河图》所示者相似；或只有短柱插入城台内，以后一种占绝大多数。城楼建在平座层上，作庑殿顶或歇山顶。有少数城楼下面没有平座而是砖砌基座，置于城台台顶，如五代第61窟（参见图3-13：5）。大多数城楼面阔三间，进深两间。南唐·李昊《创筑羊马城记》云："其新城……门楼九所计五十四间"（《古今图书集成·考工典》卷二十六引）。据此每所六间，正合面阔三间、进深二间之数，可能这是当时一般小城常见的城楼规模。但壁画中有两、三个门道的大城楼，间数也大多仅止于此，甚至如第85窟和第138窟所绘有四道和五道的城楼，包括耳室在内，也只不过五间，显然是成问题了（参见图3-14、图3-15）。依隋唐长安、洛阳的发掘资料，门道净宽一般是5~8米，门道间隔墙宽3~5米，左右端墙面宽约6米，若为三道门，依小数计，基底总宽至少应有33米（洛阳右掖门，基宽35米）。若为五道门如长安明德门，基宽56.5米，门楼开间即依大明宫外朝正殿含元殿的开间5.29米计，三间约为16米，五间约26.5米，以之与门墩基宽相比，相差一倍以上，显然很不相称。虽台顶会有收小，仍相去太远，所以对于大城楼来说，壁画所绘间数不尽符合实际。敦煌壁画中的城图都有在水平方向缩短的倾向，以便在有限的画面宽度内，容纳包括角楼在内尽可能完整的建筑形象。这实际上使得建筑在垂直方向上显得过高。在比例上，城墙、城台、门道都显得太高，而门楼通面阔就显得过短，间数也就减少了。

城台平面大多作矩形。许多带耳室、平面"十"字形的城楼，其城台仍为矩形（参见图3-14、图3-15）。但也有些城台，平面随着"十"字形的门楼也做成"十"字形，例如盛唐第172窟两座宫城城门及晚唐第196窟城门，其中部较宽，三个门道都置于此，左右挟持的墩体较窄，不设门道，是为陪衬（参见图2-20、图3-13：3）。这种平面的城台似不见于遗址，但永乐宫元代壁画有一道观，大门作城门状，与此相似，只是挟楼下也有门道（图3-19）。元大都和义门瓮城城门门楼左右各一耳室，只在门楼本身下有城台，耳室下面是比城台缩进的城墙，与此小异。

城台大都下大上小有明显收分。

慢道

慢道，或称"幔道"，都是宋代名称，即登城的道路，明清称为"马道"。在《清明上河图》及《中兴祯应图》中都曾画出，斜坡为"礓磜"（即砖棱向上砌成锯齿形），临边有勾栏，下部起点处有门。明初嘉峪关关城的登城道路也是这样，临边为砖砌栏墙，起点也有门。礓磜为搬运军仗所必需，门可杜防闲杂，皆所应设。

壁画中只有晚唐第9窟中一城见画有上城道路，此城的两个城楼右侧各有一慢道（左侧皆遮挡不明），不作礓磜而是踏步，临边有勾栏，入口处情况不明。此图较宋画二图早出二三百年（图3-20）。

城楼和门道顶之间的夹层

壁画城楼和角楼的地面都高出城墙墙顶，由此产生了一个由墙顶通向这些建筑的交通问题。晚唐第150窟所画一城，从墙顶通向角楼采用了露明的踏

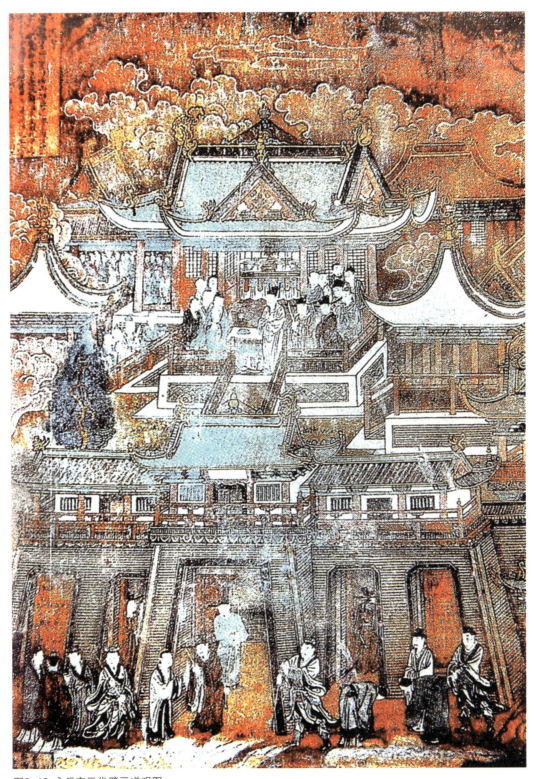

图3-19 永乐宫元代壁画道观图

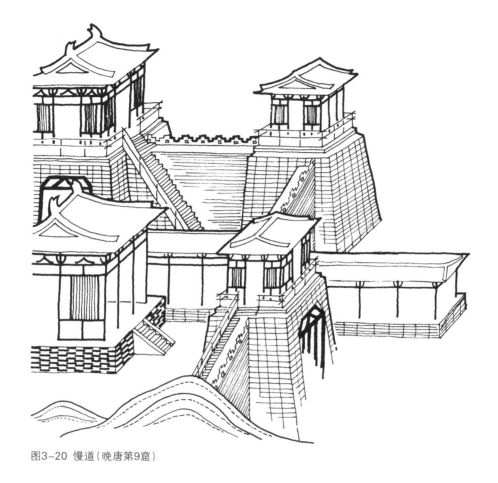

图3-20 慢道（晚唐第9窟）

步和栏杆。此图在城楼和角楼之间城墙顶上还有另外一座建筑，从墙顶通向这座建筑也是踏步和栏杆（图3-21）。此外，敦煌壁画中没有其他更多的表现。麦积山石窟西魏第127窟壁画城和前举两幅宋代卷轴画的城也都类似，看来这种方式可能被经常采用。

敦煌盛唐第217窟北壁一城给我们提供了另外一种交通方式：它没有采用露明的踏道，而是在城台顶部临向城墙墙顶的一侧开了一个券洞门，可以想见，人员是经由这里出入的。由墙顶要到达城楼，可在券洞内设暗梯登上；由城楼一侧的墙顶到另一侧去，可以对开券门，在券洞中通行。人员始终处于掩护之下，实在比起露明的阶道要安全得多而且也比较便利，是一种很好的办法（图3-22）。

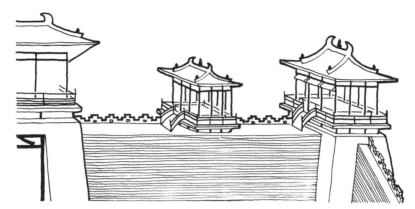

图3-21 墙顶通向角楼的露天阶道（晚唐第150窟）

图3-22 城楼与门道顶之间的夹层（盛唐第217窟）

　　城楼与门道顶之间的这条通道实际上是一个暗层，除了解决交通问题以外还有许多其他军事用途。古代文献对于这种暗层有所记载，唐宋实物已无一存，现据此图，对照文献，可以说明一些问题。

　　这个暗层至少可有以下四种功能：

　　1.解决交通问题，已见上述。

　　2.可备作升降"悬门"之用。关于悬门（又作县门，古悬、县通），文献中早有记载。《墨子·城守篇》："备城门为县门沈机，长二丈，广八尺，为之两相如；门扇数令相接三寸，施土扇上，无过二寸"（《墨子·城守篇》备城门第五十二）。《左传》庄公二十八年："县门不发"，又襄公十年："偪阳人启门……县门发"，襄公二十六年："县门发，获九人焉"，孔颖达疏云："县门者，编版广长若门，施关机以县门上，有寇则发机而下之"。沈同沉，下也，"沈机"是使悬门垂降的机关。墨子所说县门上要涂土用意是防敌火攻，正与《通典》之"城门扇及楼堞，以泥涂厚备火"同（唐·杜佑《通典》卷一五二守拒法附条）。由上知所谓县门就是悬置在城门门道以上的版门，战时有必要方下之，以阻止外敌继续冲进城内并隔绝已入城之敌的退路，同时也具有备用门的性质。此法唐时仍行之，《神机制敌太白阴经》云："悬门，悬木板以为重门"（唐·李筌《神机制敌太白阴经》卷四《战具》守城具条）。唐·陈讽《筑新峨和城赋》："登陴荷戟，凭堰控弦，虏魄暗褫，汉烽不然。仰峻隅而已愤，望悬门而不前"（《文苑英华》卷四十五）。《通典》也提到悬门，与《太白阴经》同。《旧唐书》卷二述太宗攻霍邑，隋将宋老生"开门出兵，背城而阵……大败……悬门发，老生引绳而上，遂斩之，平霍邑"。关于悬门，唐时记载还可找到多条。一直到清代魏源的《城守篇》仍谈到悬门："防莫重于门……县板其上，以诱敌人而使为禽也"。这种门应类似于闸门，用绳索辘轳掌握它的起落。夹层是安置和控制悬门所必需。

3.可于此俯攻已进至门道之敌。此于《守城录》中述之颇详："城门旧制皆有门楼，别无机械，不可御敌，须是两层，上层施劲弓弩，可以射远；下层施刀枪，又为暗板，有急则揭去，注巨木石，以碎攻门者"（宋·陈规《守城录》卷二）。这里所说的上层就是城楼本身，所谓下层应即我们所谈的夹层。类似于这种揭去活动暗板向下击敌的办法，唐时已有记载，宋《武经总要》中再见记叙，是用于马面、团敌、烽火台上的，后面我们还会谈到。此法既可用在城防别处，当然也可用在门道处。且《守城录》卷三又说："城门薄，怯损蔽，寻于门外别立小门一重，各以毡皮钉裹，上开门顶空隙，以备坠石及下施兵仗"，这个另外增加的一重门颇具有悬门的性质，透露夹层的第二和第三种功能可以同时存在。

4.可于此下水以灭城门失火。此于明·吕坤《实政录》中说得很明确："城门之上以砖砌五星池状，通两扇门面，深二尺，阔一尺，留五孔，大如升，高地一尺。敌以火焚门，可以下水，可以放快枪，可以射箭，可以擂石"（《续通典》卷九十六，守拒法附引）。魏源的《城守篇》也说到城门的设防，应"池以上以溜水，则火者无所施也"，又说"凿城上近门处为池，横长与门等，上阔底窄，形如檐槽，横开七孔，临时灌满，水如闸泄，此灭火上策"。此法的实例，可见于前面已提到过的元和义门瓮城城门。据考古报告称：遗址顶面"当心间靠近西壁（作者注：即面向城外的一壁）的台阶下有并列的两个水窝，水窝用有五个水眼的石箅子做成，石箅子下为一砖砌水池，水池外又砌有流水沟，分三个漏水孔经内、外券之间达木质门额之上"[1]。此例的"当心间"地面标高低于城墙墙顶，由"当心间"出至城墙墙顶需经过耳室再登上约1米高的台阶，所以这个"当心间"连同耳室一起，其实并不是城楼本身，而是城楼与门道顶之间的夹层。

我们有理由断定，敦煌盛唐第217窟城门楼下的这个夹层正是为了这些目的而设置的，它或许同时具有上述四种城防功能，或许只具有其中部分功能，总之有其实战意义，并非画工随意之作。有关的形象资料以此图为最早。

角楼

宋·陈规《守城录》卷二说："城身，旧制多是四方，攻城者往往先务攻角，以其易为力也"。因为城角两面受敌，应该在这里有较多的守兵，所以就要加大这里的面积，于是出现了角台。角台凸出城外，有利于从侧面保护城墙，其实就是转角处的马面。角台上的建筑就叫角楼。《墨子·城守篇》："城四面四隅皆为高磨䃥"，这个"高磨䃥"就是角楼，可见角楼出现之早。马王堆出土西汉守备图的三角城，榜题曰："箭道"，是指挥机关所在地，城角就画有角楼（参见图3-17）[2]。汉长城鸡塞转角处现仍存有角台。广州出土汉明器陶城府、武威雷台汉墓的陶楼院都是坞壁，也都有角楼（参见图2-2）。曹植《东征赋》："登城隅之飞观兮"，《节游赋》："营

---

1 中国科学院考古研究所，北京市文物管理处元大都考古队. 元大都的勘查和发掘. 考古，1972（1）.
2 詹立波. 马王堆汉墓出土的守备图探讨. 文物，1976（1）.

观榭于城隅"（《艺文类聚》卷五十九、卷二十八），所指也是角楼。

敦煌壁画里的城绝大多数都有角台，角台上几乎都有角楼。角台平面多数是长方形。角楼做法与城楼一样，也是在有收分的角台台顶建平座栏杆。平座下斗栱或有或无，平座上建角楼。角楼也多为长方形平面，面阔三间，进深两间，单层，覆庑殿或歇山顶（参见图3-20、图3-21）。少数角台和角楼的平面是方形、六角形或圆形（盛唐第148窟，中唐第359、237窟，晚唐第85窟，图3-23、图3-24），未见如北京紫禁城角楼或北京城墙角楼那样的曲尺形平面。

从宋·曾公亮的《武经总要》卷十二，知宋时为了解决转角处两面受敌的问题，又探讨了一种新的做法，即将转角处城墙筑成圆弧形，称为"角团"、"敌团"或"团敌"。沿整段弧墙在墙头设"团楼"，前出三尺作踏空板，事急则揭板以下刺登者，同上述城门顶夹层和以下"马面"一节要谈到的情形一样。宋时还正式颁布了《敌楼马面团敌法式》（《续资治通鉴长编》卷二六一）。但此法虽解决了一个避免转角两面受敌的问题，却又带来了一个新的矛盾，即不能借助于前出的角楼以侧击进攻转角附近城墙的敌人，所以总的来说，恐不如设角楼为有利。沈括就反对这种做法，他说："其间更多刓其角，谓之团敌，此尤无益，全藉倚楼角，以发矢石以覆护城脚"（《梦溪笔谈》卷十一）。敦煌壁画中概未见团敌的做法，实物除瓮城稍多见外，在大城也还没有见到，而明清仍实行角楼，可见团敌之法，实际上恐并未普遍实行。

总括上述，城门处有城台城楼，转角处有角台角楼，这样的重点处理首先是从实战要求出发的。但既经出现，就不仅仅具有实用性的意义，而且也具有了审美的价值。它们建在城垣的关键性地位，强调和突出了重点：平面上有进退，轮廓上有起伏。它们的砖台、木构屋身和瓦顶，形成了丰富的材料和色彩的对比。这种细致的处理与大段土墙简单的处理也形成了手法的对比，使整座城垣造型更加壮丽和丰富了。绘制敦煌壁画维摩诘经变的画工就充分认识到城垣的美，把它画得很大、很细致、很完整，作为整幅构图的背景，具有相当的感染力。

图3-23 方形和六角形的角楼: 1. 盛唐第148窟; 2. 中唐第359窟

图3-24 城(盛唐第148窟西壁涅槃经变)

图3-25 马面（北魏第257窟）

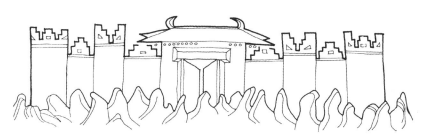

图3-26 马面（西魏第249窟）

马面

　　马面就是沿城墙附筑的半面向外凸出的一系列墩台。在早期敦煌壁画中，可确认的马面凡两见：一是北魏第257窟西壁须摩提女故事画中的城。城体赭黄色，示为夯土筑，墙顶连列城堞，开堞眼，在墙体和转角建有一系列墩台。台高出于城墙之上，且上部向外斜挑出去。台顶也有堞，但为白色，似表示砖砌（图3-25，参见图9-3）。另一例见于西魏第249窟窟顶西披阿修罗王故事画中。在须弥山上建城一座，仅见正面，在正中城门左右对称地各有两座墩台，附筑在墙身及转角。台顶也高于城墙，但上部不外挑，沿台顶和墙顶也有堞，开堞眼，整个城垣已变成灰白色（图3-26）。除上述二图外，以后各代的大量城图都极少再见到马面，仅前述晚唐第138窟有五个门道的城在城门和角楼之间的城墙中段，左右各有墩台一座，平面突出城墙内外，台顶比墙顶高而与城台角台顶平。台顶有木构建筑一座（参见图3-14）。

"马面"一词，不知源于何所，现知最早使用此词者为宋·沈括的《梦溪笔谈》，其中并没有谈到它的来源。清·汪汲《事物原会》引《通鉴》："史宪诚据魏，博于黎阳筑马头为渡河之势"，并注释马头云："附岸筑土植木夹之以便兵马入船也"。马头是附岸筑土，马面是附城筑土；马头可能入水较长，马面或因出城未远，故以"面"名之，也未可知。

《梦溪笔谈》卷十一："延州故丰林县城……其城不甚厚，但马面极长且密。予亲使人步之，马面皆长四丈，相去六七丈。……予曾亲见攻城，若马面长则可反射城下攻者，兼密则矢石相及，敌人至城下则四面矢石临之。……今边城虽厚而马面极短且疏，若敌人可到城下，则城虽厚，终为危道"，把马面的作用说得很清楚了。此所记的丰林县城，是十六国时大夏赫连勃勃所筑。史载赫连氏极重视筑城。《水经注》云："赫连龙升七年……遣将作大匠梁公叱干阿利改筑大城，名曰统万城。蒸土加功，雉堞虽久，崇墉若新"（北魏·郦道元《水经注》卷三《河水》）。蒸土之说或不可信，或有人认为蒸土即春首阳气蒸发之土谓，非釜甑蒸熟的意思（宋·刘攽《中山诗话》）。不管怎样，赫连氏对筑城是很讲究的。统万城遗址在今陕北横山县西，仍相当坚固，有较完整的马面，是中国现存最早的马面实物[1]。但马面在中国的出现，实远较十六国为早，前举之马王堆西汉守备图"箭道城"就绘有马面（参见图3-17）。更早的还可见于《墨子·城守篇》的论述。其词略长，且多佚误，试引诠如下："子墨子曰：问云梯之守邪？云梯者重器也，其动移甚难，守为行城。杂楼相见（间），以环其中，以适广陜（狭）为度。环中藉幕，毋广其处。行城之法，高城二十尺，上加堞，广十尺（广后疑脱一"三"字），左右出巨（距）各二十尺。……以鼓发之，夹而射之，重而射之，技机籍（击）之，城上繁下矢石沙灰以雨之，薪火水汤以济之……若此，则云梯之攻败矣"。又谓："羊黔者（作者注：言敌于城外堆

1　陕西省文物管理委员会. 统万城城址勘测记. 考古, 1981（3）.

土山以临城）将之拙者也，足以劳卒，不足以害城。守为台城，以临羊黔。左右出巨（距）各二十尺，行城（疑脱一"广"字）三十尺，强弩射之，技机籍（击）之，奇器口之，然则羊黔之攻败矣"。又"蛾傅者（作者注：言敌驱士卒攀城）将之忿者也，守为行（疑脱一"城"字），临射之，技机籍（击）之，擢之，太汜（？）迫之，烧答（？）覆之，沙石雨之，然则蛾傅之攻败矣"（《墨子·城守篇》备梯第五十六、备高临第五十三、备蛾傅第六十三）。上引之文，虽未可全解，然通观大意，仍甚可明。文中括号内之正字多采自岑仲勉先生所拟，均可从（岑仲勉《墨子城守各篇简注》）。但岑先生又谓行城之"行"字犹如"行宫"、"行辕"之行字一样，是"临时"的意思，似仍可再议。依拙见，此行城、台城实为一物，按其作用及形制，就是后来所称的马面。"出巨（距）"即马面伸出城外的距离。"广"就是马面的宽。马面附城成行故谓"行城"；马面如台，所以也称为"台城"。"以环其中"即之间为马面所环抱，因藉马面为之屏卫（"环中藉幕"），故应"广陕（狭）为度"而"毋广其处"。如此，则通段可解。其中"行城高城二十尺"与上举敦煌壁画之三例墩台都高于城墙的情况完全符合。据上，则可将中国马面的出现时间至少上推到公元前5至3世纪的战国时代了。

我们在陕西铜州市耀州区北周田元旅造像碑上也可以看见马面。该图只刻出城门附近的一段，在城门左右各出墩台一座，以加强城门处的防卫。此墩台也确为马面无疑（图3-27）。前面我们在对阙的讨论中谈到过隋唐以后的宫阙平面呈"凹"形，其左右前伸的做法就军事意义而言也是马面，与田元旅碑者相同。

马面在宋以前或称为"却敌"。唐·王徽《创筑罗城记》有"拥门却敌"之语（《古今图书集成·考工典》卷二十六引），应即如田元旅碑城门左右的马面。唐·郑吉《楚州修城南记》云："乃新南门，巉然而楼……夹筑高阜，类观阙而非者，九军垒皆尔，命之曰却敌"，也是城门附近的马面（《文苑英华》卷八一二）。唐·陆龟蒙的诗中也提到却敌，其《筑城词》曰："城上一掊土，手中千万杵。筑城畏不坚，坚城在何处？莫叹将军逼，将军要却

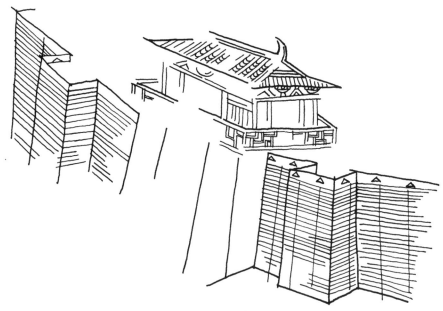

图3-27 陕西铜州市耀州区药王山北周田元旅造像碑的城门

敌。城高功亦高，尔命何足惜"（《全唐诗》卷六二七）。又可上溯至南朝。
梁简文帝诗有"水观凌却敌，槐影带重楼"之句（《全汉三国晋南北朝诗·全
梁诗》卷二《和卫尉新渝侯巡城口号》）。唐代却敌的形制，可据杜佑《通
典》："却敌上建堞楼，以版跳出为橹，与四外烽戍昼夜瞻视"（《通典》
卷一五二守拒法附条）。在这里我们注意到：却敌上的堞楼挑出于外，与宋
代《武经总要》所述马面上的敌楼情况完全相同，可见宋仍唐法。《武经总
要》说："敌楼，此城马面所设……仍前出三尺……敌楼之制与战棚同"，
而战棚"楼棚踏空板内杂出短兵，下刺登者，若登者渐多，则御以狼牙铁拍
手，渐攀城则以连枷棒击之"（宋·曾公亮《武经总要》卷十二）。可知马
面上前出的敌楼其下临的板，战时可揭去以便下击敌人，此法正与前述陈规
说到的由城门道夹层向下刺敌和团敌前踏空板的道理完全一样。

　　《武经总要》的插图绘出了马面上前出的敌楼。敌楼用于团敌上的称
"团楼"（图3-28）。

　　其实不仅在马面和团敌上使用外挑的敌楼，汉唐的烽火台也有这种做

法。唐《神机制敌太白阴经》说："明烽燧于高山四望险绝处置，无山亦于平地高迥处置。……台高五丈，下阔三丈，上阔一丈，形圆，上盖圆屋覆之。屋径阔一丈六尺，一面跳出三尺，以版为之"（《神机制敌太白阴经》卷五《预备》烽燧台篇）。《通典》及宋《武经总要》的烽燧内容即全抄此段。新疆库车克孜尔尕哈烽火台，据称是远至西汉的遗存，台顶四周都有均匀插置向外挑出约1米的木悬臂梁，就是这种做法的早期遗存（图3-29）。现存大夏统万城遗址高出墙顶的角台，上部也是挑出的[1]。

敦煌第257窟的马面上部也向外挑出。据以上的论述，我们对于这种做法也就可以理解了。敦煌此图填补了汉代和唐宋之间的空白。

马面上的敌楼为木结构，所费木料很多，由于战争技术改进，石炮威力提高，以后又有了火炮的使用，宋代以后已不能适应需要，敌楼有逐渐取消的趋势。故《守城录》卷二曰："马面，旧制六十步立一座……其上皆有楼子，所用木植甚多，若要毕备，须用毡皮挂搭，然不能遮隔大炮，一为所击无不倒者。……今但只于马面上筑高厚墙，中留品字空眼，以备

图3-28 宋-曾公亮《武经总要》城防图

图3-29 克孜尔尕哈西汉烽火台

---

1 陕西省文物管理委员会.统万城城址勘测记.考古，1981（3）.

178

图3-30 山西平遥城马面及敌楼

觇望……必不能为害"。故南宋至明清，马面上一般已不再设敌楼，上部也不再挑出，只列雉堞而已。敦煌北魏壁画和陕西铜州市耀州区北周造像碑上的马面也都没有敌楼，或许反映了当时一般小城或坞壁的做法。但山西平遥明初洪武时扩建的城墙，有72座马面，除东南角的一座上建魁星楼外，余71座其上仍有敌楼，都是方形，是用砖砌筑的（图3-30）。

由战国至汉唐，文献中虽不乏马面的记载，但一直到北宋以前，内地的城并不见普遍使用。据实例，那时马面多只用于北方边城，如前举陕北统万城、吐鲁番唐高昌城、敦煌唐寿昌城、安西唐悬泉县城、唐锁阳城、内蒙古宁城县辽中京城和额济纳旗西夏黑城子等。北宋沈括谈及马面亦仅言"边城"。内地城市包括都城在内都很少用，现知较早的城市仅汉魏洛阳有马面[1]，汉唐长安和隋唐洛阳都没有，直至后周扩建汴梁新城时，才于"新城每百步设马面"（宋·孟元老《东京梦华录》卷一）。据《守城录》，可知南宋时内地一般州郡城池才设马面。从南宋《平江府图碑》可以看见平江府（今苏州）设了马面。元大都、明清北京、西安和明代嘉峪关关城以及更多的城，都普遍建筑了马面。

明清马面改称"敌台"，明·吕坤《实政录》和清·魏源《城守篇》都

1　中国科学院考古工作队.汉魏洛阳城初步勘查.考古,1973（4）；又《水经注,谷水》记曹魏洛阳金墉城："城上四面列观,五十步一睥睨"。据勘查报告,金墉城四面都有"墙垛",间距60~70米,与五十步（合61.25米。按一晋尺0.245米,每步5尺）相合。可见此"墙垛"就是所谓"观",也即马面。"睥睨"可能是马面上的敌楼。

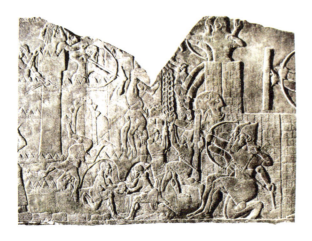

图3-31 古代亚述石刻攻城图

对敌台发表过见解，其大意仍不出《墨子》的范围。

　　敦煌北朝壁画画出的城不多，但北魏的两幅城图都表现了马面，反映了处于边远地区的敦煌及其附近的城垣情况，似有助于说明此时的敦煌艺术仍带有较多地方色彩。唐宋壁画几百幅城图极少出现马面，反映了中原地区的城垣情况，似乎又从一个侧面反映了此时的敦煌艺术与中原文化的密切关系，以及更多的全国性意义。唐宋时期，中原壁画粉本流传，匠师奉若圭璧，不能大事更改，以致如此。这使我们想到，研究敦煌艺术，不仅是为了了解敦煌一地的历史，更重要的是可以在敦煌艺术中窥知包括中原在内的更广大地域的历史，对唐宋时期则更是这样。

　　顺便可以提到，在西亚或古代希腊，马面的使用也是很早的，如出土于两河流域的一块浮雕攻城图，是公元前9世纪的文物，其中刻有马面：墩台上部挑出，墩台也高过墙顶，上建堞，形象大意与敦煌第257窟的马面相同（图3-31）[1]。

　　恩格斯在谈到从尼尼微和巴比伦起直到中世纪末西方的石质城墙时这样说道：墙顶有带堞的石质胸墙，"为了加强防御，胸墙不久便筑在石墙顶端向外突出的悬石上。悬石之间留有孔隙，使防守者可以看到墙根。如果敌人

1　朱龙华编. 古代世界史参考图集. 北京：人民教育出版社，1960.

进到这里，防守者就可以直接从上面投物杀伤他们。……最后，紧靠石墙每隔一定距离又增建了一座塔楼，形成石墙的突出部，从这里可以对在两座塔楼之间攻城的军队投物射箭，从侧面防守石墙，石墙的防御能力就达到了最高的发展阶段。在大多数情况下，塔楼比石墙高，用横胸墙与石墙顶分开，瞰制着石墙。而且每一塔楼本身又是一座小堡垒，在防守者已被迫撤离主墙以后，敌人仍必须分别夺取"（恩格斯，筑城，《马克思恩格斯全集》；第十四卷）。

我们可以看到，恩格斯此处所称的"塔楼"，其形象、作用和我们所了解的中国城垣的马面是多么惊人的相像。战争，在某种意义上，也是推动人类文明进步的一个因素。古代战争的共同规律，造成了东西方不同地域间在攻守设施形制上的某些一致，甚至达到相当程度的吻合，这是可以理解的。同时，在这个例子上，也不排除古代东西方在战争技术上互相交流的可能。

里坊

敦煌壁画的城一般只表现了城垣的状况，并没有表现城市内部的布局，但在中唐以后到宋代绘制的二十多幅华严经变中，出现的所谓"莲华藏世界"，却可以说是古代里坊制度的某种表现。

《说文》："坊，邑里之名"（汉·许慎《说文》卷十三下）。《事物纪原》引苏鹗《演义》："坊，方也，言人所居之里为方也。……汉宫阙名曰，洛阳故北宫有九子坊，则坊名汉有也"（宋·高承《事物纪原》卷八）。唐·佚名《三辅旧事》云："（汉）长安城中八街九陌，闾里一百六十，室居栉比，门巷修直"。前举马王堆西汉"守备图"中也有标为某某里的地名。

以上表明，里、闾里、邑里或坊，都是居住地段的单位名称，其起源甚早，至迟汉代已多有出现，或许已经有了一定的体制规定。但除了知道它是方形的以外，详细情形还不清楚。

现存有关里坊具体制度的记载，最早为北魏宣武帝景明二年"筑京师三百二十三坊，四旬而罢……各周一千二百步。……虽有暂劳，奸盗永止"（《册府元龟》帝王部卷十三《都邑》一，或《北史·魏书·广阳王嘉传》）。既曰："筑"，又说防"奸盗"，可见四面应有围墙。

前面在谈及城形的时候，已引过《大业杂记》及《长安志》对于隋唐长安、洛阳里坊的材料，可知在一座大城里纵横相对地排列着许许多多的坊，在每坊坊墙上各面正中各开一门，或只开二门相对。门上有楼，形如一座座小城。通过对唐长安的考古发掘，已经找出了某些坊墙的遗址，基宽约2.5～3米，墙外2米许有水沟围绕。坊内小街情况由经钻探的怀德坊和长兴坊看来，符合《长安志》的记载。坊门还没有找到[1]。

根据《华严经》，所谓"莲华藏世界"是释迦如来真身毗卢舍那佛的净土，包藏在一朵生在香水海里的大莲花中。此花内有"金刚大轮围山"，其山环抱之中含有"如微尘数"的世界，即称"莲华藏世界"，或略为"华藏世界"、"华严世界"。为了表现华严世界，匠师们在华严经变中选取大城中的里坊群为其形象依据：在海上大莲花内山峦环绕之中画许多纵横成方格形的街道，各方格中都是一座小城。小城四面各开一门，有的只开二门，也有少数在一面墙上开二门的。门或只作门洞，或于门洞上加屋顶成大门式，更多的与一般城垣一样设城台城楼，但都没有角台和角楼。多数华严世界在这一群小城的中心绘佛像一尊，表示为毗卢舍那如来居住的娑婆世界（图3–32）。

总的说来，可以认为这是唐代里坊制相当真切的形象表现。

古代居民住在这种坊中受到严格控制，除了经特许的三品以上官吏外，禁止住宅直接向坊外开门。晨昏击鼓为号启闭坊门，在关闭坊门后若仍有人在坊外大街上行走，称为"犯夜"。《唐律疏议》云："诸犯夜者，笞二十"。注云："闭门鼓后，开门鼓前，行者皆为犯夜"。疏云："宫卫令，五更三筹，顺天门击鼓，听人行。昼漏尽，顺天门击鼓四百槌讫，闭门后更击六百槌，坊门皆闭，禁人行"（唐·长孙无忌《唐律疏议》卷二十六《杂律》，犯夜条）。《南部新书》记唐长安："长安中秋望夜有人闻鬼吟曰，六街鼓歇行人绝，九衢茫茫空对月"（宋·钱易《南部新书》甲）。所

---

1 马得志. 唐长安考古纪略. 考古, 1963（11）.

图3-32 莲华藏世界反映的唐代里坊（晚唐第85窟）

以前引文献所谓的"防奸盗"与其说是防止坊外人入坊奸盗，毋宁说是防止坊内人出来造反。里坊制反映了封建社会中尖锐的阶级对立。

唐幽州城周长32里（约当今25里），在今北京西南，城内西南部建有子城。宋·路秉《乘轺录》回顾唐之幽州说："幽州城凡二十有六坊，坊有门楼"，可知仍与唐长安相同，实行汉代就已开始的闾里制。

在里坊制的城市，大街上只见坊墙，不见房屋，商店集中在城中某些坊中，称为市。唐长安就有东市、西市。到了北宋，由于商品经济的发展，出现了繁忙的日夜贸易，夜禁显然已不可能，故宋太祖于乾德三年颁布诏令废除夜禁，里坊制也逐渐名存实亡。同时，汴梁商店多沿水道自然设置，铺面向着大街，出现了商业街，于是城市景观大变。《清明上河图》就是里坊制消亡以后城市面貌的反映。

顺便可以注意到，在敦煌壁画华严世界的画面上都没有出现牌坊。牌坊是里坊制的一种遗迹，代表原来的坊门，上面标题着坊名，但它的位置并不在原来的坊门处，而多在交叉路口跨街而立。据其他资料，牌坊之起应在五代以后。敦煌壁画中完全没有牌坊形象，也是中唐以后敦煌与中原比较隔绝，敦煌艺术日趋保守的一种反映。

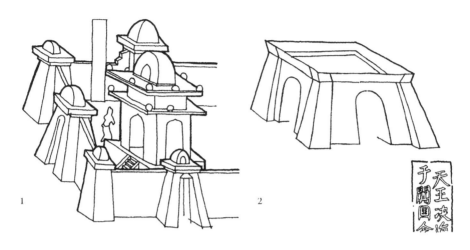

图3-33 西域城：
1. 盛唐第217窟法华经变化城喻品；2. 中唐第237窟毗沙门决海图

西域城

盛唐第323窟佛教史迹画张骞出使西域图中，绘出西域城一座，惜已不清。盛唐第217窟和第103窟的两幅法华经变幻城喻品中的城仍很清楚，显然是当时新疆城垣的一种反映。故事称师徒一行赴异国求佛，入大沙碛中，饥困难行，其师幻化一城以激励徒众。所画城的最大特点是没有木结构的城楼和角楼，代替它们的是一些筒拱顶，城内有一塔，其顶也作筒拱形。塔身和筒拱顶都开圆券门（图3-33: 1）。

新疆地处大陆中心，无雨少雪，气候干燥。南疆一带缺少木材，城郭村聚都集中在天山脚下的一个个绿洲内。这些绿洲由黄土冲积扇形成，黄土取之不尽，所以新疆很早就发展了完全土结构的房屋。克孜尔石窟早期洞窟（可能早至晋代）的窟室就普遍采取了筒拱形式。土结构在吐鲁番更为发达，一直到现在仍十分盛行，所砌土坯筒拱跨度可达3.5米左右。壁画中的城形和房屋形象，正是土结构技术的反映。

在中唐第237窟绘有一个小城堡，榜书："于阗国舍利弗毗沙门天王决海时"，可见也是一座西域建筑，其城门道亦画作半圆筒拱顶（图3-33: 2）。

第四章

塔

塔是一种佛教建筑，在佛教传入中国以前，中国没有塔，也没有"塔"这个字。《一切经音义》说："塔字诸书所无，唯葛洪《字苑》云塔佛堂也，音他合反"（唐·释元应《一切经音义》卷六）。清·庄忻注曰："古无塔字，始实借鞳（作者注：原意打鼓的声音）为之，后造塔字耳"。塔字的通行大约晚至隋唐以后，在此以前，随译经人所用拟音字的不同，有很多的异名，如窣（音sū）堵波、苏偷婆、斗薮波等。《法苑珠林》及《音义》都认为西梵正音应为窣堵波（即stupa），其余都是它的不同音译。古印度巴利文又称塔为Thupa，所以又或译为兜婆、偷婆或塔婆。塔又被称为浮图、浮都、浮屠、佛图，则是梵文佛陀Buddha的异译。原意指佛，古人又用来指称佛教徒，后又讹指为塔。有的塔还称为支提、脂帝，是梵文Chaitya的音译，意指不埋藏舍利的塔。或支提与浮图连称，译为支提浮图或脂帝浮都[1]。

隋唐以前，对塔的意义理解也颇多混乱，据诸书，有指为方坟者，有指为灵庙、宗庙、庙者，葛洪称之为佛堂[2]。

梵文stupa原意是坟墓，它非自佛教起，早在佛教出现以前的古印度吠陀时期（约公元前1500—前600年），诸王死后就建有半圆形坟墓，都称之为stupa。释迦逝于公元前483年，为埋葬他的遗骨，当时信徒们建了八座stupa。stupa之具有佛教纪念意义从此开始。

佛逝世后二百多年，阿育王大崇佛教，传说他又将佛骨分葬于八万四千塔中，都称为stupa。同时，不仅于埋葬佛骨处，信徒们又在凡佛所经历处如诞生处、成道处、涅槃处等都起建stupa，以为纪念，stupa的意义遂扩大为所有纪念释迦的建筑物的统称。塔在中国，含义又有扩大，凡贮藏佛舍利、佛像、佛经之所甚至高僧坟墓上的建筑物，一般具有集中式的平面或同时具有高耸的体形，在顶部具有一套塔刹装置者，都可名之为塔。所以又出现了舍利塔、佛塔、经塔和墓塔之名。塔的含意虽比最初的坟墓扩大，但终究还是一种佛教纪念性建筑。所以，将塔指称为"庙"、"佛堂"，也是不确切的。

塔与一般建筑比较，实用性的限制不大，并且由于虔诚的宗教感情和求福报的心理，信徒们往往不惜重资，力求坚固永久，所以除木结构的以外，又广泛采用砖石材料或砖石为体、木植为表的构造方法，与一般建筑多只用木构相比，手法更为多样。纪念性建筑本身在造型上也有标新立异的要求。这一切使塔的面貌远比一般建筑更为多样，是古代匠师匠心独运的一个特殊天地，成为中国建筑特具风韵的一枝奇葩。

造塔、敬塔被佛教徒认为是可以获福无量的大功德之一。《僧祇律》云："真金百千担，持用行布施，不如一团泥，敬心造佛塔"，又说："人等百千金，持用行布施，不如一善心，恭敬礼佛塔"（《摩诃僧祇律》第

1　唐·释元应《一切经音义》卷六："宝塔：诸经论中或作数斗波，或作塔波，或云兜婆，或言偷婆，或言苏偷婆，或言脂帝浮都，亦言支提浮图，皆讹略也，正言窣堵波。此译云庙，或云方坟，此义翻也"；《法苑珠林》卷五十二："所云塔者，或云塔婆，此云方坟；或云支提，翻为灭恶生善处也；或云斗薮波，此云护赞，若人赞叹拥护者；西梵正音名为窣堵波，此云庙。庙者貌也，即是灵庙也"。
2　见上注。又《魏书》卷一一四《释老志》说："塔亦胡言，犹宗庙也，故世称为塔庙"。葛洪，晋人，著《抱扑子》。

三十三卷，《大正藏》卷二十二《律部》）。历代僧徒信士及国家都广泛造塔。中国现存古塔还有好几百座，绝大多数是砖石塔，还有少数是砖木混合塔，只有极个别的木塔。

敦煌北朝壁画就已经画了塔，数量虽然不多，但都各具一式，并不雷同，说明接近早期的塔就已拥有丰富多样的形式。北朝壁画还为中国在当时已出现了金刚宝座塔和已经采用砖木混合结构提供了证据，修正了我们原来以为它们出现得很晚的概念。

隋唐至宋代的壁画，塔的数量大为增加，总数当不下数百座，以木结构的单层和多层楼阁式为主，也有较多的单层窣堵波式砖石塔，弥补了以上这几类塔实物资料较为稀少的缺憾。壁画中的多层砖石塔几乎都是由单层窣堵波叠加而成，与实物中的多层砖石塔大都是仿木构楼阁式有所不同。后者在壁画中没有发现。实物中常见的砖石密檐塔，在壁画中也绝少发现。将壁画资料与实物和文献对照研究，互为补充印证，无疑将扩大我们的眼界。

"多宝塔"和"金刚宝座塔"具有特殊的文化涵意。前多认为后者要迟到明代在中国方才出现，属于藏传佛教，实际上至迟在北朝就已经有了，那时藏传佛教还没有形成。后者在日本有更多实例，中国虽仍有以"多宝"命名者，实际上已名存实亡了。这两种塔在敦煌壁画中都有确实的表现，可以为建筑史提供有价值的资料。

以下准备先按塔的结构类型依木塔、砖石塔、砖木混合塔等分别叙述，后列专节介绍多宝塔和金刚宝座塔，最后谈谈有关塔的几个部件。

木塔

单层木塔

古代单层木塔现存实物，中国只有一座，即敦煌莫高窟东三十多里三危山里的"慈氏之塔"，是北宋初年遗物。此塔因是实物，可以说明结构上的一些问题，将在本书第十四章加以叙述。

壁画单层木塔，从隋代到宋代都有出现，以盛唐第23窟所绘一座最为具体和典型：此塔作方形平面，坐落在覆莲以上的砖石基台上。基台上立木结构基座，有柱枋斗拱平座。从基座正中设御路式踏道通向地面。沿基台、基座及踏道边沿设勾栏。虽然基座面阔比基台为窄，但上下勾栏的间数仍然一致，呈放射对位，与清代重建的天坛祈年殿三层基座的栏杆放射对位的处理方法一样。塔身三间，明间较宽，完全敞开，可以看见塔内有二佛对坐。左右间设窗。塔顶作四方盝顶，屋檐平直，至角略翘，屋坡凹曲。盝顶上是塔刹，由下而上为须弥座式刹座、座顶四沿的受花、六重相轮、华盖、仰月和宝珠。由刹顶向四角各悬链一条，链上垂铎。塔的四角和华盖各角也都悬铎。

此塔除了有塔刹以外，实际上完全是一座方亭，造型稳定自然，华丽丰富，界画画得工整具体，应是当时建筑的真实写照。塔内绘释迦、多宝二佛并座，属于多宝塔（图4-1）。

晚唐第85窟的塔与上塔相近，只是三开间全敞开，攒尖顶，屋檐完全平直。塔刹较为简单，不悬链垂铎。基座是砖石的，更像一座方亭了。

壁画中其他单层木塔与上举二例大致相同，有的很简单，只有基座，

图4-1 单层木塔（盛唐第23窟法华经变）

图4-2 单层木塔: 1. 隋代第276窟; 2. 盛唐第23窟; 3. 盛唐第323窟;
4. 晚唐第468窟; 5. 晚唐第85窟; 6. 宋代第431窟

不设基台，所以只有一周勾栏；有的基座正中不设踏道，基座边沿也没有勾

栏，塔身不能登临（图4-2）。

　　三危山中的慈氏塔是八角形，与壁画中的单层方形木塔不同，但中国还

保存有一些仿木结构的单层砖石塔，与壁画中的塔颇有相同之处。如甘肃永

靖炳灵寺石窟唐代第3窟的中心石塔，也是方形、单层，有基座、踏道，由基

座边沿残留的孔眼可知原来还可能有勾栏，塔身也是三间，塔顶也是方形盝

顶。基座有柱枋，只是没有斗栱（参见图11-8）[1]。山西平顺唐明惠大师石塔

也与此类似（图4-3）[2]。所以，壁画中的这类塔肯定有其现实依据，不是画工

1　炳灵寺石窟勘察团. 炳灵寺石窟第一次勘察报告. 文物参考资料, 1953 (1).

2　杨烈. 山西平顺县古建筑勘查记. 文物, 1962 (2). 据明惠大师石塔塔身背面所嵌《海会院明惠大
师铭记》碑，知此塔建于晚唐乾符四年（877年）.

图4-3 明惠大师塔

图4-4 法门寺地宫出土小铜塔

妄作。陕西扶风法门寺出土的小铜塔与壁画中的形象更为相像（图4-4）。

五代第72窟有一座形象特殊的单层木塔，基座方形，塔身可能是八角或六角，造型比例良好，而木柱上端皆向内弯转，相当特异（图4-5）。同样的单层木塔也见于五代第261窟、宋代第454窟等。

楼阁式木塔

此式木塔从初唐至西夏壁画中都有出

图4-5 单层木塔（五代第72窟）

现，低者两层，高者可达七层，平面大都是方形，也有八角形的（因为壁画只能表现出多角塔面向观者的三个面，所以也可能是六角形）。这种塔下面几层的做法大致相同，变化多发生在顶层。

榆林窟五代第33窟一塔高七层，方形，底层坐落在方形砖石须弥座上，座束腰部分有间柱，座下是覆莲，沿须弥座边沿及座中心的踏道设勾栏。底层内槽三开间，周围廊，当心间设板门。底层内槽柱穿出屋顶成为第二层的平座柱，平座上有勾栏。第二层也是三开间，当中设板门，但无周围廊。以上各层直至第六层，做法同于第二层，但层层退进，层高也逐渐降低。到第七层发生变化，改用一座小小的砖石窣堵波作结，窣堵波顶有覆钵塔刹（图4-6）。

五代第61窟"五台山图"中有一座四层塔，与上例相仿，也是下面几层是木构，仅在顶层改为一个小的窣堵波塔作结。窣堵波上另有覆钵塔刹。所不同的是，此塔各层勾栏都是直接置于下层屋脊上，没有平座层（图4-7）。

按文献所载，我国最早的几座塔都是多层的。《魏书》记东汉洛阳白马寺塔说，"自洛中构白马寺，盛饰佛图，画迹甚妙，为四方式。凡宫塔制度犹依天竺旧状而重构之，从一级至三、五、七、九，世人相承，谓之浮图"（《魏书》卷一一四《释老志》）。《三国志》记东汉末笮融在徐州立塔"乃大起浮图祠……垂铜槃九重，下为重楼阁道，可容三千余人"（《三国志》卷四十九《吴书·刘繇传》）。《后汉书》记同一塔："上累金盘，下为重楼，又堂阁周回，可容三千许人"（《后汉书》卷一〇三《陶谦传》）。这些塔，有的不是楼阁式，有的却是以中国早已有的"重楼"为依据创造出来的，而且还可能是木结构[1]。如何把外来的窣堵波塔和中国传统"重楼"结合起来而创造出中国的塔，是一个值得注意的问题。

白马寺塔不是楼阁式。所谓"天竺旧状"乃是砖石结构的覆钵式窣堵波，"重构"是"重叠"的意思，所以白马寺塔是砖石结构的多层窣堵波。在敦煌壁画里，这种式样也见画出，可见后述。但现存大量砖石结构或木结

---

[1] 除所引文献中几次所说的"重楼"很可能是木构的以外，又《洛阳伽蓝记》记北魏塔，凡明言结构者也都是木构，如永宁寺塔等。

图4-6 楼阁式木塔（榆林窟五代第33窟）

图4-7 楼阁式木塔（五代第61窟）

构的楼阁式塔都不是这样，而是把窣堵波大大缩小并加以变形，置于整座重楼的楼尖。印度圆坟原由五个部分组成：最下面的基台后来在中国的塔上成为整套塔顶的基座。圆坟本身成为覆钵。圆坟上面的"平头"（方箱形的围栏），变成了刹杆的基座，或者被取消了。再上面的两部分，即"杆"和"伞"就变成刹竿、相轮、华盖，此外还加了一些其他装饰如仰月、宝珠以及山花蕉叶（受花）、链和铎等。塔顶的这一整套东西就叫做塔刹。大多数塔刹没有这么复杂，但它们的基本构件如覆钵、相轮、刹杆一般是保存的。这样处理以后，原窣堵波仅仅成了重楼楼顶的一种装饰或者成了佛塔的一种标志，人们从塔刹上，甚至已经不容易看出它的印度原型的模样了。

上举壁画中的两座塔，顶层部分与一般的塔刹不同，尽管也是缩小了的而且经过变形的处理，人们仍可以看出那是完整的窣堵波式砖石塔。似可认为，它们显示了从印度塔到中国塔发展道路上的一个初级阶段，这个阶段的特点是两种建筑——印度窣堵波和中国重楼的简单而生硬的混合。经过这个阶段以后，原窣堵波才最终变成了中国塔的塔刹，结果是圆满的、浑然一体的。壁画难能可贵地保留了发展过程中的这个痕迹，同时还透露这种初级的做法在唐宋时仍有残余，说明事物发展的不平衡性。

从印度窣堵波到中国楼阁式塔，从砖石结构到木结构，从生硬的混合到圆熟的化合，这个发展过程固然也有材料和结构等技术因素在内，但是在这个例子上，却毋宁说它更加决定于社会观念形态，包括民族的审美习惯，也包括当时人的宗教意识在内。民族的审美习惯是在数千年民族文化的基础上形成的，它的保守性很大，当外来的文化参加进来时，将被它所吸收融合并创造出新的但仍带有鲜明的本民族特色的形式。后者则与当时人们对佛教的理解有关。原来早在佛教传入以前，中国就已流行了黄老神仙之说。佛是外国的神，进入之初，人们对它不甚理解，往往把它与黄老等而视之，既"诵黄老之微言"，又"尚浮屠之仁祠"（《后汉书》卷七十二《楚王英传》），并行而不悖。黄老之术，倡言楼居。西汉武帝时就曾大造楼观，祈与仙人相接。时人既未深悉黄老、浮屠之别，建塔时仍沿用传统重楼形式，也就容易理解了。

实例说明，那种把窣堵波大大缩小到仅仅作为塔刹的成熟做法，为以后所通行。敦煌壁画中的塔大多是这种样子，可举宋代第55窟弥勒下生经变的拆塔图为例。此塔用透视法绘成，三层六角，完全是木结构，下层之下为砖石砌成的六角形基座，座沿有勾栏，其上两层都有平座勾栏，顶具不太复杂的塔刹（图4-8）。莫高窟五代第61窟的楼阁式木塔只绘出了正面（图4-9）。

壁画中还有个别的塔连塔刹也没有，平面矩形，歇山顶，完全是一座楼阁，如盛唐第323窟佛图澄灭幽州火故事画中的七层塔。五代第61窟"五台山图"有一四层塔也是，它是庑殿顶，只有正脊中央立一宝珠，也没有塔刹（图4-10）。

北魏第257窟南壁中央有一个有趣的建筑形象，在某种意义上也曲折地透露了古代匠师尝试于把外来形式与中国传统融合的某种努力。这是一座阙形龛，双阙中间连有屋顶，在这个屋顶正中，有一整套塔顶部件：覆钵、受花、相轮、宝珠，在宝珠左右也和北朝壁画中许多塔一样各悬幡一口。这么重的东西，置于并无直接支撑的屋顶中部，结构上显然是不合理的，多半只是画匠想象之作，但是它提示了在印度塔和中国重楼融合的过程中，匠师们一定还曾探讨过多种途径，例如把印度的塔和中国传统的阙结合到一起等。这种

图4-8 拆塔图中的楼阁式木塔（宋代第55窟南壁）

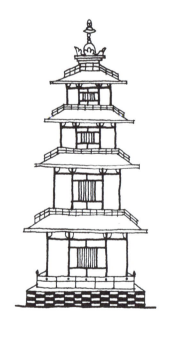

图4-9 楼阁式木塔（五代第61窟）

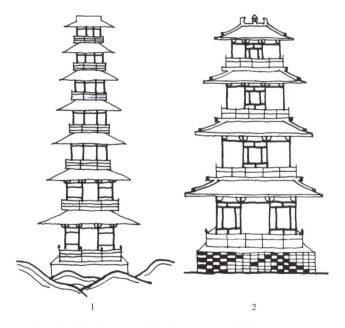

1　　　　　　　2

图4-10 楼阁式木塔：1. 盛唐第323窟；2. 五代第61窟

努力，可能是幼稚的，甚至是可笑的，但这种勇敢的探索精神却十分感人（图4-11）。

壁画中还有一些比较特殊的塔型。

第340窟甬道顶五代绘一方形四层塔，下三层都是三间，值得注意的是缩为一间的顶层，它的方向与下面三层扭转了45°。这种做法在文献中还没有找到，也不见于古塔实例。苏州罗汉院宋代双塔平面各层虽互相交错45°，但只在塔的内部，外观仍是上下一致成八角形的。有的宋塔外观门窗洞位置上下也有相错设置的情形，目的是为了整体构造的均匀性，但也还没有见到连柱子也变动位置的例子。壁画所示的做法其缘起未详，但这种做法并不是不能实现。笔者曾见过某些建筑确有这种做法，如新疆伊宁市中心的鼓楼，大概建于晚清，三层，下两层方形，顶层改为六角，所以在前后两个面，正中不是一个开间而是一根柱子。成都望江楼也类此。兰州白塔山由别处移建来的两座廊亭，两层、方形，上下层也错转45°（图4-12）。

上下层平面不同的做法，也见于中唐第159窟和第360窟中的两座塔。

图4-11 阙形塔（北魏第257窟）

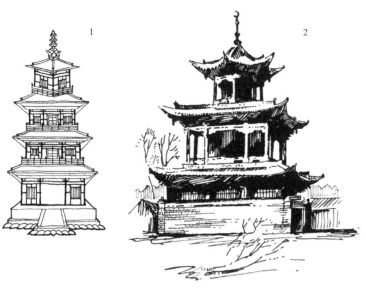

图4-12 楼阁式木塔: 1. 初唐第340窟甬道顶;
2. 新疆伊宁回族大寺钟鼓楼

图4-13 上圆下八角的楼阁式木塔

二塔形式几乎全同,两层,下层八角(或六角)形,置于素平带方脚和覆莲的基座上,上层改为圆形平面,周绕的平座也是圆形,平座上有勾栏(图4-13)。这种塔似乎也未见实物存在,但据文献,武则天在洛阳宫所建的明堂平面上圆下方,与此近似。其文曰:"毁乾元殿,于其地作明堂,以僧怀义为之使,凡役数万人……明堂成,高二百九十四尺,方三百尺,凡三层:下层法四时,各随方色;中层法十二辰,上为圆盖,九龙捧之;上层法二十四气,办为圆盖……中有巨木十围,上下通贯,栌栌(音ér lú,即斗栱)撑桿,藉以为本"(《资治通鉴》卷二〇四)。虽然规模比壁画中的大得多,意匠仍有相通之处。显然,这种结构建造起来很麻烦,或亦正因此而鲜见其例。

关于塔的平面,北魏嵩岳寺塔的十二角是为孤例,终唐以前的塔绝大多数是方形,只有盛唐天宝年登封净藏禅师塔作八角形。六角形和八角形平面自五代北宋才渐渐增多,取代了方形。上举中唐二例下层都是正八角或六角形,为多角形平面的塔增加了两个早期例证。

中国建筑,凡属于实用性者如殿堂、楼观,都是矩形平面,少数是方形

图4-14　"密宗塔"（中唐第361窟北壁）　　图4-15　"密宗塔"（五代第61窟北壁）

平面，只有在像塔或亭这样一些实用性意义不大而又要求有更多形式变化的
建筑中，才采用了更多的平面形式，如方、六角、八角、十二角、圆形等。
多边形比起方形来，结构当然要复杂一些，所以除了个别特例，都较为晚
出。前举宋代第55窟的塔也是八角或六角，此外，榆林窟西夏第2窟也有一座
八角或六角塔，单层三重檐。

　　中唐以后壁画中的木塔还出现了一种奇特的形式。其特点是大量使用曲
线，有的竟到了毫无节制的程度，推测可能与某种宗教意识有关。在佛寺一
章中已经提到过的中唐第361窟北壁净土变寺院图，其中作为中心建筑的一座
塔，是这种形式最早的例子。此塔两层六角，最下是方形须弥座，沿须弥座
周沿和御路式踏道边沿有勾栏，踏道不是直线斜下而作凸弧状；上下两层塔
檐檐端不像壁画中其他建筑几乎都是平直的，而有了明显的翘角；上层的平
座勾栏平面做成六瓣花形；最奇特的是连上下两层柱子也做成曲线，上端向
里弯曲；此外，额枋、檐枋也是弯的。五代第61窟北壁净土变佛寺中心建筑
也有一座这样的塔，它甚至连基座的平面也做成花朵状，屋顶也与众不同处
理成凸曲面盝顶，通体几乎无一直线（图4-14、图4-15）。这样的塔直至西

夏还有出现，如第307窟前室西夏绘寺院图中心建筑也是这样，但只是柱子内弯，顶是盝顶，较有节制（参见图1-20）。实际上，前面介绍过的单层木塔也有这种柱子内弯的做法。

这些塔不仅广用曲线，而且全都装饰华丽，悬铎张幡，彩画繁富，玲珑奇巧，极珠光宝气之能事。它们的外形，尤其是弯柱的做法，显然不合于材料和结构的本性，绝非技术物质因素的自然表露，从技术观点而言，它们是不合逻辑的、矫揉造作的作品，但是从意识形态角度看来，它却很能符合当时佛教的一支——密宗对建筑的要求。

密宗源于印度，唐开元天宝年间，印度密宗僧人金刚智及不空三藏等在长安洛阳译经传教，开始在中原流布。密宗与佛教其他宗派不同，特别强调用各种奇异的造像和充满神秘魔术色彩的仪式来震慑人心。自流行以后，密宗艺术的作风也逐渐渗入到净土宗中。在敦煌，中唐以后密宗佛像渐趋增多。这种佛像往往多头多臂，是人的自然形态的各种变体。与此同时，上述中唐以后出现的塔也是正常建筑的一种变体。

正如壁画里的三头六臂可以塑造成立体的造像一样，壁画里的这些变体建筑也有可能实际予以建造过。这件事，使我们想起了欧洲文艺复兴以后天主教反动时期由耶稣教团推行的巴洛克建筑风格。巴洛克教堂也是以广泛使用曲线曲面，把正常的建筑样式加以变形、歪曲，来追求其强烈的激动人心的效果，同样违背物质技术的正常逻辑。但由于建筑的意识形态特性，在欧洲和拉丁美洲实际上风行过一二百年。

也许随着密宗在中原较快地由盛入衰，密宗建筑并没有造成很大的声势，但可以相信，这种塔确实曾被建造过，只是木构不经久，没有保存下来而已。所以，我们不妨把它们暂命名曰"密宗塔"。

密宗传入西藏成为藏密，后来发展为藏传佛教，俗称喇嘛教。藏传佛教建筑的神秘、压抑甚至恐怖的风格，可以说是密宗建筑的进一步发展。密宗传入日本称东密。

关于这几座塔，我们在下面关于多宝塔的论述中还将提到。

砖石塔

与现存实物情况相反，壁画中的砖石塔要比木塔少，又以单层居多。

单层砖石塔

单层砖石塔可分三种，一种与山东济南历城神通寺隋代所建的四门塔（图4-16）相近，其特征是塔壁平直、平面方形，可名为四门塔式；第二种塔身作覆钵形，即塔壁上部弧转收小，平面圆形或方形，可名为窣堵波式，其中方形而四门者亦可称为窣堵波式；第三种为单层密檐，简称为密檐式。第一种甚少，第二种稍多，第三种只有一例。

1. 隋代第302窟福田经变中的塔，初唐第68窟的多宝塔，盛唐第23窟、第31窟的塔都是四门塔式（图4-17），以第31窟的较典型。该塔平面正方，

图4-16 山东历城神通寺四门塔

图4-17 单层砖石塔: 1. 初唐第68窟; 2. 盛唐第23窟; 3. 盛唐第31窟

图4-18 唐代亭式塔: 河南宝山灵泉寺摩崖石刻

有带方脚的素平基座，正面设阶可进入塔身内部。塔壁平直、仅正面开圆券门。顶叠涩挑出并凹曲收进，屋顶檐端列山花蕉叶为饰，屋顶尖施方形须弥座作塔刹基座并立刹。塔型很像四门塔，与同属四门塔式的嵩山少林寺所存唐、五代、宋的许多单层墓塔，如同光、法玩、行钧和普通等塔，以及河南宝山灵泉寺摩崖石刻甚为接近（图4-18）[1]。

2. 窣堵波式塔在中国所见不多，现存最早的实例是五台山佛光寺后山一座唐代砖砌墓塔。敦煌壁画此式塔早自北朝晚期到西夏都有所表现，数量比四门塔式为多，平面有圆有方。北周第301窟舍身饲虎故事画中埋藏太子尸骨

---

1 刘敦桢. 河南省北部古建筑调查记. 中国营造学社汇刊, 第六卷, 第四期.

图4-19 窣堵波式塔: 1. 北周第301窟; 2. 隋代第303窟; 3. 隋代第419窟

图4-20 窣堵波式塔:
1. 隋代第419窟;
2. 隋代第303窟

的塔是早期的例子。此塔塔身下有两层简单的素方基台,正中有斜道通向塔门。塔身呈覆钵形,但覆钵非如印度窣堵波的半圆形而是拉长了的半卵圆形。塔身正中开圆券门,门侧的柱、门上的火焰形楣饰都与北朝洞窟中心塔柱上所见的龛柱、龛楣同一形式。塔身上部画覆莲纹,其下有三组环线;顶具受花、覆钵、刹杆上串连的7层相轮及宝珠。此塔塔身立面用正投影画法绘出,平面可能是圆形。隋代第303窟和419窟的塔基本同于上式,平面也可能是圆形的(图4-19、图4-20)。盛唐第217窟一塔,平面可以肯定是圆形,受花部分加得很大,其直径甚至已宽过塔身,好像成了屋顶的檐。在它的上面叠用了3层覆钵,每层覆钵之间也都有受花。五代和宋所见的窣堵波式塔平面多改为方形,受花部分以叠涩挑出甚远,明显变成了塔檐。如果把塔壁也改成平直的,那就和四门塔式很相近了。这种由无檐到有檐、平面由圆形变为方形的发展过程,也透露出了窣堵波式塔逐渐中国化的趋势(图4-21~图4-23)。

五代第340窟一座窣堵波式四门塔有些特别,是在塔

图4-21 窣堵波式塔：1. 盛唐第217窟；2、3. 盛唐第23窟；4、5、6. 榆林窟五代第33窟；7、8. 榆林窟五代第32窟；9、10、11. 五代第61窟；12. 西夏第3窟

图4-22 窣堵波式四门塔（晚唐第8窟南顶）　　　　图4-23 窣堵波式四门塔（晚唐第138窟南壁）

檐四角各立一小窣堵波式塔，含意未明，是否与华塔或金刚宝座塔有何
因缘？（图4-24）

　　壁画窣堵波式塔还有一些变体，如在前举中唐第361窟中，除画有一座木
构二层楼阁塔广用曲线曲面以外，还有一座单层砖石窣堵波塔，也是这种密
宗风格。虽为砖石造作，其繁缛富丽，并不下于木构。此塔正面的龛绘作左
右两个，内有释迦、多宝二佛并坐，也是多宝塔（图4-25）。

　　中唐第231窟的多宝塔和北宋第76窟"八塔变"的塔都是砖石单层塔，形
象也比较奇特（图4-26、图4-27）。

　　壁画中还有少数后代称之为喇嘛塔的塔形，也可以认为是窣堵波式的一
种。如盛唐第31窟一塔，塔身下面是覆莲，塔身圆形，上下都收进，塔顶有

图4-24 窣堵波式四门塔（五代第340窟甬道顶）

图4-25 单层多宝塔（中唐第361窟东壁）

图4-26 单层多宝塔（中唐第231窟南壁）

图4-27 "八塔变"八塔之一（宋代第76窟东壁）

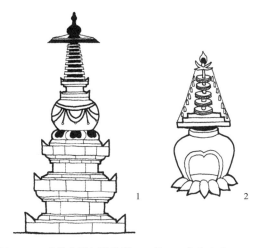

图4-28 "喇嘛塔"形的塔：1. 第285窟支窟内（元代绘）；2. 盛唐第31窟

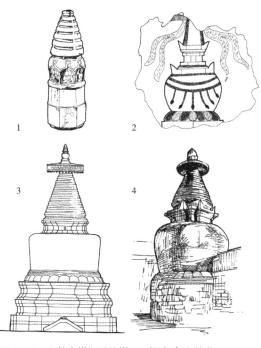

图4-29 "喇嘛塔"形的塔：1. 酒泉出土的北凉小石塔；2. 吐鲁番发现的残壁画；3. 北京元代妙应寺白塔；4. 北京元代护国寺东塔

很发达的相轮（图4-28: 2）。第285窟南壁东起第一个支窟里有四座元人画的喇嘛塔，下面叠用两层须弥座组成的基座。每层须弥座上沿在转角处都有山花蕉叶作尖角翘起状。基座上有覆莲一层，上为塔身。塔身呈圆鼓形，上以垂鬘、垂宝珠和垂铃为饰。塔顶有一小须弥座，转角也有山花蕉叶，上承比例颇大的相轮九层，以很大的伞盖和葫芦形宝瓶作结（图4-28: 1）[1]。

中原地区喇嘛塔的实例，现存最早的是北京妙应寺白塔，建于元初至元八年（1271年），据研究是从西藏地区传来的式样（图4-29: 3）。但是，西藏现在也没有更早的遗例，故其来源仍有待探求。敦煌唐代壁画中已经有十分类似这种塔的形象出现，看来，其由来应远早于元代。其实，酒泉、敦煌和吐鲁番出土的一批十六国时代的小石塔就已经具备了这种塔的基本特征（图4-29: 1），在新疆克孜尔石窟唐代壁画中也见画出。当时喇嘛教还远未形成，所以元代以前的这类塔，应只是窣堵波塔的一种。元代以后之所以称喇嘛塔应只表明此后喇嘛教更多采用了此种塔形而已。以前在新疆吐鲁番地区发现的壁画残片中也有此类塔形：塔下部已不存，基座上为覆莲，上承立面为圆鼓形的塔

---

1 第285窟原是西魏所凿毗诃罗窟，南北壁各有四座支窟。元代在支窟口各筑小土塔一座将支窟封闭，后小土塔损坏才得以进入。现各支窟内有西魏、西夏和元代的壁画、题记和残塔，无明代以后遗迹，从壁画风格和土塔形式看，可确知为元代作品。

身，也有垂鬘垂铃，塔顶须弥座转角也有山花蕉叶，与敦煌元人所画喇嘛塔的上部十分相似，可以确定也是元代文物（图4-29：2）[1]。

前人曾总结了元代喇嘛塔和清代喇嘛塔有许多不同：前者基座多由两层须弥座构成，后者多为一层；前者塔身下有覆莲，后者改为几道圆线道，称为"金刚圈"；前者塔身较低，比例显得粗壮，后者塔身较高，比例较为细高；前者相轮粗大，华盖系一层，以小铜塔作结，后者相轮细瘦，华盖易为天盖地盖两层，极顶为日月火焰[2]。清代喇嘛塔可以北京北海永安寺塔为代表（图4-30）。以敦煌第285窟支窟和吐鲁番的资料与上述结论相对照，可见全属元代风格。据对元大都"圣旨特建舍利通灵之塔"（即妙应寺白塔）碑文的研究，可知喇嘛塔形又"取军持之象"。军持又称"军迟"，是梵文译音，意为洁身所用的水瓶，即净瓶，故喇嘛塔又俗称为"瓶形塔"。元代的喇嘛塔藏语称为"噶当觉顿"，相传为盛行于11世纪中期（北宋）以后的噶当教派所用。明代格鲁教派兴起，名为"觉顿"的塔逐渐流行，明中叶后传入内地。清代则概为觉顿式[3]。据此，敦煌第285窟的喇嘛塔也应是噶当觉顿式。

但妙应寺白塔塔身肩部较方，下部作斜线内收，与敦煌和吐鲁番塔身近于圆鼓形者不同。北京护国寺砖砌东塔建于元延祐二年（1315年），其塔身肩部为圆形，下部虽不像敦煌、吐鲁番二例的那样圆和，但也是曲线内收，比较相近。东塔相轮下的须弥座上沿转角处也有尖状凸起，更与二例完全一致（图4-29：4）[4]。

壁画中塔身上的垂鬘、垂珠、垂铃等装饰，并非画家忆想之作。前举之元碑描述妙应寺白塔"檐挂华鬘，身络珠网……绵联珠网，交络华缨"；清初章嘉国师所撰记述同一塔的《京西门白塔因缘记》也说到"大塔外……并复现有悬网环、垂宝珠、金制宝铃钟等"[5]。现妙应寺白塔塔身装饰俱已不存，然与敦煌、吐鲁番二图互证，可知文、图俱非妄作。又如布达拉宫现贮

1　黄文弼. 吐鲁番考古记. 北京：中国科学院出版社，1954：图版69.
2　刘敦桢. 北平护国寺残迹. 中国营造学社汇刊，第六卷，第二期.
3　宿白. 元大都"圣旨特建释迦舍利灵通之塔碑文"校注. 考古，1963（1）.
4　同3。
5　同3。

图4-30 北京北海永安寺白塔

图4-31 密檐塔（隋代第302窟）

清代第十一世达赖喇嘛等众多灵塔，全用金皮包裹，塔身上悬有珍珠串联成的垂鬘垂珠，其交络形状与敦煌资料亦极为相似[1]。

敦煌资料对于贯穿前后各代喇嘛塔形制的发展脉络，提供了重要的例证。

3. 单层密檐塔只有一例，见于隋代第302窟，其平面方形，基座形状已模糊不明，塔身四面各开一门，塔身上覆密接的四檐，上三檐特别缩小。现存北魏和唐代的砖石塔实物，多有密檐式，辽金时密檐塔在北方盛行，而敦煌壁画中仅此一见。对照壁画木构楼阁式塔数目特别多这一情况，或许可以认为当时实际盛行的仍是木构楼阁式塔，只不过木构难以久存，多没有保存下来而已（图4-31）。

多层砖石塔

在五代第61窟"五台山图"中画出了许多多层砖石塔，往往是多个窣堵波塔重重叠加而成，多至四层，少则二层，且多数除了在塔顶有用作塔刹部件的覆钵外，全塔顶层也是一个半圆形的大覆钵，而塔的下部几层平面是方

1　张涵毅等. 西藏布达拉宫. 上海，香港：上海人民出版社，三联书店香港分店，1982.

图4-32 多层砖石塔：1、2、3、4.五代第61窟；5.酒泉出土北凉白双且塔；6.榆林窟五代第33窟

形的，因而全塔可说是一个或几个方形平面的窣堵波叠上一个圆形窣堵波再加上塔刹组成。有个别塔形下部几层塔壁平直不内收（图4-32）。前面曾提到过在河西和吐鲁番出土的一批北凉小石塔，多作拉高了的单层窣堵波形，但其中白双且塔，塔身却是重叠两层覆钵，只是下层覆钵为圆柱形，是重叠窣堵波塔的最早例证（图4-32：5）[1]。前引《魏书·释老志》记洛阳白马

1 王毅.北凉石塔//文物资料丛刊：第1辑.北京：文物出版社，1977.

寺塔曾提到"凡宫塔制度犹依天竺旧状而重构之,从一级至三、五、七、九,世人相承,谓之浮图"。前人多未悉"犹依天竺旧状而重构之"是何形制,现在看来此"重构"即"重叠",应也是层叠窣堵波式,最高甚至可以叠至九层。文中又有白马寺塔"为四方式"一语,意为该塔是四方各地模仿的式样,似乎当时这种形式的塔曾颇为流行。莫高窟的几例虽然晚出,却是罕见的宝贵遗存。这种塔型,将重楼意象施之于窣堵波,反映了匠师们在民族化方面的又一种努力。但在发展过程中,这种型式终究不如楼阁式和密檐式完满,所以未得通行。

至于实物中最为常见的仿木构楼阁式多层砖石塔,在敦煌壁画中却未得一见。

榆林窟五代第33窟壁画中一座多层塔各层只有线脚区隔,没有屋檐,类似经幢(图4-32:6)。

砖木混合塔

前述一些塔,有的主体只用一种材料构成,只在某些附属部分用了其他材料,如砖石塔使用了木制的勾栏或木塔下有砖石基座,都还不能算是砖木混合塔。只有在主体部分——塔身、塔檐上混用了两种材料的塔,才能称之为砖木混合塔。砖木混合塔在壁画中大都出现于北朝。

北魏第257窟沙门守戒自杀因缘故事画中画出埋葬沙门遗骨的单层墓塔一座,方形平面,其须弥座式的基座、方整的塔身和塔刹的受花、覆钵部分都涂白色,系砖石砌筑;但出檐深远的屋顶涂石绿为底,上绘石青线道的瓦垄,正脊两端有内卷的鸱尾,屋檐两端也有在北朝壁画木构建筑中通常都有的类似鸱尾的饰物,檐端还有椽头,从色彩和形象来看此屋顶显然是木结构。

北魏第254窟萨埵那太子舍身饲虎故事画中的舍利塔,方形,三层,塔身下有三层素方基台,呈阶梯状层层收进,白色;塔身也是白色,由下而上面阔、层高递减,墙壁有侧脚上下成方锥台状,各层每面都开圆券门。应都是

图4-33 砖身木檐塔（北魏第254窟萨埵那太子舍身饲虎图）

图4-34 砖身木檐塔：1. 北魏第257窟；2. 北魏第254窟

砖石砌成。但各层屋顶的画法和色彩都与上例一致，可见每层屋顶是木结构（图4-33、图4-34）。

隋代第302窟有一塔，方形，二层，砖石砌筑，其上檐很小，也是砖石的，但下檐很大。檐端绘有椽头，应为木构（参见图8-4）。

这种砖身木檐的塔，不见于早期文献记载，实物亦自宋代方见，尤以江浙一带为多，如杭州六和塔、保俶塔、雷峰塔，苏州虎丘塔、天宁寺塔等[1]。壁画中所见的例子，可以说明早在北朝时期中国已有了这种做法，比宋代实物要早五百年左右。

如前所述，中国最早的塔应该主要是木构，但木塔易燃易腐，为求久远，北魏已有砖石塔出现。砖石塔的塔檐用叠涩的办法挑出，由于材料的限制，不能做到同木构屋檐一样的深远，所以人们又创造了这种砖石塔身木构

1 梁思成. 六和塔的复原. 中国营造学社汇刊, 第五卷, 第三期.

塔檐的做法。木檐损坏尚可维修，不致一塔全损。这样，既保证了塔的坚固，又满足了人们的审美习惯。

砖木混合的做法还有一种方式，即木构部分不仅只及于檐部而且还扩大至于塔身，是在砖石承重墙内外立木壁柱，壁柱之间水平方向用壁带连系起来成为木构架，内外木构架之间可能还有水平木骨，形成一座网络，将砖石承重墙连成一个整体，拉结固济，提高了墙体的整体稳定性。这样做法的例子可见于北周第428窟金刚宝座塔（见后）。

以上所述诸塔，都是按其结构方式或单层多层分类的，但有些塔型，比如前面已多次提到的"多宝塔"和刚才说到的"金刚宝座塔"，其文化意义实远大于其结构意义，按结构分类的方法显然不能有效表达。何况这些塔既有木结构的，也有砖木混合的，既有单层的，也有两层的（如多宝塔）；或既有砖木混合的，又有纯砖石的（如金刚宝座塔），为彰显它们在建筑史上的意义，应该另列节目，别为之证。

多宝塔

多宝塔又名多宝如来塔，最初出现于《妙法莲华经·见宝塔品》："昔释尊为大众说《法华经》，忽有宝塔从地涌出……大众皆疑。于是释尊曰：'此宝塔中有如来金身，乃往过去东方无量千万亿阿僧祇世界，国名宝净，彼中有佛，号曰多宝。其佛行菩萨道时，作大誓愿，若我成佛，灭度之后，于十方国土，有说《法华经》处，我之塔庙，为听是经故，涌现其前为作证明。……今多宝如来塔，闻说《法华经》故，从地涌出。'"[1]可知多宝塔是多宝佛于说《法华经》处应现之塔，塔中常有释迦、多宝二佛并坐之象。

中国现在已没有这种塔的实物留存了，明清虽仍多有以"多宝"命名的塔，却多是名实不符，不能作为此前多宝塔形制的依据。但在敦煌唐宋壁画仍有许多，如初唐第68窟四门塔式砖石结构多宝塔、盛唐第23窟法华经变的

1　《妙法莲华经.见宝塔品第十一》，鸠摩罗什译。见苏渊雷，高振农 选辑. 佛藏要籍选刊. 上海：上海古籍出版社，1994：744.

图4-35 北魏第259窟西壁塔形龛

单层木塔、中唐第361窟单层砖石穹堵波式多宝塔，都明确绘出了释迦、多宝二佛并坐。其实，早在北魏第259窟后壁凿出的一个塔形的正面，塔身圆券龛内也有释迦、多宝二佛并坐的塑像，仍是多宝塔（图4-35）。多宝塔除见于敦煌外，唐代文献中也多提到，如书法作品中著名的颜真卿书岑勋撰《大唐西京千福寺多宝佛塔感应碑》文、岑参《登千福寺楚金禅师法华院多宝塔》诗等。

以上诸塔，均请参见本章前面所附诸图，可以知道，不论木构还是砖石结构，不论方形还是圆形，凡单层多宝塔，均与同类塔型并无太大区别，只是内有二佛并坐而已。在敦煌壁画中，没有发现多层或多檐的绘有二佛并坐的塔。

但日本还保存有约30座被称为"多宝塔"的塔，许多都是两层。日本最早建造多宝塔的是最澄、空海两位大师，他们在817年（唐元和十二年）分别在上野绿野寺、下野大慈寺各建了一座，现已不存，现仍保存的木构多宝塔

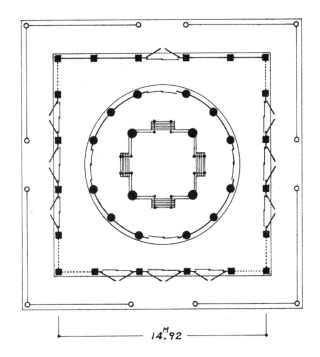

图4-36 根来寺多宝塔平面

实例均建于镰仓、室町、安土时代（12世纪末到16世纪，金至明），如石山寺、根来寺、金刚三昧院、净土寺、长保寺及慈眼院。石山寺多宝塔是现存最早者，建于1194年（金明昌五年），塔内供奉释迦如来与多宝如来二佛。和歌县根来寺多宝塔建于16世纪，为现存最大的多宝塔，高31米。这些塔的基本形象特征是：两层，下层方形，内部围有一圈柱子，支撑着一个从下层腰檐突起的、上部圜和内收呈覆钵状的形体。覆钵围绕一圈勾栏，再上以斗栱承托四角或八角攒尖屋顶，立塔刹相轮，总体造型奇丽丰富（图4-36~图4-39）[1]。这些塔的方与圆、直线与曲线的结合与巧妙转换，加上日本特有的出檐极远的轮廓，造成了十分美丽的形象。

　　十分值得注意的是日本诸多宝塔上、下檐之间的覆钵状体，以它们与敦煌壁画比较，最接近的例子应属五代第61窟"五台山图"的一座砖木混合三

1　闫爱宾. 消失了的木构多宝塔//建筑意：第四辑. 合肥：安徽教育出版社，2004.

图4-37 根来寺多宝塔

图4-38 石山寺多宝塔

图4-39 胜鬘院多宝塔

图4-40 砖身木檐塔（五代第61窟）　　图4-41 宋代第307窟前室西壁
西夏绘二层塔

1　　　　　　　2

图4-42 密宗塔：1.中唐第361窟；2.五代第61窟

层塔（图4-40）。在宋代第307窟前室西壁西夏绘的一座二层木塔也具有这种
意趣，只不过它的"覆钵"是由上层的弯柱造成的（图4-41）。由此出发，
似乎我们暂且命名的那种华丽的多用曲线的所谓"密宗塔"也可以归入这种
风格之列（图4-42）。它们的上下两层木柱也都作上部内弯状，象征覆钵。
除了使用弯柱外，它们与中国最常见的一般楼阁式塔的最大不同是：后者是
在楼阁顶上加了象征窣堵坡的塔刹，前者则正好相反，是将象征窣堵坡的覆
钵放在了中国式的屋盖之下了。

以上所举敦煌壁画诸塔的年代，早自中唐，晚至西夏，都早于日本诸例。或许我们可以作这样的设想，日本多层多宝塔的形象就来自于中国的此类塔，也就是说，此类塔在中国确实是存在过的，是与楼阁塔、密檐塔等并列的另一种独立的塔型。虽然其中并未明确画出二佛并坐的形象，我们还不敢迳称其为多宝塔，但这种塔型的存在，还是可以相信的。

日本现存多宝塔基本属于密宗，其新奇的造型也成了密宗图像的特征之一，而与我们据其总体形象和风格命名的"密宗塔"不谋而合，但却不是巧合。多宝塔从得名于天台宗据以创宗的《妙法莲华经》到为密宗所吸纳乃至为密宗专有，是有其可能性的。密宗与天台宗本来就存在互补关系，天台诸僧常将密法咒术用来弘扬佛法，日本密宗两大流派之一的台密就是从天台宗祖庭天台山传播至日本转化而成的，最早在日本建造多宝塔的最澄也是日本天台宗的祖师，曾在平安初期在中国天台山学过佛法。

中国和韩国还有将释迦、多宝二塔并列共同表现《妙法莲华经》的例子，如韩国庆州重建于1604年的佛国寺，院内居西为释迦塔，系多层楼阁式砖塔；居东为多宝塔，石砌两层，造型不太典型，构图较为复杂而不太符合建筑逻辑。中国也有类似者，如山西太原蒙山原开化寺遗址现存的两座贴近的共名连理塔的单层砖塔，也分名释迦、多宝，建于北宋。

金刚宝座塔

北周第428窟金刚宝座塔由五座方塔组成，中央一塔特别高大，下设两层呈阶梯状的素平基台；基台上是基座，基座本身以平座栏杆隔为上下两段，下段中央有圆券门，可以进入塔身内部，上段绘四力士；塔身两层，下层较低，有平座栏杆，墙上有壁柱壁带，壁柱把壁面分作三间，柱顶有一斗三升斗栱和由连续叉手组成的类似圈梁的横向桁架，上承上层平座；上层较高，其柱枋斗栱及横向桁架一如下层；屋顶是从砖石塔身伸出的木檐瓦顶，中部有金翅鸟为饰；再上是很大的受花和覆钵，砖石砌造。覆钵正中立很高的刹杆，固定七重相轮及仰月、火珠。由仰月系链垂向四角，链上悬铎，仰月上

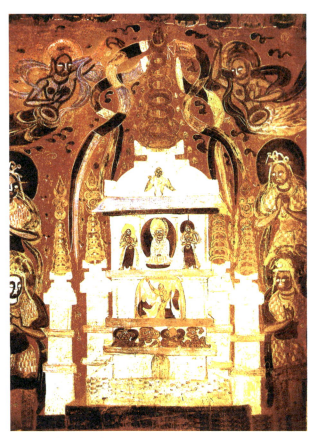

图4-43 金刚宝座塔（北周第428窟）

图4-44 金刚宝座塔（北周第428窟）

又悬巨幡四口，其刹杆、相轮、仰月、火珠及垂铎都作金黄色。四隅四塔形制全同，约略近似中央大塔，各层也用壁柱壁带加固砌体，惟形体较窄瘦、高度较低，造型亦较简洁（图4-43、图4-44）。

由壁画可见，巨大的砖石塔顶和塔身重量不可能全靠木柱来承受，所以砖石墙是承重的，木构架只用来固结墙体。唐长安大明宫麟德殿和含元殿遗址表明，这种做法在唐代大型建筑中仍经常使用[1]。在唐代文献中亦有透露，如云："佛殿壁带间亦有杨廷光白画"（唐·张彦远《历代名画记》卷三菩提寺条）。既云"壁带间"，可见上下壁带不止一层，用于较大建筑。敦煌此画

---

1 刘致平，傅熹年. 麟德殿复原的初步研究. 考古，1963（7）；傅熹年. 唐长安大明宫含元殿原状的探讨. 文物，1973（7）.

见于北朝，虽是图画，也可作为汉唐之间的一个证物。直到现在，在新疆维吾尔族民居仍有类似的做法，其屋顶是密梁平顶，墙身土坯砌，在墙身内外壁内都有木壁柱，柱子内外和左右都有水平木枋联系，与上述处理相仿。

这种中间一座大塔，四隅各一小塔的群塔形制叫做"金刚宝座塔"。北周第428窟的这一组塔是中国最早最完整的金刚宝座塔形象。关于金刚宝座塔，过去多据《帝京景物略》记北京五塔寺（真觉寺）的资料认为晚至明成祖时才从印度传入，实际建造更晚至成化九年（1473年）。《帝京景物略》称："成祖文皇帝时，西番板的达来贡金佛五躯、金刚宝座规式。诏封大国师，赐金印，建寺居之，寺赐名真觉。成化九年诏寺准中印度式，建宝座……"（明·刘侗等《帝京景物略》卷五）。文中所说："中印度式"指的是印度佛陀伽耶大塔。传说中印度摩羯陀国佛陀伽耶地方的"菩提树下"有"金刚座"，是佛成道时的坐处。

佛陀伽耶大塔现状就是一座金刚宝座塔，由五座角锥状高塔组合而成，东向。中央一塔18.3米见方，外观是九层直线收分的角锥体，通高48.8米。四角之塔小了很多，但形制与中央大塔一样。五塔共同坐落在一座方形的高大台座上（图4-45）。

但佛陀伽耶大塔有一个发展过程，当初肯定不是现在的样子。远在公元前3世纪，阿育王在此就造了一座建筑以纪念佛的成道，但不一定是塔，更不是现存大塔的样子，可能只是一座小精舍。公元前2世纪，这里才出现了一座塔和一座庙，也已不存，根据出土物约公元前1世纪的浅红色砂石围栏，栏柱之间以插榫法贯穿三条横枋，类似公元前3世纪始建公元前2世纪改建的桑奇大塔的围栏，很可能较早的佛陀伽耶塔也与桑奇大塔相类，是一座圆形窣堵波（参见图14-4）。公元4世纪时此塔复经婆罗门重建，以后没有更多记载。到7世纪时，中国高僧玄奘到过这里，在《大唐西域记》中纪述说："菩提垣内四隅皆有一大窣堵波。在昔如来受吉祥草已趣菩提树，先历四隅，大地震动，至金刚座，方得安静"。"菩提树垣正中，有金刚座……金刚所成。周百余步，贤劫千佛坐之而入金刚定，故曰金刚座焉。……是故如来，将证正觉也，历此四隅，地皆倾动，后至此处，安静不倾"（唐·玄奘《大唐西域

图4-45 印度佛陀伽耶金刚宝座塔　　　　　图4-46 缅甸蒲甘摩诃菩提寺塔

记》卷八《摩羯陀国》上）。可见，至迟到7世纪时，佛陀伽耶塔已经是由五塔组成的群塔形制了，只是中央之塔其时可能已经倒塌，所以玄奘只记述了"四隅皆有一大窣堵波"，而中央只剩下了"金刚座"。玄奘并不掩饰他对佛教在此时的印度已经衰落的不安，甚至还记述了菩提垣内神圣的菩提树，也被一位信奉印度教的国王砍倒了[1]。依此，似乎由五座窣堵波构成的群塔组合，产生于公元4世纪至7世纪的某个时候，但肯定仍不是现在这个样子。波罗王在12世纪扩建了那烂陀寺和佛陀伽耶大菩提寺，佛陀伽耶大塔可能也在此时重建，推测最早只能在此时才采用了角锥体高塔。缅甸古蒲甘摩诃菩提寺塔建于1215年，现仍存，与现在的佛陀伽耶塔非常相像，可为此说提供一个有力的旁证（图4-46）。14世纪和1880年佛陀伽耶大塔又有两次重修，现

1　《大唐西域记》卷八："近设赏迦王者，信受外道，毁嫉佛法，坏僧迦蓝，伐菩提树，掘至泉水，不尽根柢，乃纵火焚烧，以甘蔗汁沃之，欲其焦烂，绝灭余荫。"

存即1880年重修物。

北周为557～581年，当6世纪，也许，当时画家在绘画此图时，只知道要画一幅五塔组合，并不知道印度的圆形窣堵波是什么样子，就按自己的理解，主要依据中国的方形楼阁式塔的样式来绘制了。

这种组合以其体量的对比突出主体，又以其手法的一致取得呼应，给人以强烈印象。由敦煌此例，又可以进而推论云冈石窟北魏第6窟中心塔柱上层（中心一塔，塔檐下四隅之独立柱也是塔）也是金刚宝座式（图4-47）。更早一些的甘肃武威北凉（439年前）天梯山石窟某窟中已有类似的处理（图4-48）。又如吐鲁番交河故城北朝金刚宝座式土塔（图4-49）、山西朔县北魏小石塔下层塔形隅柱（图4-50）、济南唐代九顶塔、正定金代广惠寺华塔（参见图14-13）以及辽金元时华北、东北等地屡屡出现的多角塔下层各角刻作塔形的隅柱等，都可以看作是此式的流衍。有了这么多的旁证，可以相信金刚宝座塔确于明代以前很久已在中国建造了，把中国金刚宝座塔的出现时间由明成化前推了至少1000年。从它的柱枋壁带斗栱木檐等一系列中国手法

图4-47 云冈石窟第6窟（北魏）中心塔上层金刚宝座式组合

图4-49 新疆吐鲁番交河故城金刚宝座塔

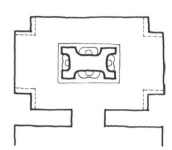

图4-48 武威天梯山石窟某北凉窟窟形示意

看来，完全是汉式，仅五塔的组合方式摹仿佛陀伽耶而已。其实这种组合方式早在佛教传入以前也已在中国出现，如新莽时长安南郊礼制建筑（图4-51）[1]。稍晚如武威雷台东汉墓出土陶楼院，其中心陶楼和院四角的角楼的关系也是这种组合（参见图2-2）[2]，它们都和佛教没有任何关系。

　　研究者往往根据五塔寺塔以后明清时所建此式塔的雕刻、花饰，认为此式塔都属于藏传佛教建筑，象征藏传佛教所谓的金刚界曼荼罗（即"坛"、"坛场"）。这种解释或可适用于明清以后，却显然不能适用于从佛陀伽耶直到上举中国各种金刚宝座式塔及其组合形式。至少从时间上来说，后者都与藏传佛教没有任何关系。

　　其实早在贞观年间，藏传佛教的重要渊源之一密宗还没有传入中国之时，玄奘就在上引《大唐西域记》的文字中谈到过佛陀伽耶金刚宝座塔的意义了，乃是表征释迦牟

图4-50 山西朔县北魏小石塔

1　王世仁. 汉长安南郊礼制建筑复原. 考古, 1963（9）.
2　甘博文. 甘肃武威雷台东汉墓清理简报. 文物, 1976（2）.

图4-51 汉长安南郊明堂辟雍中心建筑复原

尼即将成佛时，先"历此四隅，地皆倾动"，只有到了"菩提树垣正中，有金刚座"处，方"安静不倾"的故事。金刚是梵文Vajra的意译，即金中之最刚者，有牢固、坚定的意思。玄奘曾亲身游历佛陀伽耶，听过当地的传说，他的记载应是最可靠的，与藏传佛教的金刚界曼荼罗无涉。即使后来藏传佛教的金刚宝座塔，也还保留有纪念佛成道的遗意。五塔寺又名"真觉寺"，"真觉"即"正觉"，也即成道为佛。

第428窟的金刚宝座塔也正含此意。此塔下层塔身中间绘太子树下诞生，同壁北侧绘佛涅槃，同窟中又绘有佛降魔，显然在一窟之中概括了佛的一生，包括诞生、成道、降魔、涅槃，谓之"四相"。

又有人认为所谓金刚宝座应指五塔共有的高大台座（五塔寺塔及此后许多金刚宝座塔和现存佛陀伽耶大塔，其五塔都有共用的高大台座），只有这种塔式才能称之为金刚宝座塔。其实已如前证，现在的佛陀伽耶大塔最早只能出现在12世纪，玄奘在7世纪所撰的《大唐西域记》已明言金刚座在菩提树垣"正中"，并不包括四隅之塔在内，当然也不见得就有共用的台座。至于玄奘为何未提及在"正中"座上也建有塔，应为当时已经倒塌，只存塔座之故。

关于塔的几个部件

敦煌壁画所画塔的几个部件可以与文献记载互相印证启发，现掇拾如下。

《洛阳伽蓝记》记永宁寺九层浮图云："上有金刹，复高十丈。……刹上有金宝瓶，容二十五斛；宝瓶下有承露金盘一十一重，周匝皆垂金铎。复有铁𨭸四道，引刹向浮图四角，上亦有金铎。铎大小如一石瓮子"（北魏·杨衒之《洛阳伽蓝记》卷一，永宁寺条）。所述之塔刹为金属制成。第428窟的金刚宝座塔五塔的刹，自刹杆以上通作金黄色，也显系金属制成，形制也和永宁寺塔相似，是最早的金属塔刹形象。

又上举文献提到的"承露金盘"，实即以后常说的相轮。从壁画所见，有的是一个环，有的是一个盘状物。相轮是佛教语言，承露盘或承露金盘却带有浓厚的黄老神仙方术的气息。班固《汉武故事》记西汉武帝通天台云："令人升通天台以候天神……上有承露盘仙人掌擎玉杯以承云表之露"。《庙记》记同一事："武帝造祭仙人处高五丈，上有承露盘，有铜仙人舒掌捧铜盘玉杯以承云表之露，和玉屑服之以求仙道"。（顾炎武《历代帝王宅京记》卷四引）。早期常把相轮称为承露盘，除《洛阳伽蓝记》外，尚多见于别处，如南朝梁简文帝《夜望浮图上相轮绝句》云："光中辨垂凤，雾里见飞鸾。定用方诸水，持添承露盘"（《全汉三国晋南北朝诗·全梁诗》卷二）。梁·庾肩吾《咏同泰寺浮图》云："盘承云表露，铃摇天上风"（《全汉三国晋南北朝诗·全梁诗》卷七）等。这种用词的混淆，反映了早期佛教概念的混淆，那种盘状相轮的形制也许确与神仙家的承露盘有关。以后，到了清代，皇帝仍要在御苑里造仙人承露盘，但佛塔的相轮已不再用承露盘这个称呼了。

在北朝壁画中多见在塔刹顶端系有巨幡两口或四口。隋唐以后，除极个别者外，已不见有此做法。幡，本来不是佛教所专有，早在佛教传入以前就已出现，除称为幡外，还常称为信幡、幡帜或灵旗，相当于旗帜的作用。如《史记》："为伐南粤，告祷太一，以牡荆画幡日月北斗登龙，以象太一三星，为太一锋，命曰灵旗"（《史记》卷二十八《封禅书》）；《汉书》："望见单于城上立五采幡帜"（《汉书》卷七十《陈汤传》）；《古今注》："信幡，古之徽号也，所以题表官号，以为符信，故谓为信幡也"（晋·崔豹《古今注》卷上，舆服条）。长沙马王堆西汉墓和武威磨咀子东汉墓覆于棺椁上的铭旌，是幡的最早实物。社会生活的许多场合，常用幡作为装饰，称为幡旄、龙子幡或幡矛肖[1]。

佛塔上悬幡作为供具以求佛佑。《法苑珠林》记载了一个故事，说阿育王在塔刹上悬幡，得延寿二十五年[2]。据此，塔上悬幡的做法应先从印度开始，以后流入西域，再传入中土。《一切经音义》云："西域别无幡竿，即于塔覆钵柱头悬幡"（唐·释元应《一切经音义》卷六），说明中土塔顶悬幡确是从西域传进来的。《洛阳伽蓝记》记宋云、惠生西域之行，就多有塔上悬幡的叙述，如末城"……塔乃至数千，悬彩幡盖亦有万计"，一塔不止一幡。其初发京师时，就携带了数千口幡，从于阗至乾陀所有佛事处，悉皆流布（《洛阳伽蓝记》卷五，闻义里条）。北朝壁画表现了当时佛塔悬幡的风气。除壁画外，文献也有记载，如："魏明帝洛城中本有三寺，其一在宫之西，每系幡刹头，辄斥见宫内，帝患之"（《三宝感通录》）。南朝也是如此，梁简文帝等咏同泰寺塔的诗中就多有"飞幡杂晚虹"、"天晴幡带虹"，"飞幡接云上"等句（梁简文帝《望同泰寺浮图》、庾肩吾《咏同泰寺浮图》、王台卿《奉和望同泰寺浮图》，见《全汉三国晋南北朝诗·全梁诗》卷二、卷七、卷十三）。要爬上那么高的塔尖去挂幡，想必是颇为麻烦的一件事，也许正因为此，隋以后就不再这么办了，而在寺院中另立幡竿。

结合敦煌壁画塔的资料，我们认识到：实物中只存一座的楼阁式木塔，在古代实际上可能建造过很多，应是中国塔的主流，而实物中留存颇多的仿木构楼阁式砖石塔和砖石密檐塔应只是相对次要的类型。

---

1 如《三辅黄图》卷四，池沼条："昆明池……船上建戈矛，四角垂幡旄"；南朝古诗《孔雀东南飞》："青雀白鹄舫，四角龙子幡"；《北齐书》卷十一《河南康舒王孝瑜传》："于第作水堂龙舟，植幡矛肖于舟上"。

2 《法苑珠林》卷四十八《悬幡篇》引证部："昔阿育王自于境内立千二百塔。王后病困，有一沙门省王病，王言前为千二百塔各织作金缕幡，欲手自悬幡散华，始得成办而得重病，恐不遂愿。道人语云：王好叉手一心。道人即现道足，应时千二百皆在王前。王见欢喜，便使取金幡金华悬诸刹上。塔寺低仰即皆就王手。王得本愿，身复病愈，即发大意延寿二十五年，故名续命神幡"。

北朝时，塔的类型已经很丰富，包括已经有了砖木混合的做法，已经出现了金刚宝座塔等等。北朝壁画中的诸塔，形式上有很大差别，没有后代那种因袭雷同的现象。这说明，塔和其他任何事物一样，在它们的早期阶段，虽然或许有幼稚之处，但却是生气勃勃富有创造性的。

　　塔的发展，显示了传统文化与外来文化互相融合的生动过程。它还表明，建筑不但具有物质性的特性，同时还具有精神性的特性。在建筑的新的民族形式的创造中，包括在这种精神性的因素中的民族的审美意识曾起了很大作用。同时，人们的宗教观念在建筑的历史中也留下了明显的印迹。

第五章

住　宅

中国住宅，保存下来的实物多是明代以后的，宋元住宅还可以在某些传世卷轴画如张择端《清明上河图》、王希孟《千里江山图》中看到一些比较真实的表现，在此以前的资料就相当少见了。然而，敦煌北朝壁画就已画出了住宅，以后一直到唐宋，不断有住宅的描绘。虽然壁画中的住宅一般绘制得比较简略，没有表现出更多的形制以及形制的发展，但也多少反映了古代住宅的一些情况，值得我们参考，具有一定的史料价值。

院落住宅

院落住宅是中国住宅的基本形制，起源很早。据考古资料，在殷墟就发掘出院落，是商王的祭祀建筑。陕西岐山县凤雏村发掘的一座西周宫室（或宗庙）建筑基址，也是院落式的，有影壁、带门房的大门、中轴线上的前堂、过廊和后室，左右围绕厢房，对称整齐[1]。这种四面都有建筑的院落又称"四合院"。

住宅和宫殿、宗庙以至官署、佛寺都广泛采用院落布局，只不过随各种建筑的规模和用途的不同，院落的大小和数目有所增减。壁画中的院落住宅，大多是四合院，有独院的、前后串连二院的和在二院住宅的一侧再附建厩院的三种。

隋代第420窟壁画中的一所住宅：单院，院内中轴线上前后列二屋，前者三层，后者二层；院四周各开一门，都有门楼；四座门楼之间是覆有瓦顶的院墙，院墙画成多折状。敦煌壁画从西魏起就有这种多折院墙的画法，如西魏第285窟壁画五百强盗成佛故事中的宫室、北周第296窟壁画须阇提故事和善事太子入海故事中的宫室，都画有这种覆有瓦顶的多折院墙。至隋更盛，一幅大的画面中，往往画出许多这样的院落，院落外面有山林环绕，在每一院中画出故事画的某一情节，院墙和山林构成一个个环格，作为画面的分隔。各部分汇聚而成巨幅，成为真正的"连环画"，一眼看去，只见满眼折线，很具装饰性。《洛阳伽蓝记》记永宁寺云："寺院墙皆施短椽，以瓦覆之，若今宫墙也"（北魏·杨衒之《洛阳伽蓝记》卷一），可见这种覆瓦院墙当时十分盛行，不独住宅，佛寺宫殿皆所施用。壁画正是这种情况的反映。但院墙的多折画法，应只是壁画的一种装饰手法，并不代表实际的情况。所以我们可以把院墙"复原"为直线，如此，则第420窟的宅院实际上是一个纵长的矩形院落。在院落四面中间开门，相对的门形成纵横二轴，在横轴以北沿纵轴设前后二屋，以三层的前屋为主，前有较开阔的院庭（图5-1、图5-2）。

这种院落四面开门的做法，在宫殿、明堂等建筑和早期佛寺中也用得很多。《尚书》：舜"宾于四门，四门穆穆"，疏云："史记集解云，四门四方之门者，谓明堂宫垣四方之门也"（《尚书》卷一《尧典》下）。为何要开四门呢？《白虎通》云："门四出何？所以通四方故，礼三朝记曰天子之宫四通"（汉·班固《白虎通·阙文》）；《风俗通义》进一步解释说：

---

1 陕西周原考古队. 陕西岐山凤雏村西周建筑基址发掘简报. 文物, 1979（10）.

228

图5-1 宅院（隋代第420窟窟顶法华经变）

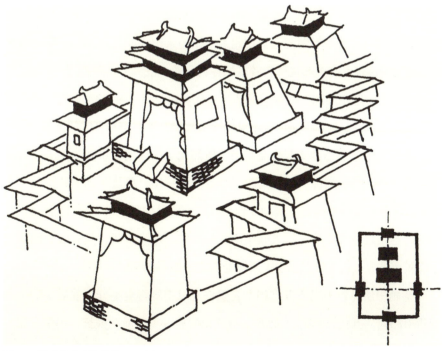

图5-2 院落住宅（隋代第420窟）

图5-3 宅院（隋代第420窟）

"盖人君者，辟门开窗，号咷博求，得贤而赏，闻善若惊"（汉·应邵《风俗通义》卷五），原来具有求贤多闻的象征意义。唐时仍有此概念，玄宗就说过；"新作南楼，本欲察旴俗，采风谣，以防壅塞，是亦古辟四门达四聪之意"（宋·王溥《唐会要》卷三十，兴庆宫条）。长安南郊汉礼制建筑遗址也是四门，从《洛阳伽蓝记》知北魏洛阳的永宁寺同样是四门。察之魏晋以来直到明清保存有关布局资料较多的各朝宫殿，也莫不开有四门。

同窟另一宅也类此，但画面拥挤，没有表现四门（图5-3）。此二图都画出了许多楼屋，而且只有院墙，不见厢房或廊屋，不一定是真实的情况。

五代第61窟法华经变譬喻品画出一所简化了的住宅：单院，院中只有一楼，院四周有廊屋围绕，只在南廊正中设门屋一座，单层三间庑殿顶。南、北廊的屋顶作波浪形起伏，类似于以后在江南园林中见到的龙墙（图5-4）。画的内容是表现火宅喻，说人间生活犹如火宅，危险万状，只有皈依佛乘，才能脱离苦海。火宅喻壁画在中唐已经出现，如第159窟。

壁画中所见较多也更典型的四合院住宅以中廊将全宅分为前后二院（如晚唐第85窟，五代第98窟、第5窟，五代第61窟等），前院横长，主院方阔，四周以廊屋围绕。在前廊和中廊正中分设大门和中门。门屋或为单层或为双层。后院正中置一屋，也是一层或二层（图5-5、图5-6）。上述廊屋恐怕不

图5-4 院落住宅（五代第61窟）

图5-5 院落住宅（晚唐第85窟法华经变）

图5-6 宅院（五代第98窟法华经变）

图5-7 盛唐第23窟化城喻品中的宅院

图5-8 住宅前院（晚唐第9窟）

仅是走廊而且也设有居住用的房间，这可从盛唐第23窟法华经化城喻品故事画中看出。这座化城并不像别的壁画那样画作西域城，而是画成一圈夯土外墙围着的一座有周围廊屋的住宅，可以看见廊屋内人们的休息起居活动（图5-7）。有的壁画住宅的前院门偏在主院门的左侧，不与前者对齐。此图绘于晚唐第9窟，表现阿难乞乳故事，前院内外粉壁旁植竹，门前画少女挤牛乳，阿难乞之，情趣盎然（图5-8）。

这样的前后几进院落，是中国住宅普遍采用的布局，我们在宋《清明上河图》和元代永乐宫壁画中也可以看到，前者位在全画最左端，分前后二院，前院宅门开在前左角，与明清北京四合院相同（图5-9、图5-10）。明清北京四合院住宅通常也分为前后二院，前院横长，是从宅外进到主院去的过渡空间。院中安排一些次要用房，如厨房、仆人用房或外客用等。从此院通过一座垂花门式的中门到达方阔的主院，在主院里设置主要的用房（图5-11）。从敦煌壁画可以知道这种做法在唐代实行的情况。实际上，汉代画

图5-9 宋张择端《清明上河图》住宅

图5-10 元永乐宫壁画宅院

图5-11 北京四合院（模型）

像砖已表明汉代宅院有的已作前后二院，以后院为主院，旁侧附建别院，置望楼或井、炊（参见图2-5）。这种布局除了使主院与外界更多一层间隔以求更安静隐蔽适于居住外，同时也是强调尊卑、男女、长幼、内外之别的封建宗法制度的反映，有其深刻的社会内容。《事林广记》说："凡为宫室（按此指住宅），必辨内外，深宫固门，内外不共井，不共浴室，不共厕。男治外事，女治内事，男子昼无故不处私室，妇人无故不窥中门，有故出中门必拥蔽其面"。又说"男仆非有缮修及有大故亦必以袖遮其面。女仆无故不出中门，有故出中门亦必拥蔽其面"（宋·陈元靓《事林广记》前集卷七《人纪》）。壁画中的住宅正是这种社会生活的反映，其前院和主院之间的门也就是文中所说的中门。壁画有的在主院正房坐着"治内事"的女主人，仿佛在向躬身的男仆吩咐什么事，院内其他人似都是妇女，大门和中门外有恭谨候门的男仆（参见图5-5）。《事林广记》还说："迎送之礼。……长者来见……退则送上马，徒行则送于大门外。敌者（言与主人地位相当者）来见……退则送上马，徒行则送于中门外，无中门则送于大门可也"（《事林广记》前集卷十一《仪礼》），同样也反映了建筑形制和宗法制度的关系。

上举第85窟、第98窟及第61窟的住宅都见于法华经变信解品穷子喻故事，依佛经内容都是富家"长者"所居，在住宅一侧都附建有厩院。厩院由夯土墙围成。有的厩院又由开有券洞门的夯土墙隔成前后二院。厩院后部畜马，前部住奴仆，无屋，或只搭建"蜗牛庐"聊以栖身。这种将奴仆和牲畜都放在主要宅院以外的做法，古来常见，称为"外厩"。嘉峪关魏晋墓壁画就画有在坞壁外供农奴居住的庐帐和豢养牛、马、猪等牲畜的畜栏。

《南唐近事》说："邓匡图……有野客潘扆谒之，邓不甚礼遇，馆于外厩。……扆栖泊之所弊榻莞席竹笼而已"。文中所谓"竹笼"，可能就是竹编的窝棚，类似于画中的蜗牛庐（宋·郑文宝《南唐近事》）。《开元天宝遗事》说："苏颋少不得父意，常与仆夫杂处，而好学不倦，每欲读书，又患无灯烛，尝于马厩灶中旋吹火光照书诵焉"（后周·王仁裕《开元天宝遗事》）。从上，均可见外厩中奴仆生活的窘迫。《唐律疏议》云："奴婢贱人，律比畜产"（唐·长孙无忌《唐律疏议》卷六《名例》，官户部曲条）。所以以奴婢远主人而与牲畜共居，也就视为当然。

唐代养马业颇为发达，官僚地主常畜有大量马匹，有的有广达百余里的大牧庄，"息马至万蹄"（《孙樵集》）。唐中期，朝廷更鼓励养马，《新唐书》云："马者，兵之用也。……开元初，国马益耗……九年，诏自今诸州民，勿限有无荫，能家畜十马以上，免帖驿、邮递、征行"（《新唐书》卷五十《兵志》），所以养马也是地主们逃避徭役的一种办法。河西在唐宋时是国马基地之一，宋初建隆年间，敦煌统治者曹元忠、曹延恭就曾多次向朝廷遣使献马（事见《宋史》卷一《太祖本纪》）。唐敦煌曲子词对于河西农牧情况也有所反映，其《富饶田舍儿》云："富饶田舍儿，论情实好事。多种如屯田，宅舍青烟起。槽人饲马肥，仍更卖奴婢。牛羊共成群，满圈养豚子。窖内多埋谷，寻常愿米贵……"[1]。以之与壁画对看，更真切地显示了社会的现实。

壁画厩院因要进出车马，都用木板大门，作乌头门式。按乌头门之名，最早见于《洛阳伽蓝记》，形制是"上不施屋"，即大门上没有屋顶，用为永宁寺的北门。宋代以后又称为"棂星门"，形象可见于宋《营造法式》第三十二卷《小木作制度图样》和许多宋画如《高宗北使图》、《龙舟图》及石刻《平江府图》等，明清后有许多石制的实物保存下来。据《营造法式》，乌头门又名"阀阅"（宋·李诫《营造法式》卷一）。《史记》说："人臣功有五品……明其等为阀，积日曰阅"（《史记》卷十八）。《汉书》注也说："古者以积功为阀"，"经历为阅"。所以乌头之建，含有旌表门第的意思。《唐六典》规定"六品以上"才能用乌头大门。《新五代史·李自伦传》记旌表王仲昭之六世同居也说到乌头正门，可见乌头门并非寻常可用之物。据文献和实物，宋代以来也都是在比较隆重的场合如文庙、陵墓、道观中的正门，才使用乌头门。但乌头门本身并不是什么了不起的东西，不过是在最简单的"衡门"下安木板门扇而已，由壁画竟用于厩院，可知当时并未严格遵行《唐六典》的规定。

---

1 见杨公骥.唐代民歌考释及变文考论.长春:吉林人民出版社,1962.富饶田舍儿,唐玄宗时民歌,敦煌藏经洞出土.

壁画乌头门最早见于初唐，在第431窟一幅呈横长构图的未生怨故事画宫城中，作城中宫院的旁门。这可能也是中国最早的乌头门形象资料。此门所立左右门柱，截面圆形，柱顶套黑色柱筒，故曰"乌头"。柱上横安衡木。衡木出头并翘起，两端亦作黑色。柱底连地栿、门槛。柱内安两扇门，每扇上部为直棂，下部镶板（图5-12）。中唐第358窟绘九横死之第九，画出一段夯土宅院墙，一乞丐乞讨，主人当门而立作拒绝状，其院门也是乌头门。

坞壁

敦煌北魏第257窟须摩提女故事画中的一座城形建筑是颇有价值的资料。在"阙"的一章我们谈到过它的望楼，在城垣一章介绍过它的城墙尤其是马面，作为一种住宅类型，我们在这里还要再次谈到它。按本缘故事，须摩提女出嫁一"豪尊富贵"的"长者"之家（《须摩提女经》，《大正藏》卷二阿含部下），故此城形，实为住宅，以城围护，防卫森严，可称之为坞壁（参见图3-25、图9-3）。

"坞"字大约最早见于西汉，与障、塞、烽燧等字同时出现，意义及用途也差不多，就是边塞上用以屯兵守卫的小型城堡[1]。汉武帝时把秦代止于临洮的长城西延至敦煌，沿长城内侧，建筑了许多迤逦相望的烽火台，台四周用土墙围起，就是坞壁。每隔若干距离又建立一些较大的坞壁，是侯官都尉驻屯之所。如被认为是玉门关故址的敦煌小方盘城和内蒙古额济纳旗肩水都尉驻地，都是大型坞壁。

这种本来只用于军事据点的坞壁，东汉时已为民间的"豪尊富贵"之家所采用。由于阶级矛盾的激化，特别是黄巾起义，促成了汉末腐朽王朝的灭亡。以后连年军阀混战，少数民族豪酋继主中原，又激起民族间的仇杀攻伐。连续几百年，社会都很不安定，各地豪强遂拥持部曲家兵，纷纷筑坞自守，故坞壁之筑在汉末三国魏晋以至北朝大为兴盛。

1 　胡肇椿. 楼橹坞壁与东汉的阶级斗争. 考古, 1962（4）.

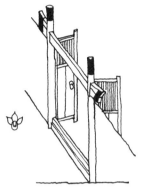

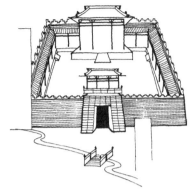

图5-12 乌头门（初唐第431窟）　　　　图5-13 庄窠住宅（榆林窟五代第36窟）

河西民间坞壁也在此时兴起，如武威雷台出土的东汉陶楼院，四面高墙，有门楼、角楼，院中央立一五层望楼，就是坞壁（参见图2-2）[1]。张掖郭家沙滩出土的东汉陶楼院，意亦同此（参见图2-3）[2]。嘉峪关诸魏晋壁画墓中画有九座坞壁，有的还用朱红标写出一个"坞"字，都是以很高的土墙围成，有的在院中也筑有高耸的望楼，或设门楼、敌楼（参见图2-6）[3]。第257窟的坞壁无疑与上述宅院资料同属一类。敦煌早期壁画带有更多的地方色彩，这幅坞壁图从一个侧面反映了北朝时河西地区阶级斗争和民族斗争的现实。

须摩提女故事画的坞内建筑高大，坞墙反见低小，实际情况必非如此。因敦煌壁画，大都有具体的故事内容，主要表现人物的活动，故画面建筑的尺度往往不足为据。嘉峪关魏晋墓壁画坞壁图虽颇为粗率，但由于没有受到故事情节的影响，尺度反较真实，其坞墙都相当高大。

西北干旱，春夏风沙很大，冬季寒冷，自然条件较为严酷，这种用高大土墙围护的坞壁，除具有防卫作用外，在防沙御风方面，显然也有很大优点。加之中国古代西北民族关系历来都较为复杂，所以坞壁住宅在河西一直被普遍使用，称为"庄窠"。榆林窟五代第36窟也画有这样的住宅，四墙仍作城墙形，有城台、城门楼，院内沿墙一周的建筑都较墙低矮（图5-13）。

1　甘博文.甘肃武威雷台东汉墓清理简报.文物，1972（2）.
2　甘肃省文物管理委员会.张掖郭家沙滩清理简报.文物参考资料，1957（8）.
3　嘉峪关市文物管理小组.嘉峪关汉画像砖墓.文物，1972（12）.按：这批墓葬以后定为魏晋时代.

敦煌五代第61窟的一座宅院也类此，但规模较上图更大，有角楼，城内又分成数院。

直到近代，庄窠在河西以至兰州以东、青海东部仍属常见[1]。除称为庄窠外，其大者又称为"堡子"，小者称"庄子"。大型庄窠的庄墙高大，可登临，有胸墙、射孔、门楼、角楼，有的还有马面，外绕庄壕，内部分成许多小院，有房屋数百间，俨然一座小城。小者仅一户之居，防卫性虽不强，遮挡风沙仍然有效，在近门处附墙有一小楼。除楼屋外，所有庄窠内的房屋都低于庄墙。在小型庄窠，可站在房屋平顶上凭借外墙抵御外敌。据1960年统计，敦煌当时尚存大型堡子45座，早者建于嘉庆、道光，晚者建于民国，但现已大都不存[2]。

在第257窟的坞壁图中，对于住宅的功能分区，还有着有趣的暗示。故事内容为：笃信佛教的须摩提女出嫁满财长者之子，夫家大张筵席宴请六千外道。女见外道不信佛法、粗野丑陋，遂拒不接待，闭门高卧。长者令其请释迦牟尼赴会，女乃登楼焚香祷告世尊。世尊现身为众人说法并示现种种神通，众皆皈依佛教云云。图中宅门之后为一宽阔厅堂，绘主人大会宾客场面。后立一座四层楼阁，底层绘女寝卧，顶层绘女持鐎斗作祷告状；楼后空地上绘一朵大莲花。按古来宫室住宅，大致由三部分组成，即前堂、后室（宫室则为前朝后寝）和最后部的花园。前堂（前朝）是延纳宾客、朝会臣属的场所；后室（后寝）是日常居住、容纳后妃的所在；最后的宅园接近居住部分，以资游息。这一组合，源远流长，终古代之世而不间断。它最早可见于《考工记》的记载："内有九室，九嫔居之；外有九室，九卿朝焉"。以后这种记载相当多见，今略拾数条如下：《三辅旧事》"秦都……中外殿观百四十五，后宫列女万余人"（唐·佚名《三辅旧事》）；汉·班固《西都赋》："后宫则有掖庭椒房后妃之室"（《全上古三代秦汉六朝文·全后汉文》卷二十四）；魏·王朗《谏明帝营修宫室疏》"今当建始（殿）之前，足用列朝会；崇华（殿）之后，足用序内宫；华林天渊，足用展游宴"

1　崔树稼.青海东部民居——庄窠.建筑学报,1963（1）.
2　任子宜.新敦煌县志·地理志.1960（油印本）.

（《全上古三代秦汉六朝文·全三国文》卷二十二）。住宅也是一样，《识余纂》云："人家居室自门而庭，自庭而堂，自堂而室。……堂为宾客会集之所；又有正室，有燕室，饮食作息于是乎"；除此以外，"宅中隙地必为之艺花莳竹，垒石疏沼"。宅之大者，多单独建后园，《汉书》"乃请参游后园"（《汉书》卷三十九《曹参传》）；《洛阳伽蓝记》"临淮王彧宅……彧性爱林泉……夜游后园"（《洛阳伽蓝记》卷四，法云寺条）；《北齐书》"武成幸其第，见而悦之，故盛兴后园之玩。于是贵贱慕学，处处营造"（《北齐书》卷十一《河南康舒王孝喻传》）。可见后园的盛行。齐·谢朓有《游后园赋》（《艺文类聚》卷六十五《产业部》上）。梁简文帝和梁元帝都有《临后园》、《游后园》诗（《全汉三国晋南北朝诗·全梁诗》卷二、卷三）。汉武帝以后，在后寝及园中，多建高楼，以近神仙。

第257窟此画，虽甚简括，却给我们明确无误地显示了这一方式的完整组合，一堂、一楼、一花，代表了住宅的三大部分，可谓善于概括，深得要旨。

茅舍

壁画里还画有一些茅舍，如宋代第55窟弥勒经变里就出现一座，茅舍附近有田野牛耕的场景，以表现弥勒净土的"一种七收"。茅舍以带有枝杈的自然树干为柱，构件的连接方式应为绑扎。柱下有土台基。屋顶四坡，以茅草重叠铺覆。在坡脊交接处，又多用草束加盖。茅舍四周疏篱围护，系以自然小树枝编织而成（图5-14）。

古代下层人民往往无力修建廊庑周房，住宅不成其为院落，仅只一座小屋围以篱垣而已，此图所示应即此类。

这种茅舍大都见于南方。《高士传》云："老莱子楚人也……莞葭为墙，蓬蒿为室"（晋·皇甫谧《高士传》卷上）；元稹《茅舍》："楚俗不理居，居人尽茅舍"（《全唐诗》卷三九八）。都在楚地。杜甫："八月秋高风怒号，卷我屋上三重茅"的茅屋在四川（《全唐诗》卷二一九《茅屋为秋风所破歌》）。白居易在庐山也自建有草堂（《文苑英华》卷八二七《庐

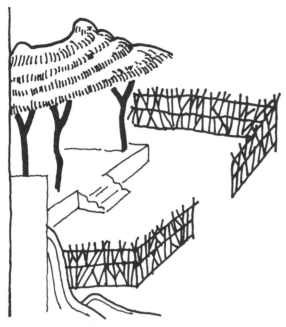

图5-14 茅舍（宋代第55窟）

山草堂记》）。《襄沔记》云："睿宅有草屋数间"，是在湖北（《古今图书集成·考工典》卷七十八引）。

但北方也偶有所见。柳宗元《凌助教蓬屋题诗序》："在京师十二年，家本吴地，欲归而不可得，遂构蓬室……栋宇简易，仅除风雨，盖大江之南其旧俗也"（《文苑英华》卷七一七）。在西安盛唐墓中，出土有通体赭色的八角亭一件，亭顶划出草纹，同时出土的还有三彩假山水池[1]。由上二例可见茅屋用于北方时，或为主人怀旧，或为亭园点缀，并不普遍。敦煌壁画中往往画有南方景物，如水牛、茂竹、远江帆影等等，皆非西北大漠可以得见，故画中出现茅舍，亦不足为奇。

---

1 陕西省文物管理委员会. 西安西郊中堡村唐墓清理简报. 考古，1960（4）.

第六章

其他建筑类型

　　敦煌壁画内容丰富，反映了广阔的生活面，在建筑方面，除了前面所叙述的佛寺、阙、城、塔和住宅等重要类型外，还有一些其他类型，如监狱、坟墓、台、舞台、戒台、烽火台、草庵、穹庐、帐、帷、桥、虹桥、栈道……也都是有价值的材料。

监狱

　　《法华经·观音普门品》说："设复有人，若有罪若无罪，杻械枷锁检系其身，称观世音菩萨名者，皆悉断坏即得解脱"（《大正藏》第九卷）。为了表现这段经文，由唐至宋，壁画法华经变就出现了许多监狱。此外，在有些未生怨故事画中也画出了频婆娑罗王囚禁其父阿阇世王的监狱。

　　壁画中所有的监狱都是夯土筑成的圆形院落，多数在这个圆院外面又围

图6-1 监狱（盛唐第45窟北壁法华经变）

图6-2 监狱（盛唐第23窟北壁法华经变)

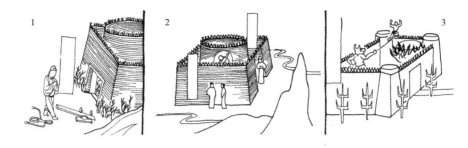

图6-3 监狱：1. 盛唐第45窟；2. 盛唐第23窟；3. 宋代第55窟

有一座方院，也是夯土所筑，两重院落各开一门，二门不相正对；院墙顶部插交叉的棘条，监狱门外也植棘丛（图6-1～图6-3）。唐宋监狱无一遗存，文献中或有记载而多不明晰，现在有了这一批形象资料，情况就可以清楚一些了。

早自周代起，监狱就被称之为"圜土"。圜即圆，圜土也就是一个圆形地坑。看来，监狱之筑为圆形，是早有渊源的。

《周礼·秋官·大司寇》云："以圜土聚教罢民，凡害人者置之圜土而施职事焉，以明刑耻之……其不能改而出圜土者杀。"汉·郑玄注曰："圜土，狱城也"。"罢"同疲，意谓对囚徒强制实行奴隶劳动，使其疲弊而放弃反抗。"出"即逃亡。汉时监狱又称"圜墙"。司马迁《报任少卿书》云："幽于圜墙之中"，李善注引《广雅》曰："圜墙，狱也"（梁·萧统《文选》卷四十一）。《释名》说得更明确一些："狱……又谓之圜土，言筑土表墙其形圜也"（汉·刘熙《释名》卷五《释宫室》），指明了被称为圜墙的监狱，其形制就是土筑的圆墙。

除了这个中心圜墙外，四周的方墙也可见于汉代文献。李尤有一篇叫《鞫城铭》的短文说："圆鞫方墙，仿象阴阳。法月冲对，二六相当。建长立平，其例有长。不以亲疏，不有阿私。端心平意，莫怨其非。鞫政由然，况乎执机"（《全上古三代秦汉六朝文·全后汉文》卷五十），通篇讲的是执法的事。"鞫"就是审讯，故"鞫城"亦即郑玄说的狱城，即监狱。其"圆鞫方墙"正与壁画监狱内圆外方两重围墙的形制相符。

至唐，狱仍为圆形。《唐书》曰："太宗行次灵石县指狱而谓皇太子曰：'此何谓？'皇太子对曰：'此所谓圆狱，将系罪人'"（《太平御览》卷六四三《刑法部九》引）[1]。

从壁画可知这种圆狱至少一直延续到了宋代。

壁画监狱由于狱墙很高，墙内的屋顶被遮挡不可见，也许是在圆院内沿圆墙一周为一圈牢房，中间留出一个圆形天井。这个推测可在上引《唐书》中得到旁证：唐太宗就说："圆土之中仰视青天有同悬镜"，而古镜一般都是圆形。

为什么监狱一定要用圆形平面呢？各文所说不一。《鞫城铭》说是"仿象阴阳"；《释名疏证》引郑玄注《周礼》云："狱必圜者规主仁，以仁心求其情，古之治狱闵于出之"（清·毕沅《释名疏证》卷五）；而《春秋纬元命苞》又说"为狱圆者象斗还合"，宋均注曰："作狱圆者象斗运"（《玉函山房辑佚书·经编纬书》）。什么叫做"斗运"？据《释名疏证》："牢，本所以闲牛马者，其狱亦谓之牢，《史记·天官书》斗魁中有贵人之牢，杓有贱人之牢"，所谓"象斗运"应即指此。这些解释互不相合，也都令人不得要领。其实可以认为，监狱之所以为圆形至少开始时并无任何象征意义，乃源自最原始最低级的圆形竖穴居，以后的沿用，也只是一种习惯做法。

新石器时代人们曾经在一种竖穴中居住，是在地下挖一个坑，平面圆形，底大口小形如袋，袋口或搭一些树枝遮盖或者什么也没有，人们蜷缩其中聊避风雨而已。以后，人们在袋口加了个伞形的原始屋顶。随后沿坑边出现了一周矮墙，竖穴渐浅，成了半竖穴。墙越来越高，穴越来越浅，终于发展成完全的地面建筑，平面也出现了方形或长方形。最后，在建筑之下又加了台基，利于防潮避水，那已是原始社会末期奴隶社会初期的高级建筑了。这个过程，说起来简单，其实经过了漫长的年月，同时也存在极大的不平衡性。如在奴隶社会，虽然奴隶主已经安居在地面建筑中

1　据《太平御览》，此条系引自《唐书》，但今本新、旧《唐书》皆无此条，故此所谓《唐书》，或系另有所本，或系今本讹夺。

了，而奴隶们却还只能住在半竖穴甚至更原始的竖穴中。在殷墟发现过很多半竖穴，平面多为长方形，也有很多平面为圆形、方形或不规则形的竖穴，以土阶上下，应都是奴隶们的住所。总的来说，"圆形的是比较原始的形式，方形的则是比较进步的形式"（张锡彤译苏·柯斯文《原始文化史纲》第五章）。可以想见，那些想要造反或被认为想要造反的奴隶一定是被扔进那种竖穴中，它的平面是圆的，显然就是圜土。对于奴隶主来说，圜土还有一个好处就是有利于防止被监禁者逃走，所以不但用于拘执囚徒同时也用以圈屯牲畜，称之为"牢"。《周礼》注云："穿地为堑，所以御禽兽"，说明牢和狱一样都是地坑（《文选》卷四十一《司马迁报任少卿书》注引）。《急就篇》曰："啬夫假佐扶致牢"，颜师古注曰："扶持罪人而致之于牢狱也……谓之牢者若豢豕之牢，亦取其坚牢也"（汉·史游《急就篇》卷四）。《释名》也说"狱……又谓之牢"。牢狱二字常并称之。

随着社会和建筑的进一步发展，包括监狱在内也大多成了地面建筑，但似乎这种圆形地坑的形制已经成了监狱的一个标志或作为习惯而继续保存，这就是"圜墙"。从上引文献可知圜墙至迟在汉代已经有了，当然圜土也可能仍然存在[1]。

地面上的圜墙不如地坑式的圜土保险，所以外面就加筑了一周方墙，这就是"圆鞠方墙"。同时墙头竖棘，门外植棘，作进一步的防范，最后就成了壁画中的监狱。

棘也叫刺棘，很早就用于防范奴隶逃跑。《周易》说："系用徽纆，置于丛棘"，就是说用两股或三股的绳子把奴隶捆起来，放到棘丛中[2]。以后"丛棘"一词也成了监狱的代名词，如唐·沈佺期诗云："食蕊嫌丛棘，衔泥怯死灰"（《同狱中叹狱中无燕》）。大理寺掌刑断狱，也被称之为"棘

1　如《汉书》："（吕）太后遂断戚夫人手足，去眼薰耳，饮瘖药，使居鞠域中。"颜师古注曰："鞠域如蹋鞠之域，谓窟室也"（《汉书》卷九十七上《外戚列传》，高祖吕皇后条）。"鞠"通"鞫"，鞠域应同鞫城，即狱。设于"窟室"，可能仍是地坑式的圜土。
2　《周易正义》卷三《坎》："系用徽纆，置于丛棘，三岁不得，凶"。疏云："所以被系用其徽纆之绳，置于丛棘，谓囚执之处以棘丛而禁之也。"又唐·长孙无忌《唐律疏议·进律疏》，注引《释音》刘氏注云："三股曰徽，两股曰纆"。

寺"。宋代在大理寺当过官的王禹偁在他的文章《待漏院记》的末尾就署名为"棘寺小吏"。墙头竖棘又称"棘围"或"棘院"。这些都说明壁画监狱形象实在都有根源，不是画工的妄作。

坟墓

在北周第296窟微妙比丘尼缘品所画墓园相遇场面中绘有坟墓。墓园方形，有墙围绕，前后各开一阙口，在墓园正中方砖基台上起一圆坟，园内植行树。

唐、五代的弥勒下生经变，为了表现"人寿八万四千岁……人命将终自然行诣冢间而死"的情节，都画有坟墓。墓园也都是正方形，有夯土墙围绕，只开正面一个阙口，阙口两边各砌方土台一个，院墙四角也多有土台。有的从左右门台开始，向前再建一段夯土墙，前端也以方土台作结，两墙中间成为神道。坟堆都是半圆形，有的在坟堆下还有须弥座式的基座和斜道。为了表现诀别，圆坟的正面都开半圆门，将终老人坐在坟内，家人围泣拜跪。但自古所有坟墓，若有墓室墓门，则都在地下，平地只起坟堆，所以壁画中这种敞开外向的墓门虽多，却都不足为据。

墓园内多植树木。榆林窟中唐第25窟一例所画树种明显包括松柏，其他有的可看出是白杨等阔叶树（图6-4）。

现存秦汉至唐宋帝王陵墓，陵园也都是正方形，四面包围陵墙，陵墙转角处有角台，开门处是阙口，阙口两边筑门台，都与壁画中的坟墓相同。陵墓和壁画坟墓的不同点在于前者神道两侧排列有许多成对的石像生，后者只作土墙土台；前者四面正中都开阙口作陵门，后者大都只开正面一个阙口；前者坟堆呈方锥台状，称为"方上"，后者都是圆堆；前者在方上前或方上顶有建筑如献殿、享堂等，后者无。这些都说明壁画所示应是民间的坟墓，是一般地主官僚坟制的反映。现在敦煌戈壁滩上随处可见的魏晋至唐代的墓群，仍多有以砂砾堆成的方形围墙的痕迹。

墓园植树历史甚早，上述帝王陵墓多植柏树，北宋以后又增以松树。松

图6-4 坟墓: 1. 北周第296窟; 2. 晚唐第198窟; 3. 榆林窟中唐第25窟; 4. 五代第53窟

柏常青，庄重肃穆，是很好的陵墓绿化树种。壁画坟墓对此也有表现。但墓园绿化也不只松柏，据《春秋正义》，似乎早在春秋时对于自天子、诸侯、大夫、士以至庶人的坟墓植树已有所规定，依次为松、柏、栾、槐和杨、柳[1]。庶人用杨、柳，故墓园植树也以杨、柳最多。《唐会要》记大明宫初悉于庭院列白杨树，大将军契苾何力入宫，"但诵古诗云：'白杨多悲风，萧萧愁煞人'，意谓此特冢墓木也"，后遂因此而尽伐之而改植桐柏（宋·王溥《唐会要》卷三十，大明宫条），可见唐时墓园多有杨木。壁画中墓园也画有杨树和其他阔叶树，应是一般民间墓园常用的树种。

台

台是用土夯成或以砖石砌筑的高离地面的一种建筑，或也有木结构的。大台上可以建筑整组宫殿。小台上可以只有一座亭屋，作钟楼、经藏或一般

---

1 《春秋正义》："案春秋纬云：天子坟……树以松，诸侯……树以柏，大夫……树以药草（据汉·刘向《五经通义》，药草二字系"栾"之误），士……树以槐，庶人……树以杨、柳。"

游观之用。还有一些特殊用途的台，如乐台或舞台、戒台、烽火台等。这些在壁画中都有所反映。

大台

战国秦汉以来，高台建筑甚为盛行，多为大台。据文献和考古遗迹，这种大台都是方形，各面呈阶级状，夯土实心，外围各阶建一面坡建筑，台上有一座大建筑，总体形如高楼。故《释名》说："台，持也，筑土坚高能自胜持也"（汉·刘熙《释名》卷五《释宫室》）。东汉魏晋后，大台渐少建造，但仍偶有施行，已不是阶级状，仅仅是一座大台座，上有成组建筑，在宋画如《滕王阁图》、《黄鹤楼图》中都曾画出（图6-5、图6-6），实物如北京明清团城等。北周第296窟善事太子入海故事画中有宫殿，四周宫墙围绕，院内正中建一长方形平面高台，正面设踏道川通至台顶，台顶四周设勾栏，上建一歇山顶殿堂，可以认为是代表一组建筑，此台仍是大台（图6-7）。敦煌盛唐第217窟壁画观无量寿经变十六观图中一台，平面作多次直角转折，台壁方砖贴面，有收分，台顶置斗栱、平座、勾栏，上建多座建筑，沿台边所建是单层，台中心建筑高出于群屋之上，应是楼阁。此台与上举两幅宋画的台大意相符

图6-5 宋画《滕王阁图》

图6-6 宋画《黄鹤楼图》

图6-7 高台建筑（北周第296窟）

图6-8 高台（盛唐第217窟北壁）

图6-9 初唐第332窟天宫楼阁

（图6-8）。在初唐332窟所画的天宫楼阁，其实也是一座大台，只是台体大部被花树遮挡了。台上围绕高塔建造群屋（图6-9）。

小台

壁画中的台大多是小台。砖石砌筑的小台平面多是方形和六角形（也可能是八角形），也有长方形，台壁都有明显收分，台顶只有一座建筑或没有建筑。

盛唐第217窟观无量寿经变中有两座砖石方台，形式完全一样：台壁贴方形面砖，台顶斗栱平座勾栏上建面阔一间攒尖方亭一座。西亭内悬钟一口，一僧人正以杵撞钟；东亭未见其内部，应为经藏所在。二台都没有外部踏道，但台壁上画有一门，说明台体中空，登台踏道设在台体内部（图6-10、图6-12:2）。盛唐第91窟观无量寿经变寺院大殿前院内左右各一台，与上举二台类似，也用作钟楼和经藏，但平面为六角形。台壁正面不见门，

图6-10 高台（盛唐第217窟北壁观无量寿经变）

可能设在后面（图 6-12:3）。

　　这种台经常作为钟楼和经藏，台体中空除可设踏道供上下外，又是钟的共鸣腔。钟挂在高处，传播悠远，有此共鸣腔，钟声更加洪亮。

　　初唐第431窟观无量寿经变绘出几座小台，做法仍与上例相似，但台上的建筑不是小亭而是三间殿堂。其中有三台连列并峙者，形式完全一样，唯中台较大，左、右台稍小，三台间连以拱形飞桥（图6-11、图6-12:1）。

　　中国古代有关并列三台的记载颇多，以曹魏邺城的铜雀三台最为著名。铜雀三台都是大台，每台台上的楼榭都有一百数十间，可以居住游观，三台之间也连有飞桥可相交通。曹植《节游赋》咏此三台云："建三台于前处，飘飞陛以临虚"（《艺文类聚》卷二十八），其"飞陛"应即联络三台的飞桥。

图6-11 高台（初唐第431窟西壁观无量寿经变）

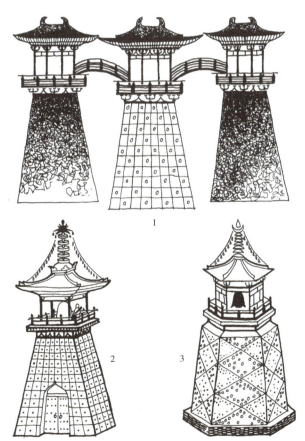

1

2   3

图6-12 砖石结构小台:
1. 第431窟初唐绘并列三台;
2. 盛唐第217窟;
3. 盛唐第91窟

前举第217窟经变画还有四座木柱架立的台。四台形制完全相同：最下是砖砌素方基台，有踏道，基台上架立木柱，三间见方，台顶斗栱、平座、勾栏上有面阔进深各三间的歇山顶殿屋一座，单层。此台也没有画出梯道，但台正中有一封砌的方形，似为设梯的地方（图6-10、图6-13）。

台一般用砖石或土筑成，但木结构的也可称之为台，如《洛阳伽蓝记》卷二："有灵芝钓台，累木为之"；《世说新语》："凌云台楼观极精巧，先称平众木轻重，然后造构，乃无锱铢相负揭。台虽高峻，常随风摇动，而终无倾倒之理"（南朝宋·刘义庆《世说新语》卷下之上巧艺条）。这种柔性结构，也只能是木结构。

与壁画木台相似的台还见于河北南响堂山第2窟隋刻西方净土变（图6-14）。盛唐第23窟南壁的木台有点特别，上面竟是一座亭式木塔（图6-15）。木台上有殿堂类建筑的还见于初唐第321窟北壁弥勒经变浮云上的天宫楼阁，连列三座，以廊相接，其组合方式与初唐第205窟北壁阿弥陀经变的水中三台相同，而三台前后都有"花柱"则与整壁壁画所绘场面相同，是一个有趣的资料（图6-16，参见图1-7）。

此外，还有一种上面没有建筑的木台，如盛唐第445窟北壁弥勒经变画中的一座。此台上有腰檐，檐上以勾栏围成一圈，内立一佛二菩萨二弟子（图6-17）。

乐台或舞台

在盛唐第445窟北壁还见到一种木台，没有腰楼，平座上围勾栏，台顶立众香音菩萨演奏，表现弥勒世界的欢乐，可以称作乐台（图6-18）。盛唐第120窟有一台，仍为木构高台，也没有建筑，平座上有舞人作舞。台两侧为狭长低台，各有乐队演奏，三台间以梯级相连。此高台可称为舞

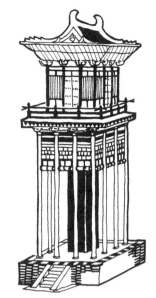

图6-13 木柱架立的高台（盛唐第217窟）

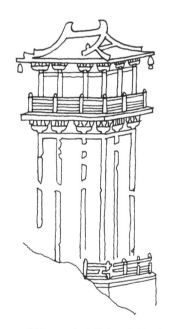

图6-14 南响堂山石窟第2窟隋代浮雕木台（现藏美国）

图6-15 上为单层木塔的木台（盛唐第23窟南壁）

图6-16 初唐第321窟北壁弥勒经变天宫楼阁

图6-17 带腰檐的木台（盛唐第445窟北壁）

图6-18 作乐台用的高木台（盛唐第445窟）

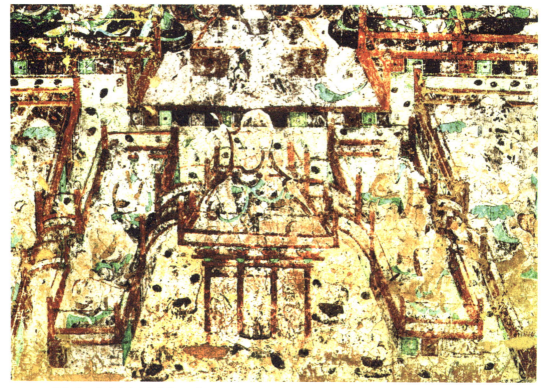

图6-19 作舞台用的高木台（盛唐第120窟）

台（图6-19）。在新疆吐鲁番曾出土过一座
高约四五十厘米的唐代木台模型，被命名为
"木亭"，以之与上举两例相较，几乎完全
一样，只需将陈列时置于最下的木板和勾栏
移到台顶即可，很可能原状就是这样的（图
6-20）。看来，这种乐台和舞台在当时的确
是建造过的。

但是，壁画自盛唐至宋画出的许多乐台
或舞台都不是如第445窟或120窟那样的木架
高台，而是宽阔低平的平台。

在净土变寺院中普遍出现的那种院庭满
是水面的画法，是表现"八功德水"的想象

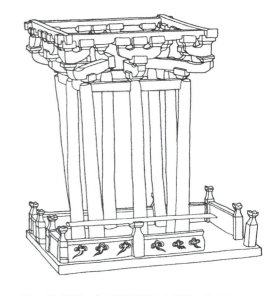

图6-20 新疆吐鲁番阿斯塔那唐墓出土的木台

之作，不足为现实的依据，但在水面上架立的供伎乐人歌舞演奏的平台形象却是现实的一种反映，即我们所说的乐台或舞台。这种台在壁画中由唐至宋何止二三百座。

台身有三种方式：一是全部用木柱架空；一是砖石台壁，台为实心；第三种是前两种的结合，即砖石台壁后退，沿边一周仍是木柱。台面作方形或长方形，台面以上的处理相同，即沿台边设勾栏，台面铺锦筵，有的在一座台上两边对称坐乐队，中间是舞人；有的并列三台，舞人乐队分置，三台之间有小桥连接。此类平台都位于大殿前庭中央（图6-21、图6-22）。

需要说明，除舞台外，殿庭水面上还有一些平台，列坐佛、菩萨，呈法会讲经场面。这些平台应不是现实寺院所当设的。

在院庭中露天表演歌舞，早在汉代的文献中就有所透露。《急就篇》云："倡优俳笑观倚庭"，颜师古注曰："言人来观倡优皆倚立于庭中也。倚字或作伎，谓观俳倡之伎于庭中也"（汉·史游《急就篇》卷三）。既然是"倚立"，必然是倚立在庭周廊庑柱侧，那么，表演者当然就在院庭中了，但文中并未透露出是否有舞台。从早期文献所见古时倒是更重视安置观者，如平乐观、广望观，还有棚、棚阁等，都是供观看的人列坐的看台类建筑，演出可能只在露天平地进行，可能有舞台也可能没有。唐时，在前代已有的参军戏、角觝戏和九部乐、散乐的基础上，歌舞、音乐、滑稽表演更加兴盛，说唱艺术如俗讲也已盛行，这些都对舞台的产生提出了要求。宋代市民经济发达，汴梁城内店肆林立，城市面貌为之改观，同时更有了专业性的娱乐场所，民间演出十分频繁，舞台也就更不可缺少。从敦煌壁画可知，至迟从盛唐起，中国已经产生了真正的舞台。

唐代寺院，除了是宗教活动中心外，实际也是居民的文化活动中心：殿庭大院，四周回廊围匝，正是演出的好地方。前于"佛寺"章中已引《南部新书》记长安戏场多集于寺院，院中就一定有舞台。宋代虽已有了专业性的娱乐场所，但寺院仍没有失去其文化活动中心的性质，寺院中的舞台也仍然存在。一直到明清，虽然舞台形制已发生变化，许多寺院或民间祠祀建筑仍要建筑舞台。

图6-21 舞台（榆林窟盛唐第25窟南壁观无量寿经变）

图6-22 舞台（中唐第158窟东壁北侧金光明经变）

壁画中舞台四周凌空，可见当时仍沿袭着民间演出四面围观的习惯。唐·常非月《咏谈容娘》诗云："举手整花钿，翻身舞锦筵。马围行处匝，人簇看场圆。歌要齐声和，情教细语传。不知心大小，容得许多怜"（《全唐诗》卷二〇三）。谈容娘又称"踏摇娘"，是北朝以来形成的一种带故事内容的歌舞。锦筵就是地毯。"马围行处匝，人簇看场圆"，反映了民间演出四面围观的情况。白居易诗也有"平铺一合锦筵开"之句，"一合"即表明舞台四面部有勾栏围合。

宋时，"勾栏"一词甚至已成了舞台的代称，《东京梦华录》就径以勾栏称舞台，如桑家瓦子"其中大小勾栏五十余座"（宋·孟元老《东京梦华录》卷二）。北宋汴梁或南宋临安有的一条街上就有大小勾栏十几座[1]。

宋金时又多有"露台"或"路台"等词，就是露天的舞台，其形象与壁画所示应没有什么太多差别。《东京梦华录》卷六说："（元宵节）宣德楼上皆垂黄绿帘，中一位乃御座。……楼下用枋木叠成露台一所，彩结栏槛。……教坊钧容直露台，弟子更互杂剧……万姓皆在露台下观看，乐人时引万姓山呼"。宣德楼即汴梁宫城正门城楼。皇帝在楼上看演出，另一边是百姓们观看，可见露台仍是四面凌空，又是木构，有栏槛（即勾栏）之设，都与壁画相合。不过这座露台因观众很多，可能颇高，类似于图6-19的形象。同卷记酸枣门下也置露台。神保观祀灌口二郎神时，"二十三日御前献送……作乐迎引至庙，于殿前露台上设乐棚，教坊钧容直作乐，更互杂剧舞旋。……至二十四日夜五更争烧头炉香。……天晓，诸司及诸行百姓献送甚多，其社火呈于露台之上，所献之物动以万数"（《东京梦华录》卷八）。露台位于"殿前"，正是壁画中舞台所处的位置。由此又可得知，这种台不仅作舞台用，同时也是献物台，庙会时台上临时设棚，如果把这个棚改成为正式的屋顶，就成为一座献殿了，这正是太原晋祠金代重建的献殿的由来。

登封《大金承安重修中岳庙图》中，在正殿（峻极殿）殿前大院内正中刻有长方形实体台一座，题榜曰"路台"，实即露台。台东西各立一方亭

1　见宋·孟元老《东京梦华录》及宋·耐得翁《都城纪胜》。

（参见图1–46）[1]。汾阴金天会之《后土祠庙像图碑》，在大殿前庭前部正中也有一座这样的台，台东西也各一方亭，据研究者推测，此台可能是封砌石匮的地方，也可能是拜台，或是舞台。若是舞台，左右方亭就是乐亭（参见图1–45）[2]。据前文，可认为第三种推断是正确的。这种台在清代中叶的《中岳庙图》中仍有表示[3]。

这种四面围观的舞台保持得很久。元·杜仁杰《庄家不识勾栏》套曲云："要了二百钱，放过咱，入得门上个木坡，见层层叠叠团圝坐。抬头觑，是个钟楼模样；往下觑，却是人旋窝。见几个妇女向台儿上坐，又不是迎神赛社，不住的擂鼓筛锣"（隋树森编《金元散曲》上）。这已是营业性的戏场了，看池中有了坡度和座位，所谓"钟楼模样"的舞台也不再露天，但"层层叠叠团圝坐"，仍是四面凌空的。《水浒传》说王庆到了定山堡"那戏台却在堡东麦地上。那时粉头还未上台，台下四面有四十只桌子，都有人围挤着在那里掷骰赌钱"，反映的应该是明代的情况。戏台四面都有人，可见仍然四面围观。

四面都设勾栏的舞台，现在也仍有遗存，故宫宁寿宫倦勤斋的室内小舞台、日本广岛严岛神社（1168年重建）海边露天的"平舞台"，皆是。

但元明以后更多的舞台已发展为只有一面或三面敞开。如设在寺庙或祠祀建筑中，都正对大殿，入得庙门要绕行台侧或穿行台底才能看见大殿。颐和园德和园戏楼也是这样。在敞开面仍然照例要设栏杆。

戒台

戒台又称"戒坛"，据《事物纪原》谓起于三国魏时，或曰起于南朝（宋·高承《事物纪原》卷七），是佛教用以剃度僧人出家的场所。壁画戒台常绘于晚唐五代的劳度叉斗圣变中。榆林窟五代第16窟的戒台作方形二层平台，上下层的四面正中都有踏道，沿台底一圈有散水，散水、台面及踏道

1　刘敦桢. 河南省北部古建筑调查记. 中国营造学社汇刊, 第六卷, 第四期.
2　王世仁. 记后土祠庙貌碑. 考古, 1963（5）.
3　刘敦桢. 河南省北部古建筑调查记. 中国营造学社汇刊, 第六卷, 第四期.

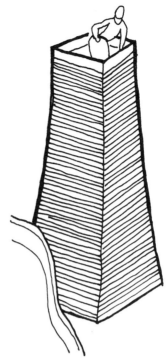

图6-23 戒台（榆林窟五代第16窟）

图6-24 烽火台（榆林窟宋代第38窟）

侧边贴砌面砖，作石青色，余为白色（图6-23）。据日·圆仁《入唐求法巡礼行记》"唐州城里开元寺……入戒坛院，见新置坛场，垒砖二层，下阶四方各二丈五尺，上阶四方各一丈五尺；高下层二尺五寸，上层二尺五寸。坛色青碧，时人云取琉璃色云云"，正与壁画所示相合。为什么坛色作青碧琉璃色，有其象征意义。唐·李辅《魏州开元寺琉璃戒坛碑》云："金刚以不坏悠久，琉璃取至净为光，持戒坚固，洗心清明，有如是也"（《文苑英华》卷八六七）。壁画戒台的石青色，应即琉璃色。

烽火台

烽火台仅一例，见于榆林窟宋代第38窟前室，作四方夯土高台形，有收分。台顶有女墙一周，一人作凭眺状。此台无登台梯级，恐是以软梯上下，与《神机制敌太白阴经》的"烽燧……在台侧上下用软梯，上收下垂"（唐·李筌《神机制敌太白阴经》卷五《预备》，烽燧台条）相合，也与敦煌、安西一带所遗多数烽火台形状一样（图6-24）。

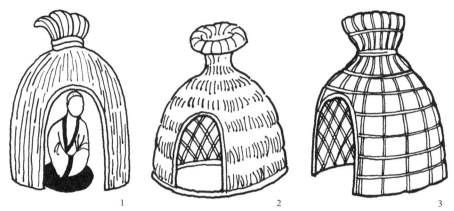

图6-25 草庵: 1. 西千佛洞北魏第10窟; 2. 中唐第231窟; 3. 五代第61窟

草庵、穹庐、帐、帷

北朝已画有僧人山野禅居用的草庵,以后各代都有,宋初第61窟五台山图中画有多座,榜书均以庵名,如"赵四师庵"、"法华之庵"等。《释名》说:"草圆屋……又谓之庵。庵奄也,所以自覆奄也"(《释名》卷五《释宫室》)。壁画的草庵都是圆形草屋,形状都差不多,作圆穹顶,开圆券门,内仅容一人栖止;圆穹以草覆,顶用草束扎成凸出的形状。中唐第231窟西龛画有一庵,在整个圆庵底部有一圈木条,庵内以木条绑成交叉骨架,圆券门洞也用木条围成(图6-25)。

这种庵又称为"蜗舍"。《古今注》说:"野人结圆舍如蜗牛之壳,故曰蜗舍"(晋·崔豹《古今注》卷中,鱼虫条)。由《妮古录》及《魏志》知又称"蜗牛庐"。蜗牛又叫黄犊,所以又名"黄犊庐",皆一物而异名。《急就篇》卷三:"室宅庐舍楼殿堂",颜师古注云:"庐,别室也,一曰田野之室也",是山野最贫苦的人民赖以栖身的地方。又唐代民歌《贫穷田舍汉》有"贫穷田舍汉,庵子极孤栖"一语,也证明此点[1]。前于"住宅"一

---

1 杨公骥《唐代民歌考释及变文考论》中录原文为"贫穷田舍汉,庵子㭙孤栖"。第二句杨释为"俺自真孤栖",似不确。本书从史苇湘释,为"庵子极孤栖"。见史苇湘. 丝绸之路上的敦煌与莫高窟//敦煌文物研究所. 敦煌研究文集. 兰州:甘肃人民出版社,1982.

260

章中已经见到在大宅旁附建的厕院里多有这种草庵，都是奴仆的住处。

比草庵大且覆以毡的圆形建筑则是穹庐，是北方少数民族的居所。"敕勒川，阴山下，天似穹庐，笼盖四野。天苍苍，野茫茫，风吹草低见牛羊。"这首优秀的北朝铁勒部民歌，雄浑阔大，也透露了古代北方游牧民族的穹庐生活。

壁画穹庐多出现在唐五代弥勒下生经变的嫁娶图中，如盛唐第445窟、第148窟、晚唐第156窟等，都是圆形穹顶，白色，开一方门，通过门可以看见在穹庐内部壁面有交叉的骨架。第156窟的穹庐顶上画出圆形天窗，通过天窗也可看见内部骨架。有的在天窗上另加毡覆盖。穹庐内部地面铺毡毯（图6-26: 1、5）。

北方民族很早就使用穹庐。《盐铁论》说："匈奴处沙漠之中，生不食之地……无坛宇之居……以穹庐为家室"（汉·桓宽《盐铁论》卷七备胡第三十八）；《汉书》："匈奴父子同穹庐卧"，颜师古注云："穹庐旃帐也，其形穹隆故曰穹庐"（《汉书》卷九十四上《匈奴传》）；《盐铁论》又说："匈奴……织柳为室，旃席为盖"（《盐铁论》卷九《论功》）；又

图6-26 穹庐、帐、帷: 1.盛唐第148窟; 2.盛唐第33窟; 3.榆林窟中唐第25窟; 4.晚唐第196窟; 5.晚唐第156窟

西汉时出嫁乌孙的细君公主作歌云："吾家嫁我兮天一方，远托异国兮乌孙王；穹庐为室兮毡为墙，以肉为食兮酪为浆"（《全汉三国晋南北朝诗·全汉诗》卷三）；唐·慧琳云："案穹庐戎蕃之人以毡为庐帐，其顶高圆，形如天，象穹隆高大，故号穹庐。王及首领所居之者可容百人，诸余庶品即全家共处一庐，行即马橐驮负去，毡帐也"（唐·释慧琳《一切经音义》卷八十二）。从以上各条可明穹庐的使用和结构情状，其"织柳"当系穹庐之壁以红柳木条交叉织成骨架，正与壁画相合。

天窗是排烟采光所需，夜间则另用毡毯覆盖以保温暖。《多桑蒙古史》谈及居住在穹庐中的畏吾儿萨满教师时说："诸人皆言闻鬼由天窗入帐幕中与此辈珊蛮共话之事"（瑞典·多桑《多桑蒙古史》卷一附录五，畏吾儿条，冯承钧译）。

地毯也是毡制的，是穹庐不可缺少之物。明·陈诚《西域番国志》说："别失八里……所居随处设帐房，铺毡罽，不避寒暑，坐卧于地"。以上天窗、地毯等，亦尽与壁画相合。

有些少数民族，以后逐渐转入定居农业，住进了土木结构的固定房屋，但仍保持着一些穹庐生活的习惯，如维吾尔族就是这样：屋顶多设天窗，墙上喜挂壁毯，地上铺地毯，坐卧于地，无床等等。

壁画嫁娶图中的穹庐，又反映了南北朝以来北方各民族大融合时期风俗习惯互相影响的事实。《封氏闻见记》记唐时婚俗说："毡帐起自北朝穹庐之制"（唐·封演《封氏闻见记》卷五，花烛条）。不仅穹庐，唐时婚俗的其他方面如新妇乘马，也都是北朝胡俗的遗存。唐·苏鹗《苏氏演义》："国初以婚姻之礼皆胡虏之法也，谓坐女于马鞍之侧，此胡人尚乘鞍马之义也"。婚礼时建穹庐的风俗，宋时似已不存，宋代壁画亦未见；而新妇乘马风俗，则宋时仍有遗迹，如《东京梦华录》卷五："引新人跨鞍蓦"。直到民国时北京婚俗仍引新人跨马鞍，并手执一瓶，取"平安"之意，已失其本来面目了。

敦煌壁画中的建筑，不但有其建筑史的价值，同时也可以作为民俗史的很好资料。

图6-27 帐、帷（盛唐第33窟南壁弥勒经变嫁娶图）

壁画嫁娶场面除画有穹庐外，还画有帐和帷。

帐与穹庐一样，都是幕屋，但穹庐是圆形平面，覆毡；帐是正方形或长方形平面，覆布。嫁娶图中的帐都是长方形的大帐，用于室外。至于主要用于室内的小帐，我们将在"洞窟形制"章中结合覆斗窟加以讨论。

长方形帐一般作两坡顶（盛唐第33窟、晚唐第156窟），也有盝顶的（盛唐第445窟）或歇山顶的（榆林窟中唐第25窟）；两壁多数垂直，个别的斜张向下；所有的帐都在山面敞开，帐内设筵宴。此类建筑物，都先立木杆支架，支架节点处有金属管作成的三通、四通，谓之"帐䡾"，各杆件在此交接，构架立好后再覆布衣即成（图6-26、图6-27）。

帷是以布幔围成的"院墙"，做法是先埋立木柱再张布帛。有的嫁娶图不用帷而用后有斜撑的一个个屏风代替（盛唐第445窟）。这些帐、帷以及穹庐都搭建在住宅大门外，婚礼即于此举行。想系婚娶时宾客盈门，宅内容纳不下而临时搭建。

帐帷之设，汉魏时已有之且常同时并用，并不局限于婚礼场合而多用于游观时，如《艺文类聚》汉·仲长昌言"连帷为城，构帐为宫"，汉·扬雄

《蜀都赋》"延帷扬幕，接帐连冈"，魏·刘邵《赵都赋》"朱幕蔽野，彩帷连冈"（均见《艺文类聚》卷六十一《居处部》）。梁·萧统《和武帝游钟山大爱敬寺》云："帷宫设麈外，帐殿临郊垂"（《全汉三国晋南北朝诗·全梁诗》卷一）。唐时情况如《剧谈录》记开元时曲江池"上巳之节，彩幄翠帱，匝于堤岸"（宋·康骈《剧谈录》卷下曲江条）。其幄、帱即帐、帷。又如唐·佚名《驾幸芙蓉园赋》："留连帐殿，弥望帷宫"（《文苑英华》卷五八）等。对于帐、帷的描述，在唐代诗文中比比皆是，不胜枚举。

帐之用于婚礼，也可见于文献。《酉阳杂俎》云："今士大夫家婚礼施露帐，谓之入帐，新妇乘鞍，悉北朝余风也"。又说："北朝婚礼，青布幔为屋，在门内外，谓之青庐，于此交拜"，知帐又可称为露帐或青庐（《酉阳杂俎》续集卷四《贬误》、卷一《礼异》）。但青庐并不始于北朝，早在汉末已经见用。《世说》云："魏武少时，尝与袁绍好为游侠。观人新婚，因潜入主人园中，夜叫呼云有偷儿贼，青庐中人皆出观，魏武乃抽刃劫新妇，与绍还出"（《世说新语》卷下之下，假谲条）。

婚礼用帐为何必作青色，想与古代婚制尚黑有直接关系。"婚"即"昏"，就是黑夜。《释名》说："婚……恒以昏夜成礼也"（《释名》卷三《亲属》）。《白虎通》说："婚者昏时行礼，故曰婚"（汉·班固《白虎通》卷四上，嫁娶条）。《仪礼·士昏礼》也说婚礼必在黑夜，主客皆衣黑衣，乘墨车。所以婚礼用帐也作黑色，谓之"青庐"。敦煌晚唐第85窟壁画就画有打着火把举行婚礼的场面，但壁画青庐有的并不作黑色。顺便提及，这种黑夜行礼的婚俗应与远古氏族社会族外婚的抢婚行为有关。直到现在，南方少数民族如瑶族仍有新娘由媒人陪同深夜打着火把赴夫家的婚俗。不久以前，即使是汉族在白天举行婚礼，也必备灯笼蜡烛，都是古代婚俗的遗存。不过现代婚礼尚红不尚黑，已不同于青庐时代了。

唐五代文献记婚礼用帐甚为多见，如《封氏闻见记》："及有卜地安帐并拜堂之礼，上自皇室下至士庶莫不皆然"（《封氏闻见记》卷五）；唐·王建《新嫁娘》词："锦帐两边横，遮掩侍娘行。遣郎铺簟席，相并拜亲情"（《全唐诗》卷三〇一）。

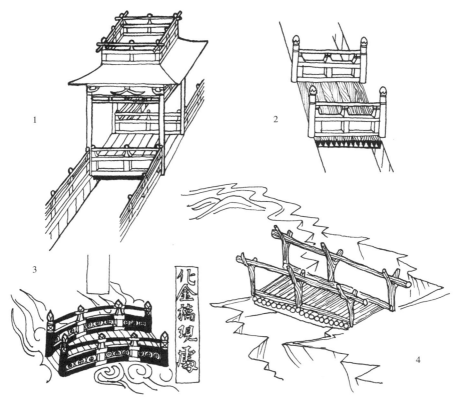

图6-28 小桥: 1. 初唐第341窟; 2. 初唐第71窟; 3. 五代第61窟; 4. 榆林窟中唐第25窟

宋时婚礼仍用帐，《事林广记》记婚礼"张设青庐，荧煌花烛"
（宋·陈元靓《事林广记》前集卷十《家礼类·婚礼》，唱拜致语条）。宋
时敦煌壁画婚礼虽已不见穹庐，但仍绘出了青庐和帷。

帷又可称为"步障"，《世说》记王恺与石季伦斗富，"（王）君夫作
紫丝步障碧绫里四十里，石崇作锦步障五十里以敌之"（《世说新语》卷下
之下，汰侈条）。这是斗富者的做法。一般情况用帷当仍以帛麻为之。

桥梁、栈道

壁画中的桥有平桥、虹桥两种。

平桥绝大多数用在净土变佛寺水中平台之间，都很小，有的略具弧度，
有的在桥上建有盝顶小亭一座，如初唐第341窟等（图6-28: 1）。

在桥上建亭或廊，近代多见，其大者如广西三江程阳桥、湖南新宁桥等。桥上有廊亭，可供旅人休息，也倍增山河之美。古文献对此做法也略有透露，如乾隆《浙江通志》记云门寺前的石桥，"旧有丽句亭架其上"，并录唐宋人如孟浩然、苏舜钦、陆游等题云门寺诗多首（《浙江通志》卷三十六《关梁·会稽县》）。据此，丽句亭有可能建于唐代。白居易《修香山寺记》云："登寺桥一所，连桥廊七间"（《白香山诗后集》卷十一）。宋·李嵩绘《水殿招凉图》画有亭桥，亭子也是盝顶，一间。敦煌壁画中的例子首见于初唐，较上举诸例都早。

榆林窟中唐第25窟壁画中有一桥，用自然木料略加斧凿而成，是用于村野小涧上的便桥（图6-28: 4）。

虹桥即木结构的弧形桥，桥下无柱，具有拱桥的优点，即跨度可远比梁柱式桥为大，用于河深水急或行船的河中以及其他不宜建立桥墩的场合。虹桥是我国古代匠师在应用木材方面的一项卓越成就。

壁画里的虹桥却大都不用在河上而用在房屋与房屋之间。初唐第431窟那三座并列的台之间就连有虹桥（参见图6-11）。从唐到宋许多西方净土变壁画中，回廊顶上的各个建筑间也常连以虹桥（参见图1-25、图1-34、图1-39）。回廊屋顶是水平的，虹桥隆起如虹，二者形成对比以避免重复和单调，形象生动，艺术上是成功的。

在宋画《清明上河图》中有一座很大的虹桥。据《渑水燕谈录》，虹桥的创始要晚到宋代（图6-29）[1]。但在敦煌石窟，在初唐壁画中已经出现虹桥，以后历盛、中、晚唐和五代、宋，一直频繁出现，使我们考虑到，虹桥的发明实际上比宋代要早得多。

关于虹桥或可能是虹桥的记载在汉唐文献中多有出现，更为此增加了依据。如汉·张衡《西京赋》曰："后宫……阁道穹隆"（梁·萧统《文

1　《渑水燕谈录》："青州城西南皆山，中贯洋水限为二城。先时，跨水植柱为桥，每至六七月间山水暴涨，水与柱斗率常坏桥，州以为患。……明道中（公元1032~1033年），夏英公守青，思有以捍之。会得牢城废卒有智，思叠巨石固其岸，取大木数十相贯，架为飞桥，无柱，至今五十余年，桥不坏"。关于飞桥，还见于《秦州记》："抱罕有河夹岸，岸广四十丈，义熙中（公元405~418年）乞佛于河上作飞桥。桥高五十丈，三年乃就。"

图6-29 《清明上河图》
中的虹桥

图6-30 薄伽教藏殿
天宫楼阁

选》卷二）；魏·刘邵《赵都赋》："盘虬螭之蜿蜒，承雄虹之飞梁"
（《文选》卷四）；前举魏·曹植《节游赋》："建三台于前处，飘飞陛以
凌虚"；曹植《七启》："飞陛凌虚"；晋·陆机诗："飞阁缨虹带，层台
冒云端"（《全汉三国晋南北朝诗·全晋诗》卷三）。北魏《洛阳伽蓝记》
记宫城灵芝钓台的周围四殿："皆有飞阁向灵芝往来"，又记华林园"并作
虹霓阁，乘虚来往"。周祖谟注云："虹霓阁即阁道，隆起有如虹霓也"
（《洛阳伽蓝记》卷一）。唐·韦述《两京记》"上阳宫有西上阳宫，两宫
夹谷水，虹桥架迥，以通往来"等等。此类文字，动辄得见，不及备举，其
是否如《清明上河图》那样的虹桥虽不详，然则凌虚如虹之状，宛然可见。

辽建大同华严寺薄迦教藏殿之"天宫楼阁"，其正中的"圜桥子"，似
也是虹桥的表现（图6-30）。

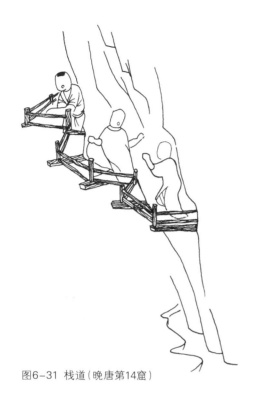

图6-31 栈道（晚唐第14窟）

由上举为数不少的迹象，基本可以肯定壁画中的虹桥当时应确有其物，那么虹桥的发明应早在宋代以前，应用范围也比现知更为广泛。可惜壁画并没有给我们显示出这些虹桥的结构，不能就此作进一步的研究。

在敦煌晚唐第14窟法华经变中画出了一段栈道，凌空架设于悬崖绝壁上，其结构法系在石壁上凿梁眼，插入木悬臂梁，梁间铺板，梁头立栏杆柱，横栏槛，情况与敦煌石窟留存至近代的窟间栈道一样（图6-31）。栈道上绘数童子作惊怖行走状。

壁画中还画出了上述以外其他一些建筑类型，如学校、酒店、屠房、旅舍等。学校里有儿童在读书；酒店里的酒徒吹笛打板，门外有人在醉舞；屠房里挂着已宰好的牲畜；旅舍主人在邀客入门，店旁备有马槽，有人在推磨。这些，都反映了当时的人民生活，但就建筑来说，虽然使用功能不尽相同，但因所绘比较简略，只是一些单座房屋，没有显出更多的特点，此处也就不再赘举了。

第七章

建筑部件与装饰

中国建筑不但在群体布局方式和单座建筑形象、结构等方面具有鲜明的民族特色，在各建筑部件的处理方式、形象、色彩、装饰等方面，也具有自己的独特风貌。

敦煌壁画不但有关于建筑群和建筑单体的丰富材料，同时也是我们研究各种建筑部件和建筑装饰及其发展的资料宝库。大凡台基、台阶、勾栏、柱枋、门窗、斗栱、屋顶、脊饰、彩画等等，在壁画上都有较充分的表现。随着时代的不同，它们的形象也有所区别，显示了它们在这八百多年的发展脉络。

《图画见闻志》说："设或未识汉殿、吴殿、梁柱、斗栱、叉手、替木、熟柱、驼峰、方茎、额道、抱间、昂头、罗花罗幔、暗制绰幕、猢狲头、琥珀枋、龟头、虎座、飞檐、扑水、膊风、化废、垂鱼、惹草、当钩、曲脊之类，凭何以画屋木也？"（宋·郭若虚《图画见闻志》卷一，制作楷模条）。这一连串的建筑构件名称，体现了中国古代建筑画严谨忠实的优秀传统。敦煌壁画的作者，大都持有十分认真的创作态度。画工们能把像斗栱那样的繁复构件，在不大的面积中，表现得相当具体，确实是一件很不容易和极需耐心的工作。在黑暗的洞窟里，画工们凭借昏暗的油灯运笔作画，有时要仰着头，有时匍匐在地，兢兢业业，辛劳一生，给我们留下了包括详尽的建筑细部在内的宝贵资料。面对着这些画面，我们不禁发出无限的感叹。

以下，我们将对这些资料，按类别分别加以介绍，其中对于斗栱，将给以较多的篇幅。

台基、台阶和勾栏

台基

壁画里的建筑全都有台基。台基可分为三种，即素平方台、带上下枋和间柱的方台和须弥座。

1. 素平方台

北朝和隋代的台基除一两座塔外，包括重要建筑如殿堂等在内，都是素平方台，反映了这种较简单的式样在当时的广泛应用。唐以后一直到西夏，这种台基一般只用于小型的或次要的建筑，如廊庑、小殿之类。

素平方台以条砖包砌。条砖窄面向外，壁画以相通不错缝的格线表示砖缝，许多台基砖面呈品字形间错施石青、石绿二色，有的只施灰色。全部敦煌壁画都采用这样不错缝的砖缝画法，甚至高如城台、城墙的角台也不例外，是画工的简易画法，并不表示实际的砌筑方式。石青石绿呈品字形相错的施色也只是一种装饰性画法。

初唐以后，多数素平方台的四周都有用一或二层砖砌起的方脚（图7-1）。

2. 有上、下枋及间柱的方台

唐以后，出现了比较复杂的方台，有了上枋和下枋（有时无下枋），在上、下枋之间立间柱，许多方台的上、下枋和间柱外表面平齐，所围的方格则略微退进。各部分都满绘彩色适合图案：方格中绘团花，方格四角绘岔角花，上、下枋和间柱绘连续图案。值得注意的是，中唐第158窟和榆林窟中唐

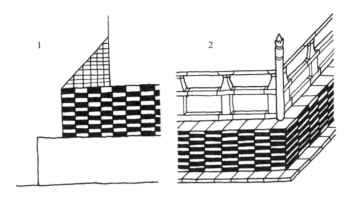

图7-1 台基（素方平台）：1.北周第428窟塔座；2.初唐第71窟楼阁

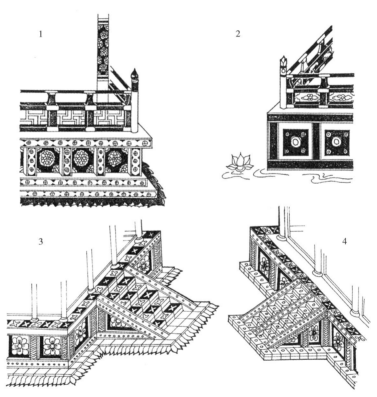

图7-2 台基（带上、下枋及间柱的方台）：1.五代第22窟；2.晚唐第141窟；3.中唐第158窟；4.榆林窟中唐第25窟

第25窟殿堂台基在间柱上画有许多人字纹，很像剁斧石的剁痕，方格中的图案很像敦煌唐代以后常见的铺地花砖。从这些迹象及台基整体造型看，这种台基应是用石材刻制成的或者方格板是用花砖陡砌的。有的台基上、下枋比间柱凸出，那就和须弥座差不多了（图7-2、图7-3）。

图7-3 台基、勾栏（中唐第158窟东壁天请问经变）

这种台基是初盛唐以后最通行的式样，也用于水中平台。用于水中平台时，下部因浸在水中，看不见下枋。在一些等级较高的建筑如正殿、配殿或塔中，下枋下面有时加小方脚，用一至二层方砖砌成；或下枋下加一层覆莲；或小方脚和覆莲叠用。台基下用覆莲做法的实际出现，可能比唐代还要早一些，南朝刘潜的《平等刹下铭》说"檐栖回雾，砌卷香莲"，似乎就是指台基下面的覆莲（《全上古三代秦汉六朝文·全梁文》卷六十一）。

3. 须弥座

壁画须弥座首见于北魏第257窟的单层塔，后又见于隋代第276窟的一座塔下，都比较简单，上下线脚作直线叠涩挑出，还没有后代习见的施枭混或混枭线的仰莲、覆莲，座身单色（参见图4-34：1）。这种简单的须弥座和前述素平方台在北魏云冈石窟也常见到。从壁画所见，唐代以后须弥座也用于房屋，但只作建筑群中轴线上主要殿堂的基座。各层线脚大多仍只是直线叠

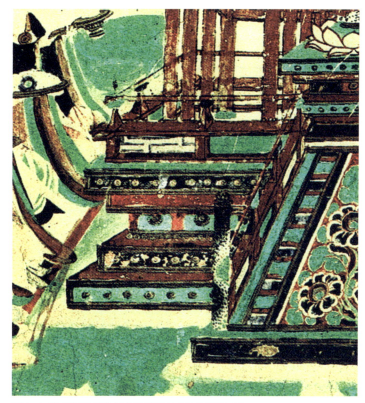

图7-4 简式叠涩须弥座（盛唐第148窟北壁塔座）

涩挑出，只是在线脚和束腰上满绘图案，形象比隋代以前丰富（图7-4）。

后代常见的在束腰上下施仰、覆莲的须弥座是最高级的一种基座，在中唐以后的壁画中才有出现，如中唐第231、361窟内可以找到多处。在仰、覆莲及上、下枋上都有彩绘，束腰部有壸（音kǔn）门，束腰和仰、覆莲之间又加了一道小方线脚，都与后代相同。采用这种须弥座为建筑基座的最早实例是登封净藏禅师塔，建于盛唐。在上述二例的须弥座下面，又有一座上、下枋带间柱的方台，整个组合的最下面再加一层覆莲，十分华丽（图7-5）。

这样的组合基座都用在地位特别尊崇的建筑中。这些建筑很大，基座也要相应地加大加高，但是如果只是把一般基座按比例放大，将会产生基座与勾栏、台阶及人体尺度不协调的感觉。中国古代建筑通常采取的办法就是叠用几层基座，其中每一层的尺度仍然符合常情，总体又与大尺度的建筑相称，处理得很是巧妙，如今北京故宫三大殿、天坛祈年殿就都是这样。由敦

图7-5 组合基座（中唐第231窟）

煌壁画可知，这种叠用多层台座的组合基座很早就已实行了，除上述中唐二窟的例子外，更早还见于北魏第254窟的塔和北周第428窟金刚宝座塔中心大塔，都叠用了两层或三层台座，只是没有中唐二例复杂，各台座都只是素方平台，不是须弥座（参见图4-34：2、图4-44）。盛唐第23窟多宝塔的基座也是两层，上层是木结构平座，下层较低，用砖石砌筑成几条线脚。这座组合基座和前举数例的不同是两层基座并不直接相叠，而是上层比下层退进较多，在两层基座上都有勾栏，与故宫三大殿及天坛祈年殿做法更加接近（参见图4-1）。中唐第237窟经变画大殿的组合基座上层是上、下枋带间柱的方台，下层是置于覆莲上的方脚，两层也都各有勾栏（图7-6）。晚唐第85窟的一塔也类此，只是上层改用直线叠涩的须弥座（参见图4-2：5）。文献对于这种重叠的组合基座也有记载，如《实录》记唐太宗时的紫微殿说："文甓重基，高敞宏壮"（宋·王应麟《玉海》卷一五七，唐紫微殿条引），其"重基"应即指此。又"甓"作砖解，"文甓"即花砖。如前述，把花砖用在台基上的做法，在壁画里也可见到。

壁画显示了台基由简单到复杂的发展过程以及随着建筑等级的高低有所不同的情况。

274

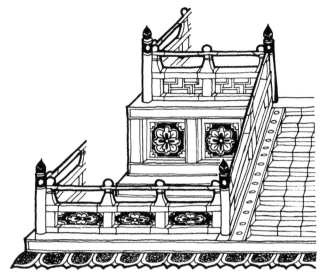

图7-6 组合基座（中唐第237窟）

图7-7 斜铺慢道（中唐第201窟）

台阶

壁画台阶有三种，即阶梯、慢道和御路。御路是在阶梯正中加一道垂带，或将此垂带加宽扩为慢道的一种高级台阶。

1. 阶梯

阶梯在各代壁画都有出现，往往中间是阶梯，两边各一垂带，垂带上或有勾栏。由比较清楚的画面看，每层阶梯都是由两层方砖叠成。方砖或为素面，或于其朝上一面绘圆形图案，后者似表示为花砖（参见图7-2、图7-6）。唐·陆畅诗《阶》云："砻玉编金次第平，花纹隐起踏无声。几重便上华堂里，得见天人吹玉笙"（《全唐诗》卷四七八）。说明唐代确有用花砖砌成的阶梯。

2. 慢道

慢道一般通体为斜面，没有梯级，始见于唐代壁画。其斜面上或绘自由流畅的花纹，或者将慢道分为左中右三路：中路用花砖斜铺，左右二路画圆圈，似乎用的是另一种花砖或石材（图7-7）。按《营造法式》，慢道若用素面砖砌，应"露龈皆深三分"（宋·李诫《营造法式》卷十五），形如礓礤（砌作小齿，状如搓板）；但也可以用花砖砌，不露龈，如唐麟德殿的慢

图7-8 呈凸弧状的慢道
（五代第61窟）

道[1]。壁画用花砖砌的慢道也是如此。只是那些通体画着自由花纹的慢道不知是用何种材料，或者实为某种非写实的画法，表示佛国里的建筑"以金银、琉璃、玻璃、砗磲、赤珠、玛瑙而严饰之"（姚秦·鸠摩罗什译《佛说阿弥陀经》）。

唐宋壁画的慢道还有作凸弧面下降的，垂带及栏杆亦如之（图7-8）。这种凸弧面下降的方式还多见于其他资料，如炳灵寺石窟唐代第3窟模仿塔式佛帐的中心塔（参见图11-9）、敦煌第53窟窟前北宋建筑遗址[2]和《营造法式》佛道帐等，只是它们都是阶梯，不是慢道，与壁画略异。此式台阶实际并不合用，也欠安全，故后代仅偶一用之，如清代皇帝的宝座，取其不同凡响而已。

3. 御路

"御路"就是把台阶分作左中右三路，一般只使用左右二路，从明清紫禁城太和殿等重要建筑中可见，中路刻作浮雕，只供皇帝轿舆从上空经过，是一种等级相当高的台阶。敦煌中唐壁画有许多台阶已有御路，简单者是在阶梯式台阶中间多加一道垂带（参见图7-2:4）。通常是把中间的垂带加宽成慢道，慢道上满绘（刻）花纹或花砖（参见图4-1、图7-5），与紫禁城的相当一致，但在中唐即已出现。前人在对河南古建筑的调查中发现，登封唐开元小石塔的台

1　郭湖生. 麟德殿遗址的意义和初步分析. 考古, 1961（11）.
2　见本书"第十三章　莫高窟第53窟窟前宋代建筑复原"。

阶用了三条垂带，北宋末的登封少林寺初祖庵的中间垂带略加宽，认为就是御路的前身[1]。由敦煌壁画，可以把御路式台阶的正式出现认定为中唐。

古时所谓东西阶的做法，在壁画中也多有所见。《礼记·曲礼》说的东西阶，就是在台基南面东、西各置一阶而正中无阶。东阶又称阼阶，主人所用；西阶又称宾阶，宾客乘之[2]。这种配置在唐大雁塔门楣刻石佛殿图中仍见，遗址有唐麟德殿[3]，实物如可能建于宋初的济源济渎庙渊德殿[4]。在敦煌，从隋一直到西夏，壁画净土变佛寺大殿中屡可见到（如隋代第423窟，盛唐第172窟，五代第5、146窟，宋代第55窟，榆林窟西夏第3窟等），流行时间颇长，使用较多。但除此东西阶外，中间是否另有阶则往往因佛像的遮挡无从得见，偶尔能看到的则或有或无，似无一定。有者如第146窟、榆林窟第3窟南壁（参见图1-31、图1-67），无者如榆林窟第3窟北壁（参见图1-65）。

壁画净土变楼阁平座正中，往往画有降至下层腰檐屋顶的台阶，既不实用，又很不安全，但由唐至宋，壁画所见极多，应非偶然。可能这只是壁画的一种浪漫画法，并不表示当时的实际情况。因为净土变所要表现的是佛国，佛国里的神佛既有神通，与飞天一样，能从窗、门之间飞进飞出，上下自由，当然不存在什么"安全问题"。这些台阶自是供神佛们进出上层楼阁之"用"。实物中也有个别例子稍类于壁画，如蓟县辽代独乐寺观音阁平座、大同辽代华严寺薄伽教藏殿内圜桥子上的"天宫楼阁"平座（参见图6-30），都在正面当心间向前凸出，用意可能亦同于此。

勾栏

古之勾栏即今之栏杆。从传世疑为东汉的函谷关东门画像石可见，中国建筑勾栏那种横安寻杖（扶手）、盆唇、地栿，竖立望柱、瘿项、间柱的组合，似乎从东汉就开始了，以后一直沿用至清，其组合方式未变。由云冈石窟所见，至迟到北魏，这种式样已有了很成熟的例证。敦煌壁画里的勾栏，

1　刘敦桢. 河南省北部古建筑调查记. 中国营造学社汇刊, 第六卷, 第四期.
2　《礼记·曲礼》上："主人就东阶, 客就西阶"。又见《仪礼·士冠礼》及《仪礼·士昏礼》。
3　刘致平, 傅熹年. 麟德殿复原的初步研究. 考古, 1963 (7).
4　刘敦桢. 河南省北部古建筑调查记. 中国营造学社汇刊, 第六卷, 第四期.

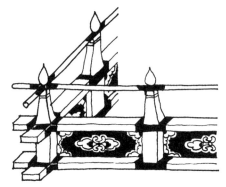

图7-9 北朝勾栏　　　　　　　　　图7-10 勾栏的绞井口接头（盛唐第226窟）

绝大多数也作此式，仅在细部处理上有一些变化。

北朝勾栏的变化主要在盆唇、地栿之间的处理上。一种是在此处用《营造法式》所谓的"勾片"组合，一如云冈所见；一种全为直棂；又有一种是勾片与直棂相间并用；还有极少数则把勾片移上，置于寻杖和盆唇之间，而盆唇、地栿之间仅有间柱。最后这种做法，尚不见于敦煌壁画以外的资料（图7-9）。北朝勾栏画得很简略，只用线条界出。

隋代勾栏资料甚少，初唐以后很多，且表示得十分清楚，细部画得很详尽。在盆唇和地栿之间除最通行的勾片外，尚有用华板者，亦不少见。华板系用一整板制成，绘杂彩团花（图7-10，参见图7-6）。另有少数用卧棂（初唐第321、431窟，盛唐第445窟等，参见图6-11、图7-20、图6-18）。

望柱断面圆形，柱头高出于寻杖以上，顶部刻花蕾或宝珠。望柱只施于转角处和台阶起步处，余处则无论勾栏连续多长皆不再用，不同于明、清石栏杆每间必用的做法，而与中国和日本的许多早期实例相同，是木制栏杆的特点之一。寻杖是一条较细的圆棍，宜于手触，交插在望柱内。寻杖也常作绞井口接头，即正、侧面寻杖在转角处相交后出头。在这种情况下就没有望柱，转角处也只立与间柱相同的边柱和瘿项，有时在绞井口的交点立一花蕾，在台阶起步处不能作绞井口的则仍立望柱。这种做法由初唐至晚唐所见不少，元代仍有（第9窟中心柱背面元代画白描建筑图，参见图9-12）。绞井口不仅用于寻杖，也用于盆唇和地栿（参见图7-10）。绞井口的做法盛行于日本古代建筑，中国宋辽遗物已少见，应是隋、唐时与望柱方式同时通行的做法。

图7-11 腰鼓形望柱（中唐第231窟）

　　撄项都作斗子蜀柱式。蜀柱断面方形，上小下大，轮廓为凹曲线，上承小斗，未见云栱宝瓶。小斗上承寻杖，在正对撄项的部位，寻杖上常立一朵雕花或宝珠。间柱立在盆唇、地栿之间。间柱和盆唇、地栿的断面都是矩形。在大多数望柱的侧面也紧贴着一条间柱和撄项（参见图7-10）。

　　在勾栏各构件接头处，普遍都包裹金属片，多为白色，或系以白铜片裁制，有的还清楚地画出钉眼。望柱柱身施浅色，有的绘有花纹，望柱上部伸出的部分包括柱头上的花蕾都是深朱色。撄项的斗子为石绿。勾片作石绿或石青，隔间不同，勾片的底色是浅石绿或浅石青，也许是表示勾片并不透空，在内外两层勾片之间嵌有薄板，但可能只是绘画不得已为之，勾片仍是透空的。勾栏其余各处如寻杖、盆唇、地栿、蜀柱、间柱通作朱红。色彩的使用起到了区分构件、显示结构的作用，总体效果华丽而和谐（参见图7-3）。

　　构件接合部用金属片包裹的做法，既是固结构件的需要，也因此同木材有了色彩和质感上的对比，有很强的装饰性。此法在日本十分盛行，甚至木材本身全不作刷饰，以质朴的木材本色和闪闪发亮的白铜片对比，精致而又质朴。

　　个别勾栏有另外的样式，如中唐第231窟的勾栏望柱有束腰，呈腰鼓形（图7-11）；初唐第321窟西壁佛龛内上部绘"凭栏天女"，其天女所凭的栏杆是用木枋构成上下两层相错的横长方格，格内满嵌花板，板上绘凤纹和流云，在中间横枋与下层间柱相交处出白鸽衔璎珞流苏，实属少见（图7-12、图7-13）。

图7-12 满嵌栏板的勾栏（初唐第321窟西壁龛内）

图7-13 满嵌栏板的勾栏（初唐第321窟）

图7-14 隋代几种柱形：
1. 第56窟；
2. 第427窟；
3. 第407窟；
4. 第404窟

柱子、墙壁、阑额、门窗

柱

壁画最常见的柱子是圆形直柱，朱红色，下有覆莲或覆盆柱础。

在隋代洞窟佛龛外两侧，支托龛楣的柱子有较多式样，不论是塑出或是画出，所示断面都是圆形。第407窟的龛柱上下小，中间大，呈梭形，最粗处约当柱高四分之三，通身绘鳞纹。第404窟的柱与上式相仿，但下部收进不多，通身绘缠枝花（图7-14：3、4）。梭柱一词见载于宋《营造法式》，但《法式》所谓的梭柱，柱高三分之一以下断面直径并不发生变化，实在已不是真正的梭形。真正的梭柱早期仅见于定兴北齐石柱顶上的石屋，以后曾见于南方的一些建筑如福州华林寺大殿（964年）和徽州、景德镇的某些明代民居，以及日本法隆寺中门等。壁画的梭柱增加了早期的例证，其通身的彩画也是很可贵的建筑彩画资料。隋代此柱柱顶饰有火珠，为火珠柱。关于火珠柱，我们在"佛寺"一章中已经谈过了。

第56窟和第427窟的龛柱，柱身上下用竖线间为数道，其最主要的特征是

图7-15 唐宋壁画柱子上的彩画：1. 满绘木纹的柱（晚唐第85窟）；2. 束莲柱（五代第362窟）；3. 束莲柱（西夏第309窟）；4. 束带柱（中唐第231窟）；5. 束带柱（中唐第159窟）

在柱身绘束莲一至二圈（图7-14: 1、2）。柱身以束莲为饰的柱在北魏至隋，可见于云冈、响堂山、嵩岳寺塔及佛光寺祖师塔等遗物。

唐宋及西夏壁画建筑上的柱大都画作直柱，有的柱顶有覆盆的表示。柱身多为朱红色，也有施彩画的，与明清遗物柱上不绘彩画不同。彩画有以下几式：

1. 柱与阑额通绘暗色曲线，似为木纹的表现，如盛唐第31窟、中唐第112窟、晚唐第85窟、五代第98窟等（图7-15: 1）。南禅寺大殿（中唐）有些构件也绘出木纹，是唐代原物。

2. 柱身中部绘束莲，顶和底或绘覆莲、仰莲，其方式同于上举二隋柱。束莲柱多用于龛侧，也有的画在窟角，象征为帐柱。在石窟形制一章中将谈到的初唐第60窟模仿帐柱的角柱有多达六道束莲（参见图11-23: 3）。宋初第427、431和444窟的木构窟檐柱，也有彩画束莲（参见图12-4、图12-7、图12-11、图12-19、图12-20）。窟檐的束莲柱除所绘莲饰外仍为单纯的朱红

282

色，而壁画所见，莲饰外有作红地上满绘青绿团花或缠枝花者，甚为华丽浓艳（图7-15：2、3）。云南剑川石窟第5窟（晚唐）有石刻束莲柱，中段刻束莲，柱顶刻覆莲，与敦煌资料相近。束莲柱不见于秦汉，莲花图案的广泛使用是在魏晋以后，应与佛教有关，故束莲柱似为外来影响的产物。

3.柱身中部绘"束带"。束带之长约当柱高四分之一到三分之一，上下以石青、石绿和黄色箍为界线，内或在石青地上作红色团花、黄地石绿团花或石绿地黑白团花，束带以外的柱身仍施朱红。这种彩画重点装饰柱子中部，华丽而不艳俗，一排列柱，全绘束带，加强了节奏感，颇美奂可喜。此式都只见于中唐以后，如中唐第158、159、231窟，五代第5、146窟（图7-15：4、5）等。其中第158窟经变佛寺的配殿，束带不居柱子的中段，而偏上偏下，隔柱相间，不一定是好的处理（参见图1-40）。

束带彩画柱不见于任何建筑实物和文献，惟喇嘛教建筑往往在柱子中段或全柱以彩色氆氇包裹，以为装饰，很类似于这种方式。敦煌中唐时期为吐蕃所据，这种彩画有可能是当时吐蕃（即今之藏族）装饰习惯的表现。剑川石窟第6窟（明王堂）有类似的石刻束带柱，现定为唐末五代，正是南诏和吐蕃联合时期，似可作为旁证。

有少数柱上下通绘单朵花，枋亦有同样情况。

此外，在早期窟内有少数西方柱头的形象，如十六国晚期第268和272窟，绘有希腊爱奥尼式柱头和类似于科林斯式柱头，各只有一例，且后者残损较甚。北魏窟壁面上部多绘天宫伎乐绕窟一周，其"天宫"的柱头常类似于多立克式（图7-16）。以上数式透露了敦煌早期石窟受到了犍陀罗艺术的影响。在云冈石窟（北魏）也有许多类似于希腊、波斯、印度柱头的形象。

墙壁

在十六国晚期至整个北朝的壁画和阙形龛中，可以看到在墙壁中部普遍都有两根相距很近的横木，两端插到柱子里，上下横木之间连以短柱。这种墙或不开窗，或窗洞很小，显得十分实在，应为版筑实墙（参见图2-17、图2-18、图4-44、图9-2、图9-3）。

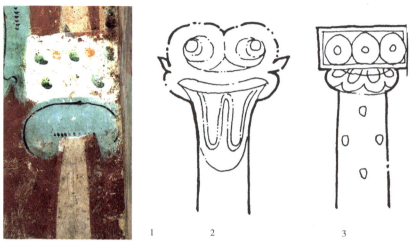

图7-16 西方式样的柱头：1. 爱奥尼柱头（北凉第268窟西壁）；2. 科林斯柱头（北凉第272窟西壁）；3. 多立克柱头（北魏第251窟图）

古代文献多有"壁带"一词，如《汉书》云："（昭阳舍）壁带往往为黄金釭，函蓝田璧，明珠翠羽饰之。"服虔曰："釭，壁中之横带也"；颜师古谓为"壁之横木，露出如带者也，于壁带之中往往以金为釭，若车釭之形也"（《汉书》卷九十七下《外戚传》，孝成赵皇后条）。同书卷七十五《翼奉传》："地大震于陇西郡，毁落太上庙殿壁木饰"。《三辅黄图》："黄金为壁带，间以和氏珍玉"（佚名《三辅黄图》卷三，未央宫昭阳舍条），亦是。南朝也有壁带，《陈书》记临春等三阁："其窗牖壁带悬楣栏槛之类，并以沉檀香木为之"（《陈书》卷七《后妃传》张丽华条）。对照这些文字，上举壁画建筑和阙形龛中的横木可确认为壁带。壁带的用处是与壁柱一起拉结固济版筑承重土墙。它应在墙的内外都有设置，内外壁带之间墙内或有纴木联系。壁画里的实例，以北周第428窟金刚宝座塔比较明显（参见图4-44），在关于塔的章节中已经述及。

壁带及它所代表的承重墙方式，在唐代中原甚至今日的维吾尔族民居中都仍有应用。但是，唐宋壁画所见的墙壁已全都改变了样式：在左右两个立柱之间，上用两层阑额，下用地栿，中用门窗上额及腰串（窗的下槛）等数条横木相连，各横木之间又分别竖立立旌（在两层阑额之间）、心柱（在门窗上额与下层阑额之间和窗的腰串与地栿之间）和门窗左右立颊，其余的

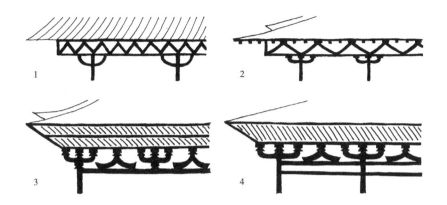

图7-17 北朝和隋代斗栱：1. 北周第428窟；2. 隋代第433窟；3. 隋代第277窟；4. 隋代第423窟

面积再除掉门窗才是墙面，完全同于几座唐宋窟檐的做法（参见图12-1、图12-2、图12-5、图12-9、图12-11）。这样的墙面已被各纵横木件分割成一个个小块。由窟檐的做法可知，两层阑额和立旌所围的小块填以嵌板，其余墙面都用柳笆编织，里外涂草泥、白灰。极薄的壁体只起围护作用，承重全靠立柱，所以这种墙与北朝和隋的承重墙有根本差别。

阑额

阑额在明清称额枋，是用在柱头之间的横向联络材。

北朝时阑额施于柱头上栌斗之间的做法，在云冈、麦积山和天龙山等北魏、西魏、北齐洞窟中都可以见到。这种阑额不直接联系柱头，无助于加强建筑的整体性。敦煌北周第428窟金刚宝座塔及隋代第433窟的殿堂，在柱头之间也没有阑额，柱头上用一斗三升斗栱承纵向桁架，十分忽视柱与柱之间的联系（图7-17：1、2）。但隋代壁画的多数做法已与此不同，阑额已直接连在柱头之间，甚至还有施用两层阑额者（图7-17：3、4）。初唐以后，北朝的做法就再没有出现过了。

唐、宋壁画阑额绝大多数都是两层，大小相等，在两层之间竖立旌，与大雁塔唐代门楣石刻相同。若为开敞间，阑额、立旌所围的面积也开敞。

宋《营造法式》规定，阑额（即唐之上层阑额，清称"额枋"）大，由额（即唐之下层阑额，宋、清皆称"由额"）小（《营造法式》卷五）。清官式建筑仍是，且清式建筑的额枋和由额相距很近，中间又以由额垫板全行遮填，与唐宋壁画不同。

全部壁画一直到西夏中期为止，都没有画出普拍枋，与五台山所存的两座唐代木构南禅寺大殿、佛光寺大殿以及大多数仿木构的唐代砖石塔所示相同。

普拍枋之名始见于《营造法式》平座条内，在比《法式》成书时间或许还要早几十年的《图画见闻志》一书中，有"琥珀枋"一名（宋·郭若虚《图画见闻志》卷一，制作楷模条），或许就是普拍枋的原名或异称[1]。

普拍枋的实例在唐代已有所见，如西安兴教寺仿木构的玄奘塔。五代也有一例，即山西平顺大云院大殿（940年）。至宋、辽逐渐推广。辽独乐寺观音阁（984年），虽然全部外槽和上层内槽仍无普拍枋，但已见于下层内槽和平座层内槽。以上三例普拍枋在相交后都不出头，还都是早期的做法。以后所用渐多，且普拍枋相交后出头，结构上较为进步。莫高窟附近的"慈氏之塔"建于北宋初，可能比观音阁略晚，是木构建筑中普拍枋用于外檐且相交后出头的最早实例（参见图14-8、图14-9）。但敦煌壁画一直到西夏中期仍未画出普拍枋，足见唐以后敦煌壁画的建筑仍保存唐代的做法。

壁画阑额至角都不出头，也都不用雀替，这些做法也见于敦煌五座唐宋窟檐，均同唐制。而在宋、辽以后其他实例中阑额大都是出头的。阑额出头有利于防止柱、额的滑脱。

门窗

唐宋壁画的窗均作直棂式。凡屋门统为板门，有门钉、铺首，晚唐第9窟和第12窟的城门对此表示得比较清楚（参见图3-11、图3-13:2）。

---

1 宋·李诫《营造法式》卷四《大木作制度一》平座条："凡平座铺作……若缠柱造即每角于柱外普拍枋上安栌斗三枚。""凡平座铺作下用普拍枋厚随材广或更加一栔，其广尽所用方木。"《营造法式》成书于元符三年（1100年）。《图画见闻志》之文，见本章开篇所引。其成书年代，据编者郭若虚序："续自会昌元年，后历五季，通至本朝熙宁七年（1074年），名人艺士，编而次之"，或许即最后成于1074年或稍晚，比《法式》早20余年。

斗栱

斗栱是中国木结构建筑最繁复的构件，形制十分丰富。在就整体而言发展速度较为平缓的中国建筑里，斗栱的发展却是比较快的，所以斗栱常常是古建筑断代的重要依据。同时，它的发展又常常影响到其他各部分的做法，故对斗栱的研究历来是建筑史研究的一项重要内容。斗栱是中国建筑尤其唐代建筑特别注重结构美的重要体现者，同时具有很强的装饰性。敦煌画工充分认识到了它的美，所以在绘画大殿屋顶时，经常采用仰视角度，使斗栱得以充分显现，为我们的研究提供了很有利的条件。

北朝和隋代壁画的斗栱比较简单，初唐渐渐有所变化，盛唐以后，斗栱有了迅速的发展，品类大大增多，形制已相当复杂。以后一直到五代和宋，壁画斗栱的基本特点仍和唐代有许多相同之处。故本书拟按北朝和隋代、初唐、盛唐以后等三个阶段予以叙述。

北朝和隋代斗栱

北朝和隋代壁画的斗栱都没有出跳的表示，形状虽比较简单，但处理方式却并不统一，这些应都是斗栱成熟以前的特征。

大致说来，这时斗栱的使用按阑额的情况有两种方式：一种是柱头之间不设阑额，多见于北朝；一种是柱头之间有阑额，多见于隋代。

不设阑额的做法，是在檐下横用两条横枋，横枋之间排列许多密集的人字斜杆，组成一条纵向桁架，承受屋檐部重量，柱子就支承着这个桁架。有时在柱顶与桁架之间加用一斗三升，虽然减少了桁架与柱子交接处的剪应力，却更加削弱了柱与柱之间的联系（参见图7-17: 1、2）。

第二种方式改掉了上式的缺陷，桁架的下弦降低到栌斗以下，成为直接联系柱顶的阑额，多数又在此阑额下再用一条，成为双层阑额，桁架上弦仍托在檐底。桁架本身由柱头铺作的一斗三升和补间铺作的人字栱组成，造型上比前一种密集人字斜杆更为丰富（参见图7-17: 3、4）。由隋代壁画，可以看出已有当心间加大的做法，如第423、419、436窟（参见图1-1、图9-6），

图7-18 十六国晚期和北朝阙形龛上的斗栱

此时当心间的补间常不止一朵人字栱，而是人字栱与一斗三升相间并用，如第419窟所示。不过第419窟所绘大殿的当心间特别加宽，其面阔约等于梢间的三倍，用了四朵人字栱和五朵一斗三升相间，看来是服从壁画构图的需要，为了不使柱子遮挡当心间的一佛二菩萨，将柱子向两边推开很多，实际建筑的当心间肯定不会如此之大，补间斗栱也不会如此之多（参见图9-6）。隋代许多维摩诘变的殿堂，面阔只有一间，也出于这种考虑，补间铺间甚多，如第277、314窟。第419窟之例虽然已使用了两层阑额，但柱子和一斗三升并不对位，可以看出由纵向桁架方式向阑额方式过渡的迹象。

北魏阙形龛上画的斗栱形象较多，除人字栱和一斗三升外，还有一斗二升及斗子蜀柱等分件。其组合有一斗三升与人字栱相间；或一斗三升下承蜀柱、一斗二升下承蜀柱与人字栱相间；或有一斗二升下承人字栱，甚而一斗三升下承人字栱中间再加蜀柱的，十分自由（图7-18）。一斗二升的斗栱在汉代资料中经常可以见到。龙门石窟北魏古阳洞浮雕建筑的斗栱也十分自由，有人字栱中间加蜀柱的，有叠用两层一斗三升或一斗二升的。这些，应都是斗栱成熟期以前形制尚未规范化的表现。

在栌斗和散斗下大都有皿板。皿板上窄下宽如倒覆的扁平斗形。北朝的人字栱都由直线斜杆组成，隋代的除此式外，大多作凹曲线形，有的甚至栱尾拖得很长或栱尾更向上翻，比北朝更具装饰性。

斗栱的出跳，汉代明器中早已有之，龙门古阳洞也有雕造的出跳斗栱，但敦煌早期至隋壁画未见画出，只是在塑出的阙形龛上有以木造斗栱后尾插入阙体，前端向外出跳一次以承檐端的做法。

北魏第251、254二窟内还有几个木造斗栱实物，位置在人字披脊枋（即脊槫，但断面方形）和檐枋与山墙相接处。栱由壁体伸出一跳，栱端散斗上施替木以承枋。在第251窟的檐枋栱下，壁面有画出的栌斗和柱子，明确表达了造窟者以人字披模仿木构屋顶的意图。二窟斗栱各四个，形制相同，同窟四栱大小也相近。仔细辨认，它们四周的壁画都是原作，无后代凿动改画痕迹。这两个窟的时代可确定为北魏中期，故这些插栱，无疑是北魏原物，可能是中国最早的木造斗栱实物。第251窟檐枋下的一栱，用材9.5厘米×8.5厘米，与《营造法式》规定的3∶2相差甚远；栔（音qì）高7.5厘米，若依材厚8.5厘米为10分（音fèn）计，则栔高约合9分，也远大于《法式》规定的6分；栱端及栱眼都圜和无砍杀；斗歆部砍成上下两段斜线转折，与四个宋初窟檐上斜下直的两段相似，但所绘栌斗之歆仍为曲线凹进。散斗、栱及替木上的彩画皆以土红为地，石绿界边，以黄色绘忍冬和流云纹。栌斗彩画与上同。柱子彩画是在红地绿边内绘黄、黑（？）和石绿相间的卷草纹。这些，当然也是中国最早的建筑彩画了（图7-19）。

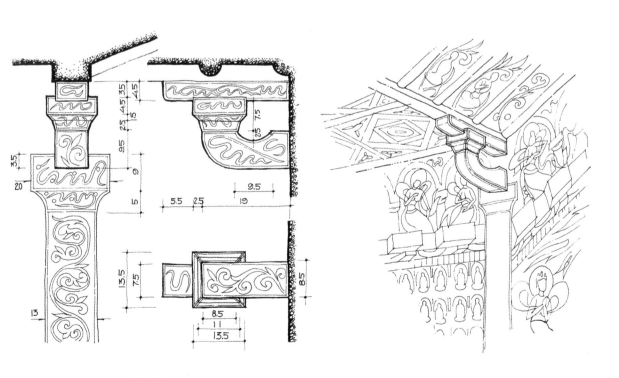

图7-19 北魏第251窟的插栱实物

初唐斗栱

由敦煌壁画看，初唐是斗栱由魏、隋的不成熟状态走向盛唐高度发展的过渡时期。

初唐斗栱可分两类：

1. 不出跳斗栱

这种斗栱仍与隋代的相近，即柱头铺作用一斗三升，若有补间，用人字栱。第431窟南壁几座楼阁的檐下和平座斗栱都是这样（图7-20、图7-21）。第323窟斗栱的补间是人字栱，柱头栌斗上搭承梁头，比较简单（图7-22: 1）。第220窟楼阁上层用一栱一枋成一组，叠用两组，是前所未见的。我们以后将会看到，在柱头枋一线上用一栱一枋成一组，层层叠起的方式也是初、盛唐出跳斗栱通行的做法，是这时期斗栱的基本特征之

图7-20 初唐楼阁斗栱（第431窟南壁九品往生图）

290

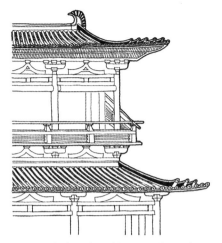

图7-21 初唐不出跳斗栱之一（第431窟
南壁九品往生图）

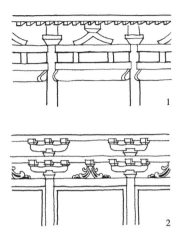

图7-22 初唐不出跳斗栱之二：1.第323
窟；2.第220窟

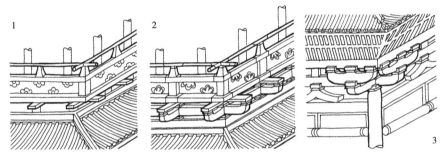

图7-23初唐出跳斗栱之一：1.楼阁平座（第220窟）；2.楼阁平座（第329窟）；3.楼阁上层（第329窟）

一，此例已启其端。此例第一层柱头枋下有人字栱补间（第二层柱头枋下没有），作卷草状轮廓，空档缩小，装饰性加强，是由人字栱向驼峰转化的过渡形态（图7-22:2）。

2.出跳斗栱

最简单的出跳做法见于第220窟的楼阁平座，只是把楼板枋伸出而已（图7-23:1）。若出跳用斗栱，主要有以下几种做法：（1）四铺作出单抄，有泥道栱或无泥道栱（图7-23:2）。（2）柱子上升，以栌斗直承第一层柱头枋，梁由栌斗口内伸出为单抄华栱，跳头施令栱承撩檐枋。转角则正侧柱头枋在角栌斗上相交后伸出为正侧华栱，跳头也用令栱，同于柱头铺作。转角铺作无斜出华栱。补间是在柱头枋与阑额之间用一朵人字栱。以上两种斗在斗底仍有皿板（图7-23:3）。（3）柱头五铺作出双抄，第一跳偷心，第二跳跳

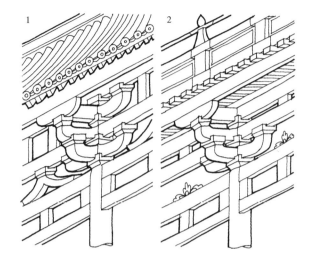

图7-24 初唐出跳斗栱之二：
1. 廊庑（第321窟）；
2. 楼阁平座（第321窟）

头施令栱，但此令栱上无散斗，其实是一个较高的替木，直承撩檐枋；正心一线栌斗上用一栱一枋为一组，共叠起两组；由内部伸出的梁与第二层泥道栱相交后直抵替木内侧。补间在阑额和第一层柱头枋间用一朵人字栱，在第一、二层柱头枋间用两个蜀柱（图7-24：1）。这一组斗栱的做法与初唐大雁塔门楣石刻（参见图12-13）和懿德太子墓壁画阙楼的斗栱几乎全同，其相异之点只是大雁塔所示的梁头伸出很短即垂直截割，并未抵达令栱内侧，而太子墓所画未表示梁头伸出，且后二例的令栱上都有散斗。（4）第321窟楼阁平座斗栱与上例近似，只是取消了正心一线上的第二层泥道栱，而将第二层柱头枋移下一个分位（图7-24：2）。转角做法与上述（2）正好相反，只有斜出而无正侧出。

由上述敦煌的几例加上陕西的两例，我们可以知道初唐出跳斗栱的基本特点是：

1. 一般只出一、二跳，且只出抄，无昂。

2. 如出两跳，第一跳偷心，第二跳跳头施令栱或替木。

3. 在檐下，正心一线用一栱一枋为一组，若出两跳则叠用两组。因为两层枋之间还隔着一道横栱，所以枋上并未刻出隐出慢栱（中唐南禅寺大殿和晚唐佛光寺大殿就不是这样，是在第一层泥道栱以上连续使用单材枋，各枋之间承以散斗，所以在枋上就刻出了隐出斗栱。以后，宋、辽、金均如此；至明、清，枋子更改用足材，连散斗也没有了，层层密接）。

4. 从第321窟平座斗栱的情况可见，在平座下，因有楼板面的限制，所以第二层柱头枋移下一个分位而取消了第二层泥道栱，但此时，由于习惯做法，枋上也仍未刻出隐出慢栱，二枋之间不是散斗，而是一个方木块。

5. 已有梁头伸出成华栱的做法。但五铺作斗栱梁头或伸出或只交于正心，如伸出也只至令栱里皮为止，并不再伸出为耍头。

6. 从敦煌壁画可见，转角只有正、侧出，或只有斜出。而陕西大雁塔和太子墓二例则既有正、侧出同时又有斜出。

7. 补间或有或无，若有也不出跳，只用一朵人字栱。若柱头为五铺作，补间第一层柱头枋下用人字栱，第一层柱头枋上用蜀柱。有的人字栱已有向驼峰转化的趋势。

盛唐以后的斗栱

盛唐时，斗栱得到迅速的发展，形制丰富、结构严谨，已经进入完全成熟的阶段。由敦煌壁画可知，自此以后经中唐、晚唐、五代及宋，斗栱虽仍继续演化，但总体上终不脱盛唐的窠臼。

盛唐第172窟北壁净土变佛寺大殿斗栱柱头铺作被遮挡，其转角铺作正侧两面是双抄双下昂。第一、二跳跳头皆施重栱，第三跳跳头为单栱，第四跳以令栱、替木承槫，令栱中心不交出耍头。正心一线用一栱一枋为一组，共叠用两组。斜出也是双抄双下昂，最上一跳跳头施十字令栱，此令栱上的替木与正侧令栱上的替木相通，上承相交后十字出头的撩风槫。正面横栱除第一层泥道栱和角昂上的令栱因其短且交于角外，余均至角交于角华栱或角昂止，均不再出为侧面的华栱，也就是这些栱都没有"相列"的做法[1]。此转角铺作又一可注意之点是斜出只有角昂而无由昂，大角梁自撩风槫心出后就再

---

1 宋·李诫《营造法式》卷四《大木作制度一》："凡栱至角相交出跳则谓之列栱"，这种做法就叫"相列"。《法式》举例说"泥道栱与华栱出跳相列"，即转角铺作正面的泥道栱与角华栱相交后伸出为侧面的华栱，反之亦如此。关于"相列"，本书下面还要谈到。

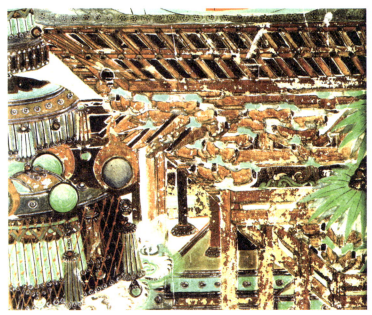

图7-25 盛唐斗栱（第172窟北壁）

无支点（图7-25、图7-26:1）[1]。

　　补间铺作每间只有一朵，系于阑额上置驼峰（此驼峰仍有明显的人字栱痕迹，与前举初唐第220窟的人字栱形象有传承关系，而与后代实物上习见的驼峰形象不同。敦煌壁画一直到宋，所谓驼峰，类皆如此），驼峰以斗承第一层柱头枋及与此枋相交的华栱。斗以上的画法左部和右部不一致。右部画法是自斗出为单抄双下昂，肯定有误。左部画法是自斗出为双抄，第一跳华栱头上施单栱承枋，第二跳华栱头以令栱承枋（此枋的平面位置应距正心两跳，但壁画画成距正心三跳，亦有误），令栱不出耍头。正心是在第一层柱头枋上再叠用一栱一枋。插图依左部画法并酌情加以纠正。补间铺作比柱头及转角铺作少出两跳，大体与佛光寺大殿的补间铺作相同。

1　曾见有的出版物所绘此斗栱，转角铺作正面第一跳偷心，第二跳承单栱，并绘出由昂而无十字令栱，讹误甚大。其补间出两跳，跳头上无瓜子栱和令栱，亦误甚。另有图绘此例也有许多错误。想系作者未能亲临现场所致。敦煌壁画斗栱有许多已变色模糊，若不亲至现场细审，仅凭照片或粗略印象，难免会出现与实际不符之处。笔者登梯照明，反复审视，费时良多，方能粗得其端倪。且壁画斗栱本身也往往有画错之处，必须在原画同一建筑各斗栱之间作详细校辨，才能明其原制。其他各窟也多如此。故前人对于敦煌斗栱的描述及所绘图形，不符实情之处甚多，当属情有可原。凡此种情况，后文不再一一注明。

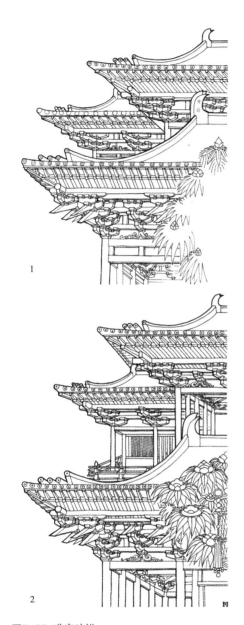

图7–26 盛唐斗栱:
1. 第172窟北壁;
2. 第172窟南壁

从阑额下可略窥见内部:柱头铺作里转为一跳华栱,以交栿斗承乳栿,乳栿伸出应为外转第二跳华栱。转角铺作则为里转第一跳角华栱,以交栿斗承角乳栿。这些做法都和现存五座唐宋窟檐做法完全相同。

在这座大殿后面的中殿是一座楼阁,可以看见的斗栱只有楼阁上层的转角铺作,比前殿的斗栱简单:系正面五铺作出双抄,第一跳重栱,第二跳令栱散斗上以替木承槫,令栱中心亦无耍头;斜出亦双抄,第二抄抄头施十字令栱,其散斗上亦以替木承相交的槫,此替木与正面替木相连;角上也无由昂;此朵斗栱正面头跳上的横栱也只交于角华栱,不"相列"。

后殿又是一座单层建筑,斗栱更简单一些,系于柱头出两抄,俱偷心,即最外跳跳头也不用令栱。这种不用令栱的处理在汉代明器中常可见到,但颇不经见于唐宋以后实例,仅与敦煌宋初窟檐及其他少数几座建筑相同。此斗栱中与第二层泥道栱相交后出头的构件似为梁头,在出头后不远就垂直截割,与大雁塔门楣石刻所示初唐形象相同(图7–26:1)。

第172窟南壁净土变佛寺前殿斗栱与北壁前殿略同,只是补间驼峰栌斗上所出的双抄斗栱令栱中心交出了批竹昂形耍头,此为壁画最早出现的耍头例证。

此壁画无中殿。后殿是楼阁旁接挟楼。中楼上层斗栱与北壁的中殿斗栱近似,但作单栱计心,且角华栱上的十字令栱和正面令栱相接成鸳鸯交手栱。挟楼上层斗栱与北壁后殿略同，只是第一跳跳头有单栱（图7-26: 2）。

由上述，可得出此窟斗栱有以下一些特点，它们在很大程度上可以代表盛唐斗栱的发展水平：

1. 已经可以出到四跳。

2. 已有逐跳计心的做法（尤其是复杂的斗栱，如七铺作斗栱，都是逐跳计心），而且多为重栱。依前述，初唐斗栱最多只出两跳，且第一跳俱为偷心。中唐南禅寺大殿的斗栱也是这样。直至晚唐佛光寺大殿，才用了出四跳的斗栱，也用了重栱，但一、三两跳仍为偷心。逐跳计心和重栱做法的实物，则晚到宋代以后才渐趋增多，至清代已是莫不如此了。所以，以前我们曾认为这种做法相当晚出。但是，盛唐第172窟壁画的斗栱，其复杂程度已经超过了晚唐佛光寺大殿，由初唐仍颇为简单的形制突然发展至此，速度堪称惊人。再结合壁画反映出的建筑在总体规模和艺术水平上的飞跃发展，在在都表明由初唐到盛唐，是中国建筑史的重要时期。建筑是社会文化现象的重要反映，其发展归根结底是由社会政治经济的发展决定的。故大唐"开元天宝全盛日"出现了建筑水平的高速发展，绝非偶然。

3. 没有由昂，角昂上只有十字令栱承相交的槫。这种做法在初唐资料如大雁塔门楣刻石、懿德太子墓和敦煌初唐壁画都可见到，甚至宋代敦煌壁画和窟檐也都是这样。而这些建筑的屋檐都完全平直，没有角翘或翘起极微。但唐、辽、宋的其他实物却都有角翘，除极个别者如正定开元寺钟楼（辽宋或更早）外也都有由昂。这就启发我们应该把由昂的有无同角翘的有无联系起来，实际上后者正是前者的因，而这因又起于另外的因素，关于此点，将在窟檐一节中结合实物再行详述。

4. 关于"相列"：一旦跳头上有了横栱，至转角就出现了"相列"与否的问题。现存中唐以后实物，由南禅寺起几乎全都相列，即正面横栱至角与角华栱相交后伸出为侧面的华栱，反之亦然。但第172窟的几处转角铺作，其横栱都不相列，也是盛唐斗栱的特点之一。"相列"加强了斜出同正侧两面的联系，是斗栱的一个进步，盛唐或尚未及此。但从敦煌看来亦与前述由

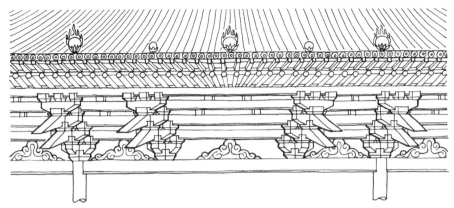

图7-27 中唐斗栱补间铺作的增多和复杂化（第231窟）

昂一样，又不独盛唐，即使宋初窟檐和宋代壁画，也仍不相列。我们已经几次提到，敦煌艺术在中唐吐蕃占领以后很长一段时间具有保守的倾向，"相列"的问题恐也是其表现之一。

5.最外跳头绝大多数都有令栱，令栱中心大多仍不交出耍头，同初唐一样，但也有个别交出批竹昂形耍头者。也有以华栱头直接通过散斗承槫的，不用令栱。

6.正心一线以一栱一枋为一组，出跳多时叠用两组，此点也仍同初唐。

7.补间只用一朵，但已经出跳，其栌斗置于驼峰背上，故补间较柱头铺作出跳数要少。

中唐壁画斗栱在一切基本点上都与盛唐相同，如第237窟大殿斗栱就和第172窟者相近，是七铺作双抄双下昂逐跳计心造，但横栱都是单栱；第201窟一殿的斗栱也同此，只是第三跳为偷心。

但中唐也出现了一些值得重视的新现象。例如第231窟北壁一座三开间楼阁，其下檐斗栱是柱头六铺作单抄双下昂单栱计心造，最外跳头施令栱无替木，令栱中间无耍头。值得注意的是它的补间铺作的安排和形制：当心间有五朵补间，其中两朵和柱头铺作完全一样，栌斗直接置于阑额上，不像盛唐第172窟置于驼峰上。在这两朵补间之间和它们与柱头铺作之间的三个空档各加一个驼峰。次间的补间用三朵，居中者亦同柱头，两边的为驼峰（图7-27）。

按现在所知唐代实例和其他资料，补间铺作或无或只有一朵，绝不像此画中用至三朵、五朵，即使驼峰不计入补间之列，当心间也用了双补间。

关于双补间，以前曾有文称"南方实例较早"，现存最早木构当推宋初福州华林寺大殿（964年）[1]。与它时代相近或略晚的有苏州甪直保圣寺大殿和宁波保国寺大殿（1013年）。更早一些的间接资料有南方的一些砖石塔，如云岩寺塔、闸口白塔、灵隐双石塔等。而在北方，北宋前期、中期尚不见有，直到北宋末《营造法式》成书时，才明确当心间补间可用两朵，所以有的研究者认为这种方式是从南方传过来的。

出跳斗栱的补间铺作和柱头铺作相同的实例，以前只知最早的是山西平顺唐末天台庵大殿。故曾有文认为，此种做法"大约从晚唐开始"[2]。较晚的实物有华林寺大殿和辽宁义县奉国寺大殿（1020年），但这两座大殿补间栌斗比柱头栌斗为小，并不完全一样。

补间铺作在同一间中出现两种形制，在实例中也是极罕见的做法，以前仅知正定金建（12世纪）广惠寺华塔有之。该塔砖砌，底层四隅的小塔各面均为一间，其补间正中用一大朵，两旁各一小朵，形制不同，梁思成先生认为"配置奇特"（参见图14-13）[3]。

对于以上三个问题，第231窟都提供了新的资料。第231窟是有名的"阴家窟"，系敦煌望族阴家所开，从窟内壁书《大蕃故敦煌郡莫高窟阴处士修功德记》，可以确知该窟是中唐吐蕃统治时期（781～847年）凿建的，证明这些做法在中唐已经出现，比前述各资料提早了几十年到二三百年。又透露了这些做法当时在北方已经实行，补充了实物的佚缺，具有颇高的史料价值。

补间铺作形制和柱头铺作一样及补间铺作加多的做法，可以使檐下斗栱形制整齐划一，同时也加强了节奏感，具有明显的装饰意义。但这种做法的出现绝非完全或主要出自审美的考虑，而首先具有结构上的意义。它可以为

---

1 傅熹年. 关于"展子虔《游春图》"年代的探讨. 文物, 1978（11）.
2 同1。
3 梁思成. 正定调查纪略. 中国营造学社汇刊, 第四卷, 第二期.

撩风槫增加中间支承，从而有效防止撩风槫的下垂，所以它的出现显然与开间首先是当心间的加宽有直接关系。当心间加宽的做法在麦积山石窟西魏第43窟的石凿窟檐中已可见到，天龙山北齐第16窟石凿窟檐亦如此，敦煌隋代壁画也见画出，可知出现甚早。虽然上述资料的斗栱都不出跳，亦即没有撩风槫，但由建筑史的发展整体视之，可以相信当时也必会有既加大当心间又有撩风槫的建筑存在。或许在当初，当心间已经加宽需要解决撩风槫中间支承的时候，人们并没有注意到或者还没有想出适当的办法，只是在过了一段时间以后，建筑年龄稍长，中点下垂显著了，才引起人们的注意并采取了措施。措施的出现比问题的提出要晚，所以直到中唐才获得解决。

但增加撩风槫中间支点的做法在现存实例中确实出现更晚，南禅寺和佛光寺的两座大殿都未实行，敦煌壁画除第231窟的例子外似乎也未再见到，实例最早是前举晚唐天台庵大殿，说明它的普及要比中唐更晚一些。山西高平崇明寺大殿建于宋初开宝间（968～975年），为增加中间支承的推断提供了一个有趣的证明。此殿面阔三间，柱头铺作为七铺作双抄双下昂出四跳。各间有补间一朵，形制十分特别：其第一跳仍与多数唐代实物的补间一样，与第一层柱头枋同高，以散斗承第二跳。第二和第三跳实际是同一根长材，但自第二跳跳头起刻出向外斜下的槽，予人以似乎两个构件的感觉。第二跳出跳长仍同一般，以单栱承罗汉枋。由第二跳继续前伸的第三跳出跳特远，达到两跳之长，以令栱替木直承撩风槫，出头斫作蚂蚱头，故此构件实际出跳达到三跳之长（图7-28）[1]。此例补间起跳处比柱头铺作高，同于南禅寺、佛光寺，但却承接撩风槫，又同于天台庵，恰保留了南禅寺、佛光寺大殿与天台庵大殿的过渡做法，表明补间铺作从与柱头铺作不同到相同的演化，确有增加撩风槫中间支承的考虑。

各代平座做法大都比较简单，或只用素枋从板下挑出，或只四铺作出单抄，或五铺作双抄。中唐第8窟的水中平台（相当于平座）的斗栱形制比较特别，是五铺作单抄单昂，其头跳之重栱、二跳之令栱均承枋，令

---

1 古代建筑修整所. 晋东南潞安、平顺、高平和晋城四县的古建筑. 文物参考资料, 1958（3）.

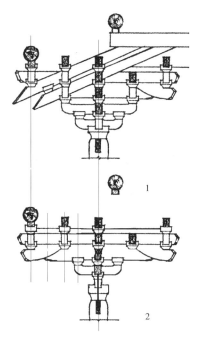

图7-28 高平崇明寺大殿斗栱:
1. 柱头铺作; 2. 补间铺作

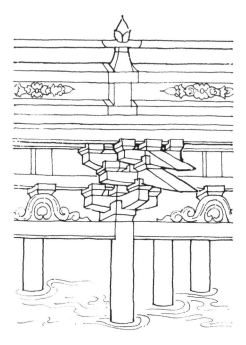

图7-29 中唐斗栱（第8窟水中平台）

栱中心交出昂形耍头，故外观似为单抄双昂。昂和耍头都砍成批竹，底面与地面平行。其实平座上面就是楼板，若用真下昂，昂尾将无从交代，故《营造法式》规定，"凡铺作并外跳出昂，里跳及平座只用卷头"，并不用昂（《营造法式》卷四，总铺作次序条）。所以这组斗栱的昂其实也和它上面的昂形耍头一样，是一个假昂，只是把华栱头砍成昂形而已。以前所知把华栱头砍成昂形的实例，最早是太原晋祠圣母殿，建于北宋崇宁元年（1102年），昂底也平行于地面。莫高窟附近的老君堂慈氏塔比圣母殿约早一百年，也用了此制，详见本书"敦煌古塔"章。壁画表明，中唐已有这种做法，比两处实例早二三百年（图7-29）。

晚唐斗栱值得一提的有第85窟。该窟北壁两座建筑斗栱相似，柱头系五铺作单抄单下昂单栱计心造，昂头以散斗承令栱，令栱中心伸出批竹昂形耍头，外观也很容易被误认为是叠出双昂。在斗栱上方，梁头与撩檐枋相交后伸出垂直切割。此窟另有一建筑斗栱与上述两座建筑完全相同，只是它的每个横栱上都有替木，通过替木再承受各枋（图7-30）。

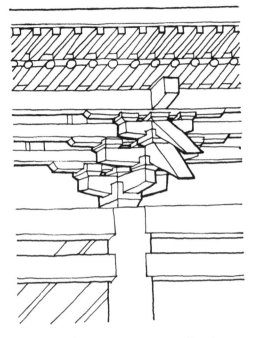

图7-30 晚唐斗栱的批竹昂形耍头（第85窟）

　　敦煌壁画绘出耍头，当以前述盛唐第172窟南壁一例为最早，但用在补间。中唐第8窟水中平台及上述第85窟的例子则用于柱头铺作。实例包括中、晚唐的南禅寺和佛光寺在内，柱头铺作令栱中心全都交出有耍头，但唐代壁画没有耍头的情形却相当普遍，即使晚至宋代仍时常不见，看来耍头并非必要的构件，某种意义上可说是可有可无之物。然而，耍头毕竟可加强斗栱内外缝之间的联系，尤其当耍头后尾就是梁栿时，有耍头当更为有利，所以五代宋时，壁画耍头出现得比以前稍多一些。国内现存南方建筑实例，直到宋元，仍多不出耍头，保存了较早的做法。

　　五代壁画的斗栱虽然基本上仍与盛唐相同，但也有一些例子值得介绍。

　　榆林窟第16窟有一组八铺作即出跳五次的斗栱：柱头铺作出双抄单下昂再继出单抄单下昂，隔跳计心单栱造，即第一、三、五跳计心（仅第一跳跳头施重栱），二、四跳偷心，最上跳头以令栱替木承撩风槫（转角铺作十字令栱画法有误）。这组斗栱令栱中间无耍头，正心一线的枋不直接叠用，虽出至五跳仍不相列，也仍无由昂，这些都与盛唐斗栱相同，但出至五跳却是

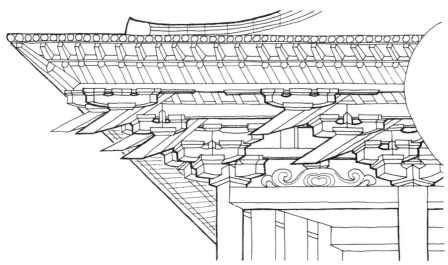

图7-31 五代八铺作斗栱（榆林窟第16窟）

包括唐代在内的各代实例中所罕见（图7-31）。

出五跳的斗栱，在《营造法式》称之为"八铺作"，在清《工部工程做法》称之为"十一踩"，二书都规定是最高等级，但古代实际应用极为罕见，就连现存最尊贵的建筑北京故宫太和殿也只出四跳（九踩）而已。前此所知的少数例证是正定宋代隆兴寺的转轮藏（其上下层的柱头铺作和补间铺作全是八铺作，双抄三下昂重栱计心造[1]）和大同辽代善化寺大殿殿内当心间藻井上层（五抄重栱）。但转轮藏和藻井都是小木作，亦可看作是建筑模型，并非真正的殿堂。以前曾有调查报告认为，山西朔县崇福寺弥陀殿（金皇统三年，1143年）的斗栱也是八铺作，为"双抄三下昂"，并认为"真正用在殿宇上的，就今所知还没有第二个例"[2]。其实此殿斗栱最上一"昂"只是一支昂形要头，依出跳计，仍只是七铺作而已。

按《营造法式》规定，八铺作的铺作次序是"下施两卷头上施三昂"，即同于转轮藏的双抄三下昂。其他斗栱实例若有一昂，则昂必在上，抄必在下；若两昂，则两昂必相续，也置于整朵斗栱上部，没有像此栱于两昂之

1　梁思成. 正定调查纪略. 中国营造学社汇刊, 第四卷, 第二期.
2　《雁北文物勘查团报告》。

图7-32 莆田广化寺南宋石塔的斗栱

间夹入一抄之例。我们仅在福建莆田广化寺（南宋）石塔上见有与之类似的做法，系七铺作出四跳，在一抄一昂之上再续出一抄一昂（图7-32）。这两个例子为斗栱的研究提供了新的资料，尤其榆林窟壁画，时代较早，又是八铺作，值得重视。此窟还画出其他一些斗栱，有单抄双下昂的，有双抄双下昂的，均见图，此不赘述（图7-33、图7-34）。

五代第146窟南壁一楼阁下层柱头铺作似为双抄单下昂，逐跳单栱计心，令栱中心交出昂形耍头。梢间补间只有一朵，令栱中心也交出昂形耍头。令栱中心交出昂形耍头的做法在五代后已渐多，在此窟和

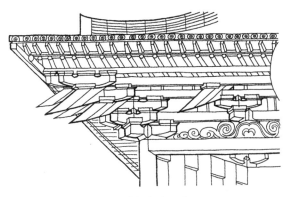

图7-33 五代斗栱（榆林窟第16窟）

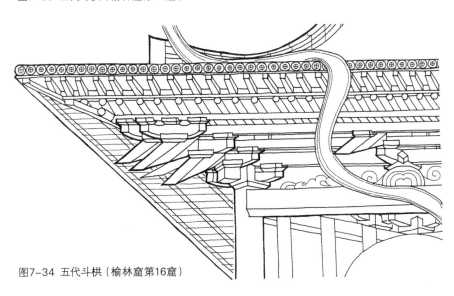

图7-34 五代斗栱（榆林窟第16窟）

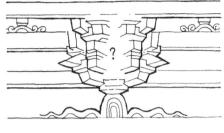

图7-35 五代出现的斜栱（第146窟）

宋代洞窟中就多有出现。在这座建筑的当心间还有一个意外发现，即它的补间铺作很可能是"斜栱"做法，其抄、昂和昂形耍头都不正出而是左右各作60°斜出。它的左右令栱方向仍与建筑正面平行，并以散斗直承罗汉枋，可惜中部已经不清（图7-35:左）。

在同窟北壁一楼阁下层当心间的补间铺作也可能是斜栱，但也看不清楚，很难详细描述。大致而言，此斗栱坐落在驼峰散斗上，大概有正出华栱，左右又各斜出45°斜华栱，在正出第一跳头又再作一次左右45°斜出（图7-35:右）。

斜栱是斗栱更趋于装饰化的表现，一向认为主要是辽金时代产生并流行于华北，而敦煌五代洞窟中已有发现，说明其出现应比辽金早，流行地域也远为广大。

宋代斗栱可以宋初第61窟南壁的一组建筑为例。此组建筑分前后二殿，都是楼阁。前殿楼阁下层转角铺作为七铺作双抄双下昂重栱计心造，最上昂头以令栱承撩檐枋，令栱中心无耍头，无由昂，不相列；补间系驼峰散斗上出六铺作双抄单下昂重栱计心，昂头以令栱承罗汉枋，无耍头。

后殿也是楼阁，下层转角铺作与前殿下层完全一样，但补间系于驼峰栌斗上出三抄重栱计心，最外一抄以令栱承罗汉枋（画上所示为承撩风槫，应属误绘），令栱中心交出昂形耍头。根据罗汉枋的对位关系，若此屋转角铺作所画无误，补间铺作就只能是双抄单下昂而不可能出三抄，故此屋所画补间有误。从这个例子以及下面的例子均可说明宋代以后的建筑画已不像盛唐那样认真，错误渐多，但仍可看出其斗栱形制与盛唐没有多少差别。

第454窟西顶多宝塔的斗栱柱头铺作为七铺作连出四抄无昂，一、三跳施重栱，二跳偷心（原画将第一跳跳头的重栱与第三跳华栱相交的交接处绘错。凡原画错误之处，本书线描插图均予改正），第四跳以令栱承撩风榑，无耍头。补间系于驼峰栌斗上连出三抄，重栱计心，第三跳跳头以令栱承罗汉枋（原画为承撩风榑，亦误）。此塔斗栱全不用昂，是与其他斗栱相异之处（图7-36）。

敦煌壁画檐下的色彩，大多为栌斗、散斗和驼峰施石绿；栱的窄面和昂的上面及椽头飞子头等作浅色略呈灰黄；余木面包括栱的宽面、椽、飞、枋、榑和大小角梁，都作朱红；壁面和望版显白色。也有别的色彩处理，就不一一列举了。

至此，我们已对敦煌斗栱大致浏览了一遍，但敦煌壁画所绘斗栱何止上万，前所举析，百不及一，只求描摹出一个大概的轮廓。在此对于中唐以后斗栱应加重视的地方，仍需略赘数语，以清眉目：

1. 由中唐至宋代，敦煌斗栱在许多基本方面，仍大致同于盛唐，反

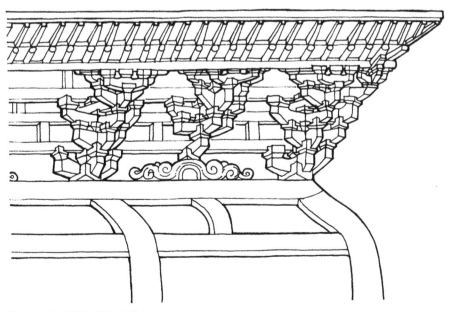

图7-36 宋代斗栱（第454窟）

映了盛唐斗栱的确已臻于成熟。但中唐以后，斗栱还在继续发展，壁画所示各例的新做法，全都比以前所知的相应实物及其他间接资料为早出，值得我们重视。

2. 中唐已出现出跳斗栱的补间铺作同于柱头铺作的做法，比实例早几十年。

3. 中唐已有双补间，比实例早一百余年。

4. 中唐已有补间混用两种形制的做法，比实例早三百多年。

5. 中唐出现了柱头铺作令栱中心交出昂形耍头的做法，晚唐亦见，五代至宋渐多。

6. 中唐已有华栱头砍作昂形的做法，比晋祠圣母殿早约三百年。

7. 五代发现八铺作例证，比隆兴寺宋代转轮藏早出。

8. 五代已有斜栱，比辽、金实物为早。

敦煌各代斗栱形制及其发展对于建筑史研究来说，无疑都有重要的参考价值。敦煌斗栱也和敦煌艺术其他方面一样，是一座资料宝库。笔者所做的工作仍然有限，期望以后的研究者，能从中有更多发现。

屋顶、脊饰

壁画所示屋顶，有庑殿、歇山、攒尖和盝顶、盔顶、悬山，绝无硬山和平顶。

北魏壁画只见庑殿和少数悬山、盝顶，西魏开始出现歇山，北周以后歇山大量出现，攒尖出现在唐代以后。

由汉明器、画像石、画像砖所见屋顶，也多为庑殿，略有悬山。汉代歇山顶则只见于一件传世品[1]及成都牧马山一明器等少数例子[2]。北魏云冈未见歇山，在北魏龙门也只有古阳洞和路洞数例。看来这种比较复杂的屋顶开始于汉，但一直到北魏、西魏还未得到普遍采用，由敦煌壁画可知，它在北周以

1　鲍鼎, 刘敦桢, 梁思成. 汉代的建筑式样与装饰. 中国营造学社汇刊, 第五卷, 第二期.
2　四川省博物馆. 四川牧马山灌溉渠古墓清理简报. 考古, 1959（8）.

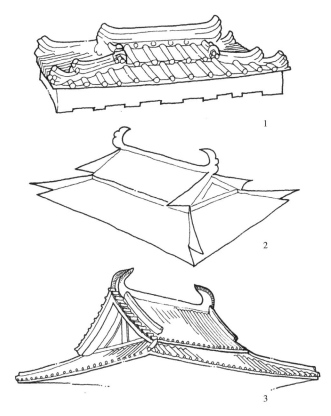

图7-37 两段式歇山屋顶的比较: 1. 四川牧马山东汉墓出土明器;
2. 北周第296窟壁画; 3. 日本法隆寺金堂玉虫厨子

后才大量出现。如北周第296窟共绘屋顶66个，作歇山式的就有35个，占一半以上，似表明歇山顶的普及是北朝晚期的事。

歇山顶又有两种画法，一是在上段两坡部分和下段四坡部分之间有一次跌落呈阶梯状，姑名之曰"二段式"；一是没有跌落同于后代常见的式样。上举汉传世品、牧马山明器及日本法隆寺相当于中国隋代的玉虫厨子屋顶皆是前一种形式。第296窟的35个歇山顶，二段式的就占20个。这种做法是将一座复杂的屋顶，分解为简单的两部分，属于歇山顶的早期形式（图7-37）。前人曾提出歇山式屋顶系由悬山式和庑殿式拼合而成的意见[1]，北周壁画为此增加了一批早期资料。此式在唐宋壁画再未得见，实物尚有山西霍县东福昌

---

1 梁思成, 林徽因. 晋汾古建筑预查纪略. 中国营造学社汇刊, 第五卷, 第三期.

寺元代大殿[1]。据笔者所见，在现今傣族佛寺中尚通行之，结构确实很简洁，不难施行。

庑殿顶多用于建筑群中轴线上的前、后大殿，歇山则用于配殿，反映唐宋以来已有了通行于后世的等级处理。

壁画里的歇山顶，一直到宋代为止，在山尖处都是开敞的，透过它常可看见内部木构：或是出现一排椽子，或是于梁上画出叉手，未见有平梁上置蜀柱的例子。中国建筑，在平梁上置叉手而不用蜀柱，是唐以前的通行做法，最早可见于山东金乡汉朱鲔墓石祠山墙上的线刻。实物有日本奈良法隆寺的回廊（相当于隋）和五台山南禅寺大殿（中唐）、佛光寺大殿（晚唐）等。五代宋以后，平梁上用蜀柱的实例才开始出现并得到广泛运用。

悬山顶在北朝已见于阙形龛。北魏第257窟坞壁中的楼阁各层也作悬山（参见图3-25）。楼阁各层用悬山屋顶极少见于实物，仅汉明器中有少数例子[2]，此外，清代北京先农坛的神厨也是。

唐宋悬山很少，壁画仅见于面阔一间的宅院大门。《唐会要》记营缮令云："六品七品以下……门屋不得过一间两架"，这种面阔一间的门屋，当然只能是悬山了。图中之悬山顶见于盛唐第148窟，它所显示的构架也是平梁上用叉手而无蜀柱（图7-38）。

硬山顶是砖石山墙通行以后才广泛流行的，那已是很晚的事了，壁画未见理属当然。但平屋顶是西北干旱气候环境下普遍采用的，古代亦应如此，而壁画绝无一见，此或可再次证明敦煌壁画所据粉本来自中原，并不着意于反映本地情况。

攒尖顶有四角、六角（或八角）和圆形各式，大多施于亭塔之类，也用于楼阁，只见于初唐以后，如西千佛洞中唐第15窟净土变寺院的后殿就是四角攒尖顶的楼阁（参见图1-27）。北朝的塔顶有的好像攒尖其实是盝顶，在盝顶中央置覆钵相轮。汉代明器也没有攒尖，其方形平面屋顶都有一道短

1　梁思成, 林徽因. 晋汾古建筑预查纪略. 中国营造学社汇刊, 第五卷, 第三期.
2　如北京清河镇出土的汉明器陶楼. 文物参考资料, 1954（9）; 内蒙古某汉明器陶楼//内蒙古自治区建筑历史编辑委员会编. 内蒙古古建筑. 北京: 文物出版社, 1959: 图3.

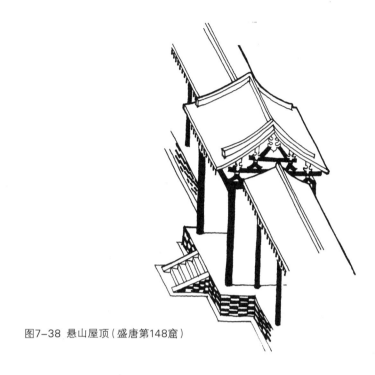

图7-38 悬山屋顶（盛唐第148窟）

脊。可见这种必须集角梁于一点的攒尖顶较为难做，出现也较晚。

盝顶在唐代以后除仍用于塔顶以置刹座外，还出现于初唐净土变平台间小桥的桥亭及唐代其他房屋等，但很少见（参见图6-28:1）。

敦煌壁画的屋顶，西夏中期以前没有重檐的画法。

壁画唐宋屋顶坡度都很平缓，呈凹曲面，只有在前面讨论塔时提到过的极少数可能是密宗建筑的塔顶，有作凸曲面盝顶者（参见图4-15、图4-41）。

壁画屋顶的最大特点是直至西夏中期为止屋檐大都平直，没有角翘。这种平直的屋檐画法，看来不是画家的疏忽，而是实际情况的反映。仅很少数屋角有起翘，一般翘起得也很平缓。屋角翘得较高的见于所谓密宗塔，最早为中唐（参见图4-42），但十分个别。起翘极高者只有一个孤例，见于初唐第220窟南壁，檐角呈折线上举（参见图12-18），大概不能说明什么问题。关于中国建筑一个甚大的问题即屋角起翘，准备在唐宋窟檐章中再详细讨论。

屋顶施色多用石青、石绿，以石青画屋脊，石绿涂屋面，或反之。若为楼阁，上下层用色多相反，如上层屋面用石青，屋脊用石绿，下层屋面就用

图7-39 琉璃瓦〔中唐第237窟净土变〕

石绿，屋脊用石青；而与下层相接的廊庑又用石青涂屋面，石绿涂屋脊。这可能表示是剪边琉璃，或只是一种装饰性赋色，以后者的可能性较大。

有一种屋顶，自中唐始，也以中唐为最多，特点是瓦面施色特别斑斓多彩。如中唐第158窟东壁南侧天请问经变佛寺：大殿用石绿绘脊及鸱尾，其挟屋改用黄色，二者的屋面都以黑线画瓦垄，每条瓦垄自上而下依次晕以不同颜色，直至檐边。除大殿和挟屋外，余屋不施（参见图1-40）。中唐第237窟净土变的多彩瓦色，也只用在大殿，以石青绘脊，黑线画瓦垄，自上而下依次用各色填瓦格直至檐边（图7-39）。此殿的台基十分华丽，前举叠用两层基座的例子也见于此画。

这种画法，似乎是明丽鲜艳的琉璃屋顶的表现。

"琉璃"（流离、陆离）之名汉代已有，但所指实为一种原始玻璃或天然宝石，只有从此种原始玻璃发展而来的陶质绿釉才类似于现在通常所说的琉璃。《魏书》记大月氏云："世祖时，其国人商贩京师，自云能铸石为五色琉璃，于是采矿山中，于京师铸之。既成，光泽乃美于西方来者。乃诏为行殿，容百余人，光色映彻，观者见之莫不惊骇，以为神明所作。自此中国琉璃遂贱，人不复珍之"（《魏书》卷一〇二《西域列传》大月氏条）。古代西亚地方早就使用了琉璃，以后传入大月氏再传入中国。北魏时，中国在汉传统绿釉的基础上，吸取了西域的经验，色彩增多，质量更优于西方，遂用于建筑。隋时，似乎琉璃工艺一度失传，故又有何稠以绿瓷代琉璃之说[1]。唐时复兴，大明宫含元殿和兴庆宫就出土有初唐的绿色和黄色琉璃瓦片，但数量很少，似只用于鹳边和镶脊。由大明宫含光殿毬场出土的中唐琉璃筒板瓦和花砖，釉色又增加了蓝和浅绿。著名的唐三彩，达到了当时琉璃釉的顶峰，色彩有深蓝、黄、赭、绿、白等。由敦煌壁画可知，中唐时那种大面积铺设、色彩不止于蓝绿的琉璃瓦顶，应符合当时的实际。

　　当然，所谓"人不复珍之"，只是相对而言。琉璃到底是一种贵重的材料，唐时仍只多用于皇室。琉璃的烧造也是官办的事业，《唐书》即载有"掌冶署令"及其"丞"的官名，其管辖范围就包括"涂饰琉璃"等事（《新唐书》卷四十八《百官志》）。

　　"僭拟宫殿"的唐代大寺，当然也有可能使用琉璃，元稹诗《和友封题开善寺十韵》就有："匠正琉璃瓦，僧锄芍药苗"之句。岑参诗《登千福寺楚金禅师法华院多宝塔》也说："千家献黄金，万匠磨琉璃"（《全唐诗》卷一百九十八）。即便如此，琉璃也只是用于最主要的大殿。

　　屋脊是建筑的主要装饰部位之一。

　　北朝鸱尾有两种式样：其一似一尖叶上翘，尾尖向内，比较简单，与麦积山石窟比较成熟的北朝鸱尾以及云冈所见者轮廓大致相同；其二尖叶外缘作忍冬纹形状。

1　《隋书》卷六十八《何稠传》："时中国久绝琉璃之作，匠人无敢厝意，稠以绿瓷为之，与真不异。"

垂脊和戗脊的前端也有画作尖叶状的，但比较多也比较正规的画法作向前斜伸的尖角，很像两城山汉画像石上所见。

隋代鸱尾，有的十分高耸，内缘凹曲，外缘略直，尾端也内指。

至唐，其鸱尾外轮廓与上式同，但比例不若彼之高耸，渐趋正常。沿外缘加用了背鳍，背鳍有的一直延至尾尖，鳍和鸱身之间有一线道，身内上下多列有几枚圆珠，与大雁塔门楣石刻所示几乎完全相同。有的还表示出鸱尾内缘的窄面系一双曲弧面，而外缘背鳍在鸱尾正面和背面各有一道，且不一直伸到尾尖，与唐昭陵出土的鸱尾相似。

榆林窟五代第19窟和敦煌五代宋初第61窟画有几个鸱吻。吻张口含脊，仍有背鳍，也都未伸到尾尖。晚唐第9窟中心柱背面元代所画白描殿堂也有鸱吻，须牙眼耳毕现。

鸱吻之名首见于五代刘昫《旧唐书》卷五《高宗本纪》，形象资料则首见于四川乐山凌云寺摩崖中唐石刻，故鸱吻至迟应出于中唐。凌云寺之例形象简率，敦煌数例，则详尽具体，是较早期的重要例证。

鸱尾鸱吻之背均无背兽而多将正脊延至其背，唐宋壁画在这个正脊延长端似套有一个金属套，已变色成暗黑。

唐宋的垂脊、戗脊端无兽头和走兽，多以短柱上的宝珠作结，也有以花蕾或脊勾头下的面砖及其他形式作结的。

正脊中部多数有宝珠或花蕾，形式颇多，不及备述。

各脊脊背都是半圆形，脊身多画有横竖格线。从一些画面看，脊背颜色与脊身有别，可知脊背系筒瓦，脊身是砖砌或以整段的脊筒子砌成（图7-40）。

少数不重要的建筑无鸱尾鸱吻和其他脊饰，仅施素脊而已，其正脊两端略作生起。

有的屋面画出瓦垄线。檐边有勾头，无滴水，或画作重唇板瓦。

西夏建筑的部件与装饰

最后，我们要谈谈关于西夏的情况。从沙州回鹘时期至西夏早、中期，

图7-40 脊饰

壁画对于建筑细部的表现都很简单，比较细致的，至多也与宋代的差不多，只是色彩倾向于青绿。西夏晚期建筑，在榆林窟第3窟有很细致的表现，对其反映的佛寺布局及单体的介绍，已见"佛寺"一章，可以见出它与唐宋壁画所示有很大的不同却与内地宋金建筑颇为符合。在建筑细部上也同样有此情况，例如大量使用重檐、檐角全都翘起、屋顶坡度陡峭、斗栱很小而且较密等。由于斗栱小，不能承担挑檐重量，所以在大殿檐角使用了擎檐柱。又由于斗栱密且补间铺作与柱头铺作一样，栌斗底都在同一水平线上，所以在阑额上都用了普拍枋。阑额本身也较大。凡此种种，都不同于唐宋壁画而与大量宋以后实物的通行做法一致。西夏晚期描绘建筑的壁画虽然很少，但上举画面却真实地再现了当时的风貌（参见图1-51、图1-52）。

第八章

建筑施工

广厦华堂、崇楼峻塔，无一不是古代劳动者辛勤劳作的结晶。几千年来，他们前师后承，成就了中国光彩夺目的民族建筑文化。

在敦煌石窟中，难能可贵地给我们保存了几幅描绘古代建筑工匠施工场面的壁画，虽然都是根据佛经画出的，原意不过是宣传修塔立庙造佛像的功德，客观上却为我们再现了几百年以至一千多年以前工匠操作的场景。这几幅壁画的面积加起来，可能也只有一、两平方米，与约50 000平方米的全部敦煌壁画相比，真可谓沧海之一粟了，却由此更见其难得，故本书也为之独辟一章，略作介绍。

北周第296窟窟顶壁画福田经变中有两幅表现建筑施工的画面，一是建塔图，一是建屋图。

建塔图中有六个工人正在修建塔座。塔座方形，是作直线转折的须弥座，座下有素方基台，须弥座和基台都用条砖垒砌。画中左右各立一工人正

图8-1 建塔建屋图（北周第296窟北顶）

图8-2 建塔建屋图（北周第296窟北顶）

在向上递砖，须弥座顶有两个工人蹲踞着俯身接砖，座右侧一人在和灰，座正面立一人左手持一矩上举，似在指挥工作或检查施工质量。此六人皆不衫不履，仅着犊鼻裤，可见其穷苦辛劳之状（图8-1、图8-2）。

此画下方绘建屋图。图中一座三开间歇山顶建筑即将完工，屋左右各立一人，皆一手持碗盛涂料，另一手执笔刷涂饰木柱。此二人都着袍服及靴，可能是工人中技术等级较高者。另有二人仍只着犊鼻裤，一在地面，一在屋顶，二人共持一长杆，似表示正在拆除架木。

此画工人所涂饰之门和柱枋都是红色，墙面白色。

隋代第302窟有一幅伐木建塔图，把从山林伐木、运木到塔建成的全过程都画在同一画面上，也是福田经变的情节。树林里一人跪坐，双手持一斧伐树。有二人各扛一树干向立塔处搬运，树干枝叶已经去除。一座二层方形砖身木檐塔已基本建成，塔上有两个工人，一在右，手持一架，架上安一辘轳；一在左，正俯身与地面一人对语。与之对语者双手上举，右手持一矩。塔下半部被西夏泥皮覆盖，尚可见一工人的上半身，似在以镘涂壁。此画的七个工人也都只着犊鼻裈（图8-3）。

初唐第321窟有两个施工场面，一为建屋，一为建塔。建屋图中一工人正以镘涂壁。屋顶左半施工完毕，右半泥背已就，正待铺瓦。有二人一蹲一立，立者作接物状，等待地面上一人把瓦扔上来。四人皆裸上身，下身着裈裙，头包布。

建塔场面在建屋的左上方。塔单层砖砌，也即将完工。塔顶蹲一人，塔下一人双手捧物上举，服装同建屋图（图8-4）。

五代第72窟有一修塑佛像的画面。佛为立佛，颇高大，四面搭脚手架，旁立木梯。塑匠们缘木腾虚，上下操作，地面有僧人监工。立佛脚下有一个拆换下来的佛头，已安装的佛头似乎还歪斜不正，佛头上和佛头左右有六个塑匠正在对之调整。这些塑匠都不蓄发，着道袍，似乎也是和尚（图8-5）。

图8-3 伐木建塔图（隋代第302窟人字披福田经变）

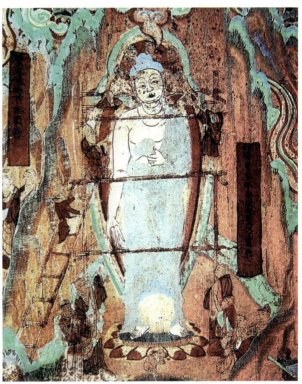

图8-4 建屋建塔图（初唐第321窟）　　　　图8-5 修塑大佛图（五代第72窟）

　　这几幅画中的工匠，大都赤身露体，可见是当时通常的情况，为人习见，故纳诸画中。唐代民歌《贫穷田舍儿》说："体上无裈挎，足下复无鞋……身上无衣衫，长来草里存"，反映了农民的穷困，工匠的生活想必也是同样。据《唐律疏议》，诸工乐都是"杂户"。"工乐者，工属少府，乐属太常，并不贯州县"，即没有户口，由官家控制"配隶诸司"，无人身自由；且"不与良人同类，止可当色相娶，不合与良人为婚"，等同于部曲，比奴婢好不了多少，是备受歧视的（唐·长孙无忌《唐律疏议》卷三《名例》、卷十四《户婚》）。唐代民歌《工匠莫学巧》沉痛地唱道："工匠莫学巧，巧即他人使。身是自来奴，妻是官家婢"，可见其社会地位之低下[1]。唐代文献又记载说："通什工匠，率多贫窭，朝驱暮役，劳筋苦骨，簟食瓢

1　杨公骥. 唐代民歌考释及变文考论. 吉林: 吉林人民出版社,1962.

饮，晨炊星饭，饥渴所致，疾病交集"（《全唐文》卷二六九张廷珪《谏表》）。就是创造了伟大的敦煌艺术的画工塑匠，也同样呻吟在苦难之中。莫高窟北区窟群上百个洞窟都没有壁画塑像，窟内低小暗黑，出土有画碟灯盏，可知是工匠们的住处。他们穷毕生心血投入这不朽艺术的创作，却不能得一温饱，甚至还要典儿卖女才能求得苟延。敦煌遗书《赵僧子典儿契》写道："塑匠都料赵僧子，伏缘家中户内有地水出来，阙少手上工物，无地方觅。今有腹生男苟子只（质）典与亲家翁贤者李千定"[1]，道出了这悲苦的现实。壁画中的施工图，也是这种现实的某种反映。有了这个认识的背景，我们再来欣赏他们怀着极大的虔诚和企望创造的"极乐净土"，就会有更深一层的体会了。

北周和隋代的两幅画都有工人手持矩尺的形象，值得注意。矩尺历来是工匠尤其是建筑工匠的重要工具，用以测方。《墨子·天志篇》说："匠人亦操其矩，将以量度天下之方与不方也。曰，中吾矩者谓之方，不中吾矩者谓之不方，是以方与不方皆可得而知之。"《史记》曰："规矩诚错（索隐云：错，置也；规，车也；矩，曲尺也），则不可欺以方员。……故……规矩者，方员之至也"（《史记》卷二十三《礼书》）。传说规和矩创自黄帝时，"古者倕为规矩准绳，使天下仿焉。倕，黄帝时巧人也"（明·王三聘《古今事物考》卷二引《尸子》）。商代晚期甲骨文中已有"规"、"矩"二字，"矩"字写作"巨"，象形。以后的矩尺都作L形。从上知，至迟在战国时这些工具已得到广泛的采用。汉时有伏羲、女娲形象出现，传说他们是创造万物之神，其女娲持规，伏羲持矩。伏羲和女娲在敦煌西魏著名的第285窟窟顶也有画出。

壁画施工图持矩者可能是技术较高的工匠，负检查指挥之责。唐代这种工匠称作"都料匠"。柳宗元《梓人传》曰："梓人者盖古之审曲面势者，今谓之都料匠"。他所记的梓人据说甚至不会修理自己的床足，但"委群材，会众工，或执斧斤或执刀锯皆环立向之。梓人左持引右持杖而中处

1　中国科学院历史研究所.赵僧子典儿契（敦煌资料,第一辑）.伯希和劫经号: 3964.

焉。量栋宇之任，视木之能，举挥其杖曰：'斧彼'，执斧者奔而右；顾而指曰：'锯彼'，执锯者趋而左。俄而斤者斲，刀者削，皆视其色俟其言，莫敢自断者。其不胜任者怒而退之，亦莫敢愠焉"（《文苑英华》卷七九四）。生动描绘了都料匠的才能和他在工匠中的权威，实际上已是不直接参加劳作的工匠首领了。壁画中的持矩者仍然赤膊上下，或许说明还不是这种都料匠，只是在分工上担负一定的"审曲面势"的职责而已。柳文中所谓的"引"也是尺子。《汉书》卷二十一《律历志》说："其法用竹为引，高一分，广六分，长十丈"，以十丈为一引。此处是借"引"字作尺的代称，也可能就是矩尺。

隋代壁画画出了辘轳。辘轳即滑轮，作垂直运输用。敦煌遗书中也有关于辘轳的记载，如晚唐《张淮深碑》记重修北大像（即敦煌初唐第96窟内高33米的弥勒倚坐像）的重楼式窟檐称："先竖四墙，后随缔构。曳其栿檩，凭八股之犊轳；上墼运泥，斡双轮于霞际"[1]。文中的"犊轳"就是辘轳；"斡"字是"斡"字的别写，即旋转之意；所谓"双轮"之"轮"，也是滑轮，既云"双轮"，或许还是动滑轮。

隋代伐木建塔图把从伐木至塔成的全过程都画在了一起，这是绘画尤其是壁画的一种处理手法。敦煌壁画常把不同时间、不同地点发生的事情和人物组织在一个画面里，时序重叠甚至颠倒也常有之，是只求写其大意而"不守于俗变也"。所以实际情况必不会如画面那样把刚伐下的树木马上用作建筑材料。木材的使用，正如敦煌遗书宋《凉国夫人浔阳翟氏重修北大像记》所说的"梁栋则谷中采取，惣（音zǒng）是早岁枯干"。所伐生木，须待干燥，经年方才可用[2]。

五代修塑大佛的画有脚手架。脚手架古代称为"棚阁"，又或借称为"栈道"或"悬阁"。"阁"即阁道，指架空的道路。《一切经音义》云："连阁曰棚"，合称为"棚阁"，就是脚手架（唐·释元应《一切经音义》卷四棚阁条引《通俗文》）。上举《重修北大像记》说："至廿五日，便

1　张淮深碑. 斯坦因劫经号S.6161.
2　《凉国夫人浔阳翟氏重修北大像记》，转录自日·松本荣一. 敦煌画之研究.

缚棚阁，上材木，缔构至六月二日功毕"。又梁·刘勰《剡县石城寺弥勒石像铭》曰：“于是扪虚梯汉，构立栈道，状奇肱之飞车，类似叟之悬阁。体高图范，冠采虹霓。椎凿响于霞上，剖石洒于云表。信命世之壮观、旷代之鸿作也"（《全上古三代秦汉六朝文·全梁文》卷六十）。所述与修塑大佛像壁画的情况十分相似，其“栈道"、“悬阁"，在此所指，也是脚手架。宋·李诫《营造法式》有：“高不满七尺不须棚阁"一语（《营造法式》卷二十五《诸体功限》二泥作条），证明古代亦以人体尺度作为每层棚阁的间距。由本图看，也正好符合这个尺度。古代脚手架，用毕即拆，当然不会保存至今，此图却真实展现了当时的情况。

最后我们还要提到盛唐第445窟的一画，绘一没有屋面的楼阁构架，上下有人活动，以前曾被称为“修建图"。但此图是弥勒经变的一部分，根据《弥勒下生成佛经》绘出的，实系表现诸婆罗门拆毁穰佉王供养弥勒的“宝幢"（或“宝台"）[1]。在此图中，宝幢绘作楼阁形，故应称之为“拆屋图"（参见图12-17）。榆林窟中唐第25窟有一图类此，据经文，宝台下还有“千轮"，所以楼下还画有轮子。在有的弥勒经变，此宝幢还被画作塔，如宋代第55窟（参见图4-8）。第445窟图中屋盖已拆去，显露出建筑的内部梁架，对于建筑史的研究自有其特殊的价值，将在“窟檐"章中再加引用。

1　《弥勒下生成佛经》：“其国尔时有转轮王名曰穰佉……其国土有七宝台，举高千丈，千头千轮广六十丈。……时穰佉王共诸大臣持此宝台奉上弥勒，弥勒受已施诸婆罗门，婆罗门受已即便毁坏各共分之。弥勒菩萨见此妙台须臾无常，知一切法皆亦磨灭，修无常想出家学道……"（《大正藏》卷十四《经集部》一）

第九章

建筑画

    建筑产生于人类抵御风霜雨雪侵袭的物质需要。一开始，原始人对于建筑所作的各种处理，无不都首先带有明确的物质性目的：地面经过烧烤使它比较防潮，屋盖做出坡度使它易于排水，屋顶上开着天窗是为了排烟通风……随着生产和整个社会生活的发展，人类逐渐产生了对于建筑的审美意识，建筑也就从纯粹的物质性存在而日益被赋予了精神性的因素，成为人的审美对象。从现存原始人类的居住遗址可以肯定，至迟从新石器时代中期开始，人类就已经在"按照客观法则"进行建造以外，还要"按照美的法则"对建筑进行美的加工。也就是说，在解决遮风避雨等问题的同时，还要在建筑的空间、形体、材料、色彩等方面对之进行美化。虽然从本质而言，人类对于建筑的精神性要求比起物质性要求来说是从属性的、第二位的，但是在具体建造某座建筑物的过程中，二者又是紧密结合在一起的。在不少时候，人们对于美的关注，甚至还会超出对于物质性的关注以上。

在建筑美的原始发展阶段，它必然会是那样的幼稚和低级，但也体现了原始人对于美的认真的追求。这种全新的、人工的、不同于自然美和其他艺术美的建筑美，曾经激动过原始人的天真的心灵，满足过他们对于美的渴望，并引起他们对于更加完美的建筑美的创作欲望。人在反复进行的建筑活动中又发展了自己对于建筑的审美能力，当这种能力达到某一高度，建筑就和其他各种审美对象一样，进一步使人产生了借助于其他艺术手段再现它的要求，成为文学、绘画和雕塑的表现对象。

新石器时代已有了陶塑的建筑模型。汉代的大量陶塑明器更表现了十分丰富的楼阁、宅院和城堡形象。《诗经·小雅·斯干》描写了周王营造宫室的过程，它形容建筑"如跂斯翼，如矢斯棘；如鸟斯革，如翚斯飞。"以矢簇来比喻建筑线条的挺拔，以鸟翼来形容屋顶意态的轻扬。绮丽恣肆的汉赋更是充满了对于建筑美的激赏和讴歌。绘画也不例外，战国铜器上线刻建筑图画出了楼阁，有平直的屋檐，屋顶上有装饰，还画了台阶和栏杆。马王堆西汉墓出土的帛画画出了代表天宫大门的阙。在充满着现实感的汉画像砖、画像石以及汉墓和魏晋墓壁画中，对于建筑更有着大量而丰富的表现。

战国到汉代的建筑画，绝大多数采用了正投影画法。正投影表现了人对于一座建筑的最直接、最一般的感受，画法也比较简易，因而出现得最早。在这种画面上，人们敏感地把握住了建筑最主要的一个立面即正立面的美，所以几乎都是正立面的投影。也有少数画面希望能表现建筑或建筑群的立体形象，采用了透视画法，大都是俯视角度，出现稍晚，大约到东汉才有比较完整的作品[1]。

从北朝开始直到元代，敦煌壁画以极大的容量表现了无比丰富的建筑形象。可以说在这期间，尤其是从北朝到唐、五代、北宋的中国建筑画，主要赖敦煌石窟壁画而得以保存。

敦煌建筑画接续了汉画的传统，也有正投影和透视两种画法。在北朝和隋代，正投影画法较多，初唐以后以透视画法为主。敦煌各时代的建筑画显

---

1 需要说明一下，本书所用的"透视"一词，并不局限于西方建立在严格数学基础上的所谓科学的透视，而是泛指有别于正投影的、希望表现出建筑的体积和空间的画法。

示了明晰的发展脉络。敦煌画属于宗教画，也是壁画，这两个特性在建筑画中也有独特的体现。

建筑画是建筑艺术研究的一个重要方面，研究敦煌建筑画对于绘画史的研究也具有相当重要的意义，尤其是在北朝至唐除敦煌以外建筑画资料十分稀少的情况下，就更显其价值了。

早期壁画中的建筑画

敦煌壁画的早期包括十六国晚期和整个北朝。

大凡一种艺术，在其初创阶段，都具有两个鲜明的特点：一是事由初起，无所师承，因而带有更多的幼稚性；二是由于尚无成见，创作中不同的作者各自独立探索，因而呈现出多样的面貌。

作为建筑画来说，敦煌早期壁画当然并不是初创，至少在它的前面，远有汉代画像石，近有河西魏晋墓室壁画，已经为它初辟草莱。但是，敦煌壁画面临的毕竟是一个全新的和内容十分丰富的佛教课题，已有的汉代和魏晋建筑画，无论表现方法或题材范围都远不能满足新课题的要求，所以在颇大程度上，早期敦煌建筑画仍需独辟蹊径，经历了一个探索的过程，与后代作品比较起来，仍带有一定的幼稚性和多样性。

在十六国晚期的第275窟中，有一座用正投影画法画出的阙门。作者只表现出建筑的大体轮廓和大的对比关系，如木结构构件在白色墙面上造成的剪影效果，建筑虽然画得很大，却并不仔细表现细部，人和建筑的比例也未加注意（参见图2-18：上）。

北魏第257窟代表王居的宫阙和阙与塔刹结合的异形"塔"，以及北周第301窟的舍利塔等图，也都是这样（参见图2-17、图4-11、图4-18）。这种画法形象鲜明，一般来说可以满足对单座建筑的表现。用正投影画出的建筑正立面，画面对称，构图稳定，特别适合于用在要求取得庄重效果或作对称布局的画幅中，西魏第249窟覆斗顶正面（西披）正中所绘须弥山顶帝释天所居的"天城"就是一例（参见图3-26）。

正投影有时也可用来表现群体，如北周第428窟的金刚宝座塔由五塔组成，中间一大塔，四角各一小塔，作者在画各塔时仍用正投影，画面构图完全对称，但它又表现了群体的空间，方法是把后面的两座小塔位置向中轴移近，略有些一点透视的效果（参见图4-44）[1]。一点透视的对称构图在唐以后得到特别的发展。

第275窟还有一座采用透视法画出的阙门。从画面可以看得出作者力图突破正投影的局限，尝试着要表现对象的立体感，但是他的努力却没有完全成功，画面角度悖谬，比例失据，显出了画家一副手足无措的窘态（图9-1）。但这件虽在真实地表现对象方面不能算是成功的作品，仍自有其稚拙之美，它把画家对于对象的片断的印象拼接在一起，笨手笨脚地努力要把自己的主观感受传达给观众。就像一个自不量力的孩子在完成了自己的"杰作"以后感到愉快一样，这位画家也一定享受过自己创作的喜悦。这种天真的喜悦通过这幅歪歪斜斜的画传给了一千四百年后的我们，使我们也产生了一种异样的美感。

当要表现组合得比较复杂的建筑群体时，空间成了最主要的问题，这时最好的办法就是采取俯视的角度。汉代已有这样的传统（参见图2-5、图2-9、图2-14）。敦煌早期壁画继承了汉画的经验，在表现空间方面取得了成功。西魏第285窟五百强盗成佛图的宫室就用了俯视。此画作横卷式构图，依情节先后，画面由左向右逐渐展开。画中有一座殿堂，右边是宫墙和宫门，宫门和殿堂没有中轴对位。看来画家并不重视建筑的逻辑，只是撷取一些他所需要的形象，示意事件发生的场景（图9-2）。

北魏第257窟西壁须摩提女故事画中的坞壁图值得我们特别注意。为了更

1　一般说，建筑物的形象可以简化为一个各面相互垂直的六面体或六面体的组合。根据画面与六面体各面的关系，建筑画的透视可分为三种，即一点透视、两点透视和三点透视。当画面只与其中一个方向的面平行时（与另外两个方向的面垂直），所得透视就只有一个灭点，称之为"一点透视"；当画面与三个方向的任何一面都不平行但仍与其中某一方向的面垂直，所得透视就有两个灭点，谓之"两点透视"；当画面与任何方向的面既不平行也不垂直，所得透视则有三个灭点，称为"三点透视"。一点透视又叫作平行透视，两点和三点透视又叫成角透视。敦煌壁画中的建筑画绝大多数是一点透视（或曰类似于一点透视，即原应交会到灭点去的斜线只是斜向平行，并不交会），少数是两点透视（或曰类似两点透视即轴测投影），没有三点透视（即使是俯视或仰视构图，画面仍然垂直于地面，主视线也仍然平行于地面，只是把它提高或压低而已）。

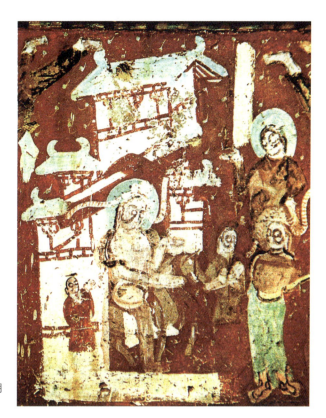

图9-1 早期建筑画（十六国晚期
第275窟太子出游四门）

图9-2 早期建筑画（西魏第285窟南壁五百强盗因缘）

充分地显示坞壁内部的情况，坞墙被有意识地画得很低。坞门后有一座示意性的高堂，人物很大，与堂不成比例，但人物的动态神貌却得以表现得十分鲜明。堂后有楼，底层有女睡卧，示意这是宅内的居住部分。楼后一朵莲蕾，也是示意，表示是宅后的花园。正如我们在住宅章谈到的，"前堂后室"和最后面的花园是古代住宅的三大组成部分。画家对于表现这三大部分十分关注，而对一切无关宏旨的建筑细部则几乎全不在意。全画主旨突出，构图稳妥，与画幅上下边线平行的坞墙使全图稳稳当当地坐落在壁面上（图9-3）。它的整体感和平面感，以及构图的穿插关系和装饰性，都十分符合壁画的要求。

用俯视表现建筑群更需要画家发挥想象力和具有更高的造型综合能力，因为除非恰好在所要表现的对象附近有一座山或高楼，人们通常不会看到它的俯视形象。画家在动笔之先就必须运用想象，把他将要表现的建筑物从习见的形象转变成俯视的形象。第257窟的坞壁图正是画家这样殚心竭思的结果，它不像五百强盗图那样于建筑逻辑毫不用心，相反，它努力于真实地表现对象。但尽管如此，画家仍大胆舍弃了无关艺术真实的细节而着力于再现对象的最本质的特征。唐人张彦远在评述魏晋画迹时说："详古人之意，专在显其所长，而不守于俗变也"（《历代名画记》卷一论画山水树石条），此图可为一佳例。

这幅画与前述第275窟用透视画出的阙门一样，虽然都带有那个时代特有的稚拙气息，但在这里已听不到画家对于对象的无能为力的叹息，人们更多感到的是画家充满信心的创造力。第257窟的坞壁图是整个早期建筑画中最值得重视的作品。

敦煌早期故事画经常采取横卷式构图，如第257窟的须摩提女因缘和同窟著名的鹿王本生及沙弥守戒自杀品，以及西魏第285窟的五百强盗故事等。横卷式能更详尽地表现复杂的情节。图中按情节发展的需要画出建筑。北周画家往往将横卷作之字形转折，以充分利用壁面，容纳更多的内容。北周第290窟的佛传全长达25米，主要场面多达八十余个。这样的长卷绝大多数场景都画有建筑，建筑是单座的，大多在单座建筑旁连接着一段院墙，院墙作多次锐角转折，以加强其装饰效果（图9-4）。

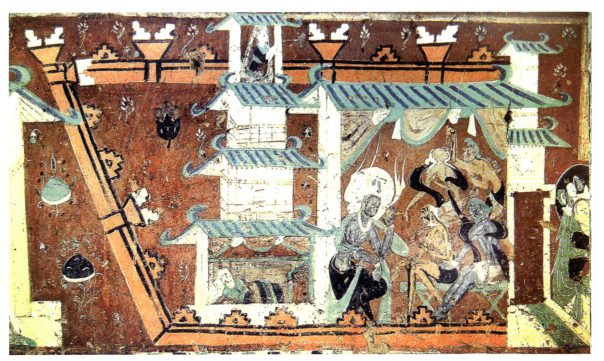

图9-3 早期建筑画(北魏第257窟坞壁)

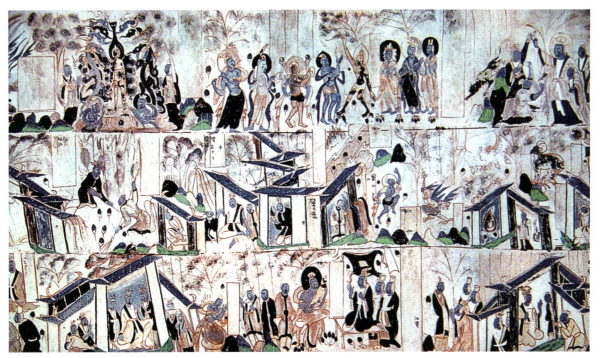

图9-4 早期建筑画(北周第290窟横卷式故事画)

图9-5 连环画（隋代第423窟窟顶）

隋代及初唐的建筑画

从早期带有更多地方色彩的画风向唐代以中原艺术为根基的高度民族化风格的发展过程中，敦煌隋代壁画正处于转变的时期。初唐的发展进程加快了，为盛唐艺术高峰的到来作了充分的准备。

隋代建筑画在正投影和透视画法两个方面都有所发展。透视画法主要用在故事画中。

隋代出现了一种新的故事画构图，代替了以前的横卷，它是北周横卷之字形转折的发展，即在上下画面之间取消了分隔线。形成了布满人字披的矩形画面和覆斗顶上的梯形画面，有时甚至布满了覆斗顶四披。

在完全没有分隔线的情况下，为了区分一个个场景，画工巧妙地利用了建筑、山峦和树木。他们把北周的单座建筑画成一座座完整的院落，在每座院落画出一个情节，院墙就成了场景的分隔。这些院墙往往出现更多的锐角转折，一眼望去，只见满眼全是折线，折线围成一个个的"环"。有的在院墙外又画出连续的山峰作圆环状围绕，"环"的感觉就更突出了，成了名副其实的连"环"画。看来画家主要着意的不是建筑本身的真实表现，而是建筑在画面上的构图作用和装饰效果（图9-5）。

隋代正投影画法的建筑多出现在经变画中，有表现佛国世界的东方药师变、弥勒经变，也有表现维摩诘居士和文殊师利菩萨辩论场面的维摩诘经变，还有规模巨大的法华经变。经变画把一般人们不易理解的玄奥的教义和艰深的经文变成一目了然的视觉形象，是隋唐以后壁画的主体。

　　隋代石窟除部分维摩诘经变把维摩诘和文殊对称地分别安排在正壁佛龛两侧外，其他经变画都画在窟顶，位于全窟的中轴线上。画面常作完全对称的构图，以渲染佛国世界的庄严。建筑都是正投影的立面图，一般是正中一座五开间的高大殿堂，两边各挟一座三层或四层的楼阁，如第419、423、436窟（参见图1-1，图9-6）。它们只表现了佛寺中轴线上一组最主要建筑的正立面，没有表现建筑的体积，也没有表现佛寺的纵深空间。第423窟维摩诘经变的大殿是七间，无左右楼阁。第433窟弥勒经变的兜率天宫正中大殿左右各画出配殿一座，呈"凹"形布局。配殿是以很不精确的透视画出的（参见图1-4）。佛、菩萨形象都安置在建筑内。为了减少柱子对佛、菩萨的遮挡，

图9-6 隋代第419窟窟顶弥勒经变

柱子画得很细。有的正面开间非常大，其他开间狭而高。建筑虽然画得很大，但斗栱柱枋等构件仍只是剪影效果，并不仔细画出。与唐代经变画比较起来，整个画面形象仍较简单，气氛较单调。

唐以后建筑画大大发展了，凡经变画大都画出了很多建筑，如阿弥陀经变、观无量寿经变（均为西方净土变）、法华经变、弥勒经变、维摩诘经变、药师经变（东方药师变）、报恩经变、华严经变以及某些涅槃经变和其他各种经变。其中阿弥陀经变、观无量寿经变和药师经变中的建筑尤为宏丽。以下我们就以这三种经变画作为主要的叙述对象。

阿弥陀佛就是无量寿佛，前者是音译，后者是意译。这两种经变所根据的佛经有所不同，但都表现了阿弥陀净土即西方净土。药师经变又可称为东方药师变或东方净土变。以上都可以叫做净土变。净土变可能在北魏时已经出现，如一些说法图下部描绘出宝池莲花，不同于同期的其他说法图，似乎就是净土变的早期形式。

隋代的净土变已如前述，出现了以建筑为主的构图。

初唐在隋代的基础上继续新的探索。它不满足于隋画把佛、菩萨放入建筑内的做法而力图更突出佛、菩萨的形象。它也不满足于只画出一片平板的建筑正立面而希望表现出建筑的体积和环境的纵深空间，它还要扫除隋画的单调空寂而尽量渲染出歌舞升平的天国欢乐。于是，初唐的净土变从窟顶搬到主要壁面上来了。没有了中心塔柱的唐代覆斗顶窟室壁面面积很大，通壁的大型净土变也在初唐出现了。

通常的构图是取消了正中大殿，佛、菩萨被安排在露天，被画得很大，头顶上悬浮着华盖，由很多小菩萨簇拥着，形成很壮观的听法场面。在听法场面下部是水面和水中平台，平台上有欢乐的歌舞和规模可观的乐队。建筑退居到很次要的地位，多半只是在画面上方或左右各立一两座楼阁。这种布局可以第329窟北壁弥勒经变为代表（图9-7）。

楼阁用透视法绘出，表现出了体积。前后两座楼阁以及水中平台的透视关系表现了建筑群的纵深空间。但从建筑群的布局来看，各建筑之间缺乏联系，虽然有了空间，却是偶然的，互相孤立的，使人感到这整个环境好像是

图9-7 初唐建筑画（第329窟北壁弥勒经变）

设计得很蹩脚的舞台布景，一座座楼阁就像是单个的景片，以不适当的方式竖立在舞台上。而真正的建筑群体美，其主要价值恰在于各单座建筑之间的高度组织性，在于它们有机的呼应和衬托，在于建筑和建筑之间外部空间的完整和变化。所以，初唐壁画在许多方面虽然比隋代有了明显的进步，但在表现建筑的群体美方面，仍然只是处于探索的阶段，甚至在某种意义上，反而不如隋代。即使如此，仍然是值得赞美的，因为探索就意味着发展，第一次否定是第二次否定的前提。

初唐也有个别画面，如第205窟北壁西方净土变，注意了群体美而且处理得较好：中央三座楼阁用曲桥相通，左右又各一座，全部建筑都架立在水中，上有祥云、飞天，一派天国气象，是探索成功的例子（参见图1-7）。

在建筑单体和细部表现上，初唐比前代有很突出的进步，不再只用粗线来表示构件的剪影，而仔细画出了各个小构件的体积，其穿插关系也画得比较详细而准确。在第321、329、431、220、71窟都有这样的作品（参见图7-23、图7-24）。从此，敦煌建筑画脱离了示意的阶段。

隋代和初唐的积极探索为盛唐建筑画的发展高峰作了充分的准备。

达到高峰的盛唐建筑画

一般认为第217窟是盛唐时期的第一个洞窟，窟内北壁观无量寿经变的建筑图也是盛唐建筑画第一批杰出作品。它的成功之处首先在于重新认识和重视了建筑美，但它并没有回复到隋代的老路上去，而是在初唐成就的基础上继续发展。如佛和菩萨形象被特别强调，不放在建筑里而置于露天之下；下部绘出水池和水中平台，平台上有歌舞音乐。这些，都可以在初唐壁画中看到。但是建筑不再是一些稀稀拉拉不成组群、形象重复的楼阁了，而是被置于图的最上方，从左至右横贯画面，形成有组织的建筑群。在这一派气度非凡的梵宫琳宇正中和左右端各有一座楼阁，其间对称安置了六座高台——两座砖台，四座竖楼式木台。台上有攒尖方亭或歇山小亭；整个组群横向连以通长折廊，组成了丰富的天际线。快乐顽皮的小飞天从一个窗口飞进，穿室而过，又从另一个窗口飞出，给庄严的法会平添了生机盎然的趣味。她们长曳的飘带以及宛转轻逸的流云，呈现出流动的曲线美，与建筑构件方正的直线形成对比。流动与凝重互映，给人以难忘的印象。建筑细部画得很认真，色彩也比初唐更加绚丽浓重了。就其总体构图而言，此画与初唐第205窟的净土变有更密切的传承关系（参见图1-8、图6-10）。

但是，与下面我们将要看到的其他盛唐画比起来，第217窟净土变的建筑组合总给人以不完全真实的感觉，好像是画家把许多本来不是同一场合出现的美丽建筑形象搬到一起来了。敏感的观众不会看不出它们生硬的组合关系。比如那几座过于密集的台，尤其是台的平面位置，使人感到偶然，而真正美的建筑群体是不会给人以偶然性的印象的。所以，虽然就纯粹的绘画构

图9-8 盛唐建筑画（第172窟北壁
观无量寿经变局部）

图而言，它或者不应该受到这样的挑剔，但从对建筑美的真实表现这一角度
来说，应该指出，它不免仍带有拼凑的痕迹。

第172窟北壁观无量寿经变在这一点上比第217窟高出一筹，是敦煌建筑
画高峰期的代表作之一（参见图1-21、图1-23，图9-8）。

它的构图与第217窟相比，有以下两个主要不同：一是建筑不是集中横列
在最上部，而是从左右两侧和上部三面环抱，围出一个很大的庭院，佛说法
和歌舞场面就画在庭院中；二是更忠实地表现了现实中实际存在着的佛寺，
总平面布局是按照真实的佛寺设计的，建筑不过于密集，建筑与建筑之间的
呼应向背、疏密进退，处处都符合建筑群的设计逻辑而绝无生硬拼凑之嫌。
作品表明画家对于建筑美有敏锐的感受和深刻的理解，正是在这个基础上，
才使得它的艺术达到了前所未有的高度。

作为建筑群，一般要有一个构图中心或谓之主题建筑，以它来统率全
局。正如山水画那样，"主峰最宜高耸，客山须是奔趋"（传唐·王维《山
水诀》），此建筑的体量应该是最大的。画面中轴线上的前殿就是建筑群的构
图中心，最高最大，位于庭院横轴两端的配殿比它小得多，发挥了它们的"奔

趋"即陪衬的作用。每座配殿左右各挟一座楼阁，配殿与楼阁又形成第二个层次的主客关系，所以即使配殿只是单层，其体量比起楼阁来也仍然是可观的。配殿在平面上凸出于楼阁之前，也加强了它在这个层次中的主体地位。

建筑群体美又很重视群体轮廓（或曰天际线）的起伏对比关系，切忌平泛单调。就此画中轴一路来说，先是一座高大的前殿，单层，其后的中殿面阔虽小但却是楼阁，轮廓高起，后殿又回复为单层，轮廓线又降下（在敦煌壁画中凡画出前中后三殿者，都是这种配置）。就左右二线而言，配殿是单层，紧接着高起的楼阁，然后再接以低平而长的廊庑，最后以高起的角楼作结。人们说建筑是凝固的音乐，这种旋律和节奏的起伏疾徐正是建筑与音乐重要的共同特征之一。

再如中国建筑的屋顶，以其舒展的曲线和优美的轮廓作为构成建筑美的重要手段，历来受到重视。各式屋顶又有不同的性格倾向：庑殿顶显得庄重恢宏，雍容大度，多用于中轴一线的主殿；歇山顶就显得活泼开朗，华丽生动，常用于配殿等次要建筑。第172窟的净土变也正是这样。

各单座建筑之间的有机关系是群体美的灵魂，上述各点就是这种有机关系的多方面表现。这种有机关系在各单体之间织成了一张网，似乎无形，却是可以感受得到的，它使建筑群的布局显出了必然性。比如主殿和配殿的有机关系就使得院庭横轴必须在主殿之前不远，如果它与主殿相平，势必使建筑过于拥挤；如果它推到主殿以后，那么从前庭来看就大大减弱了它们的呼应关系；如果把它往前拉得过远也会有类似的结果。正好位于廊庑转角的角楼也是这样，人们不能随意移动它们的位置。

上述这些都是就此画而论建筑群体美的一些基本方面。由此我们获得了一层认识，就是艺术家对于他们描述的对象必须有敏锐的感受力和深刻的理解，才有希望创作出真正有价值的作品。

但这种感受和理解，还只是创作的准备阶段，要进入真正的创作过程亦即把作者的感受和理解充分表达出来，还需要一番惨淡经营或谓"迁想妙得"的功夫。

敦煌壁画从主题性质来说是宗教画，从绘画品类来说是壁画，这两个质的规定性要求它有自己的形式特征。作者表现客观美的经营过程最终应该使美找到某种恰当的表现方式，使作品符合自身的特质。

我们将从以下几个方面对这幅净土变的表现方式进行分析。

全对称的构图

作为宗教画的净土变，主观上需要表现庄严的佛国世界。佛是至高无上的主宰，理应放在画面的正中，并比画面的几何中心稍偏高一些，恰好位于全画视觉上的重心位置。佛像距离地面比人眼高，适于信徒的瞻仰。左右对称分坐观音、势至二大菩萨，半侧向佛。一佛二菩萨的对称构图是全画的主旋律，其余部分如建筑、平台、华盖及其他菩萨、伎乐都以此为中心作对称的安排。以上这些，都使清净佛土弥漫着一种庄重神圣的氛围。

作为壁画来说要求安定性。壁画的质地是墙壁，由此决定壁画要有与墙壁相应的坚实感和稳定感，此于大面积的主题性壁画尤为重要。全对称的构图有助于这些要求的实现。

敦煌壁画所有经变画全是对称式构图，在早期的尊像画甚至故事画中也多采用这种构图方式。

浪漫的想象和装饰性

佛国本来就是子虚乌有之物，要表现佛国，就需要有比表现现实生活更多的想象。一幅表现现实人物的画，如果为了强调画中的主题人物而把他画得特别高大，其他的人物画得十分矮小，人们会感到不真实不自然，但净土变里的佛和主要菩萨，比起其他菩萨和伎乐高大得多，人们会认为这是无可非议的。众多的小菩萨和建筑的比例基本符合，有助于人们对建筑获得正确的尺度感。如果没有这么多的小菩萨，那么建筑和如此之大的主尊相比就会显得像是模型或玩具了。

壁画本来就是装饰墙壁的，与画在梁枋斗栱上的建筑彩画有某些相似，比起其他画种来，要求更多的装饰性。壁画的装饰性很容易和宗教画的想象性结合起来。在山水画中如果画上几个飞天，是不可设想的事，但是这些美丽的小飞天、乘云而来的赴会菩萨、图案化了的彩云、飘荡于空中的"不鼓自鸣"的乐器、水池中的化生童子，用在敦煌壁画里却特别合适，使得整个画面弥漫着一种幻境似的魅力，引起人们的神往，也正是壁画所特别要求的装饰性的表现。

透视的处理

这幅壁画最可注意之处在于透视的处理。

宋·邓椿讲述画院试题时说："又如'乱山藏古寺'，魁则画荒山满幅，上出幡竿以见藏意。余人乃露塔尖或鸱吻，往往有见殿堂者，则无复藏意矣"（《画继》卷一）。这里说的是卷轴画，用意在突出诗题中一个"藏"字。但敦煌壁画净土变，用意却在突出一个"露"字。净土宗宣传快速成佛，说只要诚心修持，念阿弥陀名号，迟则七日，快可一天，就能往生净土，不必经过几世几劫不可能做到的累世修行，所以净土宗一出现，对人们的吸引力就很大。为了把这无限安乐的净土景象显现给人们，净土变当然不能画成"荒山满幅"只出一幡竿而已。画家利用现实世界的建筑作为美化佛国世界的手段，就必须尽量显露它，这样，俯视就是最理想的角度了。它使天国的景象一览无余，仿佛伸手可及。信徒们在宗教的迷狂中，面对壁画，似乎可以自由进入或甚至已经进入了天国。

对称构图的俯视就是把灭点设在中轴线高处的一点透视。但画家的手段又不限于此，针对画中不同的对象有许多变通的处理。如在俯视的整体构图中，为了强调佛、菩萨的庄严凝重，又采用了平视即正投影的角度；为了显示佛殿的雄伟，中轴线上几座佛殿屋顶又处理成仰视。仰视的屋顶可以充分显露斗栱，表现斗栱的装饰美，也可以减少屋面在画面中所占的面积。后部高处的两座角楼屋顶也是仰视。俯视、平视和仰视出现在同一画面，似乎是不协调的，但是原作的画幅很大，画得又相当细致，在光线颇为幽暗的洞窟中，人们一般不会离画面太远，这样，也就不会太介意于这种不协调。事实上，人们在观看上述几座建筑的屋顶时视线恰好也是仰视的。协调和不协调是相对的，可以设想，如果全画各部分都画成同样的俯视，那么头大身短的佛菩萨和大片单调的屋面，肯定是不会令人满意的。

又如，就全画来说灭点取得很高，但远处的地平线（本应该就是视平线）却又放得颇低，恰在建筑群远处轮廓线以下，使美丽的建筑天际线可以展现在蓝天背景前。

这种透视处理，若按照西画的所谓科学的透视，简直是近乎荒谬了，但中国画有它自己的逻辑和长处。西画重在写真；国画重在达意。写真者对景写生，务求眼手一致；达意者以景入心，然后以意出之。故中国画对于对象不囿于某一固定视点的一隅之见，而是在前前后后全面观察之后再予以重新组合，创造出一个新的境界。二者都有存在的理由。若必持"科学的"立场，谓中国画为非透视或竟称之为无透视，则是不公平也不符合事实的。

关于俯视，宋·沈括有一段颇精当的话。他说："大都山水之法，盖以大观小，如人观假山耳。若同真山之法，以下望上，只合见一重山，岂可重重悉见，亦不应见其溪谷间事。又如屋舍，亦不应见其中庭及后巷中事。若人在东立，则山西便合是远境；人在西立，则山东却合是远境，似此如何成画？"（《梦溪笔谈》卷十七）。强调画家不应囿于山东山西的偏狭之见，而应"重重悉见"，由再创造中，得出一个新的、现实中不可能见到的"如人观假山"的画面。他所说的"以大观小"就是中国式的俯视。

但沈括还认识得不够彻底，所以他反对李成画俯视山水时山顶亭馆楼塔皆"仰画飞檐"，嗤之为"掀屋角"，认为"李君盖不知以大观小之法"。其实作为艺术，只要处理得当，在就整体而言"以大观小"的画法中，未尝不可在某一局部"以小观大"。敦煌壁画像第172窟那样的"掀屋角"画法，至迟自初唐就开始了，到宋代迄未少衰，前后五百年，画幅数百余，岂尽不知画理耶？

郭熙就比沈括更高明，首先提出了"三远"的理论："山有三远：自山下而仰山巅，谓之高远；自山前而窥山后，谓之深远；自近山而望远山，谓之平远。……高远之势突兀，深远之意重叠，平远之意冲融。"反复强调"意"、"势"二字。换成我们的说法，所谓高远，就是仰视；所谓深远，就是俯视；所谓平远，就类乎正投影（画者作水平移动的连续平视）。一幅画可以主要用高远或深远，如立轴山水；或者主要用平远，如长卷山水。但也可以深远与高远并用，或深远与平远并用，甚或三远同处一画，只要处理得当均无不可。敦煌第172窟的净土变就正是这样。这种透视，也可名为"散点透视"或"运动透视"。"三远"的理论，在宋代以后经常被提到。中国画的"三远"是中国画与西洋画的重大区别之一。

其实早在郭熙之前，山水画的"三远"已经在敦煌建筑画中得到广泛的应用了。

平面感

壁画画在墙壁上，从属于墙壁，所以和壁画应有的安定感一样，也要求有平面感。

平面感将会与画面所表现景物的"深远"产生矛盾，这就要求对于"深远"的处理应有所节制。

画山水又有所谓"迷远"、"幽远"之说。宋人韩拙曰："有烟雾溟漠，野水隔而仿佛不见者，谓之迷远；景物至绝，而微茫缥缈者，谓之幽远"（《山水纯全集》）。其实此处所说也是指深远，着重考虑空气透视：愈远色愈淡，愈远景愈隐。但敦煌壁画往往远处的色彩和近处的同样浓重，远处的细部和近处的同样清晰，显然是画家对深远的有意识的节制。壁画的深远主要靠透视。清·沈宗骞说："画近处要浓重，远处要清淡，固是成说，然又不当故以轻重为远近，要识远近之法，在位置不在浓淡"（《芥舟学画编》）。这就是说，有透视而不分浓淡也可以表现深远，当然其效果不如同时也分浓淡更加充分，但这对于壁画来说已经足够了。

即使运用透视来表现深远，壁画也是有所节制的。以第172窟此画为例，左右廊庑画得颇短而正中却有前中后三座大殿，可知实际上前后的纵深是很大的。现在形成的效果使人好似有从望远镜中看重重建筑的感觉，就是因为画家有意识地拉近了描绘对象的纵深距离。

这个现象，只能用壁画所需要的平面感来解释。

透视的画法，在西方直到文艺复兴时期才得到发展，大约13世纪14世纪

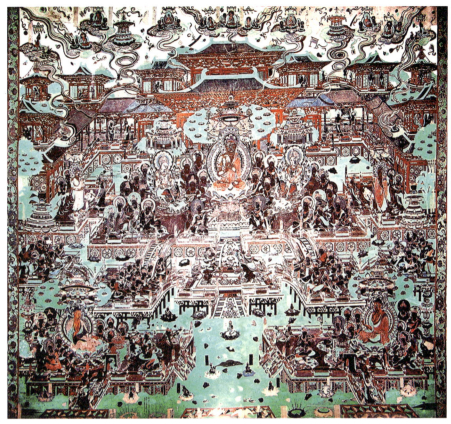

图9-9 盛唐建筑画（第148窟东壁南侧观无量寿经变）

之交启其端，15世纪才有了较多的运用。那时的透视一开始也主要靠直感，并没有严密的数学基础。看到出现于8世纪的敦煌西方净土变这样纯熟而富有民族特色的透视画法，不能不为中国古代绘画的高度成就而惊叹。

第172窟壁画在认真经营全画总体布局的同时，也没有放松对于细部的精心刻画。檐下的斗栱是最为繁琐精细的部位，但在建筑造型上起着重要的作用。中国唐代建筑所注重的结构美，在很大程度上正是通过斗栱来显示的。画家对此十分着意，不但把各个构件的穿插嵌接交代得十分清楚，同时也把唐代斗栱雄大豪放而疏阔的风采和神韵充分表现出来了（参见图7-25、图7-26）。

敦煌建筑画盛唐杰作除前举二图外，还有集中在第148窟中的几幅，如东壁南侧的观无量寿经变、北侧的药师经变（图9-9，参见图1-38）、西壁的涅槃经变等。前两幅的场面比第217窟和172窟的更为宏大，建筑规模伟丽雄奇，其灿烂辉煌，臻于极境。涅槃经变中画出一座大城，其构图、透视、比例、细部和色彩也都是大家手笔，极得体而精美（参见图3-3、图3-24）。此外，第172窟南壁观无量寿经变也值得注意，只是构图比较壅塞，较北壁者稍差（参见图1-24）。

壁画中还有许多立轴式画面，可以第148窟观无量寿经变左缘的未生怨故事画为代表。全画由下至上沿水平方向均匀并列了七道横廊，把画面分成七格，每格内几乎都画有一座建筑。建筑在格内的位置或偏左或偏右，依次间隔变化（二、四、六格偏左，三、五格偏右），偏左建筑右向，偏右建筑左向。为避免分格的呆板，所有横廊都不是通长横贯，要么廊顶的水平线被高起的屋顶打破（三、五、七廊），要么廊子本身作一至两次直角转折（一、四、六廊）。这样，既有了很强的秩序感和壁画所要求的安定感、平面感和装饰性，又不失其生动活泼，看来画家在构图上是很费了一番匠心的。由于画幅是立轴，画家放弃了全景的表现，而采取了有次序地组织许多个别场景的方法，仿佛电影的蒙太奇效果，同样再现了"帝宫九重"的意境（图9-10）。

第148窟是盛唐最后一个洞窟，此时敦煌已陷入吐蕃的包围，大军压境，孤立无

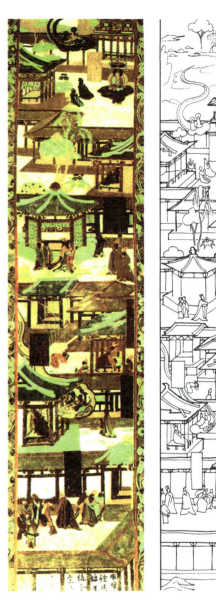

图9-10 盛唐148窟未生怨

340

援，画师们仍能镇定地坚守着自己的神圣事业，在刀光血影的千里砂碛，留下了盛唐最后一束艺术奇葩。临壁追思，常可击节三叹。

中唐以后的建筑画

盛唐以后经中唐（吐蕃占领时期）、晚唐、五代和北宋，建筑画的基本特征都沿袭着盛唐的路子，并逐渐程式化，没有明显的发展。

从中唐开始，通壁大画减少了。这是由于经变画的种类增多，往往一窟内画出很多经变，最多时可达15幅（如晚唐第85窟）。一般较小的壁面画两幅，大壁面可并列五幅，画幅也因此从盛唐时的横长方形或方形改变为竖长方形。画幅形状的改变使建筑画多不止于画出建筑群的后半部分，同时也画出了前部，完整显现了院庭布局。

中唐以后的建筑画仍不乏优秀之作，如榆林窟中唐第25窟，莫高窟中唐第361窟，晚唐第85、98、100窟，五代第146窟，榆林窟五代第16窟，莫高窟北宋第55、61窟等。

有必要指出，敦煌建筑画中采用的透视画法，绝大多数都是一点透视（只有一些方形塔的视点取在塔棱上，以类似于两点透视或称45°轴测投影的画法画出，参见图4-22～图4-24、图4-33）。用一点透视绘出的建筑，一个立面与画面平行，另一个立面与画面正交。前者的垂直线仍然垂直，水平线仍然水平；后者的垂直线也仍然垂直，水平线则斜向交于灭点（绝大多数都没有明确的灭点，只作斜向平行）。这种画法比成角透视简单得多，所以得到广泛采用。采用这种画法也许还考虑到壁画的特征——大量的与画幅边线平行的横、竖线条，使画面具有很强的安定感。

中唐第361窟南壁西侧的净土变中，几乎完全不见斜线，在所有敦煌壁画中，是独一无二的构图。它的平面没有透视，就是一个规规矩矩的纵长方形，表现了一所围绕着水壕的完整院落，周围廊，前有门楼，四角各一角楼，左右廊正中突起钟楼和经藏。院内横轴以后正中立一座二层塔。除四座角楼及某些局部用了透视外，其余都是正投影（参见图1-26）。这种画法与中国其他许多表现建筑群体的图形一致，诸如宋绍兴间刻的唐·道宣《戒坛图经》插图，宋刻唐太极宫、兴庆宫图，宋平江府图碑，金登封中岳庙碑，金汾阴后土祠庙像图碑以及明清各种地方志书的插图，清"样式雷"的许多设计图等，都是这样。在横平竖直没有透视的总平面图上竖起单座建筑的正立面，二者同时出现，既能表现总平面布局，又能大体显示各单体建筑形象，画法简易。它长久地通行在工匠们中间，是中国建筑制图法的创造。在某些资料中还见有一种画法与上述近似，不同点只在于凡表现侧立面向前的建筑如配殿时并不画出侧立面而仍画正立面，所以左右两侧的建筑都朝外倒下，甚至画幅下端的建筑倒立在下。那已纯粹是实用的图形，可不入于绘画之流了。

从现知材料看来，作这种画法的，先有长沙马王堆西汉墓的"守备图"（参见图3-17），继而又有内蒙古和林格尔东汉墓壁画（如武城图、离石城图、繁阳城图、土军城图等），但都很粗糙简略，不注意对象的真实比例，故第361窟净土变可算是采用这一画法最早的成功之作了。在它以后的各图，多仅用单线描绘，不施彩色，画幅也小，不如此图表现充分。此图建筑布局严谨合理，又反映了中唐以塔为佛寺中心建筑的布局情况，实在是中国建筑史和建筑画史值得充分重视的资料，可惜原画已剥蚀严重，不易看清了。

从壁画特征而言，此画构图和用线更强调横平竖直，具有异乎寻常的安定感。

第361窟内其他壁画也都画得很好，特别是还最早画出了连柱子都向内弯转几乎全用曲线的塔（有两种式样），建筑装饰也别出心裁，处处显出画家敏于巧思及锐意创新的用心。

沙州回鹘以及西夏早期和中期，虽然壁画数量还是不少，艺术上却是一段衰败时期，所绘建筑类皆草率荒疏，构图比例颇欠推敲，细部也懒得认真去画，一切都敷衍应付。色彩则多用石青、石绿和黑，画面一片清冷，虽不复唐画的辉煌热烈，也别具一种装饰之美（图9-11）。

榆林窟第3窟有西夏晚期的两幅净土变，风格又有一变。从总体看，同内地金、元作品颇相似，但仍具有敦煌壁画共通的特点——取全对称构图，用一点透视的俯视画法。这两幅画描绘细致认真，与回鹘时期和西夏早、中期

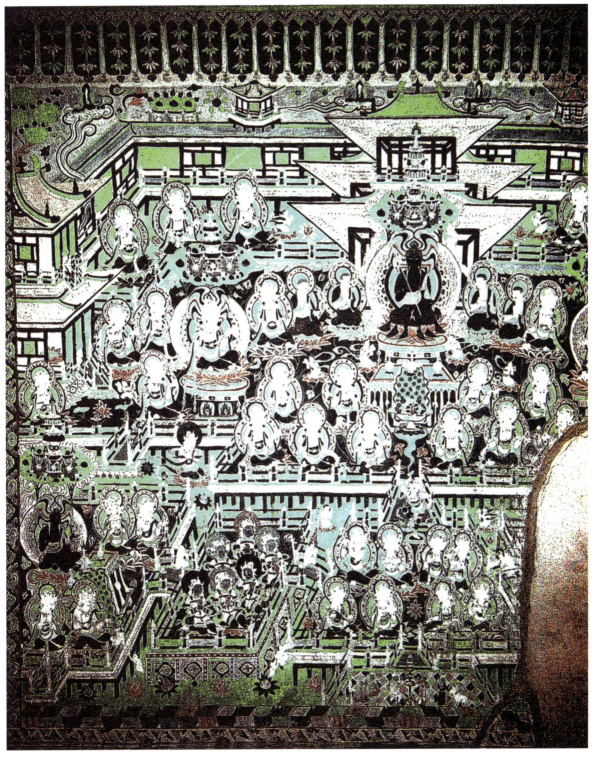

图9-11 回鹘时期建筑画

图9-12 元代建筑画（第9窟中心柱后壁元绘嵩山神送柱故事）

图9-13 传世明代界尺与槽尺

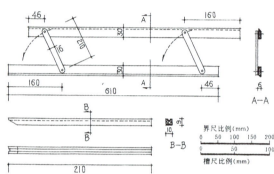

完全不同（参见图1-65、图1-67）。

元代敦煌壁画建筑画只有两幅，其中之一为白描画，画在现认为是晚唐改造的第9窟中心龛柱背面。所画建筑很大，用笔洒脱豪放，颇见功力（图9-12）。从画上可清楚看出，凡较长直线都是借助于直尺（又称界尺）画出的[1]，较短者方为徒手（图9-13）。

---

1 建筑画所用的尺子称界尺。近人余绍宋称："其界尺之制与夫用之之法向无载籍可稽"（《画法要录》二编卷四）。可见详细情形失传已久。又，唐代已有"界笔"之名，如《历代名画记》："或问余曰：吴生何以不用界笔直尺而能弯弧挺刃，植柱构梁？"（《历代名画记》卷二论顾陆张吴用笔。此处"界笔"一词凡五见），但界笔之制亦不详。一般辞书都未释"界笔"，而所释"界尺"的形制就是一把直尺。王树村先生近著《中国民间画诀》提到了界尺和所谓"笔船"。其界尺是一支长约二尺，宽寸余的木制直尺。笔船为铜制，状如半个钢笔帽，将笔嵌入其中，露出笔尖，靠在尺上画出直线。此"笔船"或与古代"界笔"相近。又，杭州大学数学系沈康身撰《中国历史上的建筑制图》（1977年油印本）一文，也谈及界尺和所谓"槽尺"，并附有明代遗物二尺的图样。其界尺为铜制，并非一条直尺而是由上下两条直尺组成，上下尺的左右端之间各连有一可变换角度的活动连杆，若按住下尺移动上尺即可得出平行于下尺的许多直线，这对于绘制有大量平行直线的建筑画来说十分方便。槽尺木制，是一支一侧开有半圆形凹槽的短杆，一端削成斜面。画笔嵌在槽内，笔锋从有斜面的一端露出，作画时以斜面紧贴上尺，线条的粗细可由露出笔锋的长短来掌握，大意正与笔船相同。如此，则"槽尺"或许就是古代的界笔了。现依该文之图改画附录于此，以俟识者。

建筑画中有大量的直线，为了表现建筑的坚挺，免不了要借助直尺，尤其大幅壁画，直尺更不可少。仔细观察敦煌各代建筑画，用尺的情况也都与第9窟相同。建筑中的曲线，如屋顶轮廓和瓦垅线，则为徒手，其线条有如"弯弧挺刃"，富于弹性。

敦煌壁画中的大幅画面，在布置总体构图时可能还用了墨斗弹线的办法。从北魏第257窟南壁说法图脱落处，可以清楚看出土红色的纵横弹线，以之确定各部分的位置和比例。

墨斗在壁画中也曾画出，如西魏第285窟东顶伏羲左手中所持。

余论

在画史上建筑画又称"屋木"、"台榭"、"台阁"、"宫阁"、"宫室"，宋代开始以所用界尺工具得名为"界画"。但以上名称尤其是"界画"一词，又含有画面以表现建筑为主的意思，较少情节，一般也没有什么宗教含意，与敦煌壁画性质略异，故本书仍泛称"建筑画"。

唐人画论中已论及建筑画，如张彦远《历代名画记》，书中还载有传为顾恺之论建筑画的意见。但一般看法均认为，建筑画在五代宋以前尚不成气候，直至宋郭忠恕出才蔚成名家。如《宣和画谱》说："台榭户牖……自晋宋迄于梁隋未闻其工者，粤三百年之唐历五代以还，仅得卫贤以画宫室得名。本朝郭忠恕既出，视卫贤辈，其余不足数矣"（宋·佚名《宣和画谱》卷八宫室叙论）。元人汤垕更断言唐人无作界画者（《画论》）。

对五代以前建筑画的情形古人也颇有争议。宋人刘道醇《圣朝名画评》说郭忠恕的界画"尽合唐格"，明·王绂据此语驳汤垕云："前人谓其尽合唐格，则斯事之莫备于唐，有无庸一语撇却者？"（《书画传习录》）。然而当时的情形究竟如何大抵也仍是打不清的笔墨官司，原因在于论者的眼光似都局限于卷轴画。唐代卷轴留存既少，画有大量建筑者更是希乎难得，一鳞片爪，自然得不出结论。事实上，论唐画而不知壁画庶几近于无米而炊。但这种情形也难怪古人，由于兵灾天火，两京及中原地区唐代建筑几乎毁绝殆尽，壁画也随之无存，即使宋人也不可得见。近人余绍宋曰："唐代以前……壁画，此图画中最可珍重者也……遂多不存，而其画法亦遂成绝学"，只得"广征载籍"，其所得也只是"宋赵希鹄论佛顶圆光一条"而已（《画法要录》二编序例），实在是贫乏得可怜了。

现在，在这"平沙落日大荒西"的沙漠荒原中，不管是由于历史的必然性还是历史的偶然性，敦煌艺术竟得以幸存，其精华所在又恰在唐代及唐代以前。"礼失而求诸野"，由于这份遗产，从十六国到唐代建筑画的真相可以大白了。

历代文人之于建筑画又多鄙薄之论。如果张彦远的记述是可信的话，那么顾恺之就是这种偏见的始作俑者了。他说："台榭一定器耳，难成而易好，不待迁想妙得也"（《历代名画记》卷五顾恺之论画）。张彦远随声附和，倡言"至于台阁……无生动之可拟，无气韵之可侔，直要位置向背而已"（《历代名画记》卷一论画六法）。他们的看法影响很大，后代文人学舌者颇不乏人。刘道醇把画分门为六，人物打头，屋木断后（《圣朝名画评》）；邓椿分画为八，屋木在畜兽虫鱼之后居第六（《画继》）；元人陶宗仪提出画学十三科之说，以佛菩萨像居首，界画楼台为十（《辍耕录》）；以后又不知为何，十三科变成"人物打头，界画打底"（见汤垕《画论》所引）。只有《宣和画谱》对建筑画有所推重，在所分十目中，宫室居第三。

文人们大都视建筑画为匠作，不登大雅之堂。直到不久以前，也还有些学者提出这样的质问："台阁……直是死物，有何气韵可言？更何能生动？"。郭忠恕的成就曾使鄙薄建筑画的风气稍稍有所收敛，但即便有推重之词也仍然脱不出顾恺之"难成而易好"的窠臼，在"难成"二字上更多强调而已。例如："画宫室一点一笔必求诸绳矩，比他画为难工"，"又隐寓算学家乘除法于其间，亦可谓之能事矣"（《宣和画谱》）；"合乎规矩绳墨，此为最难"（宋·饶自然《绘宗十二忌》）；"画屋木者折算无亏"（宋·郭若虚《图画见闻志》）；"界画……求合其法度准绳，此为至难"（汤垕《画论》）；"画家宫室最为难工，谓须折算无差"（明·文徵明

《甫田集》）。其实所谓"折算无差"云云，对于建筑画来说未免"过誉"了，大概没有人真正认真地去"折算"过，而且直到近代基于严格数学法则的透视理论建立以前，也还没有人懂得怎样去"折算"它。若要真的"折算"起来，可以肯定所有古代建筑画不但不能"无差"，且将差之甚远。真正"折算无差"的只能是工程设计图，而绝不是作为艺术的古代建筑画。可知古人论画，从来就没有真正从创作方法和表现方法的高度对建筑画作过认真的研究和评价。

建筑是人类创造的一项巨大的物质财富，同时也是一项巨大的精神财富，建筑美的创造是人类全部艺术活动中的一个重要方面。表现建筑美的建筑画与所有其他艺术创作活动一样，无不存在着一个主体对于客体的感受、体察、认识、概括和提炼并加以艺术表现的过程。这个过程必然牵涉到作者的艺术见解和造诣，贯穿着作者的主观创造精神。所以，一件好的艺术品，借用顾恺之的用语，都有一个"迁想妙得"的升华过程。建筑画的创作，何尝只是依样画葫芦？其艺术价值的高下也绝不决定于这个"葫芦"是否特别繁杂难画而已。

对于古代建筑画的研究，直到今天基本上还是一个空白，笔者希望以上对于敦煌建筑画的介绍和讨论，为今后的研究提供一些素材。

第二编

敦煌古建筑

第十章

敦煌古城与两关

城市是政治和经济力量聚集的中心，也是文化的重要载体，对于作为中国古代处于中央王朝控制下最西部、最重要的据点敦煌来说，又是保卫丝绸之路交通，联系中外交流的重要通道和军事重镇。从汉代开始，古代敦煌城作为汉魏、唐宋以至明清（不论是称为敦煌还是有时被称为瓜州或沙州）的郡治或州城，曾迭经变迁，其位置和形制均有待探讨。尤其是汉、唐敦煌古城，曾经演出过多少悲壮动人的史剧，不但具有考古学、历史学和建筑史学的价值，也是我们深入了解敦煌石窟反映的建筑历史资料所应知悉的重要背景，更应加以重视。敦煌从西汉起，就是闻名中外的玉门关和阳关的所在地。两关究在何处，历史变迁如何，具体形制又是怎样，都曾有学者进行过实地勘察和研究，也有在此加以综述的必要。故本书特设此章，对这些问题加以综合整理，并提出笔者的一点见解，供学界参酌。

古敦煌城

　　这里所说的古敦煌城，特指汉、唐至宋敦煌州治或郡治所的所在地。关于此，学界最早提及者为清人常钧。他在乾隆七年（1742年）《敦煌杂钞·沙州卫》中说："沙州之西，本有故城，即汉敦煌郡治。经党水北冲，圮其东面。"道光十年（1830年）敦煌知县苏履吉创修的《敦煌县志》卷七《古迹》敦煌废郡条也说："今按沙州旧城即古敦煌郡治也，今在沙州之西，墙垣基址犹存。以党水北冲，城墙东圮，故今敦煌县城筑于旧城之东"。二文所说的"沙州"指清敦煌县城，即现敦煌市区，现仍保存有不完整的城墙，在常钧时为"沙州卫"城，道光时沙州卫虽已改为敦煌县，但《县志》在使用"今敦煌县城"的同时仍沿用旧称"沙州"。

　　常钧所说沙州卫城西面的"故城"和道光志所说的"沙州旧城"遗址仍存。现西出敦煌市区，跨过转向北去的党河，距城约五里，公路南有旧城一处，东部已毁，其他三面城垣犹存。东西残长718米，南北1132米，残高16米，其西北角城墩更高。城垣皆夯土筑，上部或用大土坯修补。城内有喇嘛塔一座。现当地人士犹称此为"沙州故城"（图10-1）。上述二文或肯定此城即"汉敦煌郡治"，或泛定为"古敦煌郡治"。有人同意此说，如"予意汉之敦煌郡城，即唐之沙州城，宜依旧志所说，在今废城内"[1]，或"唐代沙州所属……敦煌县治所仍在今党河以西之旧城"[2]。

　　但也有怀疑者，认为此城可能只是雍正初设"沙州所"时所筑。清代于康熙朝开始经营关外，雍正元年（1723年）置沙州所，可能即筑此城（萧按：考虑到《敦煌杂钞》成书时的乾隆七年距雍正元年仅19年，《杂钞》断不致疏忽至将此城误为"汉敦煌郡治"，故不妨可认为此城实为明永乐（1403～1424年）在敦煌置沙州卫时所筑的卫城，约三百年后即雍正初改沙州卫为沙州所时仍使用，并非筑于雍正）。雍正三年复升所为卫，此城因党河冲蚀，于升所为卫的同时废弃，而"于故城东另筑卫城，周围三里三分，

---

1 闫文儒. 敦煌史地杂考. 文物参考资料, 第二卷, 第五期, 1951.
2 闫文儒. 敦煌史地杂考. 文物参考资料, 第二卷, 第五期, 1951.

图10-1 "沙州故城"

开东西南三门"（《敦煌杂钞》），即今城。乾隆二十五年（1760年）改沙州卫为敦煌县。故向达先生才不同意《敦煌杂钞》和《敦煌县志》的说法，认为"汉以后之敦煌郡治果在何处，尚无可考"[1]。

汉敦煌郡治位置虽无确证，但一般认为仍在今城之西。向达即据唐《沙州图经》（敦煌遗书P.2005《沙州都督府图经》）引《十六国春秋》记北凉沮渠蒙逊攻西凉敦煌城，三面起堤，以水灌城，城破乃降之事，推测汉魏以至六朝之敦煌城应在党河以西，否则"似难筑堤以引水也"。党河即汉之氏置水，唐代又名甘泉水，源自南山中，迤逦出山后，先从敦煌以南（现肃北自治县）自东南流向西北，再从石俄博西（即今党河水库处）转向东北流向敦煌盆地，至今敦煌市区紧西即左折向北，远入砂碛或潜入疏勒河中。向达先生之推测有一定根据，因今敦煌市区以东地势高起，故由西向东而来的党河在今城西面即转向北去，其东确难引水以淹。向氏即据以认为现城西十五里俗名沙枣城（又称南台县）一带的古城遗址"岂汉以来之敦煌郡治，当求之于此欤？"此地有累累土阜，呈南偏西向，长约十里[2]。有的研究者部分认同

1　向达. 唐代长安与西域文明·西征小记. 北京：三联书店, 1957.
2　向达. 唐代长安与西域文明·西征小记. 北京：三联书店, 1957.

图10-2　敦煌市简图

此说，如《汉代效谷城考》的作者据汉唐文献记汉效谷城与汉敦煌郡治、唐沙州城的地理关系，及其认为的效谷城遗址所在，认为汉、唐敦煌城实在一地，即沙枣城处[1]。但向氏又认为汉、唐敦煌城并非一处，唐城应在今敦煌市区东南约二十五里名"佛爷庙"的地方。由佛爷庙再东南行约二十五里即莫高窟[2]。其根据为敦煌唐代遗书《敦煌录》（敦煌遗书S.5448）有"州南（南显为东南之误）有莫高窟，去州廿五里"一语。莫高窟第156窟写于唐咸通六年（865年）的《莫高窟记》首亦曰"右在州东南廿五里"，即莫高窟在唐沙州城东南廿五里，正与佛爷庙地望相合。现知尚有敦煌遗书《莫高窟记》（敦煌遗书P.3720）（与156窟记年月日均同）也有此语。向氏此断亦颇有据，若唐城在沙枣城处，距莫高窟有六十五里之遥，大出廿五里之数甚多，与上引文献龃龉过甚。佛爷庙是清代的称呼，现有破庙一所，周围一带土阜相连，有房基遗存，地面有北朝至唐陶片甚多，迤西迤北与绿洲相近，东面南面不远为戈壁，有包括唐代在内的古墓甚多（图10-2）。

1　梁尉英. 汉代效谷城考//敦煌文物研究所. 1983年全国敦煌学讨论会文集（上）. 兰州: 甘肃人民出版社, 1987.
2　向达. 唐代长安与西域文明·西征小记. 北京: 三联书店, 1957.

但若以此即唐沙州城，又与另外一些文献不合，如五代后晋天福十年（945年）写本《寿昌地境》说"（寿昌）西北（显系东北之误）去州一百二十里"。又说寿昌东六十五里有破羌亭，以此与沙州州治所在地即当时的敦煌城为界（敦煌遗书S.788残卷《沙州地志》同此）。破羌亭即今石俄博，在沙枣城西南约五十五里［《太平寰宇记》卷一百五十三也说沙州"南（显为西南之误）至寿昌废县中界五十里，以破石（石应为羌）亭为界"］。寿昌故城今仍存，在石俄博西南约六十五里。若以寿昌到石俄博之六十五里与石俄博至沙枣城五十五里相加，正符"一百二十里"之数。但若以佛爷庙为唐沙州城址，则寿昌城与唐沙州城相距大出四十里，且寿昌故城与佛爷庙方向仅略呈东北、西南向，不若沙枣城之明显。而《元和郡县志》更谓"寿昌县东（应为东北）至州一百五里"，就更小于佛爷庙与寿昌故城之距了。

又有人认为沙枣城一带是汉唐沿用之汉敦煌郡城和唐沙州州城，而唐沙州所领敦煌县则别有"县城"，并认为可能即前述今敦煌西五里的旧城[1]。此论或也可备一说，但也许唐敦煌"县城"并非敦煌西五里的旧城，而在佛爷庙处，但这却又与前引《莫高窟记》明确称莫高窟在"州"东南廿五里相违了。

古人文献往往语焉不详或有误，以上所举诸文，必有其误，尤其是里数，所误可能更大。总之，关于汉、唐之敦煌城址究在何处？以及汉、唐敦煌城址是否即在一地？唐之州城和县城是否一处还是分置？尚须依靠考古发掘并爬剔大量文献。此非本书所能，在目前考古资料和研究都不充分的情况下，只好暂且存疑了。

有关唐沙州城具体形制的资料也不多，惟大致可知城有四墙，城门处可能有瓮城，门上有城楼，四周有城壕，城内复有子城，子城内有衙署。

唐《沙州都督府图经》记唐沙州城形制，其一所壕堑水条云："阔四十五尺、深九尺，濠绕城四面。"又说"其濠西南角有一大泉，分为两道

---

1 梁尉英. 张芝籍贯辨. 敦煌研究, 1985, 2（4）.

流，绕城四面，周迎（匝）至东北隅合流，北去城七里，投入大河。"知此城壕之水从西南角来，向东北角去。"大河"应即今党河。沙州城壕水的流向与党河水在敦煌境内的总流向相合，故此之城壕水有可能即引党河水而成，闫文儒先生即由此推测党河向北流去的一段应在唐沙州城东[1]，也即城在河之西。但此推断也可能根据不足，因城若在河之东不远，城壕水仍可北去投入大河，且《图经》明言城壕水系来源于西南角的"大泉"，并未言引自"大河"或唐所称的甘泉水，所以城也仍可在向达指出的佛爷庙处。若此，城壕水有可能是来自流经莫高窟的泉水。此水唐称"宕泉"，"宕"、"大"音近，现即称为"大泉"，源自南山，今由南而北过莫高窟后已成涓涓细流，并即隐没，但唐时水量甚大，以至当时自莫高窟东望，竟有"前流长河，目极远山"之说，有可能在流经莫高窟后即被引向沙州城西南角，成为城壕水。这样，似为唐沙州城在佛爷庙处增加了一条证据。

敦煌遗书《敦煌廿咏》为陷蕃前敦煌人描写本地风景名胜的组诗，约作于唐大历二年（767年）[2]。其《分流泉咏》记此城壕水云："地涌澄泉美，环城本自奇；一源分异派，两道入汤池。波上青苹合，洲前翠柳垂；况逢佳景处，从此遂忘疲。"又从其《望京门咏》记沙州东门望京门情状可略知城垣情况："郭门望京处，楼上起重闉（音yīn）；水北通西域，桥东路入秦。黄沙吐双喉，白草生三春；不见中华使，翩翩起虏尘。""闉"原意指城门外层的曲城，即瓮城，也可泛指为城门。此"楼上起重闉"系倒装句，意为"重闉上起楼"，是说城门和瓮城的城门上都有城楼。门外有濠，濠上架桥。

这种围以方形或长方形城墙，城门外有瓮城，城门和瓮城上均有城楼，外绕城壕，壕上架桥的形制，是汉唐以来中国通行的城制，尤其北方更为盛行，在敦煌唐宋壁画中所见数百幅城图几乎都是这样（但壁画未绘出瓮城）。壁画之城又绝大多数有角楼，沙州城是否有此，文献虽未见到，想来也是应设之物。

从敦煌遗书《书仪》中可得知州城内还有子城。此卷是蕃据时期一个

1　闫文儒. 敦煌史地杂考. 文物参考资料, 1951, 2（5）.

2　马德. "敦煌廿咏"写作年代初探. 敦煌研究, 1983, 创刊号.

守使向瓜州吐蕃节度使呈递的报告，详述了氾国忠与张清二次袭城事件的经过。文中说氾国忠"重城夜越，有同天落"，"蓦大城入子城，煞（杀）却监使判咄数人"。此守使自去"衙门"，"及至子城南门下，其节儿（吐蕃守官）等已纵火烧舍，伏剑自裁，投身火中，化为灰烬"。张清袭城也是"夜越重城，□损官寺"（敦煌遗书S.1438）。

子城是郭城内的又一重小城，为衙署所在，也是唐宋所通行。子城多在郭城内中央，如唐之汴州（今开封）城内居中处就有子城，处州衙。至宋此子城成为宫城，甚至开启了以后数朝宫城居都城中央的先声。宋平江府（今苏州）城内中部也有子城，同样是衙门。

有人认为子城就是"州城"也即本书所称的"郭城"，而所谓"罗城"（实即郭城，又即《书仪》中所谓的"大城"）则为"塞城"[1]。此说盖不悉古代子城制度，应不确。《图经》记有"古塞城"，范围甚大，东西达六十里，"周回州境"，是作为全州绿洲核心区军事外防的一道屏障，并非城市的城墙。

唐沙州城宋代沿用。从一些迹象，沙州子城内除衙署外，也有一些官员居宅，如敦煌宋代卷子《节度押衙董保德等建造兰若功德记》（敦煌遗书S.5929）乙本云："保德自己先住当府子城内北街西横巷东口"。又说"创建兰若（寺庙）一所，刹心四廊，图素（塑）诸妙佛铺；结脊四角，垂拽铁索鸣钤（铃），完然具足。新拟弥勒之宫，似创阿育之塔……"是周围廊院中建一塔的形制。

子城外的建筑，据《图经》，"在州城内，在州（指州衙，即子城）西三百步"有州学，其内又有医学。州学之西与之相连并有县学（从州学、县学相邻的记载，似可对州、县各为一城之说提出疑问）。又提到西凉李嵩建的嘉纳堂"其堂毁除，其阶尚存，其地在子城东北罗城中"。这一条资料颇堪注意：嘉纳堂在李嵩所建学宫并兼祀孔的泮宫后园，似应在西凉时的敦煌城即沿用的汉敦煌城内，若此，则汉至唐宋的敦煌城又似同为一城了？暂录

---

1 梁尉英. 张芝籍贯辨. 敦煌研究, 1985, 2（4）.

于此，以为日后考索提一质疑。

在《敦煌廿咏》中还提到李庙、贺拔堂等建筑，但皆未详其址。李庙是为纪念李嵩的，《敦煌廿咏》对之进行了歌颂。贺拔堂应为初唐武德三年（620年）至五年时"割据王敦煌"的贺拔行威所遗，诗人描写了建筑的华丽："五郡征般匠，千金造寝堂；绮檐安兽瓦，粉壁架鸿梁"，也斥责了行威之所为："峻宇称无德，何曾有不亡？"顺便可以提到，有人认为贺拔堂是纪念北魏和西魏敦煌刺使东阳王元荣（原姓拓拔）的，"贺拔"乃"拓拔"之讹[1]，盖未悉行威史实（参见本书绪论），应为误断。

关于在历史上如此重要的敦煌城，现在甚至连其所在都不能确知，但我们目前可以谈到的也只能是这样了。

常钧《敦煌杂钞》说清代"沙州卫"城即以后的敦煌县城于雍正三年（1725年）筑成，周围仅三里三分，开东西南三门。道光《敦煌县志》也说开东、西、南三门，但又谓"北门楼建庙"，据《县志》附图知为武庙，当地又称北台庙，门遂不通。可见原有北门。大概是北门外就是坟场，所以才封掉的。四门间为十字街。《杂钞》又说乾隆六年（1741年）"以卫城仅容衙署兵房，并无余地，民居皆在城外，自筑护墙以为凭依。现今户口滋繁，商民杂沓，而旧筑护墙剥落坍塌"，故拓宽原城东、南两面为郭城，周长五里多，四面筑门台四座，台上都有门楼，各三间，四角各有角台。为何只在东、南两面扩出郭城，应系城西紧邻党河而城北门不通所致。此城在20世纪50年代初期尚存较多城墙。城内东西大街一，南北街二。估计由西向东第一条南北街为原城所有，第二南北街则属扩大后的新城即郭城。据《县志》附图，第一南北街与东西街相交处曾有二层的鼓楼。在第一南北街紧东、东西街以北，民国及新中国成立后皆为县政府，今为市委（其西原有通向北台庙的道路，后北台庙被拆，路废，现为市府），据《县志》图，应是由清之参将署改建而成（图10-3、图10-4）。据笔者20世纪60年代亲见，在南门内路西、近西城墙处，曾有人称"大佛寺"的庙宇一所，应即《敦煌县志》所

1　阴法鲁. 晚唐佚诗"敦煌廿咏"所反映的当地情况//向达先生纪念文集. 乌鲁木齐: 新疆人民出版社, 1986.

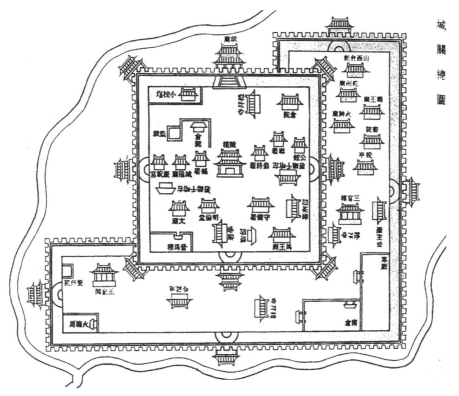

图10-3 敦煌"城关总图"（道光《敦煌县志》）

图10-4 清敦煌县城南门（1943年）

图10-5 莫高窟"三危揽胜"坊雪后

说"在护城南关西面"的"大佛寺",与城同时建于雍正三年。虽不大,但因建在高台上,也颇可观。北台庙笔者也曾得见,但可惜在"文化大革命"中被拆毁了,以充阶级教育展览馆的木料。大佛寺也同时被拆。鼓楼更早不存。城中许多牌坊现在也均无存,只其中一座在20世纪50年代赖常书鸿先生努力,迁至莫高窟大泉西岸,东对三危山,上有郭沫若书"三危揽胜"匾,为莫高窟窟区入口,成为莫高窟一景(图10-5,参见图0-14)。

龙勒县及阳关、玉门关

汉初设郡时,敦煌领六县,其中敦煌、龙勒、效谷三县在今敦煌境内,冥安、渊泉、广至在今瓜州县境。魏晋后建制多变,西晋敦煌领县多达十二。十六国及北朝的敦煌及其属县亦纷繁迭更,忽分忽合,旋兴旋废。

归义军曹氏时期，又有沙州六镇或八镇之设，其镇即相当于县，也应多有县城。对它们的时代、位置、规模、形制的研究，应属专门之学，且多有超出今敦煌境而在今安西、肃北等县甚至玉门市者，凡此等等，本书均不遑深究。今敦煌市境内尚存不下十余处之多的古城堡遗址（可能有的是古县治，有的只是军屯基地），由于考古资料之不足和篇幅有限，此处也不能多所涉及了。

因故此处所言，仅只遗址尚存、意义较大、历来争论也不多的汉龙勒县城（即唐寿昌）及阳关、玉门两关而已，附及之者有渥洼池、月牙泉及河仓城等处。

敦煌五代后晋遗书《寿昌县地境》谓唐寿昌城"本汉龙勒县"，其南十里有寿昌海，并记有周围地望及与州城距离。按图索骥，可知龙勒县城在今南湖一带无疑。南湖乡在敦煌市西南约70公里处，是一片不大的绿洲，绿洲东北隅越过一片戈壁有古城遗址一座，现已无人居住，俗称破城子，龙勒城应即其处。城东北西三面犹存城墙，北面沙丘高与城齐。除南面稍近绿洲外，余三面际天无涯，皆戈壁大漠。城东南隅曾立有清光绪时敦煌知县汪宗翰所立"古阳关"碑一，为汪氏之误。

虽据《汉书·地理志》，阳关、玉门关均在龙勒县境，但阳关关城并非龙勒县城，二者不能混淆。阳关至迟唐时已废，盛唐《敦煌廿咏·阳关戍咏》已称其"平沙迷旧路"、"马色无人问，晨鸡吏不听。遥瞻废关下，昼夜复谁扃？"可见已甚荒凉。稍后，唐《沙州图经》也说它"基址见存"，可知当时阳关已成遗址。以后更经流沙掩埋，地面遗迹无寻，致后人造出"阳关隐去"之说，益增迷惘。

阳关究在何处？《旧唐书·地理志》谓在寿昌县西六里，当地人称在龙勒（即寿昌故城）西六七里即绿洲西北三里、俗称"古董滩"一带，向达同意此说[1]。古董滩为一片平缓戈壁，在地面上就可捡到不少"古董"，如各种陶、铜、铁器残片，箭镞甚至汉简、料珠等。近年考古工作者在此试掘，又

1　向达. 唐代长安与西域文明·西征小记. 北京：三联书店, 1957.

图10-6 阳关故地

发现大片版筑遗迹，房基清晰，排列有序，面积可达万余平方米，相信即为阳关所在。

古董滩北有台地高起，名红山口。台地上一峰孤临，峰顶犹存汉代烽火台一座，当为阳关的外围建筑（图10-6）。

寿昌海是绿洲南的一片湖面，即今所称的"南湖"，北距龙勒故城约十里，现仍径约里许，汪水洋洋，天鹅时见。又，唐之寿昌海汉时名"渥洼池"，是"跃出"天马的地方。《汉书·武帝纪》载元鼎四年（公元前113年）秋，"马生渥洼水中"，乃作《天马之歌》。《汉书·礼乐志》之词稍异，且曰事出元狩三年（公元前120年）。《史记集解》引李斐注记之稍详，曰："南阳新野有暴利长，当武帝时遭刑，屯田此水旁。利长先为土人持勒绊于水旁，马玩习久之。（利长）代土人持勒绊，收得其马，献之。欲神异此马，云从水中出"，称之为"天马"。关于天马，还有武帝得自乌孙和大宛的良马，也都叫天马。《敦煌廿咏》之"马色无人问"句，意谓阳关已废，西域贡马已绝，已无人相问马色如何了。

而龙勒其名，似亦与西域天马有关。《寿昌县地境》之注谓县南一百八十里龙勒泉说："汉贰师将军李广利伐大宛，得骏马，愍而放之。既至此泉，饮鸣喷辔衔落地，因以为名焉"。良马亦可称之为"龙"，"辔衔"即马勒，合而可为"龙勒"。道光《敦煌县志》引《元和志》说："寿昌县有龙勒水，在县南一百八十里龙勒山上。又云汉李陵发兵至遮虏障东浚稽山南龙勒水上徘徊视虏，今无可考。"

在武威雷台汉墓出土的现已成为中国旅游标志的铜奔马（又名"马踏飞燕"），矫健飞扬，正是"天马行空"的形象，可能就是此等天马的艺术造型。

在此可顺便提及敦煌另一胜地月牙泉。月牙泉在敦煌市区南约七里的鸣沙山间。鸣沙山冬夏常殷殷有声若雷，晴朗时声闻城内，因以名之。据《水经注》，敦煌之得名沙州，也因鸣沙山故。月牙泉为滚滚沙山环抱，于沙底涌出清泉，积而为小湖，终数千年而不涸，形若月牙，故以名之（图10-7）。清代在湖旁建有小庙和官厅，后改为道观。临湖建牌坊，匾曰"古渥洼池"，又立"古渥洼池"碑，皆误。但月牙泉景观奇异，仍是吸引游人的去处，可惜在"文化大革命"中道观也被拆除，木料也充作他用了。现经重新修建，为仿唐风格，已非原貌。湖水从"文化大革命"起因学大寨汲水灌田、泉眼堵塞逐渐涸减，现采取措施补充水源，已见成效，水面又有上升。

玉门关仍幸然而存，即东经94度稍西、北纬40度30分稍南之小方盘城，在现敦煌市西北和南湖乡正北偏西，与二地大致呈一边长各约七八十公里的等边三角形。道光《敦煌县志》附图已有"小方盘城即玉门关"字样（图10-8）。英人斯坦因曾在此地附近掘得"玉门都尉"汉简，王国维、向达和法国汉学

图10-7 月牙泉原貌

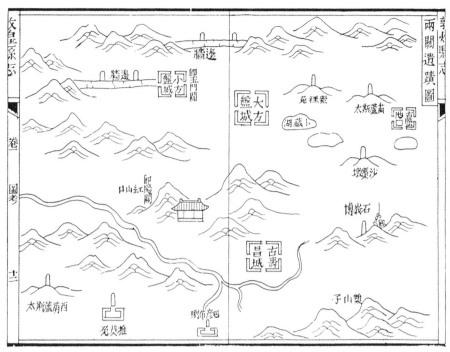

图10-8 "两关遗迹图"（道光《敦煌县志》）

家沙畹均据此认为此即汉玉门关。后夏作铭、闫文儒又在此不远发现"酒泉玉门都尉"汉简，向达更补充巴黎藏又一残《沙州图经》所记玉门关大小的资料，与小方盘城相较，大致相合，更证明汉玉门关即在其处[1]。

玉门关关城土筑方形，长宽仅各约26米和24米，高约10米，北、西二面有门，巍然屹立在茫茫戈壁荒原，沉默坚毅，蕴蓄着一种悠远的历史感，具有一种异样的美（图10-9）。从此西去，是一条充满危险的漫长旅途，黄沙遍野，水草全无，热风肆虐，飞鸟绝，人迹灭，惟依沙间累累枉死白骨为路识。人们在此干渴荒凉、孤立无援的境地中，往往会产生鬼影憧憧、魑魅四伏的幻觉，所以它又得到了"鬼魅碛"的"美名"。在这条路上，有多少过往使节、高僧、商旅和出征将士曾往来其间，又不知几许即葬身其中，难怪古来征人辄以出关为畏途，入关则为"生还"了。班超经营西域三十一年，

1　向达. 唐代长安与西域文明·两关杂考. 北京：三联书店, 1957.

图10-9 玉门关　　　　　　　　　　　　　图10-10 河仓城

晚年上书说："臣不敢望到酒泉郡，但愿生入玉门关"，皇帝愍其情切，准其奏，遂以七十一岁高龄还至长安。

汉时还有玉门县，在关东约三百公里今玉门市赤金堡地。武帝太初元年（公元前104年），汉遣贰师将军李广利远征大宛，两年无功而返，还至敦煌。"天子闻之大怒，而使使遮玉门曰：'军有敢入者辄斩之'"（《史记·大宛列传》）[1]。广利乃留敦煌。据向达考证，此之"玉门"就是玉门县，不是玉门关[2]。隋唐时玉门关已东迁至瓜州晋昌郡（在今瓜州县双塔堡）附近，玄奘所出之玉门关即此。

在小方盘城东北约二十公里疏勒河南岸又有一城堡，较小方盘犹大，谓之大方盘，即汉之河仓城。敦煌遗书《敦煌录》记河仓城"古时军储在彼"，为屯藏军需之所。城东西长132米、南北宽17米，残高约7米，分内外二重。外垣惟北面尚存少许，西南隅角台也存。内垣建于高约2米的天然土台上，东西向并列三室，各室向南自为门户（图10-10）。

疏勒河由东向西流，渐入于碛下，南岸成为沼泽，迤逦百余公里，沿沼泽筑长城，以利用沼泽阻挡敌骑，更多一道屏障。玉门关和河仓城均在长城内侧，此外每隔约五公里有烽燧一座（图10-11）。汉长城今犹有遗者，高者残存3米，系沙土版筑而成，中杂层层芦苇（图10-12）。

1　《汉书·李广利传》于"玉门"后衍一"关"字，误。
2　向达. 唐代长安与西域文明·两关杂考. 北京：三联书店, 1957.

图10-11 玉门关汉代烽燧

图10-12 汉代敦煌长城

第十一章

敦煌石窟洞窟形制

敦煌莫高窟各窟室本身，也是一种建筑空间。

以莫高窟前后绵延时间之长，历代所凿洞窟之多，比起国内其他石窟来，都是首屈一指的。它的洞窟形制，各个时期均有所不同，同一时期的洞窟，在主要盛行某种基本形制的同时，又有其他一些不同样式。这些骤看起来似乎完全不同于一般建筑的石窟，除了具有本身的特点以外，在大多数情况下，都与同时代的木结构建筑如佛寺、佛殿和佛帐等有许多类似之处。这是由于前者对后者的有意识的模仿，也是由于二者都同时决定于当时宗教内容的要求。故对于洞窟形制的研究，也将给我们一些启发，为中国建筑史增加一些新的内容。

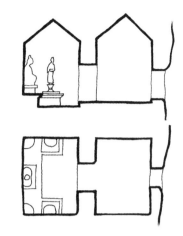

图11–1 初唐第371窟

洞窟前室形制

在我们对洞窟主室形制进行介绍之前，需要首先探讨一下关于洞窟前室的问题。

与莫高窟地域邻近、石质也一样的安西榆林窟，在洞窟主室之前大都有一个完整的前室。由岩面凿甬道通向前室前壁中央，甬道之长（即前室"前壁"之厚）通常达7～8米。在各窟前室之间还有横向甬道将各窟连通起来。而在莫高窟，现存洞窟（除初唐第371窟外，图11–1）凡前室都是不"完整"的，即只有前室的左、右壁和后壁，后壁上接向前斜上的前室室顶，并无前壁。莫高窟在洞窟开凿后，曾有过一些坍塌，致使一些洞窟残缺不全甚至只余后壁一龛。这就颇使人怀疑，莫高窟各窟的前室原状是否即是现在的不"完整"的样子，抑或原来是有前壁的，只是经坍塌毁损几尽而已。

我们认为，莫高窟现存的敞开的前室应大体就是开凿时的原状，因为：一、在1963年到1966年期间，莫高窟大约有三分之二以上的岩面经过加固，加固工程都是采用挡土墙的形式，厚达五六米的挡土墙从基岩开始用片石砌筑。施工时，在这些岩面前都进行了大段的开挖，深至基岩，有的深达10余米，开挖中，并未发现有太多的坍石堆积；二、凡岩面坍塌，一般多发生在上层，下层应比较完整，但在莫高窟下层洞窟中也没有发现所谓"完整"的前室；三、假若原来有那么多"完整"的前室，经过坍塌，何至于几无所存。且榆林窟的前室保存得如此完好，何至于在莫高窟就会塌得这么彻底，所以，可以说莫高窟的前室应该原来就是敞开的。

印度许多石窟和国内其他石窟如云冈、麦积山、天龙山、响堂山等的前室，也都作敞开的形式，但它们常在这个敞开面有精雕的石柱。莫高窟前室的敞开面绝大多数都是大开口，并无石柱。这应主要取决于石质：在敦煌的砂砾岩上不可能雕出那样的石柱。只有很个别的洞窟，其前室"前壁"敞开面有两个石柱，将"前壁"分为三间，如盛唐末的第148窟。但这些石柱只是粗凿而成，不能进行细加工。

下述20世纪60年代进行的窟前建筑考古发掘，为进一步了解石窟开凿时前室的原状提供了可信的资料：在距现在地面以下约4米处，掘出了几个洞窟，据考证其中第487窟应属于北魏中期或早期，甚至还可能更早一些。它的前室也同样是大开口，在前室上下岩面遗有与开凿时同期的梁眼（参见图11-18: 1）[1]，据梁眼复原，在前室前应有三间四柱的木构窟檐。这些梁眼，与现存许多洞窟窟外的梁眼情况相同，因此可以认为：现存各窟窟外的梁眼也应是与洞窟同期的遗存。故从莫高窟早期开始，各窟窟前应都有像现存的五座唐宋窟檐那样的木构窟檐，各窟之间的水平交通，由木栈道来解决。

洞窟前室是外部空间与洞窟空间之间的过渡，人们从人的世界进入到佛的世界时，在这里产生情绪上的转化；同时，前室的窟檐（木造的或石凿的）模仿殿堂的样子，也将大大改善那个黑洞洞的窟口的形象，而使其更具有亲切近人的气氛。

至于第371窟的完整前室应视为莫高窟的一个特例。其前室作横向人字顶，前壁厚约0.7米，前壁中央开窟门，左右壁没有像榆林窟那样通向它窟的甬道。主室也作横向人字顶，同样也是特例。

以下，将重点讨论敦煌石窟主室的各种形制。

1　敦煌文物研究所. 敦煌莫高窟窟前建筑遗址发掘简记. 文物, 1978（12）.

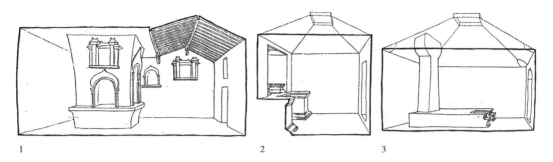

图11-2 敦煌莫高窟常见的几种窟形：1. 中心塔柱式窟；2. 覆斗式窟；3. 背屏式窟

洞窟主室形制

大略说来，敦煌石窟的主室形制可有六大种，即中心塔柱式、毗诃罗式、覆斗式、涅槃窟、大佛窟及背屏式。其中又以中心塔柱式、覆斗式和背屏式三种最多，可分别作为北朝、隋唐、五代至宋这三大阶段的基本形制（图11-2）。

中心塔柱式

中心塔柱式是北朝洞窟的典型形制。这样的洞窟一般不太大，面积约在50平方米上下。北魏第254窟可作为这一形制的代表：从前室后壁正中凿一个可容二人并行的不太宽也不太深的门道进入窟内，洞窟平面是一个纵长方形。从空间上说，是由前后两部分构成。前部占纵深三分之一稍多，有一个与洞窟纵轴正交的人字形顶，一般把这种窟顶称作"人字披"。在前后披上塑出断面为半圆形的椽子，椽子和椽子之间绘作望板。两披之交塑出脊枋（即脊槫，但断面是方形），后披与后部平顶之交也塑出枋子。在这两条枋子与山墙交接处均从石壁内伸出木制丁头栱一只，以散斗、替木托在枋底。这一部分顶部模仿木结构房屋屋顶的意图是十分明显的。在有些洞窟，两披之间有一段狭长的平顶，使人字披成为一个两坡的盝顶。

后部是平顶，与人字披后披下的枋子相接。后部平面略呈正方形，在方形中心凿出直通到顶的方形塔柱。在塔柱的左右和后面形成通道。塔柱下部是简单的塔座，上部是塔身，四面凿龛。正面一龛较大，龛上沿作圆券形，上塑火焰形龛楣；龛左右两沿外各塑一柱，承住楣脚；龛身退进，平面和断面都弧转无折。塔左右壁和后壁凿上下双层龛：上层龛作阙形，明显地模仿实际的阙形建筑；下层龛和正面的龛形制一样，只是较小。各龛内都塑佛像，龛外有胁侍像。在有些洞窟，除塔身正面外，其余三面塔身在上下层之间凿出了一级错落。

洞窟壁面都是平面。左右壁前部山尖下又各凿出一座阙形龛，后部凿出一排四个并列的小圆券龛，前壁在入口通道上方凿出一个方形明窗（图11-3、图11-4）。

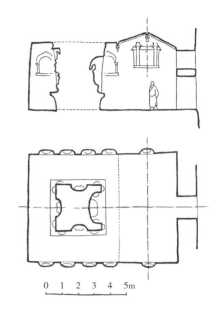

图11-3 中心塔柱式窟（北魏第254窟）

图11-4 中心塔柱式窟（北魏第254窟）

全窟前后两个部分只是在顶部处理上加以区别，二部之间并无阻隔。

这种有中心塔柱、把全窟布置成前后两个空间的形式，是与当时宗教活动密切相关的。显然，前部可供僧徒聚集，相当于下面将要谈到的印度支提窟中的"礼堂"；后部是专为僧徒作回绕中心塔的礼仪活动而设。

此型洞窟以中心柱和人字披为主要特点，在北朝洞窟中最为普遍（图11-5）。隋代和初唐也有少数洞窟属于这种窟形，如隋代第427窟、初唐第332窟等。第332窟的后壁有卧在石榻上的佛涅槃塑像，与新疆克孜尔石窟许多洞窟布局相仿。敦煌文物研究所所藏原置于第332窟的《李克让修莫高窟佛龛碑》云："后起（涅）槃之变；中浮宝刹，匝四面以环通；旁列金姿，俨千灵而侍卫"，正与此窟相符。其"中浮宝刹"云云，更明言有中心塔，可见这种窟形的中心雕凿体，确可称之为"塔"无疑。此碑刻于武则天圣历元年（698年），记述了李克让开凿第332窟的经过。

图11-5 中心塔柱式石窟（北魏第257窟）

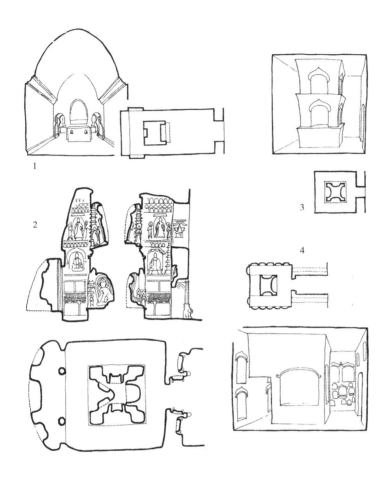

图11-6　中国其他石窟几个中心塔柱式窟实例：
1. 新疆拜城克孜尔石窟第17窟；2. 山西大同云冈石窟北魏第6窟；3. 甘肃
肃南文殊山石窟北魏"千佛洞"；4. 河南磁县南响堂山石窟北齐第1窟

中心塔柱式洞窟，在中国各地的北朝石窟中具有普遍性意义（图11-6），
应与印度的被称作支提（Chaitya）的石窟形制同为一类，同时也与当时中国
盛行的一种以塔为寺院中心建筑的佛寺布局十分相似。

印度的支提窟出现在公元前1、2世纪，其后一直到公元7世纪还有开凿。
其特点是窟的平面呈狭长的马蹄形。也分前后两个空间，前部是平面长方形
的"礼堂"，后部半圆形平面的中心凿有圆形塔，塔周围也形成通道；窟内
左右和塔后有一圈石凿的列柱，除后部窟顶是半穹隆外，前部两排列柱之间
的窟顶凿成筒拱形（图11-7）。敦煌的中心塔柱式窟与之有类似之处。但凿
窟之风传入中国后，这种窟形发生了一些变化，例如中国石窟的中心塔不再

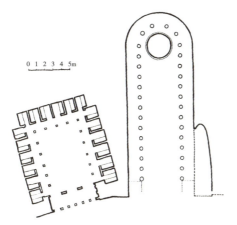

图11-7 印度典型的支提窟和毗诃罗窟

图11-8 云冈石窟北魏第21窟中心塔

图11-9 甘肃永靖炳灵寺石窟唐代第3
窟中心塔

是圆形的，而统统成为方形。在云冈石窟，这种方塔还雕凿出各层仿木结构的塔檐和柱枋斗栱，显然是以中国当时通行的木塔式样为蓝本（图11-8）；在敦煌和离敦煌不远的肃南文殊山石窟（参见图11-6: 3），由于石质疏松，不宜雕刻，所以塔柱上才没有凿出椽瓦斗栱，但它分明是模仿中国的塔形的轮廓，而并非照抄印度的圆形覆钵式塔。印度窟内圆塔与窟顶不相连接，而中国石窟内的方塔却大都直通到顶，因此又习称此类方塔为塔柱。这种做法一定程度上也可能与中国石窟尤其是新疆、河西石窟的石质有关，即为了防止平顶的坍塌而利用塔柱以为支撑。在石质较好的地方，如云冈第21窟（北魏）、永靖炳灵寺石窟第3窟（唐），后者在窟内凿出一座逼真的模仿木结构塔式佛帐的单层方塔，就不是直通到顶的（图11-9）。新疆克孜尔石窟的此类窟形有点特别：它的前部是一个纵长的筒拱形顶；后部正中石壁上凿龛，塑佛像；龛左右和龛后凿方折通道，通道又低又小，只容一人通行；后通道的后壁又向后扩出一楹，上塑佛涅槃像。这样，很难说它有一个中心塔。但它围绕着主尊的回行通路却仍与别处中心塔柱式窟相像，所以仍可以认为它还是属于这一类型（参见图11-6: 1）[1]。

内地云冈、巩义市等处以及前述炳灵寺和文殊山的中心塔柱式窟也都和敦煌的不太一样，主要在于它们的洞窟平面是正方形，塔柱或塔置于方形正中，不像敦煌以及印度和新疆的洞窟那样分为前后两个空间，塔放在后部（参见图11-6: 2、3、4）。

从上可知，敦煌石窟在新疆石窟的基础上抬高了方折通道的顶部，作出了中心塔，塔形是中国式方塔，洞窟前部又加了中国式的人字披屋顶。云冈石窟的中心塔更是具体地模仿中国式木塔，且取消了洞窟前部人字披顶，使窟内的整体布局更像当时的中国中心塔式寺院了。由西而东，源于印度支提窟的这种窟形逐渐中国化，迹象甚为明显。敦煌介乎克孜尔与云冈之间，中心塔柱式窟的形制也介乎二者之间。总之，中外文化、中国内部各地区文化之间的流汇融合、交光互影，在石窟形制上也有颇生动的表现。

石窟中有塔的设置，应与宗教礼仪有关。在印度，当公元前后犍陀罗造型艺术兴起以前，还没有佛像的雕塑，佛教徒们尊崇的对象是佛的遗物、遗迹，以及代表佛生前经历的纪念物。塔是佛涅槃的象征，受到很大的尊崇，崇敬塔和绕塔礼拜被认为是获取无上福报的功德之一。《菩萨本行经》就说："若人旋佛及旋佛塔所生之处得福无量也"。《法句喻经》讲了一个故事说："山中有五百猕猴，见僧绕塔礼拜供养，即共负石学僧作塔绕之礼拜"，后来山水暴涨，五百猕猴俱被淹死，但都转升天堂，永受快乐。由此可见信徒对于绕塔礼拜的重视。印度人在石窟里凿塔，塔又名支提[2]，故此

1　其他某些石窟，也有与此类似的情形，如南响堂山石窟的某些窟室，若仅依其中心方形雕凿体的形象以及它的后壁上部与洞窟后壁相连来说，也很难认为它是一座"中心塔柱"（参见图11-6: 4）。但我们联系到中、印石窟的全面情况，仍不妨将它们归属于中心塔柱式。日本学者水野清一氏和长广敏雄氏就仍将南响堂山石窟的此类雕凿体称为"中央方柱"，并认为其原意仍是对Stupa（窣堵波，即塔）的象征（见水野清一、长广敏雄《响堂山石窟》，东方文化学院京都研究所，1937年）。
2　唐·释元应《一切经音义》卷六："宝塔；他盖反，诸经论中或作薮斗波，或作塔婆，或云兜婆，或言偷婆，或言苏偷婆，或言脂帝浮都，亦言支提浮图，皆讹略也，正言窣睹波"。又同书卷三云："支提：或言脂帝浮都，……又名脂帝浮图"。又据《杂心论》，有舍利者为塔，无舍利者为支提，二者的区别仅在于此。

374

种石窟又名支提窟，塔周围的通道正是供回行用的。以后，虽已产生了佛教造像，但对塔的尊崇习惯仍然保留了下来，并随同佛教而传入中国。据《魏书·释老志》及《洛阳伽蓝记》，东汉明帝时的洛阳白马寺，系因白马负经而来的传说得名。《弘明集》记载此寺中绘有"千乘万骑，绕塔三匝"的壁画。关于乘骑绕塔的故事，在《法苑珠林》记晋建康另一白马寺时说得比较详细。它说："晋白马寺在建康中黄里，太兴二年晋中宗元皇帝起造。昔外国王欲灭佛法，宣定四远毁坏塔寺，次招提寺，忽有一白马从西方来，绕塔悲鸣腾跃空中……王潜泪深自愧责即敕普停，已毁之塔并更修复。由此白马，大法更兴，因改招提为白马，此寺之号亦取是名焉"（《法苑珠林》卷五十二）。这些佛教感应故事，无非都以牲畜尚且有灵，知道绕塔礼拜护持佛法，来表明尊崇佛塔的重要性。汉白马寺的壁画大概画的就是这个故事，其寺名的由来或许也实起于此。不管怎样，至少说明了这种信仰传入之早。

这种信仰曾对于中国早期佛寺布局产生过深远影响。早期佛寺，盛行着以塔为寺院的中心建筑、四周以廊庑围绕的布局。上述东汉白马寺就建有佛塔[1]。

其他关于早期佛寺的记载也透露了这种形制在当时盛行的情况。如《后汉书·陶谦传》记笮融在徐州所建的浮图祠，"上累金盘，下为重楼，又堂阁周回，可容三千许人"。显然，"上累金盘，下为重楼"是塔，"堂阁周回"是围绕着塔的廊庑。《洛阳伽蓝记》记北魏洛阳最大的寺院永宁寺："中有九层浮图一所，架木为之。……浮图北有佛殿一所，形如太极殿。……僧房楼观，一千余间。……寺院墙皆施短椽，以瓦覆之，若今宫墙也。四面各开一门"。其布局都以塔为中心。现永宁寺遗址已经发掘[2]，与文献相较，若合符节（图11-10）。同书所记胡统寺、秦太上君寺的布局也给人同样的印象。又《律相感通传》记南朝荆州河东寺云："河东寺……甚大……大殿一十三间……殿前塔宋谯王义季所造……四周廊庑咸一万间。寺

---

1 《魏书·释老志》："自洛中构白马寺，盛饰佛图；画迹甚妙，遂为四方式。凡宫塔制度犹依天竺旧状而重构之，从一级至三、五、七、九，世人相承，谓之浮图，或云佛图。"此之"佛图"、"浮图"，均指塔。
2 中国科学院考古研究所洛阳工作队.汉魏洛阳城初步勘查.考古,1973(4).

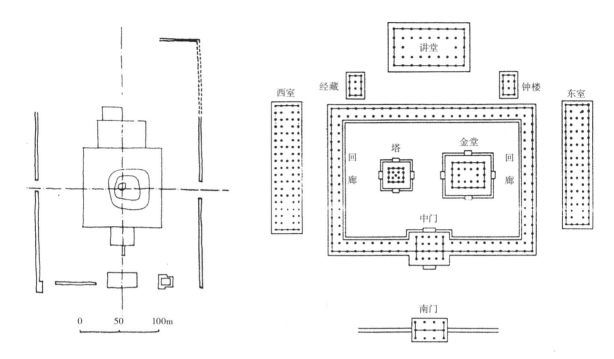

图11-10 北魏永宁寺遗址平面　　　　　　　图11-11 日本法隆寺东院平面

开三门，两重七间"（《大正藏》卷四十五《诸宗部》二，唐·道宣撰），
也属此式。日本大阪四天王寺初建于7世纪初（当中国隋代），经重修现仍
存，其布局也是在中心建高塔，塔后有金堂，四周围以廊庑院落，与永宁寺
十分相近。其实，与四天王寺时代相当的日本早期诸寺，如法隆寺、飞鸟
寺、川原寺、南滋贺寺、山田寺等，也都十分重视在院内建塔，不过有的是
塔与金堂并立，二者并重（图11-11、图11-12）。朝鲜清岩里寺、皇龙寺也
是这样。皇龙寺建于公元553年新罗都城（今庆州），可称朝鲜第一大寺。其
大塔方形七间九层，全木结构，据载高度合今60米以上，为朝鲜半岛最高的
建筑，是公元643年（当中国唐初）请百济工匠阿非智主持建造的（朝鲜《三
国遗事》），1238年焚于蒙古军队之手，现仅存遗址（图11-13）。

　　这种佛寺以廊庑或院墙围成院落，院中的空地正好供僧徒绕塔回行（有的
廊庑本身或也可作回行之用），同中心塔柱式石窟里的回行通道功能无异。

　　我们在云冈第6窟（北魏中期）又看到一个有趣的例证：在这个平面方

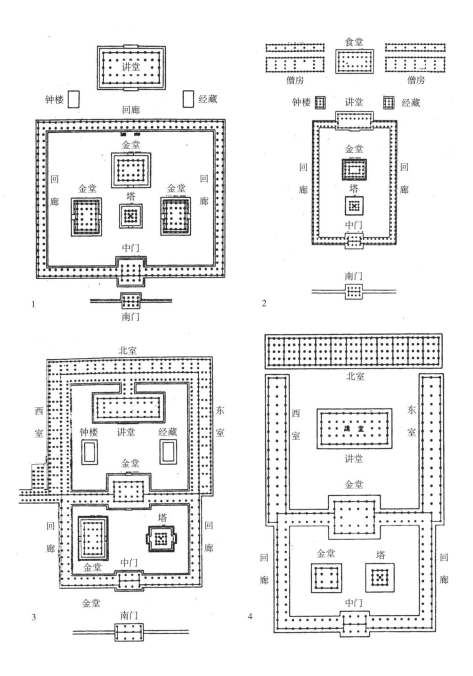

图11-12　日本早期伽蓝布局
1.飞鸟寺；2.四天王寺；3.川原寺；4.南滋贺寺

图11-13 皇龙寺大塔（模型，藏韩国庆州博物馆）

形的中心塔柱式窟内，左右两壁和前壁的下部都浮雕出一圈有柱枋斗栱和屋顶的廊庑，应该就是佛寺周围廊庑的反映；后壁凿一大龛，正是塔后佛殿的象征。将此窟复原为一组建筑，应就是当时盛行的中心塔寺院（参见图11-6：2）。所以，中心塔柱式石窟，实际上间接地但却明确地反映了当时中心塔佛寺的布局。此式洞窟的普遍存在，也间接说明了此种佛寺布局的盛行情况。敦煌北朝壁画中没有佛寺的资料。但北朝洞窟本身，正好弥补了这个不足，给了我们重要的旁证。

需要作一个重要补充：印度的窣堵波旋绕道一般是附在大塔本身上，如桑契（sanchi）大塔下部沿塔一周就有通道，塔外场地周围只建有石制栏杆状的"玉垣"和牌坊样的石门，并没有周廊围绕。故上述院落式的佛寺是中国对于佛寺布局的发展。

关于院落，在中国非自佛教始，早在商周时期已有较完整的院落遗址留存到今天。就在与早期佛寺同时，那种在院落中央建一高层建筑的布局也并非佛寺专有，出土的许多东汉坞壁宅院明器就常有在宅院正中建一高楼的，其典型者可见于张掖郭家沙滩汉墓和武威雷台汉墓（参见图2-2、图2-3）。文献对此布局也有记载，如东汉崔骃《大将军临洛观赋》云："列阿阁以环匝，表高台而起楼"；李尤《东观赋》云："上承重阁，下属周廊"；《德阳殿赋》云："尔乃周阁回匝，峻楼临门"等均是（《全上古三代秦汉六朝文·全后汉文》卷四十四、五十）。可见，这种佛寺布局是中国传统的院落与印度传来的宗教观念结合的产物，是佛教建筑形式民族化的一种表现。

这里还有一个有趣的文化回流现象，即总体上说在佛教和佛教石窟自西而东传入中原并逐渐发展的过程中，也有着局部的自东而西的回流。位在敦煌之西的吐鲁番交河和高昌古城诸多佛寺中的大殿，就非常有可能是敦煌中心塔柱式窟的滥觞。

交河和高昌现存佛寺遗址多建于公元5、6世纪即北朝时期，其普遍的形制是一座方院，四周土墙围护，前墙正中开门，正对寺门在院内后部建佛殿一所，其后墙与寺院后墙间常留出一条窄巷，院内左右各有一列侧房，与佛殿之间留出通道，和后巷一起，组成围绕佛殿的回行道。佛殿则几乎是敦煌中心塔柱式石窟的完整翻版：也分前、后二部，后部正中也有方形中心塔柱，塔上各面有龛，壁面满绘壁画，塔周为回行道。只不过此种佛殿全都是土坯砌筑的地面建筑，不是洞室，且前、后二部之间有墙。这种佛寺可以交河西北小寺为代表，寺为每边各长21.6米的正方形，其佛殿规模较莫高窟北

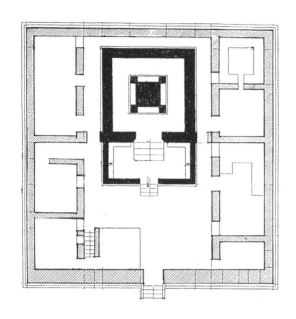

图11-14 新疆吐鲁番交河故城西北小寺复原平面图

魏第254窟稍大而相差不多（图11-14）。交河最大的中央大寺东西宽59米，南北长88米，还有东北小寺，形制也都与西北小寺相近。城内还有约40座更小的佛寺，布局大多也是这样。高昌城城内西南部的大佛寺同样如此（图11-15、图11-16）。它们的上部建筑都已不存了，参考敦煌中心塔柱式石窟，其前部可能覆盖着横向的两坡屋顶，后部为平顶。

交河城坐落在由北向南流的河流中央一处小洲上，状如柳叶，始建年代可能早到距今约2300年以前的先秦时代，是姑师国所在地。汉武帝元封三年（公元前108年），汉军攻破姑师，改称车（音jū）师。此后约40年，西汉与匈奴"五争车师"，车师才最终归属于汉，自车师往西的道路方得以开通。西汉分车师为前、后车师等六国，交河为车师前国都城。汉朝在车师前国之东建高昌壁，设戊已校尉，从内地迁来汉人屯守。十六国时，前秦、后秦、后凉、西凉、北凉都曾先后统治过高昌。北凉被北魏消灭后，继续在此维持流亡王朝，并且西取车师，车师亡。但北凉流亡政权维持的时间并不长，北魏和平元年（460年）即为柔然所灭。柔然先后扶立汉人阚伯周、张孟明、马儒等人为高昌王。张孟明时，车师人全部流亡焉耆，整个吐鲁番地区大都已

图11-15 新疆吐鲁番高昌故城西南部佛寺遗迹（模型）

图11-16 高昌故城西南部佛寺遗址

是汉人和少数汉化较深的胡人所居。北魏太和二十三年（499年），汉人麴嘉在此建立高昌国，保持了141年，直到唐初改高昌为西州止，史称麴氏高昌。

可以看出，自公元前1世纪汉文化进入起，到公元5、6世纪，吐鲁番地区受汉文化影响日益加强的趋势。吐鲁番的东邻敦煌人在这里曾起过重大作用。汉魏时，戊已校尉就常由敦煌太守代管，屯守的兵士及家属大都来自河西首先是敦煌，张孟明也是敦煌人。麴氏王朝的开创者麴嘉从祖辈起即迁居敦煌，成为高昌王后，又受北魏封为瓜州（敦煌）刺史。故有学者认为："我们可以这样说：我们今天所能见到的交河城建筑面貌，基本上是麴氏王朝建立的，多有河西特色。"[1]

这就出现了一个现象：原来本是作为整座中心塔式佛寺缩影的中心塔柱式石窟，在北朝时传到交河、高昌以后，在衍化为地面建筑的同时，只是作为整座佛寺的一座大殿而存在了。看来，交河或高昌人似乎并不太在意中心塔柱式石窟本身就是一座佛寺的表征，而将其只认为是一座佛殿，形成寺包"寺"的奇特观念，也是建筑史的一个有趣话题。

毗诃罗式

"毗诃罗"为梵文Vihara的音译，在印度原指僧人集体居住静修的精舍、僧院或学园，后亦泛指寺院。阿育王（公元前3世纪中）建造过不少木结构的毗诃罗，但都已不存，据遗址，知平面都是方形，中央为庭院，周围小室围绕。后来在石岩中，模仿地面毗诃罗凿出窟室，就是毗诃罗窟。印度毗诃罗式石窟甚多，如著名的阿旃陀石窟，全部26个洞窟中，就有22个是毗诃罗式，开凿于公元前2世纪到公元7世纪，其布局大体上都是围绕一个较大的方形窟室，除正面入口外，在左右壁和后壁，开凿一些小的支洞。毗诃罗窟反映了小乘佛教的一种修行方式，即坐禅。僧徒们在这些寂静的洞窟中端坐冥思，以求个人的解脱。这些小洞是他们禅定的处所，也是居住的地方（参见图11-7）。

1　钱伯泉.交河故城的历史变迁//解耀华.交河故城保护与研究.乌鲁木齐：新疆人民出版社，1999.

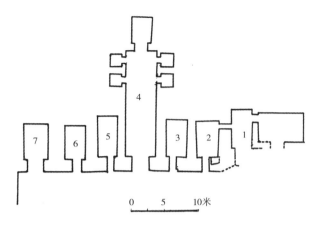

图11–17 吐鲁番雅尔湖石窟平面

　　毗诃罗窟的实例在中国发现的不多，只在新疆和敦煌有一些遗存。新疆的毗诃罗窟又不作大洞中开小支洞的形式。在拜城克孜尔石窟所见是一个个分散的单独小窟，并多有侧室。要先进入侧室再拐弯进入主室，主室外壁上凿窗。按主室的面积，也足可供僧徒生活居住。在库车以北铜厂河畔苏巴什也有一些毗诃罗窟，典型者系在岩内凿一狭长甬道，甬道两侧凿一系列多至八、九个的小支窟，方仅1米余，只能供一僧打坐，居住应在别处。吐鲁番雅尔湖石窟第4窟与苏巴什石窟相近（图11–17）。这些洞窟年代不详，但由小支窟的圆券形窟门和火焰形门楣样式，至迟也应凿于北朝。

　　毗诃罗窟在敦煌也只发现三处，都是早期窟，一处是第267至271的一组洞窟[1]，一般认为可能开凿于十六国晚期；另一处是北魏第487窟；第三处是第285窟，属西魏时代。

　　第267至271的一组洞窟是由一条通向主窟的甬道、主窟以及甬道左右各两个小支窟组成（参见图11–38）。主窟附后龛，主窟和支窟都仅1米见方而已，布局与苏巴什和雅尔湖石窟第4窟相似。

　　另二处的布局则和印度的毗诃罗窟接近。第487窟略呈纵长方形，长约8米，宽约6～7米，规模较大；其左右壁的前部各附有一列小支窟，经后代改

1　第267至271窟一组窟，原来分别编号，共占五个窟号，实际是一个主窟带四个支窟的毗诃罗式窟，应作一个窟看待。

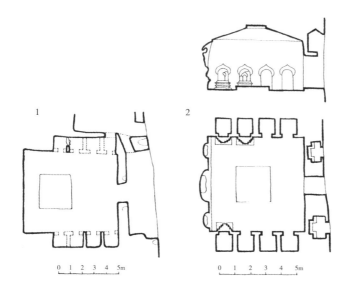

图11-18 莫高窟毗诃罗窟：1. 北魏第487窟；2. 西魏第285窟

凿，已失原样，若依迹复原，应是四个小窟并列。小窟也仅方1米余。此窟窟内中心靠后凿有一高0.2～0.3米的方台（图11-18：1）。

第285窟有"大代大魏大统四年岁次戊午八月中旬造"和"大代大魏大统五年"等发愿文题记，确知凿造于公元538～539年，时属西魏。主窟约6米余见方，后壁凿三龛，中央龛较大，左右龛较小。龛沿皆圆券状，龛平面和断面皆弧转无折，同于其他北朝盛行的圆券龛形。左右壁对称各列小窟四个，小窟也仅1米见方，窟门作圆券形，上沿画有火焰门楣。在几个小窟门口，遗有土砌小塔。在这些土塔封门的小窟内，曾发现有元人所书的西夏文题字，又由小塔的形制，可以肯定土塔是元代人所为。显然，以土塔堵住小窟入口并非造窟者原意。此窟地面中心也遗有如第487窟所见的低平方台一座，台面元人所抹的泥皮上有线刻坛城图。窟顶为所谓"覆斗"形，即由四壁各向中心斜上，至中心收成一个方形凹进，方形中绘藻井图案，整个窟顶如倒覆之斗。这种窟顶的形状在隋唐至宋元各洞窟中最为通行（图11-18：2，参见图0-5）。

印度的石窟群常同时既有支提窟又有毗诃罗窟。支提窟很大，可供宗教仪式和讲经礼拜等用。毗诃罗窟很多，其支窟也较大，能够居住。这是因为印度的石窟就是寺庙，一切宗教仪式和生活居住等均可在窟室里进行。但中国的石窟群多数都没有毗诃罗窟，中心塔柱式窟一般都不太大，除可供不多的人礼佛回行外不能进行更多的活动。而且，除在克孜尔石窟单独设置的毗诃罗窟外，毗诃罗窟的支窟又都小得不能居住。这些都可以说明在中国的石窟寺里，除了石窟以外应该还另有一定数量的房屋，宗教活动和生活居住还都要借助于那些房屋。

敦煌毗诃罗窟与中国早期佛教盛行的小乘禅定修行方式有关。佛教在东汉传入中国之始，还只是在皇族和上层贵族中有些影响，当时的少量佛寺，主要是为了从西域来的高僧或商人进行宗教活动设置的。到了魏晋南北朝，由于皇室的推崇，佛教逐渐得到普遍的信仰。北朝时，佛教的一个学派——禅学，开始在北方地区流行。这个学派注重宗教修持，主张默坐专念，而不同于当时流行于南朝偏重于教义宣传和研究的般若学派。按照禅学的说法，僧众只要静坐敛心，止息杂念，专注于一境，久而久之，就能达到观照明净，身轻心安，而得自我解脱。北魏时达摩祖师在嵩山少林寺终日面壁、九年入寂之事，就反映了当时坐禅修持的情况。毗诃罗式洞窟，正是这种宗教观念的产物。

中国只供坐禅用的毗诃罗窟支窟，一般很小。史籍于此也有记载，据《续高僧传》卷二十《释法忍传》，法忍在覆舟岩下"自静观理，三十余年……所止龛室，才容膝头"，与敦煌情形相符。

隋唐以后，随着佛教之更重义理，少倡戒行，石窟形制也发生了变化。那种戒行礼拜需要的中心塔柱式窟和修持坐禅所需要的毗诃罗窟逐渐消失了，覆斗式窟继之而兴。

覆斗式

覆斗式洞窟都是方形，覆斗顶，无中心柱，后壁开龛，与第285窟大体相同，其区别主要在于没有支洞。它的出现也很早，大体属于十六国晚期的第272窟基本上就是这种样式（参见图11-38）。不过第272窟的覆斗顶坡度很缓

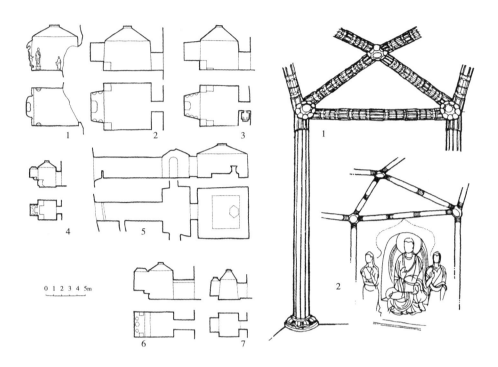

图11-19 莫高窟和榆林窟覆斗式窟：1. 西魏第249窟；2. 初唐第220窟；3. 盛唐第172窟；4. 中唐第112窟；5. 榆林窟中唐第25窟；6. 宋代第326窟；7. 元代第3窟

图11-20 麦积山石窟的四角攒尖帐形窟顶：1. 北周第4窟；2. 北周第36窟

和，且坡面呈凸曲状。西魏第249窟可以算是最早的典型覆斗式窟（图11-19: 1、图11-21）。

覆斗式窟是隋唐洞窟最基本的形制。隋唐以后一直到元，覆斗式窟也仍有凿造，可以说，它是从十六国晚期直至元代不断出现的唯一窟形。

在中国早期佛寺中，除了那种以塔为中心的院落布局外，同时存在着一种只有佛殿而没有佛塔的寺院。在早期石窟中，与中心塔柱式窟同时，也存在着覆斗式洞窟。而覆斗式在隋唐时期逐渐取代了中心塔柱式，其进程恰与隋唐时期的寺院逐渐排除了塔的中心地位的进程一致。因此，有理由认为，如果说中心塔柱式洞窟是中心塔寺院的反映，那么，覆斗式洞窟也应该是另一种寺院布局的缩影了。正如前述云冈第6窟后壁一龛是佛殿的象征一样，在覆斗式石窟里，后壁的佛龛也应是佛殿的象征。

覆斗式窟的窟顶，又是对于所谓"斗帐"的模仿。

图11-21 北朝覆斗式窟（西魏第249窟）

汉·刘熙《释名》说："小帐曰斗，形如覆斗也"。其做法是先立四根帐柱，上面再以水平向和斜向的帐杆构成覆斗顶，在各杆件的接头处是铜或铁铸成的形如三通、四通的帐蠕，各杆件就插接在帐蠕的各向空管里，外面再覆以织物。根据现有资料，这种小帐以方形覆斗顶为最普遍，但也可能是攒尖顶；同时平面并非全是方形，也可能是长方形。若为长方形平面，除覆斗式顶外，还可能是四注（即四坡）顶或平顶。

很明显，麦积山许多北朝石窟的形制就是对帐的模仿。如北周第26、36窟和第4窟（上七佛阁）的七个龛室都是攒尖顶的方帐；北周第141窟是方形覆斗帐；西魏第43窟的后室（应即西魏皇后乙弗氏的墓室）是纵长方形覆斗帐；西魏第127窟是横长方形覆斗帐。这些窟室全都浮雕出帐柱、帐杆和帐蠕，各帐蠕中心大都浮雕出莲花一朵，有的是一面圆镜，下垂镜绦。若为方形覆斗则于覆斗中心塑倒垂莲花一朵（图11-20）。

图11-22 隋代第403窟覆斗式窟藻井

　　敦煌的覆斗式窟没有麦积山诸例表现得那么具体，但在覆斗顶各面的交接线上通常都画作外有边线、内为连珠的带状图案，应是帐杆的表现。这种带状图案在洞窟四个壁角也常出现，则是帐柱。初唐第60窟的壁角明显是柱形，上下共有六层束莲。初唐第386窟所画帐柱的顶端有浮塑莲花一朵，和麦积山的就更相像了。至于斗顶中心绘莲花图案，在敦煌更是屡见不鲜（图11-22、图11-23）。因此可以肯定，敦煌的覆斗顶确也是斗帐的模仿。

　　帐在中国出现很早，《周礼·天官冢宰第一》就载有"幕人掌帷幕幄帟绶之事"。《西京杂记》说西汉时广川王曾盗发东周魏哀王冢，"得石床方七尺，石屏风。铜帐韝一具，或在床上或在床下，似是帐糜朽而铜韝坠落。床上石枕一枚。"这是有关帐的最早发现，证明东周时帐已有之。河北平山战国中山王墓出土有黑色的木帐杆和铜帐韝；河北满城西汉中山靖王刘胜墓

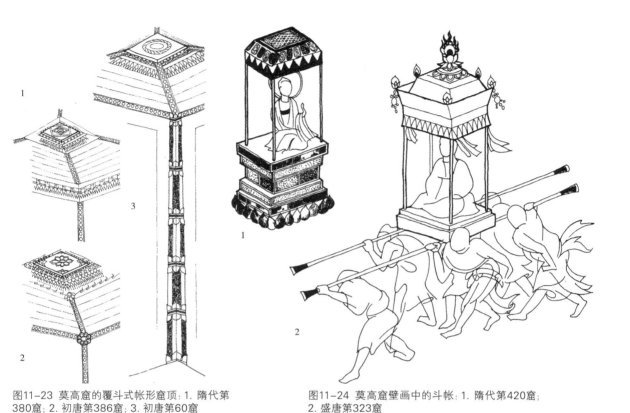

图11-23 莫高窟的覆斗式帐形窟顶：1. 隋代第
380窟；2. 初唐第386窟；3. 初唐第60窟

图11-24 莫高窟壁画中的斗帐：1. 隋代第420窟；
2. 盛唐第323窟

　　出土铜帐构上百件，可复原为攒尖顶方帐和四注顶长方形帐；洛阳曹魏墓有成组的铁帐构，可复原为带地栿的攒尖顶方帐，其帐顶之构所镶的一块"铁饼"应即镜。此外，和林格尔、密县打虎亭、邓州市等汉墓，辽阳晋墓，江南许多南朝墓的墓室壁画以及晋顾恺之的《女史箴图》，都画有各式各样的小帐。敦煌隋唐壁画里也多次画出了斗帐（图11-24）。

　　小帐一般置于室内，帐下有床，床后部有屏，床上或有几、枕，供主人凭倚而坐。帐是一种高级设置，一般只供王公贵族使用，有时还有等级制的规定。如晋时明令锦帐是禁物（《太平御览》卷六九九引《晋令》），南朝宋亦如是，并规定六品以上只可用绛帐，而"骑士卒百工人"等平民就什么帐都不许用了（《宋书·礼志》）。

　　将神像供诸帐中也早已有之。《西京杂记》记西汉"上以琉璃珠玉明月夜光杂错天下珍宝为甲帐，其次为乙帐。甲以居神，乙以自居"。佛教传入中国，很快也用帐来供奉佛像，称为佛帐。较早的佛帐形象可见于云冈、龙门、巩义市、响堂山等石窟的帐形佛龛。顺便提一句，巩义市石窟寺北魏第3窟中心塔柱没有明显的塔形，它的佛龛作帐形，这就颇使人怀疑那些不明显具有塔形但习惯上认为的"中心塔"是否确实为塔，抑或只是佛帐而已。但我们在北魏九层小石塔（原藏朔县崇福寺）上也看到了帐形龛，设在方塔第一层各面（参见图4–31）。故帐形龛用于塔上已有实证，巩义市之例也仍然是中心塔。较晚的许多砖石塔，塔心室为覆斗顶，显然也是帐，如造于唐代的济南惠崇塔、平顺明惠大师塔、安阳修定寺塔等。修定寺塔外壁还以浮雕砖砌出帐幔，四角砌出帐柱。

除上举敦煌、麦积山诸例外，其他的覆斗顶石窟也应是帐，如庆阳北石窟北魏第165窟和太原天龙山石窟北齐第3窟，都明显刻出了斗帐的帐柱帐杆等构件。覆斗顶又称盝顶，是古代一种较尊贵的形象。直到明清，盝顶仍不失其尊贵的意义：皇帝皇后用藏玺印的盒子就仍为盝顶，称为宝盝。

贵族官僚的墓室也可取帐形，前述麦积山西魏皇后乙弗氏的墓室即是。嘉峪关魏晋墓和酒泉丁家闸十六国墓都是覆斗顶。后者在墓顶中央画有莲花藻井，四披绘东王公、西王母、天马、神兽、羽人、山林等，其墓室形状和顶部绘画题材等都与敦煌北朝第249窟、285窟相似，说明二者有密切关系，但就二者的窟顶来说，因为它们同是对斗帐的模仿，所以就不必说敦煌模仿丁家闸了。

日本法隆寺金堂（原建推古天皇时，约当中国隋代）中置于佛像上方的"天盖"也是覆斗形。伊东忠太已论定此天盖实源于中国北朝[1]，当亦为帐的又一表现。

帐还有许多装饰：帐外四周有垂幔、悬铃、璎珞、流苏；南北朝以后，帐顶四周有所谓"山花蕉叶"，乃源于印度建筑屋檐上的边饰，随佛教艺术传入中国；帐四角向外常出龙头衔着各种饰物。《邺中记》记后赵石虎"冬

1　伊东忠太. 日本建筑的研究·古代建筑论，及同书法隆寺建筑论.（日）龙吟社，1942.

月施熟锦流苏斗帐，四角安纯金龙头，衔五色流苏"。史载东晋桓玄"殿上施绛绫帐……四角作金龙，头衔五色羽葆流苏"（《晋书·桓玄传》）。《孔雀东南飞》诗云"红罗覆斗帐，四隅香袋垂。"这些，在表现了帐的外形的巩义市北魏第3窟、麦积山北周第4窟，大致都可看到。但敦煌石窟只表现了帐的内部，因此除垂幔悬铃可于窟四壁上部或窟顶中央方形四周看到外，其他一般都无法表现。只有第285窟窟顶中央方形四角绘有龙头衔各种饰物，那是将外部形象转画到内部来了。在嘉峪关魏晋墓中也可以看到类似的现象：在某些墓室四个墙角的上方，有砖刻龙头向内伸出。

在漫长的年代里，敦煌覆斗式窟总的形制没有大的变化，只是在后壁的龛形上早期和晚期有所不同。早期龛形是敦煌北朝诸窟通行的圆券龛，如十六国第272窟、北魏第249窟。隋至盛唐，龛平面多呈梯形，外大内小；龛顶多为斜面，外高内低，龛沿也成了一条平直线，如隋第305、294窟，初唐第220窟，盛唐第172、103、66等窟。隋代有些龛作双层退进。中唐以后的龛则采取了横长方形平面的覆斗帐形：覆斗顶中部平面画出支条方格组成的平棋，四周斜面画出竣脚橡，龛外左、右沿画帐柱，上沿画出宋《营造法式》称作"仰阳版"的镶板木格。仰阳版翘起在帐顶外侧，上有山花蕉叶，两端有龙头衔饰物，最上为朱色帐顶。这种龛由中唐至宋、元一直通行，如中唐第112、159、231、361窟，晚唐第156、358、359窟，五代第136窟，宋代第326窟，西夏第29窟，元代第3窟等（参见图11-19:6、7，图11-25~图11-27）。第359窟的帐形龛有好几层仰阳版，每角各两个龙头，形制十分华丽（参见图11-25:1）。仰阳版的形象在密县打虎亭汉墓壁画的帐上已可见到。

敦煌的中晚唐卷子中，往往有在洞窟中"帐门两面"画着什么的记载。如中唐时一个叫窦夫子的人所撰《大蕃故敦煌郡莫高窟阴处士修功德记》云"帐门两面画文殊普贤菩萨并侍从"（载蒋斧辑《沙州文录》），据专家研究，此记所述为第231窟龛外两侧所绘，可知此时的龛确实是对佛帐的忠实模写。

据此亦可推定，中唐以后在佛殿里置佛帐是很盛行的。这样，似可认为中晚唐以后的覆斗式窟已不再是整座佛寺的缩影，而只是对于一座佛殿的模仿。这是覆斗式窟在前后不同时期建筑意匠的差别。这一意匠的转变为下面

图11-25 帐形龛: 1. 晚唐第359窟; 2. 五代第136窟

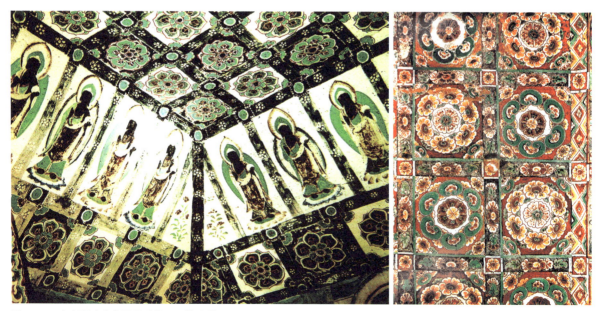

图11-26 中唐覆斗式窟盝顶形帐顶及峻脚椽

图11-27 中唐石窟帐形龛顶的顶棚

图11-28 初唐第329窟覆斗式窟藻井

图11-29 盛唐窟顶藻井

将要谈到的五代代表性窟形——背屏式的出现作了准备。

将后壁一龛作成佛帐样，盛唐时已有个别类似的例子，如盛唐第66窟后壁虽仍开梯形龛，却画成为覆斗帐形，有帐柱、平棋、竣脚椽及仰阳版、山花蕉叶等，龛顶正中又绘椭圆形华盖。它是由梯形龛到帐形龛之间的过渡形态。

覆斗式窟的顶部绘出有中央方井的藻井图案，样式丰富，极富装饰性（图11-28、图11-29）。

覆斗式窟及下面将要谈到的其他无中心塔柱的形制在隋唐及以后的盛行，也与壁画的内容演变有关。在中心塔柱式石窟里，人字披下的山墙部分以及与之相邻近的壁面是最利于绘制壁画的部位，常在此处画佛说法图、本生故事等。再往后去即回行道处的壁面，光线渐暗，壁前又没有开阔的地面，故一般只绘大面积千佛图案。隋唐时代，由于宗教的发展，壁画的题材大大丰富了，西方净土变、东方药师变、弥勒经变等各种大型经变画十分盛行，它们多达十几种，构图复杂，规模宏大。绘制这些壁画需要更多宜于观看的壁面。显然，取消中心塔柱，窟室更开敞宽阔了，四壁前面都有足够的观赏距离，使各壁都可以安排大型壁画，有利于适应新的要求。

在建筑工程意义上，覆斗顶中央高起，形成自拱，使没有中心柱支撑的窟顶不致坍塌。同时，高起的窟顶不会产生大片平顶的压抑之感，给人以良好的空间印象。

在覆斗式洞窟里，信徒们已不再进行绕塔回行的礼仪，只聚集作一般的供奉礼拜活动。

涅槃窟

"涅槃"是梵文Nirvana的音译。

佛教说人生最苦，涅槃最乐。所谓"涅槃"，就是修真悟道，成无上正觉，灵魂得以脱离肉体，解脱了生老病死和轮回之苦，进入不生不灭的境界而永享极乐的意思。为了宣传这个思想，就在洞窟里造释迦牟尼涅槃像，都是卧像。虽然它表现的是佛祖的遗体，却都塑造得体态柔软，神情如睡梦一般安详和宁静。在新疆早期石窟中，涅槃像塑在中心塔柱窟回行道阴暗的后壁。这样的洞窟还不能算是涅槃窟。涅槃窟是将涅槃像作为洞窟的主体，前面没有遮挡而使卧像赫然横陈在观众面前，所以涅槃窟平面一般都作横长方形。北魏时期，麦积山石窟就有一个涅槃窟，但较小。敦煌的涅槃窟只有两座，都是唐代建造的，即第148窟和第158窟。这两座窟规模相近，进深约7米，横长约17米，靠后壁有1米多高的通长大台，大台上又有较低的通长小台，形如榻，佛像即卧于其上。佛像为石胎泥塑，长约16米。第148窟窟顶作平缓的券形，左右壁有梯形龛；第158窟无龛，窟顶作盝顶形，其盝顶四披断面为凹曲线，是凹曲屋面的表现（图11-30、图11-31）。

从第148窟前室保存的《大唐陇西李府君修功德记碑》，知此窟是盛唐大历十一年（776年）李大宾凿建的。立碑时，距中唐（即吐蕃占据敦煌时期）只有五年。在第158窟甬道口有"大蕃管内三学法师持钵僧宜"的供养比丘题名，知此窟是中唐时凿建的。

在建筑意匠上，涅槃窟也只是象征佛寺中的一座殿堂。它的主要佛像不

图11-30 涅槃窟（中唐第158窟）中的佛涅槃像

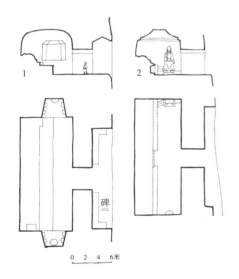

图11-31 涅槃窟：1. 盛唐第148窟；
2. 中唐第158窟

是放到塔面或壁面上的龛内，而是从石壁里搬出到洞窟本身空间里来了。这种处理也为以后的背屏式窟开了先河。

大佛窟

和涅槃窟一样，大佛窟也是应某一特定需要而开凿的特殊形制，规模很大，数目也就不会很多，在莫高窟只有两处，即初唐第96窟及位于第96窟以南的盛唐第130窟；在榆林窟有一处，为宋初第6窟。这三窟里都有巨大的弥勒佛坐像，第96窟的大像高达33米，第130窟的高26米，榆林窟第6窟的也有20米以上（图11-32、图11-33）。

在岩石上雕造大佛像的做法起源很早。当大月氏贵霜王朝盛期，约公元4、5世纪之交，就在今阿富汗巴米扬地区，凿有53米高的大石立佛。但它是露天的摩崖大像，不在洞窟中。中国云冈石窟北魏的昙曜五窟（第16窟至第20窟）中每窟都有大石佛像一尊，高者近17米。莫高窟和榆林窟的大佛窟则建于唐宋。

据晚唐第156窟前室咸通六年（865年）墨书《莫高窟记》："延载二年禅师灵隐共居士阴祖等造北大像，高一百四十

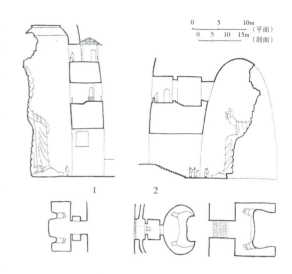

图11-32 大佛窟：
1. 盛唐第130窟（"南大像"窟）；
2. 榆林窟宋代第6窟

图11-33 大佛窟（第130窟）大佛仰视

尺。又开元中，僧处谚与乡人马思忠等造南大像，高一百二十尺。"可知第96窟大佛即"北大像"，建于初唐武则天天册万岁元年即公元695年（延载只一年，二年实为天册万岁元年）；又据在第130窟壁画覆盖的石壁小孔内发现的有开元十三年（725年）题记的丝绸，知第130窟大佛即"开元中"所造的"南大像"，始凿的年代可能在开元初（713年）至公元725年之间。至于完工年代，据下层甬道北壁供养人乐廷瓌的结衔"晋昌郡太守兼墨离军使"推断应在天宝、至德年间（742～758年）[1]。全窟施工期可能长达30年。

武则天当政在公元684年。公元690年，薛怀义与僧法明等十个和尚以《大云经》中有"一佛没七百年后为女王下世，威伏天下"一语，乃造《大云经疏》以为武后受命之符，疏中称武则天是弥勒佛下生，理应作"阎浮提主"，代唐为天子。武氏遂向全国颁布《大云经》及《大云经疏》，令各州县建大云寺供奉之；同年登上帝座，改国号为周，以后又自加尊号曰"慈氏越古金轮圣神皇帝"。"慈氏"就是弥勒。一时，对弥勒佛的信仰大盛，敦煌石窟遗书中就发现有《大云经疏》残卷。第96窟应就是遗书提到的大云寺。第130窟和榆林窟第6窟的凿建，说明对于弥勒佛的信仰长盛不衰。

这些大像都没有直接暴露在外，而是在岩石内部凿出，石胎外敷泥，赋彩。容纳大佛的洞窟是一个高耸的空间，下大上小，下部平面是方形，石壁向上弧转收小。

第130窟为覆斗式顶。榆林窟第6窟为圆穹形顶，窟顶和壁面交接处转折自然，没有明显的界线。这种窟形处理能引起人的透视错觉，益感空间的高耸。第96窟全部罩以楼阁，无石凿窟顶。窟底佛像前的地面并不宽阔，人在窟底距离大佛很近，仰视大佛，更显得佛的庄严伟大而感自身的渺小。佛像头部微微下俯，眼光下视似与仰视者的目光相接，神人感应，增加了宗教的感染作用。这种窟，通向岩外的通道都不只一条，而是分上下层共二至三条。上层的通道不但可供登临，以便就近瞻仰大佛面容，同时也是大佛头部的光线来源，使大佛上身不至于处在一片漆黑之中。现在我们看到的效果，

---

1 据《旧唐书·地理志》，河西道瓜州都督府天宝元年（公元742年）为晋昌郡，历天宝、至德，至乾元元年（公元758年）复为瓜州。

大佛头部和胸部都颇明亮，腹部以下转暗，突出了佛像造型的重点。蓟县辽观音阁内的十一面观音立像高通三层，其顶层内槽当心间减去阑额一根，除有视线方面的考虑外，也有助于改善菩萨头部的采光，用意也颇类此。同样，敦煌其他一些洞窟以及云冈、麦积山等石窟某些洞窟窟门上方高处的明窗，主要也是为采光而设。此外这种分层的甬道，也透露了洞窟开凿施工的一些情况，具体分析，可见后述。

根据文献记载和现存状况，第96窟窟前附壁而建的多层窟檐至少有过五次修建。唐文德元年（888年）以前的《张淮深碑》（S.6161）曰："乃见岩泉北大像，建立多年，栋梁摧毁，若非大力所制，诸下孰敢能为。退故朽之摧残，茸玲珑之新样……旧阁乃重飞四级，糜称金身；新增而横敞五层，高低得所。"由此得知，初建于初唐的窟檐是四层，后来，在公元888年以前重建为五层。又据宋乾德四年《凉国夫人浔阳翟氏重修北大像记》（转录于日本·松本荣一《敦煌画乏研究》附图）曰："……遂睹北大像弥勒，建立年深，下接两层，材木损折。大王夫人见斯颓毁，便乃虔告焚香，诱谕都僧统大师，兼及僧俗官吏，心意决更无二三。不经旬时，缔构已毕。"知公元966年又有一次重修，主要是修缮底部两层，其五层之数恐未更动。但是由20世纪初拍摄的第96窟外观照片看，却又是四层，其结构十分简陋，用材细小，各层为硬山一面披顶，应是清代重建的。这样算下来，1935年应是第五次动工了，又改为现在的九层楼，虽施工未精，但檐牙高啄，轮廓错落，不失为莫高窟一景（参见图0-1、图0-2）。

第130窟今天只余上层甬道处平台上一座单层三间歇山小殿，是清代建筑。根据该窟窟前岩壁上遗留的许多梁眼遗迹，估计原来窟前有三层楼阁，底层五开间，上两层改为三开间。近在该窟窟前进行了考古发掘，清理出两层建筑遗址，其下层遗址高度与现在窟内甬道地面相当，据推断建于西夏；上层遗址高于甬道地面，为清代所留[1]。

榆林窟第6窟窟前现无窟檐，岩面上也没有什么重要遗迹。

---

1 潘玉闪，蔡伟堂. 敦煌莫高窟第130窟窟前遗址发掘报告. 敦煌研究，1981（1）.

背屏式

五代、宋初，曹氏家族统治瓜沙一带。由他们主持，在敦煌开凿了一批大型洞窟（如五代第98、108、146窟，宋代第61、55窟等），有的面积可达200平方米左右，靠近后壁都有背屏，即背屏式窟。背屏式的窟形接近覆斗式，也是方形平面、覆斗顶，但顶的四角常有稍稍凹进的弧面，弧面上画天王。背屏式窟的四壁都不开龛，而将佛、菩萨等造像安置于窟内中央靠后的坛上。坛四周与四壁之间保持一定的距离，可作通道。背屏式窟与覆斗式窟的最大区别是有"背屏"。所谓"背屏"，就是凿窟之时在坛的后沿正中留出的一面石壁。石壁由坛上直通窟顶，厚约1米，宽约4米以上。由于在坛上的这面石壁前安置主尊，故习称此石壁为背屏（图11-34~图11-36）。有的研究者认为此种佛坛和背屏的布局来源于中心塔柱式，是值得商榷的。因为寺院中心佛塔的布局已成往事，即或仍偶有出现，并不普遍，不致影响到石窟的形制。其实背屏式的洞窟形制是覆斗式的发展，与中心塔柱式并无关系。洞窟中"凹"形或矩形的佛坛以及背屏，与佛殿内部的布局如出一辙。背屏相当于佛殿中的扇面墙（图11-37）。晚唐佛光寺大殿就设有扇面墙，墙前设有矩形佛坛。更早的南禅寺大殿和以后辽代大同华严寺薄迦教藏殿的佛坛呈"凹"字形，虽然没有建筑扇面墙，但主尊的背光、圆光直通室顶，也

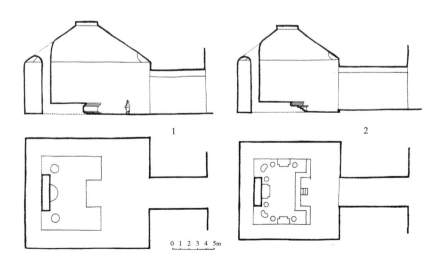

图11-34 背屏窟：1. 五代第98窟；2. 宋代第55窟

图11-35 背屏窟（宋代第61窟）

图11-36 背屏窟（宋代第55窟）

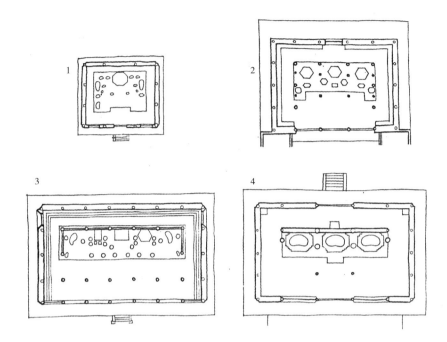

图11-37 佛殿里的佛坛和扇面墙:1.五台山南禅寺大殿;2.五台山佛光寺大殿;3.大同华严寺薄伽教藏殿;4.大同善化寺三圣殿

与洞窟里的背屏相似。善化寺辽建大雄宝殿也是这样。同寺金建三圣殿佛坛后又有了扇面墙。凡此,皆足说明背屏式洞窟形制继承了中晚唐覆斗式洞窟模仿佛殿的做法,同样也是对佛殿的模仿。

背屏式洞窟都很大,这是由于它有中心佛坛,坛上满布佛菩萨金刚力士群像,这些像因为不在龛里而和凡人们处于同一空间,当然不宜塑得过小。实际上,它们都比龛里的像大,也比真人大很多,这样,背屏式洞窟也就比覆斗式洞窟大得很多了。这一批洞窟的宏大规模也反映了五代至宋曹氏家族统治时期敦煌经济的发展。此型窟的甬道很深,一般可达6～7米,有的可达9米。从工程力学的角度来看,是很有必要的,因为窟室跨度很大,窟顶的水平推力和垂直压力也很大,在岩质欠佳的情况下确实需要一个颇厚的前壁来承受。

背屏式是五代、宋的代表窟形。在此以前,也曾个别地出现过,如稍早于公元893年凿建的晚唐第196窟。另外,初唐开凿的第205窟和榆林窟中唐第25窟都是覆斗式窟顶,四壁无龛,造像塑在窟内方坛上,只是没有背屏,它们是覆斗式和背屏式之间的过渡形制,是背屏式的前导(参见图11-19:5)。

以上六种形制中,中心塔柱式、覆斗式和背屏式可作为先后三个阶段的代表形制,其中覆斗式窟最多,除在隋、唐盛行外,其他各代都有凿建。至于毗诃罗式,涅槃窟和大佛窟,因都是为了满足某种特定需要而凿造的,数量不多。

我们还注意到,除了北朝盛行的中心塔柱式、毗诃罗式与印度的支提窟、毗诃罗窟颇有相通之处外,隋唐以后盛行的覆斗窟、涅槃窟、大佛窟和背屏窟都是中国所特有的石窟形制。这似乎也从一个侧面反映出佛教和佛教艺术在传入中国以后,在隋唐已逐渐完成了中国化的进程。

其他形制

除以上六种外,另有一些次要的形制,如本章开头所述横向人字披顶的初唐第371窟,此外值得提出来探讨的还有以下这些:

1. 十六国晚期的一批洞窟:第267~271窟、第272窟和第275窟,它们互为比邻,并处在整个莫高窟的中部。这几个洞窟都是莫高窟现存最早的一批洞窟,形制各不相同。第267~271窟为毗诃罗式,第272窟可以认为是覆斗式,俱见前述。第275窟平面纵长,顶作纵深布局的左右双披盝顶形,是敦煌石窟的孤例,以后再未出现过。前二者的形制,以后虽有采用,但也都有较大的变化。看来,这一现象应是洞窟开凿初期匠师们对洞窟形制还在作着多种尝试和探讨的一种反映(图11-38)。

2. 北魏第259窟:北魏第259窟的形制有些特别,平面略呈方形,后壁凿出一个在中心塔柱式窟中都可见到的塔形的正面,下部也有塔座,上部是塔身,塔身正中也凿圆券龛,内塑释迦、多宝二佛并坐像,龛外左右各侍立一菩萨。此窟窟顶前部也有人字披,后部是平顶。左右壁开龛,分上下二列:上列四龛作阙形,阙内塑交脚弥勒和思惟菩萨;下列三龛是圆券龛,内有禅定和倚坐佛像,龛外两侧都有侍立菩萨。

此窟形制除了后壁的塔形只是正面,并没有凿出绕塔的回行道以外,几与中心塔柱式窟完全一样。其后壁的不完整塔形,仅从形象即可判断所表现

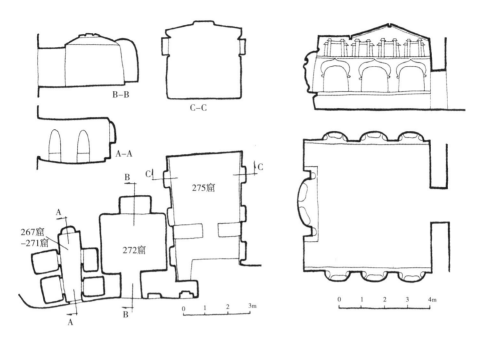

图11-38 几个最早的洞窟（十六国晚期）　　　图11-39 北魏第259窟

的无疑是塔。可以说，一般中心塔柱式窟的塔是圆雕的，而此窟的塔只是浮雕的。从佛经内容上也同样可以得到说明，释迦、多宝二佛并坐取自《法华经·见宝塔品》，依经文所述，释迦、多宝并坐多宝塔中，是佛教艺术常见的题材（图11-39，参见图4-35）。

值得注意的是第259窟属北魏中期，而敦煌的中心塔柱式窟多数在它以后才出现，故就敦煌而言，似乎不妨说第259窟的形制是中心塔柱式窟的先导。但就全面的情况而言，源于印度的绕塔回行的礼仪在佛教传入中国之初就已同时传入了，那种中心建塔的寺院形制，在东汉已经存在，同时，在新疆克孜尔石窟中，早期窟形也多数是有回行道的，虽然其时代上限目前仍无定论，但终不能排除有早于北魏的可能。故第259窟的形制毋宁说是一个特例，不必强调它与中心塔柱式窟的渊源关系。归根结底，中心塔柱式窟自有其宗教内容上的依据，非徒形式上的嬗变而已。

3. 某些隋代洞窟：隋代有个别洞窟，也采用了与中心塔柱式窟相类似的窟顶，即由前部的人字披和后部的平顶组合而成，第423窟就是这样的，

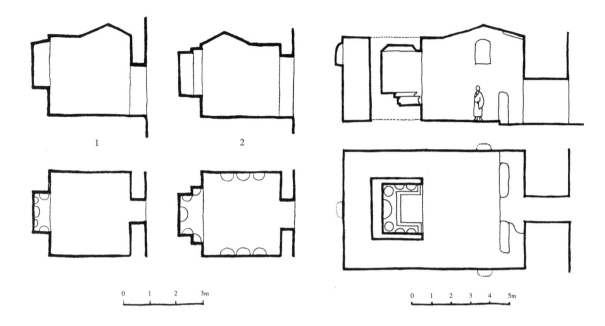

图11-40 中心塔柱式窟向覆斗窟的过渡形制：1. 隋代第423窟；　　图11-41 第263窟（改建于晚唐、西夏）
2. 隋代第282窟

但它没有凿出任何塔形，只在后壁开一龛，所以在意匠上已经不再强调塔的
地位。此种形制可以说是介于中心塔柱式窟和覆斗式窟之间，是中心塔柱式
窟窟顶形式与覆斗窟意匠的一种暂时的结合。此外，隋第282窟略同于第423
窟，只是它的人字披放到后部，而将平顶置于前部了（图11-40）。

4. 第263窟：石窟中经常出现后代利用前代洞窟重新画壁塑像的现象，
其中有少数对窟形也作了一些改动，以求符合重修者的观念。例如第263窟，
其表层壁画是西夏早期的作品，中心柱龛内的彩塑又具晚唐风格，但以前曾
有人将部分表层壁画剥离，露出了底层精致的北魏原绘，知此窟原为北魏所
开。其原来洞窟形制是典型的中心塔柱式。晚唐及西夏重修时，将窟形加以
改造：凿去人字披塑出的椽方；在窟室内靠近前壁处加建土坯墙，以减小进
深；最值得注意的是晚唐把原来的中心塔柱改为一座在正面开一个佛帐形深
龛的佛坛，坛内设"凹"字形平面佛床，上塑佛、菩萨像，龛顶作四周有竣
脚的平棋（图11-41）。这种三面围以墙壁的佛坛曾见于晚唐佛光寺大殿，下
至宋、元均有沿用，如正定隆兴寺宋建摩尼殿和原在山西永济现位于芮城的

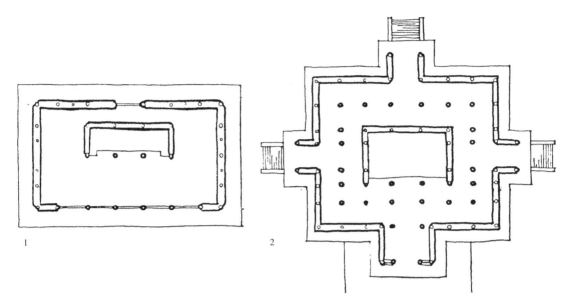

图11-42 佛殿和道观大殿中的龛: 1. 山西永济永乐宫三清殿 (元); 2. 河北正定隆兴寺摩尼殿 (宋)

元代道教建筑永乐宫三清殿都是如此 (图11-42)[1]。可见重修石窟者的意图也是在模仿当时寺庙里的佛殿。把中心塔柱改为中心佛帐式深龛也见于他窟, 如晚唐改建的第9窟。

关于石窟开凿的施工

最后, 我们还要谈谈石窟开凿的施工问题。中国使用火药来开山凿石, 大约起于南宋, 当时敦煌造窟已近尾声, 即或有所使用, 亦属个别。事实上莫高窟的造窟碑记和文献中都不见有使用火药的记载。有关文献曾提到过开凿用的工具, 如《张淮深造窟记》曰: "攒铁锤以和石, 架口錾以傍通。"《唐陇西李府君修功德碑记》: "奋锤聱壑, 楬石砧山"; 《翟家碑》: "于是䤻锤竞奋, 块圮磅轰, 硗确砧山, 宏开灵洞。" 《阴处士修功德记》: "遂则贸良工, 招锻匠……" 说明工匠们只是使用了这些铁锤、钢錾

---

1 永乐宫三清殿是道教建筑, 但道教建筑在很大程度上往往仿效佛教建筑, 故此处也引为例证。

等简单的工具，千余年来，一锤一錾，相继不绝，成就了几百个洞窟，其工作的艰苦，当可想见。

各窟开凿所用的时间，决定于工人的多少和洞窟的大小，现在已难确知。仅据《张淮深碑》记晚唐开凿第94窟"是用宏开虚洞，三载功充"，可知是用了三年的时间。第94窟的规模不过属于中型偏大，若论开凿像第61、96、98和130窟那样更加巨大的洞窟，想必需要花费更长的时间，有的甚至要经过几十年。

莫高窟石质属酒泉系砂砾岩，表面风化层相当疏松，有些地方，稍加拂拭即有石粒落下，但岩层内部，仍是相当的坚硬，錾锤施之，也不是容易的事。然而这种岩石，以水浸泡，可稍微酥解。20世纪60年代在加固工程开凿基底时，为了保护洞窟而不能使用炸药，工人们就用了浸水的办法，可以稍微省力，估计古人也有可能采用此法。

洞窟开凿程序，文献没有记载，但由石质情况和某些窟形判断，至少在大型窟内，应是采用下挖法施工的。如前举几座大佛窟，位于前壁的甬道有上下数层，应该也与施工有关。估计是先开凿上层甬道进入窟内，首先凿出窟顶，再逐渐下挖，同时凿出中层甬道，下挖时利用中层甬道出碴；挖过中层甬道后再利用下层甬道出碴，如此完成全窟。先凿出覆斗形窟顶，可以保证施工中上部不会坍落，比较安全。下挖施工用力方向朝下，易于着力，且便于利用水浸法。至于一般大、中型洞窟，也很可能是开完甬道后即斜上凿导洞至顶，扩大窟顶后再逐渐下挖成型。

通过对敦煌石窟形制的上述了解和讨论，可以得出结论，作为佛教文化现象之一的石窟形制，与佛教的发展有密切的关系；同时，它也和当时的木结构建筑佛寺、佛殿及佛帐等密切相关。多种多样的石窟形制为我们探讨中国各地石窟之间的相互关系，以及中外文化交流的情况提供了重要资料，此外，对于推测古代石窟开凿的施工方法，也提示出一些线索。本书尝试着对这些问题都作了一些探讨。

第十二章

莫高窟唐宋窟檐

敦煌石窟也给我们留下了晚唐和宋初几座木构建筑实物，这就是现存的五座窟檐。它们与壁画中的建筑资料一起，珠璧相映，各有千秋，同时丰富了中国建筑艺术宝库。这五座窟檐中的宋初四座，保存都相当完好。本书准备在加以介绍以后，再就它们的建筑特点作一些讨论，希望能为中国建筑史的研究提供一些有意义的资料。

窟檐概况

中国各地石窟，在凿窟的同时也往往凿出窟檐。这种窟檐大都凿成为三开间殿堂的形式，通过它进入佛窟内部。它是外部空间与佛窟空间之间的过渡，人们从人的世界进入佛的世界时先在这里产生情绪上的转化。同时，殿堂的外观也大大改善了那个黑黝黝的窟口形象，给人以亲近的气氛。

窟檐的实行很早，北魏云冈石窟就有窟檐，麦积山石窟也保存有北魏、西魏、北周和隋代的窟檐，其余如天龙山、响堂山皆是。上举这些窟檐都是就岩石本身凿出来的。敦煌石窟的石质疏松，不宜雕凿，所以窟檐几乎都是木构的[1]。

　　敦煌木构窟檐，是否在北朝时就有设置，因实物不存、文献无征，不能遽定，但参照上述其他石窟的情况，也不是完全没有可能。现存洞窟包括早期洞窟在内，大多在敞开的前室岩面上遗有一些梁眼，显然都是三间四柱木构窟檐的痕迹，但一直很难判断它们是否与建窟同时。20世纪60年代初，为了配合石窟加固工程，在窟前进行了考古发掘，曾在现有地面下发现过一些暗洞，其中编号为第487窟的窟底在现在窟前地面以下4米，据考证，其开凿时代应在北魏早、中期甚至更早，它的前室壁面也有这种梁眼，推测应是与开窟同期的遗存[2]。由此，似可认为从早期开始，莫高窟已经盛行木构窟檐建筑。到了唐代，关于窟檐和栈道的记载渐多，如武周《李克让修莫高窟佛龛碑》云："尔其镌崿开基，植端桔而概日；石敢山为塔，构层台以篮天。刻石穷阿育之工，雕檀极优阗之妙。……升其栏槛，疑绝累于人间；窥其宫阙，似神游乎天上"[3]。其他诸碑中，也多有如"蹬道逶联，云楼架迥，峥荣翠阁，张鹰翅而腾飞；栏槛雕楹，接重轩而灿烂"[4]；"构以飞阁，南北霞连。……而至于斯窟也，层轩九空，复道一带"[5]；"雕檐化出，巍峨不让于龙宫；悬阁重轩，绕万层于日际"[6]；"云楼架迥，耸口（称）峥嵘，蹬道联绵，势侵云汉；朱栏赫奕，环栱雕楹，绀窗映焜煌之宝扉，绣柱镂盘龙而覆错"[7]；"其

1　敦煌文物研究所在盛唐第148窟前室用土坯砌筑的前壁中发现有就原岩粗凿出来的石柱，是三间二柱的样子。据此，似乎此窟原有石质窟檐。但除此之外，所有敦煌石窟的窟檐遗迹，全都是木构的。

2　见敦煌文物研究所. 敦煌莫高窟窟前建筑遗址发掘简记. 文物, 1978, 12. 该文认为："第487窟开凿时期应为北魏中早期甚至可能还要稍早"，而"487窟'前室'的十个梁孔中，均未发现朽木或木炭痕，表明它的附属建筑物毁坏较早，大约到唐代画工使用这个废弃的洞窟时，木构附属建筑物就已经不存在了"，"故推测应与此洞窟开凿时代相同，即是属于北魏时代的建筑遗迹。"

3　原碑现存敦煌研究院陈列室。

4　见晚唐《翟家碑》。原碑已佚，此文录自《沙州文录》。

5　见盛唐《唐陇西李府君修功德碑记》。原碑现在莫高窟第148窟前室。

6　见晚唐《唐宗子陇西李氏再修功德记》。该碑文刻自注5《唐陇西李府君修功德碑记》之碑阴。

7　见晚唐《索法律窟铭》。该铭已被斯坦因劫去，编号S.0630，录文可见《陇右金石录》、《敦煌石室真迹录》。

小龛无数，悉有虚槛通连"[1]……这些对仗文章，虽然充溢着虚词赘语，却也给我们指明，当时确实建有许多窟檐和栈道，所谓云楼、翠阁、层轩、重轩、雕檐、悬阁等等，所指应都是窟檐。

从五代初开始，曹氏家族在张氏之后继掌州政。以后一直到宋天圣六年（1028年）沙州回鹘统治敦煌时为止，前后一百一十余年，敦煌都由曹氏家族统治。此时，虽然内地战乱频仍，几十年中换了六个朝代，敦煌却一直比较安定繁荣。曹氏家族内部一直没有发生过什么争夺，他们西交于阗，东结甘州，南拒吐蕃；一方面奉中原正朔而居河西正统以为号召，一方面内修政治、发展生产，形成了相当长的一段和平割据的繁荣时期。号称"时平道泰，俗富人安"[2]。因而，他们有力量在这里从事石窟功德，正如敦煌卷子所记，"时遇曹王累代，道俗兴平，营善事而无停，增瑞因而不绝"[3]，除于此时开凿了一批背屏式大窟外，又大力修整岩面，绘制了长以里计的露天壁画，同时又修建（或重建）了许多窟檐。北大像窟前晚唐张淮深重建的高达三十余米的重楼式窟檐在此时又加以重修[4]。现存四座宋代窟檐，也全是在这个时期修建的。当时所建窟檐总数绝不止此，前述窟前考古发掘就清理出了许多底层窟檐遗址，其中如第44、45、85、98、100、108窟窟前的五代建筑遗址；第25、53、55、61窟窟前的宋初建筑遗址，都是曹氏时期的遗存。

现存五座唐宋窟檐在第196、427、431、437和444窟窟前，其中第196窟窟檐是晚唐的，余四座皆为宋初。此外，莫高窟现存还有近三十座其他窟檐，大都是清末民国时所建，除第96窟（即北大像）窟前附岩而建的九层楼（重建于民国时，参见图0-1、图0-2）颇巍峨可观外，大都萎陋不足称，也就不再作介绍了。第428窟窟檐有些特别：它的乳栿以下的构件系唐宋时物，在此以上是临时安装的窗子，直抵前室顶部，没有屋檐。从柱子和栌斗看形制同于第196窟，是晚唐构件，但从泥道栱、华栱和乳栿看又同于宋初窟檐。且乳栿大小不等，彩画或有或无，虽均属宋绘，但又各不相同；柱下又垫有他

1　见《敦煌录》。该卷已被斯坦因劫去，编号S.5448.
2　（宋）凉国夫人浔阳翟氏重修北大像记，见（日）松本荣一. 敦煌画之研究附图。
3　（宋）节度押衙董保德等建造兰若功德记。原记已被斯坦因劫去，编号S.3929.
4　（宋）凉国夫人浔阳翟氏重修北大像记，见（日）松本荣一. 敦煌画之研究附图。

物，檐柱一线也不是原来的位置，可知此窟檐是杂用不同时期的构件凑合起来的，已不能反映完整建筑的情况，也不再作具体介绍。

以下我们将重点研究五座唐宋窟檐。

第196窟晚唐窟檐

第196窟原是晚唐一位叫作何大法师的人开凿的背屏式大窟，位于石窟群中部偏南的上层。在甬道壁上曾绘有何大法师供养像，后来，供养人像又经重绘，把一度篡夺过张氏政权的索勋像画了上去。其题名结衔为"敕归义军节度沙瓜伊西等州管内观察处置押蕃落营田等使守定远将军检校吏部尚书兼御史大夫巨鹿郡开国公食邑贰千户实封二百户赐紫金鱼袋上柱国索勋一心供养"，所以后来又称此窟为"索勋窟"。索勋与何大法师约略同时，唐大顺元年（890年）篡政自立为节度使，结衔为官名全称，可知是绘于朝廷正式任命以后。据《索公纪德碑》知朝廷的任命颁于景福二年（893年），次年即乾宁元年（894年），李明振发难杀索勋，政权复归张氏。故此题名及索勋像应成于公元893~894年之间，可知何大法师开凿第196窟时应在公元893年稍前。

此窟窟檐乳栿后尾插入壁体。栿尾周围壁画系晚唐原绘，没有凿改的痕迹，所绘花边沿栿尾转折。乳栿后段所承托的一段墙面，其壁画也是晚唐原作，故可肯定此窟檐与洞窟是同时修建的，年代也可定在公元893年稍前，比佛光寺东大殿只晚约三十年。

窟檐单层，面阔三间，通面阔903厘米、进深458厘米，是五座窟檐中最大的一座。其结构法是在洞窟甬道前凿出平台作为窟檐的地面，平台前沿用木悬臂梁四道挑出以承窟檐前的栏杆和栈道（原栏杆、栈道已不存，现有者系补修，测绘图上未画出），四根窟檐柱就竖立在这四根栈道梁的后尾上；柱高357厘米，柱根处连以地栿，柱顶有双层阑额，双层阑额间竖立旜；当心间下层阑额略靠下一些兼作门额，其地栿又少许提高一点，兼作门槛，门槛下左右各置一木门砧；左右间下层阑额与地栿之间横用木枋两重作窗的上额和腰串（即窗的下槛），上额以上和腰串以下立心柱一条或两条与阑额、地栿相连；上额与腰串之间立窗的左右立颊；直棂窗条与门颊、门簪、板门等

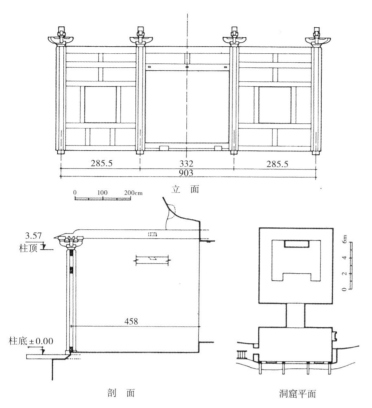

图12-1 第196窟晚唐窟檐测绘图

俱佚，只余门簪眼三个；其余墙面俱用编笆，两面抹泥与木面相平；通体立面与唐宋壁画所见完全一样（图12-1）。

柱上下同粗，断面系四斜面较四正面略窄的"小八角"，柱顶圆和收小至与栌斗底同宽；栌斗上十字出为泥道栱及华栱，角栌斗上更多一道斜向45°的角华栱；四个正面华栱后尾都以交栿斗承乳栿。乳栿断面大于足材，后尾插入岩壁；乳栿前端则自柱头枋里皮的分位起断面收小为单材，一直伸出到华栱散斗以外，但不再伸出为第二跳华栱而是将背砍为斜面结束。由全体看，乳栿出头并不是耍头，可能这个窟檐是用了下昂的，这个斜面就紧贴在下昂之下。此窟角乳栿已佚，但是当心间乳栿朝向次间的一面与角柱成45°的方向，在栿侧开有斜眼，明显地表示角乳栿原是在此处插入正面乳栿的。在此以上全佚，现有的顶盖系20世纪50年代临时设置的。由遗迹观察，在正对乳栿后段岩面的上方残留有孔眼，表明在乳栿之上原来还有剳牵之设。

此窟檐凡斗之欹部均同于一般唐代做法斫为圆和的内颥,栱眼为曲线,栱端线也是圆和的,看不出分瓣。

第427窟宋代窟檐

第427窟在石窟群中部偏北的第三层,原来是一个有中心塔柱的隋代洞窟。宋初,隋窟前室全部重新彩画,重新装銮彩塑,并修建(或重建)窟檐。窟檐当心间承椽枋底有题字,称:"维大宋乾德八年岁次庚午正月癸卯朔二十六日戊辰敕推诚奉国保塞功臣归义军节度使特进检校太师兼中书令西平王曹元忠之世靯建此窟檐记"。此窟甬道口宋重绘的供养人像也有"曹元忠一心供养"题识。故可确知窟檐系宋初物。乾德仅六年,八年岁次庚午实为开宝三年(970年),较重建于辽统和二年(984年)的蓟县观音阁还要早十几年,略晚于平遥镇国寺大殿(963年)和福州华林寺大殿(964年),而早于其他所有宋辽建筑。另外三座宋初窟檐也都在公元970年或970年以后的10年内建成,皆早于观音阁,所以这几座窟檐虽小,却都是现存木构较早的遗物。

第427窟窟檐也是三间,单层,通面阔676厘米、进深344厘米,四阿顶,大小居五座窟檐第二位。乳栿以下的结构法与第196窟窟檐相近,但栈道挑梁的位置和四个檐柱不正对,所以柱子都不是压立在栈道挑梁后尾上,而是在挑梁后尾横压方木一根,柱下出榫以穿此横木。柱根之间又另施地栿,故这根横木似不应再名为地栿而应称为"铤脚"(图12-2~图12-4)。

窟檐遗有直棂窗条,断面正方,以棱向前,非如"法式"之破子棂窗断面系三角形。门颊亦存,但板门系后置。

只有当心间有左右两条乳栿,断面略大于足材,前端收小成单材伸出为第二跳华栱;斗栱六铺作出三抄单栱计心造;第三跳华栱头上不用令栱耍头,而以替木直承撩风槫底;第三跳华栱里转则稍斜向上再平伸为单材劄牵;劄牵下用两个驼峰和交互斗及横栱压在乳栿上;劄牵及横栱上以散斗承两个承椽枋,其第二承椽枋与散斗之间加用替木以抬起屋面坡度;劄

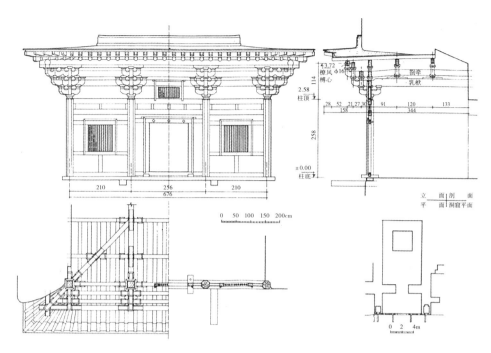

图12-2 第427窟宋代窟檐测绘图

牵也插入后岩壁。

　　转角铺作正面同于柱头铺作，侧面因与前室侧壁的岩面紧接故省去斗
栱；45°斜线上则出角华栱三层，其第三跳角华栱跳头以平盘斗和十字相交
的替木承十字相交的撩风槫，此替木和正面跳头上的替木通长；正面的瓜子
栱只交到角华栱为止并不再伸出为侧面华栱，即不实行"列栱"的做法。这
种方式，与唐宋壁画上的斗栱是一样的。第二跳角华栱里转成为角乳栿，插
交正面乳栿于第二承椽枋缝下。角乳栿上也有驼峰、交互斗及横栱。交互斗
承角剳牵。角剳牵外伸为第三跳角华栱。

　　所有五个窟檐都没有补间铺作。四个宋初窟檐都在当心间的栱眼壁位置
设明窗。其做法是在阑额和第一层柱头枋间左右立明窗颊，上下贴小枋，明窗
立桯就立在上下小枋间。在门和左、右直棂窗及明窗等的左右颊及上额周围又
贴一条弧面向内的作四分之一圆断面的木线角，强调了门窗，效果很好，此做
法也可见于济南灵岩寺唐惠崇塔、辽代应县木塔及某些辽代砖塔上。

　　椽两层，檐椽圆形；飞子方形，前小后大。据1951年文化部文物局的勘
察，谓几个窟檐很少飞子存在，且所存者长短不齐并非宋物，所幸第431窟窟

图12-3 第427窟宋代窟檐

图12-4 第427窟宋代窟檐内景

檐北角还留有仅存的一枚宋代飞子[1]，以后据此全部恢复。

椽上望板为编笆，下涂泥绘壁画，屋面草泥无瓦。

在细部处理上此窟檐和第196窟不同之处主要在于：凡第196窟成圆转和曲线的地方，此窟概作折线转折，如柱顶以斜面收小，栱外缘作两瓣卷杀，栱眼为45°斜杀。最不一般的是凡斗欹部分既不是唐宋习见的凹颤，也不是明清的斜下，而是分作两段，上斜下直。这种斗形与第251、254窟等所存北魏斗栱相近，但不见于他处。

其他三座宋初窟檐都比第427窟为小，位置在第427窟稍南，就风格论与第427窟完全一样，但做法上又略有不同。按大小顺序来说依次是第431、437和444窟。

第431窟宋代窟檐

第431窟原是有中心塔柱和人字披的典型魏窟，初唐时窟内大部分壁画经重绘，宋代又重绘前室壁画并建窟檐。檐内承椽枋下题识有"太平兴国伍年岁次庚辰"年号及"曹延禄之世飙建"的文字，故可确知是公元980年物（图12–5～图12–7，参见图12–21）。

窟檐通面阔490厘米，亦三间单层，进深197厘米。斗栱与第427窟几乎全同，顶也是四阿。第三跳华栱内出也是劄牵，劄牵斜上较多，致劄牵与乳栿的垂直距离较第427窟的加高了一足材。在这个分位顺栿加用一枋，刻隐出令栱相对。枋下有驼峰散斗置于乳栿背上。窟檐的岩顶在第二承椽枋处下降，故第二承椽枋反比第一承椽枋为低，而椽尾直插岩壁，第二承椽枋实为虚设。

此窟檐内的左、右石壁宽出在角柱之外，故角柱上也有乳栿。

在屋顶上有草泥塑出的正脊及鸱吻，吻上端又出一鸟头形，以喙内弯，形状特殊，不见于壁画，而与四川后蜀孟知祥墓墓门石刻及泰宁宋代甘露庵者相近（图12–8）。

1　陈明达. 敦煌石窟勘察报告. 文物参考资料, 1955（2）.

图12-5 第431窟宋代窟檐内景

图12-6 第431窟宋代窟檐

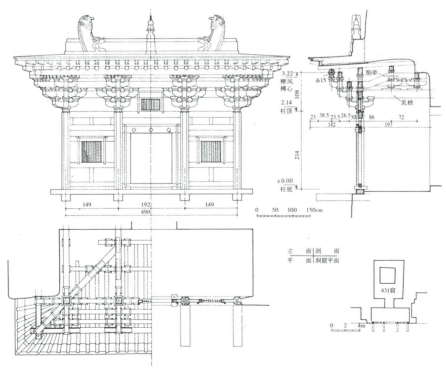

图12-7 第431窟宋代窟檐测绘图

418

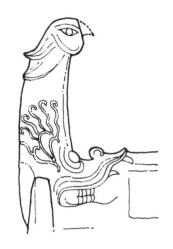

图12-8 泰宁甘露庵廛阁的鸱吻

第437窟宋代窟檐

第437窟窟檐上部构件曾经拆换，所以没有留下题识，但据窟内供养人题名，也可考定其大致年代。此窟原也是有中心塔柱和人字披的魏窟，宋初全部重画壁画，供养人中有"……归义军节度……西平王曹元忠供养"题名，与第427窟情况相同，可大致认定二窟窟檐是同时建造的，即公元970年，至迟不会晚于曹延恭继曹元忠为节度使的974年（图12-9、图12-10）。

此窟檐亦三间单层，通面阔486厘米，进深约142厘米，亦四阿顶。由于进深很小，故乳栿上只有一缝承椽枋，斗栱也减为五铺作出双抄单栱造。此窟檐上部在1951年时经重修，现所见的乳栿以上都是拆换过的。1951年重修时施工上一个比较大的错误是斗栱比原来的增加了一

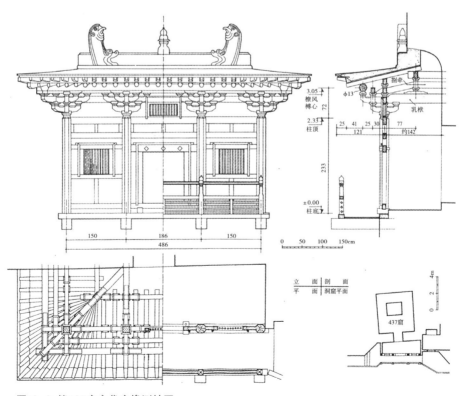

图12-9 第437窟宋代窟檐测绘图

图12-10 宋初窟檐（下：第437窟；上：第444窟）

跳。依原状，它的劄牵向外斜下由柱头枋伸出后即斜割结束，很类似于大雁塔门楣石刻所示梁头略伸出后即行截去的做法，但现状却是伸出为六铺作斗栱的第三跳华栱了。此次重新测绘，参考1951年勘察报告图纸，仍按五铺作斗栱和原劄牵出头的样式绘制。

脊及鸱吻是1951年仿第431窟的实物作出的。

第444窟宋代窟檐

第444窟是一个盛唐洞窟。据窟檐题记，窟檐建于"大宋开宝九年岁次丙子"，即公元976年。此窟檐最小，也是三间单檐，通面阔仅426厘米，进深仅约114厘米，故乳栿上也只有一缝承椽枋，斗栱也是五铺作双抄单栱。北角柱退进到北岩壁以南40厘米，又无南壁，所以与第196、431窟相同，也有

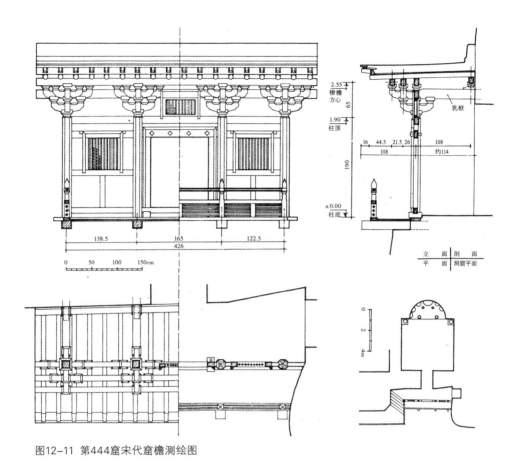

图12-11 第444窟宋代窟檐测绘图

四条乳栿，乳栿上均无劄牵。它与其他窟檐主要相异之点是没有角乳栿和角栱，其柱头枋、罗汉枋、撩檐枋等都在伸出角柱柱头铺作后即垂直截去，故屋顶是悬山式（参见图12-10，图12-11）。

第431、437窟和第444窟窟檐，柱子都与栈道挑梁对位，但柱下仍设通长锭脚，只是第444窟的锭脚颇薄。锭脚之用，可能是延续了第427窟的做法。第427窟的挑梁与柱不相对位，锭脚是必设之物。大概锭脚利于加强各柱柱根的联系，同时也利于施工找平，所以稍晚的三窟也都采用了。

各部件的介绍和讨论

以上，我们已经对这五座窟檐的情况作了一个概述。下面进一步就它们的比例和构造进行一些对比分析，并借以探讨建筑史上的一些问题（它们的一些较重要的尺寸和比例已列入表12-1中）。我们的重点放在两个方面：第一，希望通过对比的方法定量地确定其风格特征。从中可以发现，四座宋初窟檐全都较多地保持着唐代风格。第二，着重于屋角做法的分析。三座宋初四阿顶的窟檐，檐端都是完全平直至角无翘的，也没有生出，与同时代壁画中的绝大部分屋檐画法一样。笔者希望由此出发，探讨一下对中国建筑来说至关重要的角翘的发展问题。此外，几座宋代窟檐所保存的宋代彩画，也是值得注意的。

开间

五座窟檐都是面阔三间，其通面阔决定于原窟的前室面阔（如第427、431、437、196等窟），或者还决定于岩面情况。后者如第444窟，紧接它的南角柱南侧，岩面向南坡下，角柱再不能南去，于是就立在这个位置上；其当心间二柱根据原甬道口的位置对中而设，但北次间面阔比南次间小，左右并不对称，这是由于原来盛唐的前室北壁位置已定，而它的屋顶又要做成悬山式，所以北角柱须离开前室北壁一段距离。

通面阔确定后，分三间四柱，都是当心间较宽，两次间较窄。如第196窟当心间为332厘米，两次间为285.5厘米，两次间是当心间的86%，其余四座宋代窟檐则在78%～82.5%之间，比值相差不大，平均为80%。中国建筑次间比当心间减少的做法不知始于何时。至少，在麦积山石窟西魏第43窟石凿窟檐，当心间已明显加宽。敦煌壁画至迟到隋代也已开始这种做法。现存最早的木构实物唐代南禅寺大殿和佛光寺大殿都是如此，但二者的次间与当心间的比值颇不一致，前者为66%，后者为87%，后者之值与第196窟相近。与宋代窟檐大致同期的建筑，如镇国寺大殿、华林寺大殿、独乐寺山门和观音阁、虎丘二山门等，其比值大者可达86%，小者仅及58%，也很不一致。《营造法式》于此亦无明确规定。四座敦煌宋代窟檐比值相近，可能是由于时代、地点一致，建筑性质相同，而且面阔又都是三间。

表12-1 莫高窟唐宋窟檐尺寸及比例比较

单位：厘米

信息 \ 窟号		444	437	431	427	196	榆林窟21		备注
年代		976年	约970年	980年	970年	893年稍前	960～1035年		榆林窟第21窟之"窟檐"系前室壁画所绘，并非建筑实物
通面阔		426	486	490	676	903	470		
进深		约114	约112	197	344	458	约100		
面阔	当心间	165	186	192	255	332	180		四座宋初窟檐实物之次间面阔与当心间面阔之比平均为80%
	次间	平均130.5	150	149	210.5	285.5	145		
	次间：当心间	79%	81%	78%	82.5%	86%	80%		
柱	柱高	190	233	214	258	357	檐柱200	内柱240	五座唐宋窟檐实物之柱内径与柱高之比平均为1：10.3
	当心间面阔：柱高	1：1.15	1：1.25	1：1.12	1：1.01	1：1.08	1：1.11	/	
	柱内径①	18	22	23	25	34	20	24	
	柱内径：柱高	1：10.6	1：10.6	1：9.3	1：10.3	1：10.5	1：10.0	1：10.0	
材契	材（栱断面）	15×10.6	16×10.5	18.5×12	18×12.5	18×12.5			"法式"八等材四寸五分×三寸=14.8×9.9②"法式"七等材五寸二分五厘×三寸五分=17.3×11.5②"法式"契高6分
	高：宽（广：厚）	15：10.6	15：9.5	15：9.8	15：10.4	15：10.4			
	约当"法式"用材	约同八等	大于八等	大于七等	大于七等	大于七等			
	分值	1	1.07	1.23	1.2	1.2			
	契高（分）	8.5（8.5）	7.5（7.0）	8.5（6.9）	10（8.3）	9（7.5）			
斗栱	铺作数	五铺作	五铺作	六铺作	六铺作	?			除196窟不明，皆单栱计心，不用昂，无令栱
	泥道栱 长	62.6	70.5	72	72.5	82.5			"法式"泥道栱长62分
	泥道栱 分	62.6	66	58.5	60.4	68.8			
	华栱 长	62.6	70.5	72	72.5	82.5			"法式"华栱长72分
	华栱 分	62.6	66	58.5	60.4	68.8			
	瓜子栱 长	58.6	60.5	66	63.5	?			"法式"瓜子栱长62分
	瓜子栱 分	58.6	56.5	53.7	53				
	慢栱 长	95.6	114.5	118	104.5	?			"法式"慢栱长92分
	慢栱 分	95.6	107	95.9	87				
	斗栱总高	72.5	78.5	115.5	122	?			自栌斗底至橑檐方（橑风槫）背
	斗栱总高：柱高	38.2%	33.7%	54%	47.3%				
出檐	斗栱出跳 第一跳	26	30	30	30	35			"法式"六铺作以下之斗栱其第一、二、三跳均出跳30分
	分	26	28	24.4	25	29			
	第二跳	21.5	25	26.5	27	?			
	分	21.5	23.4	21.5	22.5				
	第三跳	无	无	23.5	21	?			
	分			19.1	17.5				
	檐出	44.5	41	38.5	52	?			"法式"八等材檐出三尺=99七等材檐出三尺一寸=102
	按"法式"应为	（约99）	（大于99③）	（大于102）	（大于102）				
	飞子出	16	25	23	28	?			"法式"八等材飞子出一尺八寸=59七等材飞子出一尺八寸六分=61
	按"法式"应为	（约59④）	（大于59）	（大于61）	（大于61）				
	总出檐	108	121	142	158	?			总出檐=斗栱总出跳+檐出+飞子出
	按"法式"应为	（约218）	（大于221）	（大于274）	（大于271）				
	总出檐：柱高	56.8%	51.9%	66%③	61.2%	?			
	檐高⑤	262.5	311.5	329.5	380	?			算至橑檐方（橑风槫）背
	总出檐：檐高	41.1%	38.8%	43.1%	41.6%	?			

注：
① 柱内径指小八角柱四长边内切圆直径。
② 本表中"法式"用材尺寸依一宋尺等于0.329米计，见《传世历代古尺图录》宋木矩尺二。
③ 第437窟檐椽已经撤换，现状系据其他窟檐复原，本表依现状列入供参考。
④ 第444、437、427各窟檐现存飞子皆无宋代原物，现状系据第431窟之宋代飞子复原，本表列入供参考。
⑤ 檐高=柱高+斗栱总高。

柱

柱高与当心间的面阔又有一定的比例关系。按中国建筑的习惯做法，柱高一般小于当心间面阔，使当心间柱与阑额围成一个大致方形或略呈横向的矩形，而不是狭高的开间。佛光寺的当心间面阔与柱高之比是1∶0.99；《营造法式》规定"下檐柱虽长，不越间之广"；由唐至宋、金的建筑实例，檐柱高也绝少超过当心间面阔（不包括有副阶的殿身）。但是，五座窟檐的柱高却全部超过当心间面阔。有的高出不多，如面阔较大的第196和427窟，当心间面阔与柱高之比是1∶1.08和1∶1.01。面阔较小的就高出较多，如第444窟是1∶1.15，第437窟是1∶1.25。第437窟窟檐用了五铺作斗栱。我们对唐、宋其他五铺作斗栱的建筑作了一个统计，发现在16个实例中，当心间面阔与柱高之比的数字中只有两个不到1∶1（其中华严寺大殿为1∶1.02，相差很少；另一处相差稍多，为1∶1.16）。16个数字的平均值为1∶0.87（表12–2）。所以，窟檐是不符合一般做法的。这主要是因为这两座建筑很小，为了使门的高度至少能容人俯身进出，就只能适当地加高柱子了。第444窟窟檐由地面到门额（下层阑额）下皮只有约140厘米，若此窟固守一般的习惯，柱高和门高都得降低，进出就很不方便了。又如第431窟窟檐的比例是1∶1.11，即使如此，它的门高也仅约160厘米。柱高增加最多的是第437窟，它的当心间面阔与柱高比值是1∶1.25，当心间已明显呈狭高的形状。但它在下层阑额下又另加了一条门额，使地面到门额下皮只有125厘米，仅能容人勉强进出。所以它的当心间面阔比第431窟的小，柱子反比第431窟的高，但门又比第431窟的低，可见此窟檐柱子的加高除了勉强维持门高外，还另有缘故。由断面图上看，第437窟原凿前室顶部很高，但窟檐斗栱比第431窟的少出一跳，所以只得尽量加高柱子，以期窟檐屋顶能更接近前室顶部。总而言之，窟檐柱子的高度未曾固守一般的习惯，而是根据具体条件如门高、岩顶高等因素，作了灵活的处理。此外，窟檐柱子偏高也可能与窟檐的位置有关。它们都高悬在崖面上，人们通常以仰视角度来观看它们，为了纠正视觉误差，柱子偏高一些较为合理，否则窟檐会显得过于低矮扁平。

其实，就第437窟而言，不如采取第431窟的办法：斗栱多出一跳，不加

表12-2　五铺作斗栱比例比较　　　　　　　　单位：厘米

序号	建筑名称	年代	平柱高①	斗栱总高②	檐高③	斗栱总出跳	总出檐④	斗栱总高/平柱高(%)	斗栱总出跳/平柱高(%)	总出檐/檐高(%)	斗栱总出跳/总出檐(%)	当心间面阔	当心间面阔：平柱高
1	敦煌第427窟窟檐⑤	约970	233(186)	78.5	311.5(264.5)	55	121	33.7(42.2)	23.6(29.6)	38.8(45.7)	45.5	186	1：1.25(1：1.00)
2	敦煌第444窟窟檐⑤	976	190(165)	72.5	262.5(237.5)	47.5	108	38.2(43.9)	25.0(28.8)	41.1(45.5)	44.0	165	1：1.15(1：1.00)
	1、2平均值⑤	—	—	—	—	—	—	36.0(43.0)	24.3(9.2)	40.0(45.6)	44.8	—	1：1.20(1：1.00)
3	南禅寺大殿	782	382	157	539	81	?	41.0	21.2	?	?	502	1：0.76
4	独乐寺山门	984	437	174.5	611.5	84	259	40.0	19.3	42.3	32.4	610	1：0.72
5	永寿寺雨花宫	1008	408	154	562	78	248	37.7	19.1	44.1	31.5	485	1：0.84
6	广济寺三大士殿	1024	438	175	613	80	217	40.0	18.2	35.4	36.8	548	1：0.80
7	晋祠圣母殿副阶	约1031	386	148	534	80	226	38.4	20.8	42.3	36.4	498	1：0.78
8	开善寺大殿	1033	482	173.5	855.5	85	266.5	36.0	17.6	40.7	31.9	579	1：0.83
9	薄伽教藏殿	1038	499	169	668	81	279	33.9	16.2	41.8	29.0	585	1：0.85
10	善化寺大殿	11世纪	626	193	819	98	310	30.8	15.6	37.8	31.6	710	1：0.88
11	晋贤阁下檐	11世纪	503	125	62.8	78	248	24.9	15.5	39.5	31.5	517	1：0.97
12	晋贤阁上檐⑥	11世纪	382	160	—	79	—	41.9	20.7	—	—	512	1：0.75
13	摩尼殿殿身⑦	1052	—	95	—	80	240	—	—	—	33.3	572	—
14	摩尼殿副阶	1052	368	155	523	80	235	42.1	21.7	44.9	34.0	572	1：0.64
15	佛宫寺塔副阶	1056	420	170.5	590.5	85	276	40.6	20.2	46.7	30.8	447	1：0.94
16	佛宫寺塔第四层⑥	1056	438	181	619	81	—	41.3	18.5	—	—	377	1：1.16
17	宋《营造法式》⑧	1100	—	—	—	—	—	—	—	31.0	—		≥1：1.00
18	文殊殿⑨	1137	448	153	606	95	—	35.3	21.2	—	—	478	1：0.94
19	华严寺大殿⑩	1140	724	215	939	100	376	29.7	13.8	40.0	26.6	710	1：1.02
20	善化寺山门	约1143	586	164	750	93	—	28.0	15.9	—	—	618	1：0.95
	3~16、18~20平均	—	—	—	—	—	—	36.4	18.5	41.5	32.0	—	1：0.87
21	清《工部工程做法》	1734	60.8斗口	9.2斗口	70斗口	6斗口	27斗口	15.1	9.9	38.6	22.2	77斗口	1：0.79

注：本表序号3~16、18~20之建筑尺寸采自陈明达《营造法式大木作研究》，并据以算出各比例。

① 凡有晋拍枋者，平柱高均包括晋拍枋在内。

② 斗栱总高为栌斗底至橑檐枋背。

③ 檐高为平柱高＋斗栱总高。

④ 总出檐为檐出＋飞子出＋斗栱总出跳。

⑤ 括号内的数字是"调整"后的比值，详见正文。

⑥ 凡楼阁和塔的上层，因檐出和飞子出均有特意加长的做法，故不参加关于总出檐的比较。

⑦ 凡带副阶的殿身，檐柱高均基高于一般情况，故不参加关于高度方面的比较。

⑧ "法式"未详细规定柱高，故本表付阙，又"法式"亦未详细规定檐出与飞子出，本表之值系依据梁思成《宋营造法式图注》算出，并为一至八等材的平均值。

⑨ 佛光寺文殊殿无飞子，不参加关于总出檐的比较。

⑩ 善化寺山门飞子出特别短促，只能认为是特例或在重修时被锯短太多所致，不参加关于出檐的比较。

门额，柱子就可以略低一些，门也可以提高一些，效果会比现在好。第431窟比第437窟晚建约十年，二窟位置临近，规模也很相近，或可认为，第431窟的做法正是对第437窟加以改进的结果。

柱高既经确定，就可进一步选择柱径。唐宋实例，柱径大都大于柱高的1／10。以前述开间时所举几座建筑为例：虎丘二山门之柱最粗，达到柱高的1／7.4；南禅寺大殿较细，也有1／9.3；七座木构建筑的平均值是1／8.3。《营造法式》于柱径与柱高之比没有明确规定，清代官式建筑檐柱直径率以6斗口为法，柱高则依斗栱出踩数不同在62.8斗口和56.8斗口之间变动（此处柱高包括平板枋高），比值约为1／10。几座窟檐的柱大都较细，平均比值约为1／10.3，也许是因为柱子较高而它们实际上负荷都不大。但这样的比值还是与习惯做法相近的（表12-1所称的"柱内径"系指小八角柱四个较宽的面的内切圆直径，若以四个较窄的面的内切圆直径作为柱径计，其平均比值可达1／9.7）。

至于大雁塔门楣刻石和敦煌壁画所见的柱子大都偏细，柱径约为柱高的1／16或1／17，有的甚至细成了一条线，那只是画家着重表现人物的活动，有意减少柱子的遮挡使然，并不反映实际的比例。

中国建筑通常是很讲究比例关系的，为说明这一点，还可顺便介绍一下榆林窟第14、21和22窟的几座宋代"窟檐"的情况。这些"窟檐"之所以要加引号，是因为它们并不是真正的木构建筑，而是在前室里画出来的。榆林窟各洞窟在主室前都凿有完整的前室，前室前又有长甬道通向崖面。上述三窟前室彩画"窟檐"，以第21窟保存较好。此窟前室通面阔470厘米，进深1米许，前壁高266厘米，顶子向后斜上，使后壁比前壁高约40厘米，所绘窟檐也是三间四柱，有地栿、阑额，柱头上有坐斗和泥道栱，通过替木承槫，补间是驼峰散斗上施替木，顶上绘椽望（图12-12）。

檐柱（即前壁所绘柱）高200厘米、径20厘米。当心间面阔180厘米、次间面阔145厘米。次间面阔是当心间面阔的80％，正与莫高窟四座宋初窟檐的平均值相合。当心间面阔与柱高之比是1：1.11，柱高也大于间广，同几座窟檐实物一样。柱径是柱高的1／10；由于后壁比前壁高，所以内柱（即后壁

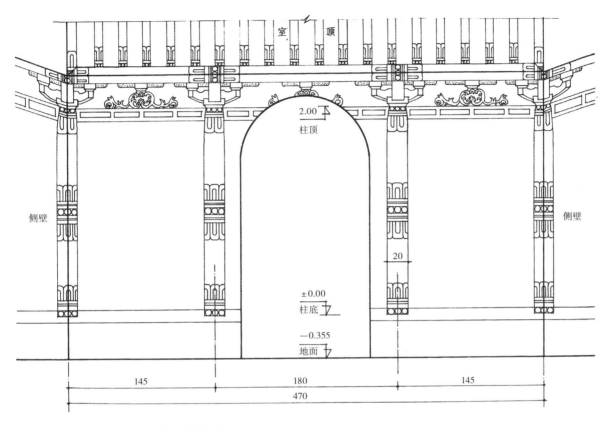

图12-12 榆林窟宋第21窟前室绘窟檐测绘图

上绘出的柱）高240厘米，内柱径也成了24厘米，它们的比仍是1／10。有意思的是，为了保持住以上这些合适的比例，不使柱子显得太高，画出的柱底和地栿竟高悬在地面以上约30厘米处，那以下则为空白。可见，画匠们在绘制这座"窟檐"时，是牢记着这些比例关系的。甚至可以相信，绘制这几座"窟檐"的画工，本人可能就是木匠，至少也对建筑有相当的了解。

莫高窟窟檐柱子上下同粗，至柱顶方收小，其柱断面作小八角形。八角柱由汉代至北朝常可见到，唐以后不多见，此处则仍保留了较古的做法。但榆林窟的"窟檐"柱，看不出是八角形，且下粗上细有收分，柱顶是覆盆式，与内地一般的唐宋建筑柱子相同。

材

"材"是《营造法式》总结出来的有关建筑的总体和局部尺寸的一个基本模数。按《营造法式》的规定，栱的断面恰好就相当于"材"，它的高（广）与宽（厚）之比是3：2，依宽又分为10分，高就是15分。

按建筑的不同规模，《营造法式》规定了材的八个等级，第一等材最大，第八等材最小。我们现在依《营造法式》规定并取一宋尺等于32.9厘米来考察这几座窟檐的情况。

1.材的广厚比相当接近于15：10，范围在15：9.5到15：10.6之间，平均值为15：10.14；佛光寺唐代用材是30×20.5，比例为15：10.25；在《营造法式》成书以前内地其他建筑除华林寺大殿为15：7外，由唐至北宋，也都十分接近于15：10，可见，这个比例的确是相当通行的。窟檐又为此增加了一批例证。

2.用材大小随建筑大小不同呈有规律的改变：如第444窟最小，用材为15×10.6，约相当于《营造法式》的八等材（四寸五分×三寸＝14.8×9.9）；第437窟稍大，用材为16×10.5，略大于八等材；其余三窟更大，用材也更大一些，为18.5×12或18×12.5，稍大于《营造法式》的七等材（五寸二分五厘×三寸五分＝17.3×11.5）。

内地唐宋实例，除保国寺大殿（1013年）的藻井用材17×11.5为七等材外，再未见有用七等材的；八等材更绝无一见（但莫高窟附近老君堂宋初所建单层小亭式的"慈氏之塔"用材比八等材还要小一些。关于此塔，将于后文再述），甚至六等材也只有一例（玄妙观三清殿副阶）。绝大多数都在五等材以上。

五座窟檐却全接近于七、八等材。除保国寺藻井外，窟檐和慈氏塔就是唯一的一组使用七、八等材的木构实例了，为建筑史保存了有价值的资料。它们又都早于《营造法式》一、二百年，可以证明《营造法式》关于七、八等材的规定是有现实根据的。还说明凡用七、八等材的，应都是当时不重要的小建筑，很难保存到现在。

然而，这些窟檐建筑虽然只相当于七、八等材，但与宋以后建筑实例的尺度比较，用材仍是偏大的，其斗栱尺度十分雄大，这个特点与南禅寺、佛光寺一致，说明仍然保有唐代特征。具体分析，容见后述。

按实际用材尺寸，我们把这五座窟檐的"分"值分别定为1、1.07、1.23和1.2，以下的讨论将多次用到这些分值（表12-1）。

栔

栔是上下两层栱之间的空档高度，《营造法式》规定为6分。各窟檐的栔高实际尺寸在7.5～10.0厘米之间，折成各窟之分，则在6.9～8.5分之间，平均7.6分，都大于《营造法式》的规定。《营造法式》以前或稍后的建筑，栔高多大于6分，且极不统一（如南禅寺大殿为6.9～7.5分，广济寺三大士殿大至8.7分等），而以6.5～7.5分较为通行。窟檐有的接近于国内其他实例的最大值，多数则在当时一般范围之内[1]。

斗栱

斗栱是中国建筑发展过程中变化最大的一种构件。斗栱的尺度和做法经常是建筑风格的最鲜明的反映。窟檐斗栱的研究是本书的重点之一。

1. 铺作次序

在完整地保存着斗栱的四座宋代窟檐中，其铺作呈有规律的改变。规模较小的第437和444窟窟檐，都只用五铺作出双抄；规模较大的第427和431窟窟檐则用六铺作出三抄。其铺作都只用抄不用昂，单栱计心，最外跳头不用令栱，也无耍头，又都没有补间，都是一致的和比较简洁的做法。

必须指出，宋代窟檐的规模其实很小，但它们都使用了五铺作和六铺作斗栱，这是因为它们都有力图抬高檐高的倾向。因为原洞窟前室室顶凿得很高，为了使屋顶与窟檐相接，除了适当地增加柱高外，也采取了增加斗栱总高的办法。若作为一般建筑，像窟檐这样的规模，原来是可以根本不用斗栱或只用四铺作便已足够，这里却用到了五铺作和六铺作。

这个推论还可由宋代窟檐全都不用下昂得到旁证。五铺作以上的斗栱

1　见陈明达《营造法式大木作研究》中所引。

不用下昂，在其他实例中较少见到（楼阁平座层除外）。据陈明达先生在《应县木塔》中的研究，认为使用下昂与否与希望增加出跳总长而不过分增加斗栱总高的意图有关。实际情况正是如此，为了增加斗栱总高，当然也就不用下昂了。

唐代第196窟窟檐现存斗栱已不完整，但由迹象判断，却是用了下昂的。而正是此窟，没有前室岩顶，不必过分提高檐高，所以就按一般做法使用了下昂。

当然，力图抬高檐高的做法也与前述柱子偏高一样，可能与纠正仰视的视觉误差的努力有关。又，窟檐的柱头一线在泥道栱以上层层用单材枋，单材枋间以散斗承托，并在第一层柱头枋上刻出隐出慢栱，这些都不同于唐宋壁画，而与南禅寺、佛光寺以来的唐宋建筑实例相同[1]。

有时，为了保持屋面坡度，在最上一层柱头枋下正对檐柱处，加用驼峰散斗，托起此枋以承椽（第427、431窟）。

2. 泥道栱和华栱

《营造法式》规定泥道栱为62分，华栱大于泥道栱为72分。五座窟檐的泥道栱大都接近62分，但华栱均与泥道栱同长，因此影响了第一跳出跳不如《营造法式》规定的长。

3. 瓜子栱

《营造法式》规定瓜子栱与泥道栱同长，即62分，而窟檐的瓜子栱全都小于泥道栱，这种情况与辽代实例相同[2]。

4. 慢栱

《营造法式》规定慢栱长为92分，而窟檐的慢栱又全都大于此数，也与辽金实例一致[3]。

关于斗栱的一些重要问题，在下段出檐中还要继续谈到。

1　从初唐起，敦煌壁画斗栱在柱头一线上，画作一栱一枋为一组；若出跳多，即叠用两组。此画法也见于盛唐西安大雁塔门楣刻石建筑图，在敦煌壁画中沿用得很晚，直至五代和宋代尚如此。中唐南禅寺大殿和晚唐佛光寺大殿等实物都是在泥道栱上连续叠用单材枋，枋间垫散斗，枋上刻出隐出栱，宋、辽实物也皆如此，窟檐与之相同。至明清，枋更改为足材，层层紧接，连散斗也没有了。

2　梁思成，刘敦桢. 大同古建筑调查报告. 中国营造学社汇刊, 第四卷, 第三、四期合刊.

3　梁思成，刘敦桢. 大同古建筑调查报告. 中国营造学社汇刊, 第四卷, 第三、四期合刊.

出檐

《营造法式》规定斗栱出跳以30分为准（若七铺作以上第二跳可减为26分），但窟檐第一跳华栱长就达不到72分，所以第一跳的出跳长也就达不到30分了。同时，即使是五铺作和六铺作，第二跳就比第一跳短，也不合于《营造法式》规定而同于其他实例。六铺作的第三跳比第二跳更短，这一点却又与绝大多数实例的第三跳虽短于第一跳却长于第二跳的情况不同了[1]。

关于檐出，《营造法式》并没有严格规定，只举了几个椽径与檐出的比例作例子。由于椽径与材等之间有着相应关系，梁思成先生在《宋营造法式图注》中即依此算出了各等材檐出的约略数值。据此，若用七等材，檐出约三尺一寸，合102厘米；若用八等材，檐出约三尺，合99厘米。但除第196窟窟檐情况不明外，檐出均远小于此数，其中三座甚至连一半都不到（参见表12–1）。

关于飞子出，《营造法式》规定为檐出的6／10，故七等材的飞子出约一尺八寸六分，合61厘米；八等材约一尺八寸，合59厘米。窟檐的飞子出也远远小于此数。

上述斗栱出跳、檐出、飞子出三项，无一能达到《营造法式》的规定，由此可知，若依斗栱用材，窟檐的出檐实在是相当的短促。例如第431窟窟檐，实际总出檐为142厘米，用的是七等材，分值为1.23。依《营造法式》规定，六铺作出三跳共出90分，合111厘米，檐出约102厘米，飞子出约61厘米，三项相加总出檐应为274厘米，比窟檐实际总出檐几乎多出了一倍。

但是，若以建筑的实际规模与实际的总出檐相较，总出檐又绝不比一般通行者为小，如第431窟的总出檐为撩风槫高的43.1％，就比善化寺三圣殿的40.7％和清《工部工程做法》规定的43.0％为大。其他各窟檐情形都与此例相仿（参见表12–1）。还必须着重指出，与其他实例相比，窟檐的总出檐依靠斗栱出跳的成分颇大，而依靠椽、飞挑出的成分相对来说较小，换一句话说，就是斗栱的尺度是很大的。例如，第431窟斗栱总出跳在总出檐中占到56.3％（这可能是所有古代建筑实例甚至包括七铺作斗栱的实例在内的最大

1　陈明达《营造法式大木作研究》中所引.

比值了），而三圣殿等平均只有42.1%，清官式更降到30%（表12-3）。其他窟檐情形也与此相仿（参见表12-2、表12-3）。为了较全面地、定量地说明这个问题，我们制作了表12-2和表12-3，分别列出了五铺作和六铺作斗栱的唐宋建筑实例来和窟檐进行对比，并列出了《营造法式》和清《工部工程做法》的相关数字作为参考，表示了各建筑的斗栱总高与平柱高之比、斗栱总出跳与平柱高之比、总出檐与檐高之比和斗栱总出跳与总出檐之比。

从表12-2可以看出：

1. 在斗栱总高和平柱高之比中，五铺作的第437和444窟的值分别为33.7%和38.2%，其平均值为36.0%；其他唐宋建筑的最大值为42.1%，最小值24.9%，平均值为36.4%，略大于窟檐的平均值。但是我们应该注意：以窟檐的当心间面阔和平柱高相比，窟檐的柱子是相当高的，其平均比值为1：1.20；而其他实例的柱高绝大多数都不逾间广，其平均值为1：0.87，二者相差几乎达到40%。所以我们若要衡量斗栱在包括间广的因素在内的立面中的规模，单以斗栱总高和平柱高作为尺度，显然在相比双方之间前提很不平等。因此我们就对窟檐的平柱高做一种"调整"，以便能适当考虑到间广的因素。这就是假定窟檐柱高等于当心间面阔，这样调整以后，窟檐的比值就分别变成42.2%和43.9%了（即表12-2相应括弧中所示），其平均值为43%，大于其他所有对比资料的绝对值和平均值。

2. 斗栱总出跳与平柱高之比，两座窟檐分别为23.6%和25.0%，平均值为24.3%，大于所有对比资料的绝对值和平均值。若也对窟檐柱高做上述调整，大出的数值就更多了。

3. 总出檐与檐高之比，两座窟檐分别为38.8%和41.1%，平均值为40.0%，与唐宋其他实例及清官式规定基本相同。若将柱高也做调整，窟檐的比值将加大。

4. 斗栱总出跳与总出檐之比，两座窟檐分别为45.5%和44.0%，平均值为44.8%，远远超过了所有对比资料的绝对值和平均值。这个现象是不是由于重修时把飞子减短得太多而造成的呢？应该说不是的，因为：第431窟窟檐确有一枚宝贵的宋代飞子原物存在，而所有宋代窟檐的飞子都是仿照此例复原的；其次就是窟檐总出檐与檐高之比的平均值与其他实例略同，总出檐并不短促。

这些现象的确反映出窟檐斗栱尺度之大，并可证明，第437和444窟窟檐的斗栱尺度在所有唐宋相应建筑实例中居于最大之列。

六铺作的情况见表12-3。需要说明，因为在可供对比的很少几个实例中，有的例子其当心间面阔与平柱高的比是1∶1.14，同第431窟的1∶1.12相近，所以第431窟的平柱高就不再作"调整"了。

比较结果，在各种比值中，除了个别之外，第427和431窟的窟檐无论在绝对值方面或是在平均值方面，都居于最前列。

还有一个情况需要再次指出，即所有四座宋代窟檐都不用令栱，不出要头。因此我们虽仍称其斗栱是五铺作、六铺作，并和其他相应的五铺作、六铺作实例对比，其实它们在斗栱总高上比其他实例都减少了一材一栔，即只相当于一般建筑的四铺作、五铺作而已。可以想见，若将它们和相应的四铺作、五铺作建筑来对比，其斗栱总高与柱高的比值的差异将会更大。例如六铺作的第427、431窟平均值高达50.7%，其他六铺作实例的平均值是42.2%，二者相差8.5%（参见表12-3），而其他五铺作实例的平均值只有36.4%（参见表12-2），差值就达到14.3%了。

总而言之，四座窟檐的斗栱，在比例上确实雄大冠于所有相应实例，就连中唐的南禅寺也无法与它们相比。

众所周知，斗栱的比例由唐至清，从雄大而趋于纤小。这从表12-2、表12-3所载唐宋各实例与清《工部工程作法》的各相关值的对比中也可以鲜明地看到。窟檐的斗栱如此雄大，进一步证明宋初窟檐保存了唐代的风格。在本书"代序"中我们已经提到，早在70年以前，梁思成先生根据窟檐斗栱的照片，就敏感地断言，窟檐"可以无疑的定为唐式"[1]。现在，经过我们的定量分析，证明这个认定是完全正确的。

对于斗栱比例的定量分析，使我们得出了这个结论，窟檐的形象特

---

1 梁思成. 伯希和关于敦煌建筑的一封信. 中国营造学社汇刊, 1932, 3（4）.

表12-3　六铺作斗栱比例比较① 　　　　　　　　　　　　　　　　　　　　单位：厘米

序号	建筑名称	年代	平柱高②	斗栱总高③	檐高④	斗栱总出跳	总出檐⑤	斗栱总高/平柱高（%）	斗栱总出跳/平柱高（%）	总出檐/檐高（%）	斗栱总出跳/总出檐（%）	当心间面阔	当心间面阔/平柱高
1	敦煌第427窟窟檐	970	258	122	380	78	158	47.3	30.2	41.6	49.4	255	1:1.01
2	敦煌第431窟窟檐	980	214	115.5	329.5	80	142	54.0	37.4	43.1	56.3	192	1:1.02
	1、2平均值	—	—	—	—	—	—	50.7	33.8	42.4	52.9	—	—
3	晋祠圣母殿殿身⑥	1023—1031	—	180	—	110	267	—	—	—	41.2	498	—
4	佛宫寺塔第三层⑦	1056	438	209	647	118		47.7	26.9			384	1:1.14
5	宋《营造法式》⑧	1100	—	—	—	—	—	—	—		40.3	—	≥1:1.0
6	善化寺三圣殿	1128—1143	618	226	844	158	352	36.6	25.4	40.7	44.7	768	1:0.80
	3～6平均	—	—	—	—	—	—	42.2	26.2	40.7	42.1	—	—
7	清《工部工程做法》	1734	58.8斗口	11.2斗口	70斗口	9斗口	30斗口	19.0	15.3	43.0	30.0	77斗口	1:0.76

注：① 本表序号3、4、6之建筑尺寸系采自陈明达《营造法式大木作研究》，并据以算出各比例。
　　② 凡有普拍枋者，平柱高均包括普拍枋在内。
　　③ 斗栱总高为栌斗底至橑檐枋背。
　　④ 檐高为平柱高＋斗栱总高。
　　⑤ 总出檐为檐出＋飞子出＋斗栱总出跳。
　　⑥ 凡带副阶的殿身，檐柱高均基高于一般情况，故不参加关于高度方面的比较。
　　⑦ 凡楼阁和塔的上层，因檐出和飞子出均有特意加长的做法，故不参加关于总出檐的比较。
　　⑧ "法式"未详细规定柱高，故本表付阙，又"法式"亦未详细规定檐出与飞子出，本表之值系依据梁思成《宋营造法式图注》算出，并为一至八等材的平均值。

征也可以补充这个结论，诸如窟檐全都不用补间、没有普拍枋、阑额至角柱不出头、使用上下两层阑额，以及门窗额、颊及直楞等等形象，无不同中唐南禅寺及敦煌唐代壁画相符。我们还不要忘记在第437窟还有一个小小的做法，即室内的劄牵在伸出柱外以后，即行斜截而不再前伸成为要头（参见图12-9），竟与盛唐大雁塔门楣刻石上的做法相类，只不过后者是垂直截割罢了（图12-13）。所以，我们甚至可以大胆断定，它们的风格特征应该可以与南禅寺相提并论甚至还可能更早一些。另一方面，从前述

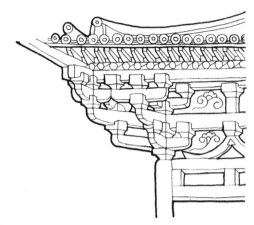

图12-13 大雁塔门楣初唐石刻转角铺作

窟檐的某些细部做法（如瓜子栱都小于泥道栱,慢栱都大于92分等）来看，虽与《营造法式》的规定不合，却都与辽金实例的一般做法一致；又窟檐门窗外廊另加四分之一圆断面木线脚的做法也可见于唐代和辽代的某些实例，都说明窟檐也带有北宋前期建筑的某些时代特点。但是，就总体造型风格而言，毋宁说它们具有更多的唐代特征。

唐代建筑，原来只有两座比较完整的实例，敦煌的唐式窟檐，无疑应在建筑史上据有值得重视的地位。

到此为止，我们还完全没有考虑到窟檐的另一精彩之处，即他们的檐端全是平直而绝无翼角起翘（以下简称"角翘"）的。可以肯定，这种做法是汉唐多数建筑的重要形象特征之一。下面我们就来着重研究它。

檐角

敦煌壁画里的建筑，从十六国晚期一直到西夏中期（相当于南宋）以前，其屋檐绝大多数都是平直的，并无角翘（参见图1-1、图7-26、图7-31、图7-36）。如果说壁画只是间接资料不足全信的话[1]，那么现存的几座宋初窟

---

1   以前曾有研究论文认为敦煌壁画大量的屋檐平直的画法"殊不可解"，也有的认为只是敦煌的一种地方手法，不可为凭。但中原地区出土的大量唐墓壁画建筑图中亦绝大多数无角翘，故地方手法之说是不能成立的。

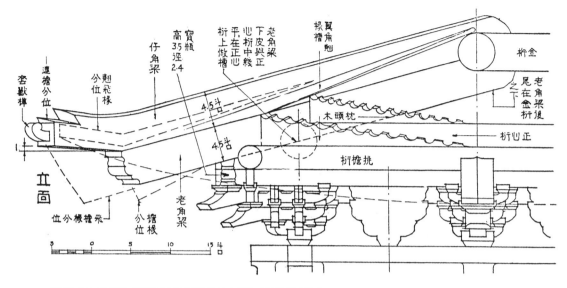

图12-14 清代官式建筑屋角起翘做法(《清式营造则例》)

檐(以及本书将要谈到的"慈氏之塔",参见图14-9)也全都如此,可见壁画确有事实根据。

然而,我们所见的其他古建筑实物,从中唐的南禅寺开始,都是有角翘的。角翘,甚至已被认为是中国建筑古已有之的重要民族特征之一。前人曾引《诗经·小雅·斯干》"如鸟斯革,如翚斯飞"之句,认为早在诗经时代,角翘就已经存在了。面对敦煌的事实,我们不能不对之重新加以认识。

角翘的做法并不神秘。从明清实例来看,它主要是由两个因素造成的(此处使用清式名词):一是老角梁的高度大出檐椽直径甚多;二是老角梁的前部虽然与檐椽前部一样,必然都是搭在挑檐桁上的,但它的后尾却与檐椽不同,不是搭在金桁之上,而是托在金桁之下。所以,在檐椽和老角梁的前端,二者必不可能处于同一高度,只会是前者低而后者高。为了解决这个矛盾,在挑檐桁背于转角处加用了一个长三角形的枕头木,将檐椽渐次垫高,以使檐椽前端和老角梁的前端至角完全取平,这就是角翘。然后,为了和檐椽一线的角翘呼应协调,仔角梁的前端也特意向上翘起,使整条仔角梁呈一折线。飞檐椽至角也逐渐由直线而加折至与仔角梁相邻处与仔角梁取齐。这样,整个角翘就更加显著了(图12-14)。

436

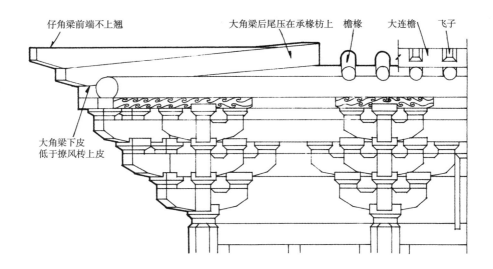

图12-15 第431窟窟檐转角构造

可是，窟檐的檐角却有以下的特点（以下恢复宋式名词）：

（1）大角梁与檐椽相比并不太大，其高度虽超过椽径，但在大角梁与撩风槫相交处，大角梁底的标高低于撩风槫背的标高。

（2）大角梁的后尾和檐椽的后尾一样，都搭在承椽枋上。根据以上两点，撩风槫背至角不用加生头木，檐椽背与大角梁背亦可取齐成水平线。

（3）仔角梁也不太大，仅比飞子略高。它紧贴在大角梁背上，而飞子是嵌在大连檐上的，飞子底与檐椽背之间有一个由大连檐造成的小距离。这个小距离恰好等于仔角梁与飞子的高度差。更主要的是因为檐椽一线并无角翘，故仔角梁前端也就没有特意上翘的理由，仔角梁背只是一条直线，当然飞子至角也就不必逐渐加翘了，自然可以与仔角梁取齐，最后形成的檐端仍然是水平的。

（4）没有生出，即檐角在平面上的投影是一个直角（图12-15）。

仔细观察壁画里的檐角（好在它们常是以仰视角度画成的），虽有时若干详细做法不一定画得很明白，但总的来说，与上述窟檐的檐角做法是相符的。

初唐大雁塔门楣刻石和乾陵等几个陪葬墓壁画里的建筑也与敦煌壁画一样。

因此有理由认为，无角翘的做法至少在中晚唐以前是很通行的，在敦煌，它甚至可能保存到了南宋。

关于角翘的起源和发展，笔者认为应与斗栱的发展有密切关系：当斗栱很大时，屋檐主要依靠斗栱来悬挑，椽子和飞子的挑出不大，所以相当于转角45°线上椽、飞出挑的大角梁和仔角梁的出挑也不会很大，它们所受的悬臂荷载较小，大角梁的断面就不需要很大，甚至可以和正面椽子一样大。同时大角梁的后尾也可以直接搭在下平槫上，不必托在下平槫下。这样，当然就不会有角翘了。东汉和东汉以前的资料表明，当时的建筑绝大多数都是这样的。

汉《释名》曾指明："楣……或谓之檼。檼，绵连榱头使齐平也"。据《尔雅》，楣可释为檐，即连檐；榱就是椽，"榱头齐平"，当然不会有角翘。

但中国建筑的斗栱，从汉唐而至明清，其发展由雄大而趋于纤小。斗栱的出跳越来越少，椽子和飞子的挑出在总出檐中所占的比例越来越大，大角梁和仔角梁的挑出也随之而加长（图12-16），也就是说，斗栱总出跳在总出檐所占的比值越来越小。这一总的发展趋势，由表12-2和表12-3也可以明显看出。由宋至清角梁的负荷比檐椽的负荷增加得更快，以至必须加大它的断面，当大角梁的断面高比檐椽直径大很多时，必然会出现角翘。但这时，大角梁的后尾仍是搭在下平槫上，角翘也就不会陡峻。东汉已出现过个别有极和缓角翘的例证，唐代敦煌壁画上也有极少数很和缓的角翘，应皆属此类。例如敦煌盛唐第445窟"拆屋图"（图12-17），是一座二层楼阁，下檐未拆，有很和缓的角翘，上檐已拆去椽望露出梁架，其大角梁的后尾就是搭在下平槫上

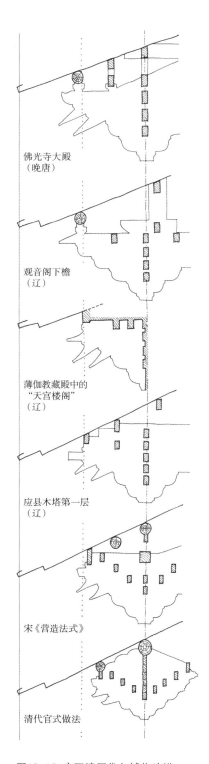

佛光寺大殿
（晚唐）

观音阁下檐
（辽）

薄伽教藏殿中的
"天宫楼阁"
（辽）

应县木塔第一层
（辽）

宋《营造法式》

清代官式做法

图12-16 唐至清历代七铺作斗栱出檐情况比较

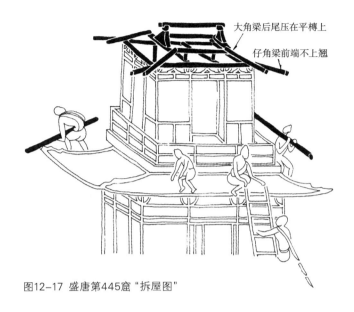

图12-17 盛唐第445窟"拆屋图"

大角梁后尾压在平槫上

仔角梁前端不上翘

的，同时仔角梁背是一直线，并不上翘。

　　只有当斗栱进一步缩小，角梁前部负荷更为增加，以至于角梁后部的荷载不能与前部的荷载平衡，才产生了将角梁后尾托在下平槫下的做法（否则整个角部将向前倾覆）。同时，大角梁的高比檐椽直径大出更多，角翘也就更明显了。

　　宋辽以后又发展了一种"生出"的做法，即转角的椽、飞和大小角梁都比正面椽、飞更向外伸出，使转角在平面上的投影不再是直角而是一个锐角。至于仔角梁背前端的上翘，大概始于明代，这种做法以及上述转角部的"生出"，都使得整个角翘更为陡峻了。明清时在江南多见的"嫩戗发戗"角翘，更是角翘发展到极端的做法。

　　着眼于斗栱的发展史，根据直接和间接的例证，可以大致肯定：角翘发轫于东汉，晋魏使用仍少，至唐渐多，大多仍很和缓。角翘之趋于陡峻是在宋代以后，其在较重要建筑上的普及大约可晚至北宋。但在像敦煌这样的边远地区，无角翘的做法可能一直保持到了南宋。

　　但事情往往会有特例，我们又绘制了一幅图，显出了云南昭通东晋霍承嗣墓、盛唐长安韦泂墓壁画和莫高窟中唐第361窟的"密宗塔"角翘甚高的情

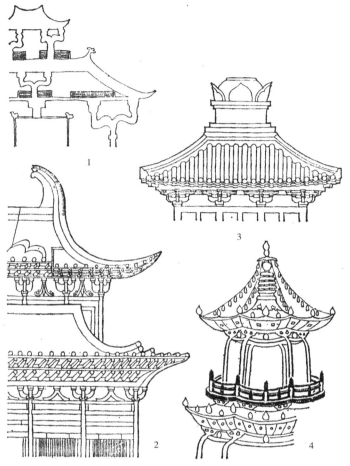

图12-18 几种屋角起翘:

1. 昭通霍承嗣晋墓壁画;
2. 长安韦泂墓盛唐壁画;
3. 甘肃炳灵寺第三窟盛唐石刻中心塔;
4. 莫高窟中唐第361窟壁画

况，与此对照，也绘出了炳灵寺石窟盛唐第3窟比较缓和的角翘（图12-18）。韦泂墓在同一画中无翘和翘起其高者竟同时出现。即从敦煌自身，也可以找到特例，如初唐第220窟南壁某殿，角翘即极端高起。此殿角部呈折线上举，过于反常，大概只是画家玩世之作，不足为建筑史的证例（图12-19）。

宋《后山谈丛》记载了一个有趣的故事，为我们的推断提供了一个很重要的旁证。它说："东都相国寺楼门唐人所造。国初木工喻皓曰，他皆可能，惟不解卷檐尔，每至其下仰而观焉，立极则坐，坐极则卧，求其理而不得……"。

"卷檐"者何？若为反宇，做法实极简单，何劳《归田录》所称"国朝以来木工一人而已"的喻都料如此伤神？故此之指，可能就是角翘。可见宋初时角翘之法尚未盛行。喻皓江南人（逝于宋初），曾至东都，不解角翘，似亦透露角翘应先起于北方。其时南方虽也有角翘，终不如北方普及，而现存宋辽建筑遗物俱有角翘，可见其在宋后已迅速普及，惟敦煌边远，古法得以长久保存。

又关于椽、飞至角的排列方式，也与角翘做法密切相关，不妨在此一并申说。中国建筑中椽、飞至角的排列，唐以前大都盛行平列，即转角处的椽、飞仍与正面的椽、飞平行，如云冈的北魏建筑形象、定兴北齐石柱柱顶石屋和麦积山北魏、西魏、北周窟檐，又如炳灵寺第3窟模仿塔式佛帐的唐代石塔、大雁塔门楣石刻、陕西诸唐墓的壁画和敦煌唐宋壁画，何止几千条的檐口几乎都是如此。与平列做法同时的还有扇列，即转角处的椽、飞排列呈扇形开张状，但早期为数极少，仅见于汉高颐阙及云冈石窟北魏第2窟、第51窟的塔等。而中晚唐至宋辽以后的建筑实物，却已全部通行了扇列。

我们注意到：一、凡作平列者，屋檐大多是平直无角翘的，即便极个别（如炳灵寺石塔）有角翘，也都十分缓和；二、凡有角翘者，其椽、飞绝大多数都是扇列；三、也有少数扇列而无角翘之例；四、从总趋势上看，扇列

图12-19 敦煌壁画中所见屋角起翘屋顶（初唐第220窟南壁）

由少而多，平列由多而少乃至完全为扇列所替代，其进程与角翘的产生、发展和普及恰相一致。这就不能不使我们考虑到角翘与檐、飞排列方式之间，是否有什么内在的关系。实际上，椽、飞排列方式的变化正是以角翘的发展进程为因的。

平列的方式，角部椽、飞后尾是插到角梁里或者可能是悬钉在望板下，实际上无法受力，纯为造型上的需要。这在早期主要依靠斗栱的出跳而檐出飞子出都不大的无角翘建筑里是可以做到的，因此无角翘建筑大都采用了平列。

斗栱减小了以后，檐出飞子出加大了，角梁虽也加大，但若单依角梁来负荷，仍难保无虞。于是，早就存在但未得到广泛采用的扇列做法受到了注意。扇列的椽飞后尾伸入屋内，可以受力，起到一些杠杆作用从而分担一些角梁荷载，所以逐渐得到更多的采用，终于完全代替了平列。扇列做法充分发挥了角部椽飞的作用，使它由纯属造型的意义变成了具有受力功能的必要构件，是建筑技术的进步。即使从造型看，若在角翘里依然固守平列的方式，由平面图观似乎可行，但此时的檐角底面其实已不是一个水平面，而是一个很复杂的曲面了，平列已势在难行。改为扇列，由原来的平行节奏变成放射节奏，自然天成，反见其美。这一变化，在结构上、艺术上都是符合逻辑的，是中国建筑一个巧妙而杰出的创造。

若角翘极缓和，平列的做法可能保持的时间要长一些，日本建筑就是这样。

敦煌窟檐虽无角翘，但却使用扇列，笔者曾怀疑是否经后代改篡，但由整个檐角仍保持无角翘的原状看来，似乎根据不大。其实正如前述，这种做法在汉代和北魏都已有前例，也不足为奇。但敦煌唐宋壁画，仍一概都作平列。

关于角翘，还有一个由昂问题。由昂是转角铺作45°斜线上的一个出跳构件，加在最后一跳角昂或角华栱之上，与令栱要头在同一分位。由昂从屋内伸出，在由昂头上置宝瓶或角神承托在大角梁底，使大角梁在伸出撩风槫后又多了一个支承座。

我们注意到：无角翘的敦煌窟檐是没有由昂的，同时也没有令栱要头。但全部敦煌唐宋壁画中无角翘的建筑，虽然它们的斗栱用了令栱，即有了作出由昂的分位，但也都没有由昂。此现象在大雁塔门楣刻石中也可见到（参见图12-13）。既然由昂具有支承大角梁的功能，可以说由昂的有无也是与角翘有关的；正因为角梁负担重了，除了发挥角部椽飞的作用外，在角梁前部再加一个支承点，当然是个更保险的办法。

总之，可以认为：角部椽、飞扇列方式的普遍应用及由昂的有无，都与角翘有关。它们和角翘一起又都是由斗栱的发展即斗栱从雄大变为较弱较小决定的。角翘出现在东汉，推广在唐代，普及则在北宋。敦煌宋初窟檐的转角做法，为我们研究角翘的历史，提供了十分重要的材料。

以上论断是否正确，仍望识者教正。关于角翘发展史的研究，笔者曾有专文《屋角起翘缘起及其流布》可供参看[1]。

勾栏

除第444窟窟檐外，其余四座窟檐勾栏全佚（现存第196和第437窟窟檐的勾栏均系近年所加），而第444窟勾栏原也只存四个望柱。由望柱形式及侧面所留的孔眼，可知与第130窟第二层甬道西夏时所装栏杆完全一样，都是卧棱式的。卧棱勾栏在唐代壁画里也有表现，紧邻的盛唐第445窟壁画里就有，与此基本相同（参见图6-17）。此窟檐很小，所以勾栏尺度也很小，寻杖上皮至栈道木板面仅60厘米。具体形式见图，此不赘。

彩画

在五座窟檐中，第196和437窟的窟檐顶部早期已毁，由于风沙雨雪的破坏，彩画都已不存。但第427、431和444窟窟檐内部都保存有较完整的彩画，彩画还及于椽子和望板，表明这三座窟檐的屋顶始终未经大的改动。至于窟檐外部，彩画已全部不存，但在柱子中部、柱顶以及围绕门窗所贴的四分之一圆断面的木线角弧面上，还隐约可见有微微凸起如浅浮雕状的花纹，

1　萧默. 屋角起翘缘起及其流布//中国建筑学会建筑历史学术委员会. 建筑历史与理论: 第二辑. 南京: 江苏人民出版社, 1981. 该文表二某些比值的计算系根据当时所能得到的油印资料, 个别数值与本书附表12-2有少许误差, 应据本书订正.

有的还相当清楚，能看出窟檐外部原有彩画：在柱子中部及柱顶施束莲，同于内部柱子彩画；门窗木线角弧面则绘连续卷草纹。那些凸起是因该处颜料较厚，风化较少所致。目前几座窟檐外部木面已全部涂以保护清漆，显棕褐色，与显醇熟黄土色的壁面相映，亦颇古朴可爱。壁面还留有彩绘佛弟子和供养人像，栱间壁上彩绘供养菩萨、飞天和迦陵频伽（金翅鸟）。

第427、431和444三窟窟檐内部的彩画，总的格调一致，并与宋代壁画相合，其承椽枋底部的纪年题记又都是以黑墨书写在朱红底色上，故可以肯定是宋初原物，距今都已有千年之久了。

格调虽一致，具体配置又颇自由，现将三座窟檐中规模较大保存较清晰的第427、431窟彩画介绍如下：

第427窟阑额以下的色彩以朱红为主。朱红色柱子上有彩画束莲：柱身中部束莲的腰是红地白珠的联珠纹，联珠上下各有数道石青、石绿和白色的窄箍，箍上下再出莲瓣；在小八角柱露明的三个面上每面各出一瓣，瓣身施青、绿和白，瓣心施红、黄；柱顶的束莲画法同此，只是束腰放到顶端，没有向上的莲瓣。上下阑额都以宽达木面三分之一的朱红色界边，中间又以同宽的朱红色将阑额分成四个长方格，格内为白地。如只看颜色，会以为每根阑额是由上下两根小材组成，故此种着色，有损整体感和结构的自然显露，不一定是恰当的做法。此种画法与苏州五代灵岩寺砖塔内部的砖砌阑额颇有相似之处。阑额和立旌所围的长方格内嵌木板，作暗赭色，其上画并列的青绿大莲瓣，瓣身作忍冬纹，瓣心有花。阑额以下其余的木构件统施朱红色（参见图12-4，图12-20）。

栌斗以上以杂彩为主。斗或是单色，作石绿、暗灰或朱红；或是单色外有白色界线；或是白色地上作红色密点。栱面画法有两种：一种是以浅色界边，内部暗灰地上绘相对的青绿半团花；另一种是在朱红地上沿栱的内外缘画上下相对的青绿忍冬纹。栱的狭面上部为白色，下面的砍杀部分是在白地上绘一宽道红色工字形。第一层柱头枋在隐出慢栱以外的灰色地上绘一整二破青绿菱花连续图案，枋的上下缘有白色界线。第二层柱头枋画法同于阑额。此枋上面的扁平驼峰作白色界线内青绿地。最上一层柱头枋和明窗全施

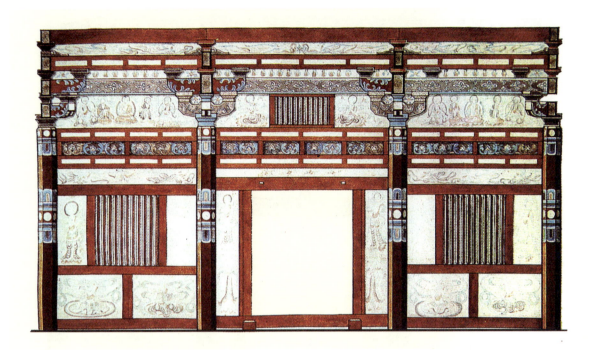

图12-20 第427窟宋代窟檐内檐彩画（孙儒涧摹）

朱红色。其余所有编笆草泥白灰墙面依不同部位绘佛、菩萨、弟子、供养菩萨和飞天等佛教人物画，天衣飘扬，比较自由，与木面彩画严谨的植物纹图案形成对比。乳栿底面满涂朱红，侧面白地上满绘红色线描海石榴花。

椽子画法同于柱，即朱红地上绘束莲。望版底抹草泥白灰，绘天人。

第431窟的柱子画法同第427窟，只是束腰的联珠较小而多，束莲较短。在此窟，束莲除用于柱子外又广泛用于它处（参见图12-7，图12-21）。

此窟阑额画法不同于第427窟，其上层阑额上下边都以两道细白线夹红地白联珠纹组成窄饰带界边，中间以红色细线界成一整二破的横向连续菱格，菱格上再画小一些的菱块。菱块中有小团花，都是杂色。斗栱画法与第427窟相同。第一层柱头枋在隐出慢栱之间以红黄二色界边，空地上以红色双线作一整二破横向连续六角形龟背格，六角格内再绘小一些的六角块，中为小团花，皆杂色。第二层柱头枋与第427窟的阑额画法相同。此上的驼峰也与第427窟的一样。明窗左右颊及上下小枋红地上绘许多相对的青绿半团花。此窟

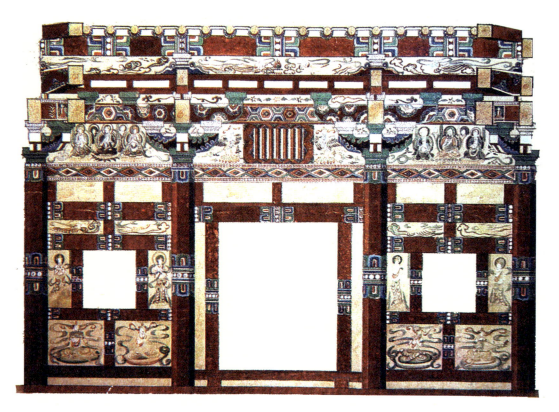

图12-21 第431窟宋代窟檐内檐彩画（孙儒僴摹）

阑额、立旌所围的嵌板已佚，现状是白灰墙皮，无画。其余白灰墙面也略同于第427窟，以佛教人物为主，但又增加了如迦陵频伽、流云和杂花等题材。

乳栿侧面以红地白色联珠窄带界上下缘，再以白色宽线将栿面界成连续方格，每格内绘一坐佛，白色宽线上书佛名。栿底为朱红色。

其余如椽、望等画法同于第427窟。

中国建筑在木面上施以涂饰的起源很早。《书经》就有"若作梓材……惟其涂丹艧（音huò）"的记载（《尚书·周书·梓材》）。《说文》曰："艧，善丹也"，看来主要是涂红色。由汉赋可知建筑上大概已不止是素色而画有图案。但大量建筑仍只在木面上涂红色，这由魏晋文献中多有"朱柱素壁"、"白壁丹楹"等词句可知。敦煌北周第296窟就有工人涂饰木柱的画面，亦朱柱素壁。

中国现存最早的建筑彩画实物在晚唐后方才得见，但极少，仅晚唐佛光寺大殿和辽奉国寺大殿、华严寺薄伽教藏殿等殿堂内部有一些遗存，不甚完整，加之变色，往往黝黑不可细辨。敦煌唐宋壁画有建筑彩画的表示，但因为毕竟是壁画，彩画只存大意而已。所以，中国完整而明晰的建筑彩画实例应以莫高窟的窟檐为最早。

莫高窟宋初窟檐彩画与明代北京智化寺大殿及以后的明清官式彩画，在布局和风格上都颇有不同，具体说来大致有以下几点。

1. 明清彩画都有定型化的规定；宋初窟檐彩画布局较自由。

2. 明清彩画都施用在额枋以上为屋檐所覆盖的阴影部，柱子门窗等大都只素施朱红色；窟檐的柱子和门窗额、颊等构件上也有彩画。

3. 明清斗栱都只作退晕或叠晕；窟檐的栱上有彩色花卉图案。

4. 明清的横向构件如额枋等在两端都有箍头，并作复杂彩画，中间的枋心部却很简单；窟檐无箍头枋心之别，满绘连续图案。

5. 明清彩画的题材除植物、几何纹外，又有龙凤或其他动物和人物等形象；窟檐只绘植物纹和几何纹，人物和动物则分绘在木构件所围的小块白灰墙面上，形象也和前者不同。

6. 明清用金，涂油；窟檐不用金，不用油，全是水色。

我们已看惯了明清的官式彩画，现在再来看这些窟檐的彩画，与明清迥然异趣，觉得耳目一新。

关于宋代彩画，《营造法式》已有叙述，且附图样，但只是线刻，没有敷彩，且传刻失真，故窟檐彩画实是很宝贵的资料。

敦煌莫高窟石窟窟檐，除第196窟者已残缺过甚外，四座宋初窟檐由其斗栱的尺度和其他形象特征，可以看出它们仍保有很明显的唐代作风，甚至可以说是颇具中唐或中唐以前的风格。这种现象在敦煌壁画中也可以感觉得到。

窟檐完全没有角翘，证明了壁画檐端平直的画法是完全有根据的。不作角翘是汉代以前建筑的重要特征之一，唐代仍相当流行。窟檐为我们研究角翘的起源和发展，提供了重要的资料和启示。

在窟檐里还有保存得最完整的宋初彩画。

第十三章

莫高窟第53窟 窟前宋代建筑复原

　　唐宋以来，有许多关于古代莫高窟建筑情况的文字记载，我们在唐宋窟檐一章中已经引用过不少，现再补充若干，如《敦煌录》云："前设楼阁数层，有大像堂殿……其小龛无数，悉有虚槛通连"[1]；第108窟窟外南侧残壁五代人张盈润所书题记："傍通阁道，巡万像如同佛国"。在所有记述莫高窟的文献中也屡屡出现如"悬阁"、"重轩"、"危楼"、"复道"、"朱栏"、"绣柱"等词语。这些文字的描述，加上现存窟檐实物和岩面上留下的大量梁眼椽眼及栈道残梁，使我们了解到，古代在莫高窟整个岩面上，曾分布着许多窟檐。窟檐之间，用栈道通连着。

　　1963年到1966年，配合莫高窟加固工程的进行，在窟前进行了考古发掘，使我们对于底层的建筑情况，也有了具体的了解，知道除了在岩面上层

---

[1]　敦煌遗书S.5448.另见《敦煌遗书总目索引》第219页，但录文有误。

曾建造的进深甚小、高度亦低的窟檐外（几座窟檐实物皆如此），在底层还修建了一系列有一定规模的佛殿式窟前建筑，如第44、45、85、98、100、108窟前的五代建筑遗址；第25、53、55、61窟前的宋初建筑遗址等。它们都是曹氏时期的遗存。现选择第53窟，试作窟前建筑复原。希望通过这个工作，增进对于宋初莫高窟建筑外貌的了解，为中国建筑史增加一些资料。

复原依据

遗址及岩面遗迹

这是复原的主要依据，关于它的描述，请参阅《敦煌莫高窟53窟窟前建筑遗址》一文（见考古，1976（1），以下简称《遗址》），需要提出注意的是本建筑的上层由南而北，有第278、279、280三个隋窟并列（图13-1）。由此三窟再往南或往北也都有一系列洞窟，它们的窟底地面基本上等高，其标高为4.65（以遗址地面标高为±0.00计，标高单位：米，下皆同）。我们认为，为了维持上层南北交通，第53窟窟前建筑的屋顶不应遮挡上述三窟。其次，在岩面上除中间坍塌部分情况不明外，现存的一些梁眼，其中有些是前代或后代所留，与本建筑无关，但顺着两山墙的方向左右相对的两个梁眼大小相近，高度略同（底皮标高3.50米），其内侧又都与接近垂直的山墙内皮上下对位，应与本建筑有关（图13-1之A、B）。这些遗迹，对复原工作十分重要，是确定建筑高度的重要依据。

建造年代

据《遗址》的分析，第53窟窟前建筑的建造年代应在宋初或稍晚。在敦煌，这个时期是由曹氏家族统治的。

参考实物

莫高窟现存的几座唐宋窟檐，根据窟内供养人题记和窟檐梁枋上的造檐纪年题记，可知其建造年代。如第196窟窟檐可定为公元893年稍前；第427、

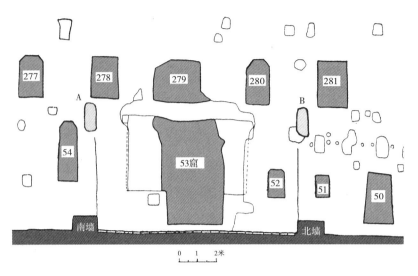

图13-1 第53窟窟前宋代建筑岩面遗迹

444、431窟窟檐可确知其分别建于970、976、980年,第437窟窟檐亦可大致定为970年。这些窟檐除196窟稍早外,其他与第53窟窟前建筑都是曹氏家族统治敦煌时所建,可作为重要的对照资料。另外,莫高窟唐宋壁画中所绘大量建筑形象,也是很好的对比材料。

屋顶形式的方案比较

因为平面已十分肯定,所以在复原的时候,应首先确定屋顶的形式和建筑的高度,而后才能推断断面梁架的做法。

一面坡的硬山或悬山顶

这种方案结构简单,并利于排水(或排沙),但它的坡面很宽,在与岩面相接的地方,由于逐渐升起,将会一连遮挡住上层三个洞窟并阻断交通。如果依撩风槫标高为3.93米,举高等于1:8.4计算[1],那么到了岩壁,即使不计

<hr />

1 撩风槫的标高是依3.50米的标高作为乳栿底高,再依斗栱铺作的升高算出的,详见后文。举高的选择依据亦见后文。

屋脊，屋顶上皮也将达到约5.70米的高度，高出上层洞窟地面1米多了。

从平面来看，总进深仅560厘米，但用了两排内柱，不太可能是简单的硬山或悬山屋顶。再说，山墙内仅有角柱，从角柱的稳定考虑，应该与前排内柱之间有栿连接，而两次间面阔与进深第一间长恰好都是250厘米，这样，在平面上就得出了45°线的梁（角乳栿）。根据中国建筑梁架的特点，这种45°线的梁应是屋顶上有斜脊（即歇山顶的戗脊或庑殿顶的垂脊）的表现。即屋顶应是四出（包括歇山和庑殿）的形式。

其次，现存几座窟檐中除最小的第444窟是用悬山式以外，其余都是庑殿式屋顶。在唐宋壁画中，也都是庑殿或歇山。所以我们最后排除了这种方案的可能性（图13-2: 1）。

纵轴与岩面垂直的庑殿或歇山

这种方案有斜脊，屋面向左、右和前方坡下，排水也是合理的。此外，在莫高窟和榆林窟等处某几个洞窟外面的岩面上，也可以见到呈人字形排列的梁眼遗迹。估计这种形式的窟前建筑，在古代是存在过的。但是，具体在第53窟的岩面上，除了中部有一段坍塌情况不甚明了以外，在未坍塌部分岩面的柱和柱与柱之间的分位上，找不出这种呈人字形排列的梁眼。而且，如果根据与上一方案相同的撩风槫高与举高比例计算，即使不计正脊本身的高度，在屋顶中部，也将达到5.20米的标高，仍然遮挡了上层洞窟，对于上层交通也仍会造成阻断（图13-2: 2）。

纵轴与岩面平行的庑殿或歇山

首先要确定纵轴的位置。把两个角柱与两个前排内柱的45°线连起来并延长，此二线交于前后二排内柱之间并西离二排内柱的等距线A—A 50厘米的K点（图13-2: 3）。为了取得南北向的正脊，建筑的纵轴应该在K点以东，并且，建筑的柱网还要以这条纵轴为对称轴作轴对称布局。这样，就确定了A—A即为纵轴。建筑进深两间半，这是因为它是附着于岩面上的，所以最后半间深仅110厘米，可以看成为一个未完成的间进深。

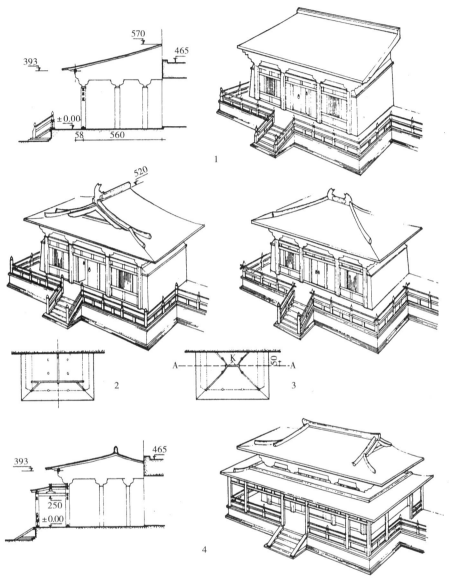

图13-2 复原比较方案示意

　　纵轴后面的屋顶坡向岩面，如果控制它的举高，可以使屋顶不遮挡上层洞窟，也不阻断交通。只是它所形成的天沟，在排水方面自然不太便利。但是，向后排水的屋面面积毕竟不大（若为歇山屋顶，仅占全部屋顶面积水平投影的1／11），这一部分屋面又可以由上层廊道来遮挡，甚至就将它处理为水平的廊道，也是可能的。且在莫高窟地区，气候干燥，雨量极少[1]，排水问题不很严重。现存几个进深较大的清末民初窟檐，也大都有向后倒坡形成天沟的做法，如第130窟上部窟檐、"九层楼"底层抱厦和第94窟窟檐等。再远观整个西北地区，天沟的做法更是屡见不鲜。考虑到这些方面的原因，我们认为即便在排水问题上，这种方案也是可行的。

在这种方案中，也可能有庑殿式或歇山式两种形式。但是，如果是庑殿式（图13-2: 3），那么斜脊在纵轴上交出的正脊只有80厘米长，即使计入"推山"也不过1米多，这对于整个檐长约11米的建筑来说，正脊显然是太短了；而且两排横向梁架都在正脊以外，增加了结构的复杂性。所以，最后我们考虑了歇山式方案。按《营造法式》规定："出际长随架"，得正脊长5.5米，在造型上是合乎比例的，整个形象也比较丰富，在唐宋壁画中，也以这种屋顶形式出现得最多。

从以上分析中，可以看出，最后得出的纵轴与岩面平行的歇山式屋顶方案的可能性最大。因为它能很好地解决不遮挡上层洞窟、不阻断上层交通的问题，能比较合理地解释为什么平面中用了两排内柱、最后的间进深为什么特别小以及角柱与前排内柱之间的45°线的斜梁问题，在排水处理上是可行的，造型上比较起来也是最好的，并且符合当时壁画中所反映的屋顶形式。

复原图的绘制

材栔尺寸

据所知，材栔的概念是李诫在宋元符三年（1100年）成书的《营造法式》中首先提出来的[2]。《营造法式》规定了各级建筑物所用标准木材的断面大小，即材栔的尺寸，并以它来作为整座建筑物的基本模数，其大小构件悉以此为准，规定了比例。应该说，《营造法式》的规定来源于前人的经验。

---

1 莫高窟地区雨量甚少。据敦煌气象站从1938年到1960年共23年的观测资料，年平均降雨量仅40.8毫米。
2 宋·李诫《营造法式》卷四："凡构屋之制皆以材为祖。材有八等，度屋之大小，因而用之。……各以其材之广，分为十五分，以十分为其厚。""栔广六分、厚四分。材上加栔者，谓之足材"。

匠师们在长期实践过程中，为了保证建筑的坚固、经济和美观，为了使繁杂的各种木构件的制作便于进行，感到了使构件规格化的必要并且不断向着这个方向努力。莫高窟现存几座唐宋窟檐，虽与以后的《营造法式》规定不尽相合，用材也还没有完全规格化，但我们仍可从中找出与《营造法式》规定相近的一些规律。本建筑修建的年代距《营造法式》成书时间仅早一百余年，故我们若主要以这几座窟檐实物为参照，并参考《营造法式》的规定，来大致估定这座建筑的材栔尺寸，应该说是可行的。

下面，把这几座窟檐的有关尺寸、比例及与《营造法式》的比较列表如下，并以比较的方法，确定第53窟窟前建筑的材栔尺寸和有关比例（表13-1）。

可以看出，这些窟檐的用材（栱断面）随建筑通面阔的不同而略同于（或大于）《营造法式》规定的七、八等；通面阔大，用材也大。但在通面阔约为500～900厘米范围内（第196、427、431窟）用材大致相等，为18（或18.5）厘米×12.5（或12）厘米，皆大于《营造法式》规定的七等；乳栿断面除第196窟较大，第437窟不明外，余三窟都比单材在广与厚两方面约各多出

表13-1　莫高窟唐宋窟檐用材尺寸及比例比较　　　　　　　　　　　　　单位：厘米

窟号	建造年代	间数	通面阔	高	内径	内径/高	当心间面阔	当心间面阔/高	栱① 广×厚	乳栿 广×厚	等级	约等法式用材 单材 宋尺（广×厚）	约等法式用材 单材 广×厚
444	976年	3	426	190	18	1/10.6	165	1/1.15	15×10.6	19×15	约同八等	八等材：四寸五分×三寸 七等材：五寸二分五厘×三寸五分	八等材：14.8×9.9 七等材：17.3×11.5
437	约970年	3	486	233	22	1/10.6	186	1/1.25	16×10.5	？	大于八等		
431	980年	3	490	214	23	1/9.3	192	1/1.11	18.5×12.0	23.5×17.2	大于七等		
427	970年	3	676	258	25	1/10.3	255	1/1.01	18×12.5	25×17.5	大于七等		
196	890年稍前	3	903	357	34	1/10.5	332	1/1.08	18×12.5	32×19	大于七等		
53	—	3	780	310	31	1/10	300	1/1.03	18×12	25.2×16.8	大于七等	—	—

注：本表所采"法式"用材此村，依一宋尺等于0.329米计，见《传世历代古尺图录》宋木矩尺二。
①　现存几座窟檐的用材未完全规格化，故各窟窟檐的栱及乳栿广厚系采取该建筑的实测平均值。

五分之二，即：

$$[15分+（15分\times2/5）]\times[10分+（10分\times2/5）]=21分\times14分$$

柱径与柱高之比在1：9.3～1：10.6之间（此处柱径系指小八角柱内切圆的直径）；当心间面阔与柱高之比在1：1.25～1：1.01之间；此外，几座窟檐的阑额断面和"材"大致相同。这些尺寸和比例对我们的复原工作，都有很大参考价值。根据第53窟窟前建筑通面阔为800厘米的规模，我们认为它的用材可略同于第196、427、431等窟窟檐，即稍大于《营造法式》规定的七等，确定其单材断面是18厘米×12厘米。为了简便，契高（广）采用《营造法式》的规定，为6分，即材高的6/15，等于7.2厘米。乳栿的断面按单材广、厚各加出五分之二，即25.2厘米×16.8厘米。

柱和山墙

它们的高度是根据乳栿底皮的标高往下推出的。首先，我们断定上述岩面遗迹的A、B梁眼底皮标高3.50米就是乳栿底（在山墙和前墙上，也即第一层柱头方底）的标高，而不是阑额底的标高，其理由如下：

1.据遗迹，山墙内除角柱外，并无山柱，故山墙内应无阑额。

2.根据前文确定的材契尺寸，由阑额底至乳栿底的高差，约为60厘米[1]，如果我们把3.50米的标高作为阑额底的高度，那么整个建筑的总高将比现在所绘的复原图提高60厘米。这样，也将会产生前述屋顶与上层洞窟的矛盾。而且，从造型上来看，也觉得比例过高，很不妥帖。

3.如3.50米为阑额底标高，则柱高将在350厘米以上，约为370厘米，当心间面阔与柱高之比为300：370＝1：1.23。从表13–1可以看出，第437窟窟檐的这个比例为1：1.25，第444窟和第431窟是1：1.15或1：1.12，都小于1：1，也就是说柱子较高。这是由于原凿前室岩顶较高，故必得加高柱子以求屋顶尽量升高，同时也是为了保证门高，使人可以勉强进出。但面阔较大的第427、196窟仍很接近于1：1。这种比例合乎中国建筑的习惯，否则将会形成

---

1 阑额底至乳栿底的高差是这样算出的：阑额高＋坐斗平、欹高＋第一层华栱高＋散斗平、欹高＝材＋12分＋材＋契＝18＋14.4＋18＋7.2＝57.6，约等于60厘米。

一个明显狭高的当心间开间。根据与本建筑的面阔比较，同时也考虑到本建筑不存在前室室顶过高的问题，它的这个比例应该亦接近于1∶1。

据以上理由，我们确定3.50米是乳栿底的标高。由此根据《营造法式》向下推算减去一材一栔和12分，得柱高310厘米，当心间面阔与柱高之比为1∶1.03。

柱径取为十分之一柱高，即31厘米。遗址的山墙角柱柱坑径约为35厘米，这是因为多边形外接圆直径大于其内切圆直径的缘故。

山墙：为了使山墙上的大斗传下的重量能比较均匀地分布在夯土墙内，在墙头通长置扁方，故夯土墙本身高约300厘米。从遗址得出的土墙底宽为95～100厘米，与《营造法式》筑墙之制："每墙厚三尺则高九尺……若高增三尺，则厚加一尺，减亦如之"的规定相合。

斗栱梁架及细部

为了不使屋顶与上层洞窟发生冲突，采用五铺作斗栱，由乳栿底加两材一栔，挑起撩风槫标高至3.93米，举高也极平缓，为1∶8.4。这个举高比例的确定，除了因为上层洞窟的标高对屋顶坡度的限制使它必得如此而外，我们也考虑到前述敦煌地区气候干燥的特点，这样做是可能的。此外，几个现存窟檐屋面坡度也极其平缓，只有1∶10到1∶11的样子。但它们的进深都极浅，仅相当于一般完整建筑的前部。将复原图所绘建筑檐端部分的坡度与它们比较，也相符合。

总出檐156厘米，角无起翘，但微有角出[1]，梁架微有举折，歇山"出际长随架"，正脊微有生起，山花透空，屋面草泥无瓦[2]，内外柱同高，仅在正面各柱间有阑额和由额，室内"彻上露明造"（即无顶棚），柱下有地栿。其余斗栱梁架及门窗等细部画法皆参考现存窟檐绘制，表现出一种硬朗的作风。门铺首采用了从邻近的也是同时代的第55窟建筑遗址中发掘的铺首式

1　敦煌壁画所绘建筑绝大部分的屋檐及现存四个有屋顶的宋初窟檐的檐部皆呈平直状，无起翘，也无角出。复原图绘有角出，系笔者杜撰。

2　遗址未发掘出瓦或瓦当。现存窟檐实物也都草泥无瓦。

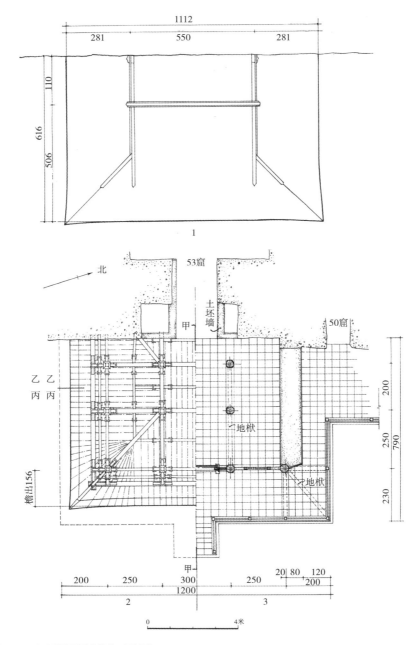

图13-3 复原平面图（单位：厘米）

样，并绘出门钉。图中绘出经常可以在壁画中较小型建筑的屋顶上见到的简洁屋脊，没有采用鸱吻宝珠等饰（图13-3～图13-6）。

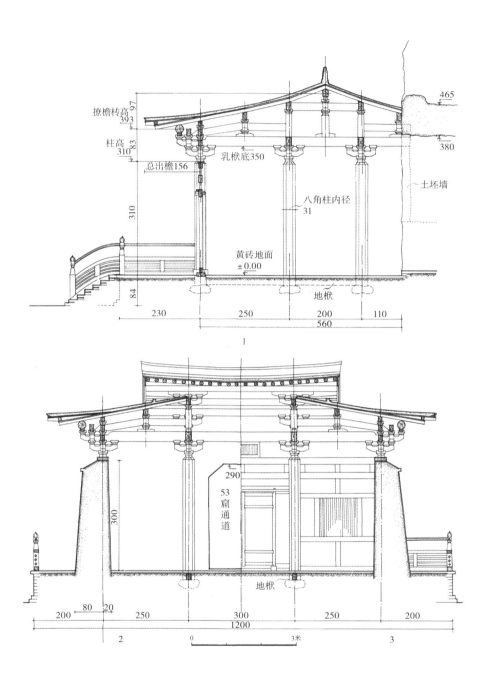

撩檐枋高 97

393

柱高 83

310

总出檐156

310

乳栿底350

八角柱内径 31

黄砖地面 ±0.00

地栿

465

380

土坯墙

230   250   200   110

560

1

290

53窟通道

300

地栿

200 80 20 250   300   250   200

1200

2   0   3米   3

图13-4 复原剖面图（单位：厘米）

458

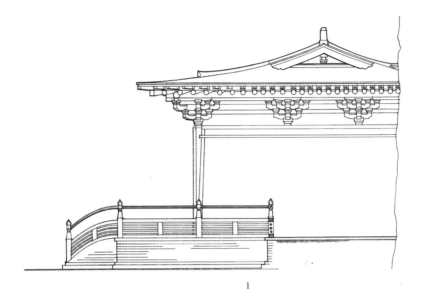

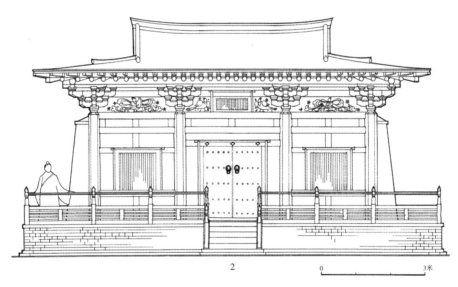

图13-5 复原立面图

图13-6 第53窟窟前宋代建筑复原图（萧默复原并绘）

勾栏

从由每根角柱伸出的三条地栿槽及沿台基边均匀分布的孔眼看来，沿台基设置了勾栏是无疑问的，三条地栿即为连接角柱与勾栏之用。我们绘出了卧棱式勾栏，同于第444窟窟檐的勾栏式样[1]，但尺寸依一般做法较第444窟者大，寻杖上皮标高 0.85米。

勾栏沿台阶垂带而下。根据台阶最上一级的边线比台基边线更向外出约30厘米的情况，我们把这一部分勾栏复原成弧形下降状。这种形式在唐、宋壁画中屡见不鲜。

从剖面图上可以看出，檐出并未盖住整个台基，使正面勾栏露置于屋檐之外约70厘米，不合于一般做法。但从比例上看，若单纯依靠加大出檐，仍然不能达到这个要求。这种做法可以用不着重考虑雨水问题来解释。不过也有可能存在着将某几根勾栏柱升起，上面再加轻便附檐的做法（参见图13-2：4）。此种做法，在唐大明宫麟德殿复原图和日本法隆寺金堂、法隆寺五重塔及南宋李嵩绘《水殿招凉图》中都可以见到。故姑存此图，以为参考。

---

1 第444窟宋代窟檐的勾栏原已残缺，仅剩北头两根勾栏柱残存，从柱上的榫眼，可以推断出勾栏为卧棱式。卧棱中部的蜀柱，则根据第130窟二层门洞处的西夏勾栏残存地栿的榫眼推定。1951年敦煌文物研究所即据此复原了第444及437二窟窟檐勾栏。

第十四章

敦煌古塔

　　早在公元1世纪佛教传入中原之始，敦煌就是传法途中最重要的一站。传
为"汉地沙门之始"、最早来到中国的天竺高僧迦叶摩腾和竺法兰，在东汉
永平十年（公元67年）随西行寻法的蔡愔从印度来至洛阳，就曾经过敦煌。
以后往来中外僧人更多，敦煌也成了佛教进入内地的第一站，必会更早地接
受佛教和进行更多的佛教活动，建造佛塔即其之一。故《魏书·释老志》
云："敦煌地接西域，道俗交得，其旧式村坞，相属多有塔寺。"可见北魏
时佛教在敦煌已普及民间。隋文帝崇佛，定佛教为国教，仁寿年间几次下诏
在全国三十州选形胜之地各建舍利塔，由朝廷颁行塔式。瓜州崇教寺（即敦
煌莫高窟）也曾在中使主持下起塔一座。

　　在敦煌壁画中就有许多塔史资料，前已有专章叙述，此章则专注于敦煌
现在仍保存的十余座古塔实物，如北凉小石塔、两座宋塔——老君堂慈氏塔
和成城湾华塔，以及由元至清的几座喇嘛塔等。

北凉小石塔

　　建筑史界一般认为，中国现存最早的佛塔是建于北魏正光四年（523年）的河南登封嵩岳寺塔，但若不计大小，现存最早的塔其实应更早于此塔近100年，即一些高仅数十厘米的小石塔。这些小石塔见于报道者共12座，其中敦煌出土4座，酒泉出土6座，吐鲁番出土2座[1]。这些塔有的镌有纪年，最早为公元426年，最晚436年，大约都是北凉晚期即十六国与北朝之交的遗物。

　　敦煌的四座为合书塔、沙山塔、三危山塔和口吉德塔。合书塔为传世品，20世纪30年代发现于敦煌城西南岷州庙，虽塔顶已佚，但总体形制与其他多数小石塔一样，皆属窣堵波式。刻在下层塔身的经文系婆罗谜文与汉文合书，透露出它是12座塔中较早的一座，也反映了中外文化交流的活跃。三危山塔比较完整，在20世纪30年代曾一度出现，以后又被埋于莫高窟东三危山顶王母宫正殿土砌供桌内，1981年重新出土。口吉德塔也是传世品，原为私人收藏，塔顶已佚。沙山塔出土于20世纪80年代，仍较完整。四塔中除合书塔外，其他三座现均藏于敦煌市博物馆。

　　包括酒泉、吐鲁番在内的12座小石塔高仅几十厘米，形制非常相近，绝大多数作窣堵波式（个别者如酒泉白双且塔有两层覆钵），由下至上为八角柱形基座、由圆柱形经柱和覆钵组成的两段塔身，以及最上的相轮（图14-1～图14-3）。八角柱形基座分八面刻男女供养天人各一身，四男四女，代表父、长男、中男、少男、母、长女、中女、少女，并按方位对应分刻八卦符号；塔身下段圆柱形经柱刻反映小乘思想"十二因缘观"的《增一阿含经》之"结禁品第四十六"和发愿文；上段是塔身主体，作半球形覆钵，表面除口吉德塔一例外，全都镌有八个拱券佛龛，龛内各有一座造像，刻七佛一菩

1　王毅（北凉石塔//文物资料丛刊：第1辑. 北京：文物出版社，1977.）报道了酒泉的5座；董玉祥、杜斗城（北凉佛教与河西诸石窟的关系. 敦煌研究，1986，1.）提到了酒泉的第六座；殷光明（敦煌市博物馆藏三件北凉石塔. 文物，1991，11.）报道了现藏敦煌市博物馆的三座；向达（记敦煌出六朝婆罗谜字因缘经经幢残石. 现代佛学，1963，1.）介绍了现藏敦煌研究院的合书塔并提到三危山塔；吐鲁番的两座系德国人格伦威德尔和勒考克于1902～1905年在高昌遗址掘得，现藏柏林。宿白（凉州石窟遗迹和"凉州模式". 考古学报，1986，4.）和黄文昆（十六国的石窟寺与敦煌石窟艺术. 文物，1992，5.）提到了它们。

462

图14-1 北凉窣堵波式小石塔
1. 酒泉高善穆塔；2. 酒泉程段儿塔；3. 敦煌沙山塔；4. 敦煌三危山塔

图14-2 敦煌出土沙山塔　　图14-3 酒泉出土高善穆塔

萨，龛上镌覆莲；覆钵以上除少数稍异或残缺外，大都是六或七重相轮和最顶上的华盖。相轮轮廓呈抛物线形，圆润饱满，比例颇大。华盖扁圆，颇似印度北方希呵罗型"天祠"塔庙顶上的"阿摩落伽果"，有的在朝上的圆面刻北斗七星。这些塔有的下有石榫，因其形体甚小，应不是露天放置之物，再参以塔身上所刻小乘佛经，似乎是僧人在禅室禅定时用于"住心观净"、"参禅悟道"的"观像塔"[1]。

中国佛塔的原型及其宗教含意是从印度传入的，印度称stupa，译为"窣堵波"，原意是坟墓。印度现存最著名的佛塔是中印度博帕尔东北桑

1　王毅. 北凉石塔//文物资料丛刊: 第1辑. 北京: 文物出版社, 1977.

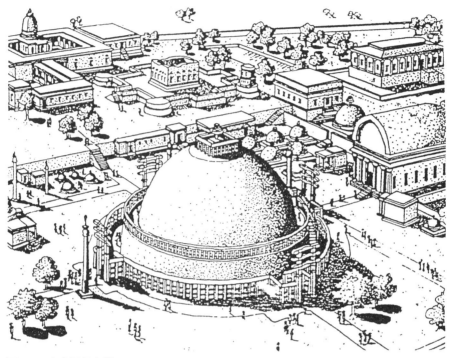

图14-4 印度桑契大塔

契（Sanchi）的一号塔，称桑契大塔。其核心初建于孔雀王朝第三代君主
阿育王在位时（约公元前273年～前232年），体积只有现在大塔的一半。
公元前2世纪巽伽王朝时加以展拓，成为现在的规模。大塔由四部分组成：
最下层是一座4.3米高的圆形基台，直径约36.6米，沿台边有一圈石围栏；
台上为实心覆钵状半球体，石块包面，平面直径小于基台，为32米，高12.8
米；在覆钵顶上竖立石栅栏，围成正方形，称"平头"；栅栏正中立一根石
竿，竿上串连三层石伞盖。这种竿上串连的三层伞盖，就是以后中国佛塔
的所谓"相轮"，在印度，起源于古达罗毗荼人的圣树崇拜。以后，佛教
将圣树认定为菩提树，以纪念佛在菩提树下诞生和成道。伞盖三层，则喻
指佛、法、僧三宝。伞盖的正下方通常埋藏尸骨火化后留下的舍利子。古
印度人习惯于在圣树或圣迹外建围栏，先是木制，后改为石制，桑契大塔
围绕伞盖的"平头"就是一周围栏。同时，围绕整个大塔，又有一圈称为
"玉垣"的围栏。公元前1世纪安达罗王朝时，在这圈围栏四面加建了四
座砂石门，标志宇宙的四个方位（图14-4）。

图14-5 印度西北公元2世纪以后佛塔

　　相对于中国其他佛塔而言，北凉的这些窣堵波式小石塔可以说是最接近于作为佛塔原型的印度桑契大塔了，只是相轮被特别强调，比例很大，相对来说覆钵则明显缩小，总体轮廓向竖高方向加长。其实公元2世纪以后分布在印度西北部的某些塔，也有加高塔刹的形象，与北凉小石塔更为相像（图14-5）。但很长时间窣堵波式塔在中国并未得到广泛流传，只是元代以后从西藏开始并流行于内地的藏传佛教瓶形塔（俗称喇嘛塔）与此式可能有较多渊源。

　　在中国早期窣堵波式塔实例极为罕见的情况下，这一批小石塔透露出当时此式塔曾经有所流行。同时，笔者认为，更可以由此得出在中国特别流行的密檐式塔的渊源，而具有重要的历史价值。

　　前已提到的嵩岳寺塔，是中国现存最早的一座真正的塔，也是唯一一座平面十二角形塔，砖建，即为密檐式。塔全高约39.8米、底部外对角距约10.6米。塔身下的基台甚简朴而低；塔身分上下两段，下段素平无饰，四正面辟圆券门，贯通上下两段；门上有尖拱门楣，轮廓如菩提叶或火焰，是北朝通行的券形；上段是全塔造型最丰富的部位，在各面转角处砌壁柱，有宝珠覆莲柱头和覆莲柱础。除四正面的券门外，其余八面各砌出一个单层方塔形龛。塔龛台座壸门内刻狮子，龛身各开券门，门楣也是菩提叶形，门内小室原来应各有佛教造像。以上密密层叠着十五层塔檐，檐间各层皆有小龛和小窗。顶也是砖砌，在须弥座上有七层相轮，再以宝珠作结。全塔出檐自下而上依一条非常优美和缓的抛物线收分，外轮廓线丰圆韧健，传达出内在的勃勃生气（图14-6）。

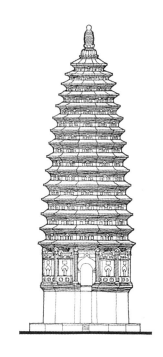

关于嵩岳寺塔，梁思成先生曾说："嵩山嵩岳寺塔之出现，颇突如其来，其肇源颇耐人寻味，然后世单层多檐塔，实以此塔为始型。……然此塔之十二角亦孤例也。"[1] 笔者认为，此塔的出现，虽有似"突如其来"，但观其造型之完美，各部交接之裕如，应该说已经十分成熟，实在不是草创期的作品，只不过同时之塔多已不存而已。现在，以我们从北凉窣堵波式小石塔所得的印象，比照嵩岳寺塔，可以认为嵩岳寺塔就是从窣堵波式小石塔发展而来的。其最令人注目的密檐实即小石塔比例颇巨的层层相轮，它的近于圆形的平面、塔身分为上下二段、上段所辟八座小室，以及柔圆饱满的抛物线轮廓，都与小石塔非常接近。

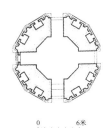

图14-6 嵩岳寺塔

我们又注意到，在小石塔塔身的八个佛龛内分别刻有一尊造像。敦煌□吉德塔虽然已残，却是唯一一座在像侧刻有佛名者。据与佛经对照，所刻佛名是过去七佛和未来佛弥勒（所刻弥勒大都作交脚式，只有一例为坐佛），皆出自《七佛八菩萨所说大陀罗尼神咒经》，属于杂密经典。但□吉德塔与其他各塔塔身覆钵上都有八座佛龛不同，而是只有七龛，所以将其中一像改刻在塔身下层经柱上，仍有题名，总体仍是七佛一

1　梁思成. 中国建筑史. 梁思成文集, 第三集. 北京: 中国建筑工业出版社, 1985.

密檐式塔产生过程示意

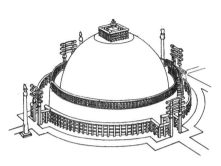
印度桑奇大塔

印度西北部小塔

中国河西小石塔

中国河南嵩岳寿塔

图14-7 从印度窣堵波到中国密檐塔

弥勒。又值得注意的是北凉诸塔中，有八件在基座上刻有八卦符号，反映了
早期汉地杂密佛教往往与道教相混的情形。其中除一件残损外，另外七件的
弥勒像都刻在八卦符号代表"艮"的方位。《周易·说卦》云："艮，东北
之卦也。"疏曰："东北在寅丑之间。丑为前岁之末，寅为后岁之初，则是
万物所成终而所成始也。"之所以这样安排，是暗示代表未来的弥勒在八像
中既可以说是终了，也可以说是开始[1]。寓意过去以后必有未来，未来也会过
去，未来过去以后还会有新的未来，往复循环，无始无终，以示佛法流转，
长生长存。

　　若如此，嵩岳寺塔上层塔身的八座塔龛中原有的造像应该也是过去七
佛加一尊弥勒了，其宗教含意也应与北凉小石塔一样。唐人李邕在《嵩岳寺
碑》曾有"八相"一词，意谓此八座塔龛为表示佛生前生后的八件大事，据
上述，应属不确。但层层密檐既然已是相轮，为何塔顶的石刻塔刹又有一套
相轮？据近年考古，发现顶上的塔刹系唐末宋初加建，原状可能仍是扁圆状
类似"阿摩落伽果"的华盖。因此，可以判定，嵩岳寺塔是由印度窣堵波沿
丝绸之路演变发展而来的（图14-7）。

1　参见殷光明. 敦煌市博物馆藏三件北凉石塔. 文物, 1991（11）.

北凉小石塔之传入中原，应与北魏灭北凉有关。据《魏书·释老志》：
"太延中（指北魏太武帝太延五年，公元439年），凉州平，徙其国人于京
邑（平城），沙门佛事皆俱东，像教弥增矣。"著名的云冈石窟就是在来自
北凉的高僧昙曜主持下开凿的，其最初的五窟现仍称"昙曜五窟"，故远在
河西的佛塔形制也因此传入中原，亦属理所当然。在此式塔的基础上加以改
造，终于发展出密檐式塔。由桑契大塔经印度西北部，再经新疆与河西，不
断演化，最后蜕变出嵩岳寺塔，其渊源有自，由此乃可大白了。关于嵩岳寺
塔的渊源，作者在1987年提出初步观点，以后又曾多次详细考辨[1]。

密檐式塔与中国流行的另一重要类型楼阁式塔一样，其塔檐都取自于中
国早在汉代就已多见的重楼之多檐，显然也是佛塔民族化的途径之一。比起
北凉诸塔来，嵩岳寺塔的中国气息更加浓厚，结果是圆满的，因而得到人们
的认同，此后得以长期流行。而与楼阁式塔相比，密檐塔则更多地体现了匠
师们的创造性思维。

老君堂慈氏塔

莫高窟除保存了五座唐宋窟檐建筑实物外，在附近地区，还有两座宋
塔，应也属敦煌建筑艺术的范围，老君堂慈氏塔即其之一。慈氏塔为木构八
角单檐，精巧玲珑，外形如亭。作为木塔，它可能比一般认为的国内最早的
应县木塔还要早；若作为亭子，则更是最早的实物。

由莫高窟东越大泉再东行戈壁三四里许，登三危山转东南行溪谷间，
沿途有两座废弃小庙，至大约距莫高窟30里的地方名"老君堂"。山巅存废
弃道观一所，遗倾颓道房、殿堂数十间，大多为清末民初所建，慈氏塔即处
其间。1971年笔者曾骑骆驼至此，见沿途小庙及老君堂各建筑都已被拆得狼
藉遍地，木料也几乎都被人搬走，只剩下这座慈氏塔尚称完整；周围环境为

---

1 关于此节所述内容，可参见王伯敏主编. 中国美术通史. 济南：山东教育出版社，1987；萧默. 嵩
岳寺塔渊源考辨——兼谈嵩岳寺塔建造年代. 建筑学报，1997（4）；萧默主编. 中国建筑艺术史. 北
京：文物出版社，1999；萧默. 萧默建筑艺术论集. 北京：机械工业出版社，2003.

石山秃岭，几十上百里内旷无人迹，完全无法保护，曾深为慈氏塔的安危忧心。当时笔者在敦煌文物研究所工作，但经常被借调在外，曾多次函请有关方面迁建保护。1981年，敦煌文物研究所又派员勘察，幸喜仍侥幸而存，旋将该塔及其壁画、塑像完整无损地拆迁到莫高窟前。当游人进入莫高窟大牌坊后，可于石窟岩面和旧陈列馆之间的林中空地上遥见此塔，其秀丽丰姿颇为石窟增色。移建以后，不但有利于保护，也更便于鉴赏和研究。

"慈氏"即弥勒，可见此处原系佛寺，但寺名已无从稽考了，而"老君堂"地名及殿额名"三教"等，都是道教名称，显系后代所改。

塔身内部为土坯砌塔室，外绕柱廊。廊有八柱，柱断面为小八角，有侧脚，柱下有相交后出头的锭脚，柱顶间连阑额。上为扁平的普拍枋，也相交后出头。有柱头铺作八朵，五铺作偷心出双抄，第一跳跳头承罗汉枋，第二跳跳头承撩檐枋，无令栱耍头和替木。各华栱头都砍作批竹昂形，昂底略向下斜，昂侧隐出华栱。里转一跳以承枕斗承第二跳华栱平直延伸的劄牵。劄牵插入土壁中。正心一线泥道栱承两层柱头枋，枋间垫以散斗，上层正心枋和撩檐枋也各相交后出头。无补间（20世纪50年代初调查时在普拍枋与下层正心枋之间有单托神一个，拆迁前已不存）。

每面五根圆椽，平面呈放射状，椽尾皆插入塔壁。角梁与圆椽同大，梁头刻作龙头形，无套兽。

塔壁八面，壁体有较大收分，正面（原为南面，移建后为西面）开方门，门口两边浮塑双龙，门上画方匾一方，墨书"慈氏之塔"四字。门内为方形小室，向上圆转以穹隆结顶。圆顶绘华盖，中心为单团龙，下为垂幛纹；室内左右壁画绘文殊、普贤，正面原有晚近所塑慈氏像一尊，丑陋不足称，移建时已弃去。

塔壁与檐柱之间除正面外各面均砌小台，台壁以飞马纹、龙纹及凤纹花砖贴砌。四斜面小台上各有彩塑天王一尊，三正面壁画天王像。

自檐椽以上原状无飞子，以柳笆为望板，柴泥为攒尖顶，最上作葫芦形，也是晚近所为。移建后改用木板为望板，仿宋初窟檐做法加用方形飞子，仍用柴泥作攒尖顶，根据宋代壁画类似建筑的形状塑出八条斜脊。塔刹

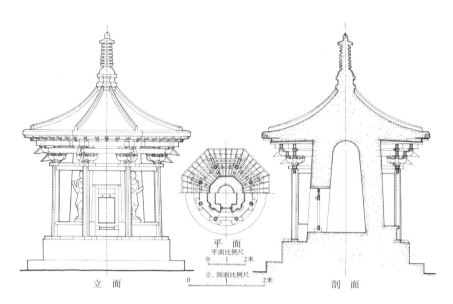

图14-8 老君堂慈氏塔测绘图

为八角形简单须弥座上承覆钵及七重相轮以及华盖、宝珠，皆木制刷土色。

原状锓脚下无基座，直接置于略隆起的土阜上。拆迁时曾深挖塔底，无所获。移建后加建了块石基座（图14-8、图14-9）。

慈氏塔很小，每间面阔仅112厘米、通径269厘米、柱高（包括普拍枋厚）189厘米，连基座通高约6米余。材断面是12.6厘米×7厘米（比值15：8.3），比《营造法式》规定的八等材还要小，是古建筑中用材最小的一例。

此塔在建筑上有以下可注意之处：

1. 塔外雕塑天王像的做法在实例中常可见到，如山西平顺唐明惠禅师墓塔、南京栖霞山五代舍利塔、北京天宁寺辽代砖塔等。一般多将天王置于正面塔门两侧。但如塔的面宽较小，辟门以后已经容不下天王时，天王像就放到八角塔的四个斜面上去，栖霞山舍利塔即取此式，与慈氏塔相同。

以塔内、塔外的壁画塑像风格与莫高窟壁画彩塑比较，可以肯定此塔是北宋作品而非沙州回鹘或西夏早期物。后二者的壁画满壁多作青绿色，而此塔仍如北宋风格以暖红为主调。后二者窟顶中心的团龙绝大多数是浮塑贴金的，而此塔系画出，亦同于北宋。莫高窟北宋艺术风格与后二者有较大差

图14-9 老君堂慈氏塔

异，面对原物，不需仔细对比，就可明显判定。

2. 此塔在许多方面与宋初窟檐也很相似，例如：一、屋檐完全平直，无角翘及生出；二、这么小的建筑也用了五铺作的斗栱；三、《营造法式》规定，七铺作以上的斗栱第二跳出跳比第一跳短，但五、六铺作的窟檐已经逐跳减短了，此塔与之相同；四、最末一跳跳头不用令栱耍头；五、斗𫚖部砍作上斜下直成折线状；六、不用补间；七、都是小八角柱；八、柱下用锧脚。

但又有某些不同，例如此塔用了普拍枋，较窟檐为进步。

综上，此塔兴建时期当在窟檐建筑最晚的一年到沙州回鹘于天圣六年统治敦煌以前即公元980年～1028年之间，可大致定为公元1000年前后，系北宋早期。

应县木塔建于辽清宁二年（1056年），以前曾被认为是国内最早也是唯一的木塔实例，慈氏塔与应县木塔相比体量上诚然微不足道，在建筑年代上却早了半个世纪，就这个意义而言，当然也是中国木塔宝贵的实例。

3. 慈氏塔又可视为亭子。作为游观建筑的亭子，大约出现于南北朝时[1]，隋唐已颇普遍，记载很多。但是，那时的亭子一座也没有留下来，现存的亭子都是明清时物。以亭而论，慈氏塔是唯一的宋代遗物，也称得起是最早的实例。

现存亭子，一般若为方形，多用抹角梁；若为多角，多用扒梁。用它们来承托童柱、支持檩条，同时也可加强整副构架在水平方向的联系。但慈氏塔很小，中心又有塔壁，所以不使用扒梁。为加强水平方向的固济，此塔由下而上用了四层相交后出头的水平构件，形成四道木箍，柱子又有侧脚，水平联结已相当稳固，所以剳牵及椽尾只是简单地插到土壁里，壁内再无立柱和横枋。

檐枋（或撩风槫）相交后出头的做法唐代已经实行。

柱子插立在锧脚上的做法，前面已经说过，在窟檐中就可见到（第427、

1　《陈书》卷五《宣帝本纪》："太建七年……诏于（乐游）苑龙舟山立甘露亭"；《水经注·济水》："池上有客亭"。汉代虽有"亭"的称呼，但所指或为亭燧，或为乡亭、旅亭、旗亭，都不是现在所指的"亭子"。王羲之等所聚会之"会稽山阴之兰亭"恐也是地名，不是现在理解的亭子。

431、437窟）。锓脚相交后出头的做法可见于壁画，如五代第5窟南壁报恩经变中的住宅。

普拍枋的做法最早实例是五代后晋天福五年（940年）所建的山西平顺大云院大殿。但相交后不出头。河北蓟县独乐寺观音阁（辽统和二年，984年）也见用，但只用于内槽，相交后也不出头。敦煌窟檐尚未见用。普拍枋用于外檐且相交后出头的做法是结构上的进步，出现稍晚。过去所知最早的实例当推大同华严寺薄伽教藏殿及殿内天宫壁藏的挟屋（正屋普拍枋相交后不出头），均建于辽重熙七年（1038年）。此后还有开封佑国寺仿木构琉璃砖塔（北宋庆历元年，1041年）及应县木塔等。在敦煌壁画里，普拍枋的出现已是13世纪初即西夏晚期。故慈氏塔是普拍枋用于外檐同时相交后出头的国内最早实例。

单间的多角亭，为避免上大下小的感觉，往往减小面阔或增加柱高，使阑额与柱所围成的不是一个方形而是一个狭高的长方形。慈氏塔的面阔与柱高之比是112∶189＝1∶1.69，小于一般建筑约1∶1的比例。

4. 华栱头斫作昂形，过去所知最早实例是太原晋祠圣母殿，建于北宋崇宁元年（1102年），以后所用渐多。但此塔比圣母殿早一百年左右，昂嘴为唐代常见的批竹昂式，较圣母殿的内颟昂嘴更为古朴。

在上述四个方面（木塔、亭子、普拍枋用于外檐且相交出头、华栱头斫作昂形），慈氏塔建筑艺术中不可都早于以前所知最早实例。考虑到敦煌地处边鄙，不难设想此塔所反映的一些做法在中原地区的实行应该还要早得多，所以慈氏塔在建筑史上应占有一定地位。

慈氏塔造型以玲珑秀美胜，也是多得的佳例。

成城湾华塔

从莫高窟逆大泉河道往南进入山谷，再循泉而东，距莫高窟不到2.5公里，河道又折向南去，就在河湾所抱的山冈上，有古代小城堡一座，其地名成城湾。古堡方形，每面各长约20米。以前在堡内曾发现有古代花砖，现徒存四壁。堡北河岸上有土塔一座。土塔西向，面临开敞的河谷，长风直入，风化比较严重；东面有高山阻隔，故东向面保存仍相当完好。塔全由土墼砌成，外表抹泥及浮塑各细部。

塔平面八角，塔身每面底宽165厘米、径398厘米，通高9米余。塔基最下部是简单的基台，基台上叠用两层须弥座。下层须弥座束腰转角处有泥塑力士残迹。上层须弥座以上有覆莲、联珠及仰莲和圆线，此上又有一层覆莲作塔身的基脚。塔身收分显著，八棱各塑作小八角柱，下有覆莲柱础，上有阑额。柱顶承一斗三升交耍头。各面有人字补间一朵。柱头铺作和补间铺作散斗上都以替木承檐槫。所有的栱包括人字栱都变形塑作卷草纹。塔身西面为正面，开圆券门。其余三正面砌同大的圆券形假门，都塑有束莲门柱、火焰形门楣、左右升龙捧宝珠等。塔的四斜面遗有泥塑衣裙残段和从塔基伸出的残木棍头，可知各面原都有天王塑像。这种门侧有升龙、四斜面塑天王的安排，均与慈氏塔同。

塔身檐槫上有两层混线承仰莲，挑出塔檐，屋顶凹曲收进，塑有斜脊。再上于仰、覆莲须弥座上立巨大的圆形平面塔顶。整个塔顶轮廓饱满圆和如满浸水分之笔尖，塑莲瓣七层：下三层每层16瓣，各瓣高低相间并上下相错，在每个高瓣上各立小方塔一座；上四层每层减为8瓣，亦上下相错，但各瓣等高，每瓣上都立有小方塔。总计共80瓣，56塔。下层莲瓣较大，形象较复杂，愈上渐缩小并简化。极顶八角台座上又立较大的小方塔一座，只存塔身，以上露出木刹柱。

塔内有小方室，圆穹顶。室内已严重熏黑，隐约可辨有壁画，不开门的三面各绘经变一铺；圆穹顶绘华盖，中心是盘龙，以下依次是卷幔、团花、回纹、卷草及垂幔；在华盖和经变画之间是流云、千佛及垂幛、垂铃，显然全是北宋风格。

既然东壁（正壁）画经变，并未画坐佛背光、项光，地面亦无佛座痕迹，因可断定，室内原来没有塑像。室内左、右壁上部各有小洞两个，估计原有两条横枋，枋下应悬钟一口，故知此塔原用作钟塔。

此塔总体造型浑厚朴实，具有土建筑的性格，不同于前述慈氏塔的玲珑

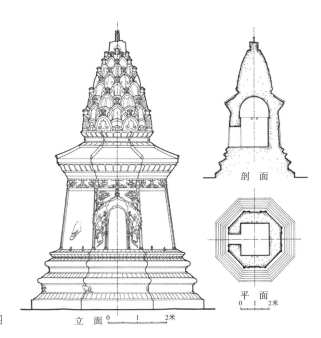

图14-10 成城湾华塔测绘图

剖　面

平　面
0 1 2米

立　面 0 1 2米

秀丽。但所有泥塑细部都极精美细致，升龙形象生动活泼，卷草形栱很有装饰性，塔顶莲瓣安排均匀得当，故朴厚中不失其细腻，是一个经过精心设计的艺术作品（图14-10、图14-11）。

　　人们很早就认识了斗栱的装饰作用，所以，把斗栱加以变形使其更具装饰性的做法起源甚早。汉代斗栱尚未定型，或可不论，至迟在北魏，云冈石窟中已有双兽栱形如波斯柱头的式样，麦积山石窟西魏第43窟石雕窟檐上也有浮塑成花和卷草纹的一斗三升（参见图1-53）[1]。此塔的卷草状泥道栱是北朝做法的继续。敦煌石窟初唐第220窟画有卷草状人字栱（参见图7-22: 2），土塔的人字栱与之相同。

　　土塔只有在西北这样的干燥条件下才得以建筑和保存，内地尚未见其他土塔实例，但在华北存有许多砖石砌造的、也拥有满饰浮雕的巨大塔顶的塔，如河北涞水庆华寺华塔（图14-12）、丰润车轴山寿峰寺砖塔（辽重熙

1　麦积山西魏第43窟的花草状一斗三升，见傅熹年. 麦积山石窟所反映的北朝建筑. 文物资料丛刊，1981（4）.

图14-11 成城湾华塔

图14-12 河北涞水庆华寺华塔

图14-13 正定广惠寺华塔

间，1032～1055年）[1]、正定广惠寺华塔（金大定间，1161～1189年）（图14-13）[2]、五台山佛光寺附近的杲（音gǎo）公和尚墓塔（金泰和五年，1205年）

---

1 宋焕居. 丰润车轴山寿峰寺. 文物, 1958（3）.
2 梁思成. 正定调查纪略. 中国营造学社汇刊, 第四卷, 第二期.

图14-14 五台山杲公和尚墓塔　　图14-15 北京长辛店镇岗塔

（图14-14）[1]及北京长辛店的镇岗塔（金）（图14-15）等，皆成于辽金时。这些砖塔与成城湾塔都十分相像，有的几乎完全相同，通常塔顶都是巨大的笔形，砖刻层层上下相错的花瓣和小塔重叠而上。只有五台山杲公和尚墓塔的莲瓣尺度过大，向外翻出过甚，不如成城湾土塔熨帖自然。

　　这种塔顶，前人在论述时都一致认为"奇特"，于其含意却未遑深究，古文献中亦未见提及。笔者在此试提出一种假说，认为可能与《华严经》中所谓的"莲华藏世界"有关。

　　《华严经》印度龙树造，东晋时传入中国。法藏曾为武则天宣讲《华严经》，大得宠信，遂正式开创了华严宗，又称贤首宗。盛唐中宗时华严大盛。据天台宗和三论宗的判教体系，认为《华严经》是佛对已有深厚佛教根底的菩萨所说经，义理极为艰深，我们不必详究，只需注意依据该经创作的佛教艺术形象。敦煌壁画中唐时已有华严经变绘出，晚唐画出十余幅，五代和北宋也有十余幅。在"城垣"一章，我们已经提到，所有华严经变都画

1　赵正之. 五台山//雁北文物勘查团报告.

出了所谓毗卢舍那佛净土，即"莲华藏世界"，或称"华藏世界"、"华藏世界庄严海"、"华严世界"。依《华严要解》谓此莲华藏世界"在十重风轮上香水海蕊香大莲华内。有无数香水海，尘数世界种，相依而住，号世界网。中心一世界种，有二十重，此娑婆界。在第十三重即毗卢如来所居，有十世界种围之，次十之外，又有百世界种周匝，而裹以金刚大轮围山，计一百一十一世界种，各有所表也"。要表现这种复杂而精密的"世界"，经变画只能加以简化，示意而已。图中画一大海，海里浮现一大莲花，莲花中心为毗卢舍那佛，周围有里坊式小城几十座，每一小城就代表"如微尘数"的一个"世界"，整体就是"莲华藏世界"（参见图3-32）。

可以认为，塑出多重莲瓣和小方塔的锥顶，就是这个"莲华藏世界"的立体表现，与壁画的区别只是把一座座小城改为一个个小塔。如此，成城湾土塔极顶处的较大方塔就是"毗卢如来所居"了。佛经里又有所谓"梵网经莲华藏世界"，据《梵网经》说它的情况是："有千叶之一大莲华，中台有卢舍那佛，千叶各为一世界。卢舍那佛化为千释迦居于千世界"，就更与这些塔相符了。丰润砖塔顶各小塔内都有一座佛像，就是毗卢舍那所化的"千释迦"。日本唐招提寺金堂鉴真弟子义净所造的毗卢舍那佛像，台座是八层莲瓣，各瓣上都曾绘有彩色释迦像（现存二瓣），也同此意。大足石窟宝顶山大佛湾第14窟（南宋），石额上刻"毗卢道场"，窟内一大塔，石雕，塔正面雕主尊毗卢舍那佛，塔顶有许多小塔，应也是"莲华藏世界"。小塔中的坐佛则是释迦。大足北山石窟转轮藏窟之石刻转轮藏，也极富此种意味（图14-16）。四川江油云岩寺初建于唐，现存建筑为清代重建，但其星辰殿中的木制转轮藏（飞天藏）可能仍是宋代遗物，全体可绕断面直径0.5米的木轴旋转，下有座，中为八角藏身，上部刻制构图丰富的天宫楼阁，与大足北山的转轮藏相类（图14-17）[1]。正定广惠寺塔俗称为"华塔"，前此一般认为是根据它不同凡响的塑有多重莲瓣的塔顶命名，今日视之，也应含有"华藏世界"之意。成城湾土塔情况与彼相同，也可名为"华塔"。

---

1 四川古建筑. 成都: 四川科学技术出版社, 1992.

图14-16 重庆大足石刻转轮经藏: 1. 北山转轮经藏窟; 2. 宝顶山毗卢道场窟

图14-17 四川江油云岩寺星辰殿转轮藏

我们在榆林窟西夏第3窟东壁也看到一个这样的塔顶。刹座为大须弥座,上承斜壁平台,台面四角各一小塔,中部略呈覆钵状,再上有四层花瓣,每瓣层层相错,瓣尖也都有一座小塔。四层花瓣再上是一座表现毗卢舍那佛所居的较大的塔,可以肯定也是华塔(图14-18)。

关于敦煌华塔的年代,没有直接的文字可据。根据其格局颇与慈氏塔相类,壁画属宋代风格,故大体可知建于敦煌北宋,又由它没有普拍枋,可认为比慈氏塔更早,其相对年代可定为960年至1000年前后。

被伯希和劫往巴黎的敦煌遗书《凉国夫

图14-18 壁画华塔塔顶（榆林窟西夏第3窟东壁）

人浔阳翟氏重修北大像记》记归义军节度使托西大王曹元忠妻翟氏于乾德四年重修莫高窟北大像窟檐事，提到她在五月九日曾"届此仙岩，避炎天宰煞之恶……拨烦喧于一月"，发愿写《大佛名经》一十八部并重修北大像窟檐下层。又说："大王夫人于南谷住至廿四日……夜间大王夫人从南谷回来"，五月廿五日正式开工，至六月二日工毕[1]。这里两次提到的"南谷"，是她避暑的地方，很可能就是成城湾。

现名"大泉"的这一条溪流唐宋时称"宕泉"，又称"宕谷"，由南距莫高窟约30里的山口发源，顺山谷流下。沿途虽有几处可供修建的小平地，但现只有在成城湾遗存古堡，且成城湾以上的道路颇崎岖，故成城湾是离莫高窟最近的可供修建的地方，河滩平坦宽豁，可以"夜间"走路。

又据记曰："梁栋则谷中采取，总是早岁枯干"，可见宋时宕谷曾有很多大树，成城湾不会像现在这样荒凉，有林木合抱，可以居住避暑，古堡

1　（日）松本荣一.敦煌画之研究.附图所引.

当然就是居住的地方。记中又说："不唯此际功德，而今福田遍谷而施力施勤，处处而舍财舍宝"。从北大像前楼阁形大窟檐的重修、四座宋初窟檐的建造和崖面上大型露天壁画都是在这段时期先后完成的情况，这个说法是可信的。很可能这次"遍谷"的功德也包括华塔在内。若此，华塔应建于北宋乾德四年即公元966年，与四座窟檐（970～980年）同期，比上举另外的几座"华塔"和华塔式转轮藏都早七八十年到二百几十年，是中国最早的一座。与之有相通之处而较早者有山东历城九顶塔，约建于中唐或晚唐。

从以上这些情况，可以了解佛教传播的一些态势。

成城湾古堡之西又有小型土塔一座，已毁损较甚，形制与此塔大体相似，但塔室为圆形。

宋、元以后的其他土塔

在莫高窟所在的峭壁上方和窟前大泉东岸，有几座宋代土塔。都作方形，单层，高六七米，呈"四门塔式"，但只开一门。内有壁画彩塑，有如石窟，壁画绘于宋和西夏。

在党河以西人称"古沙州城"实即明"沙州卫"旧城中，有土砌喇嘛塔一座，高约十二米，据称是为瘗葬前秦时高僧鸠摩罗什的负经白马而建，故名"白马塔"。鸠摩罗什祖籍印度，生于龟兹，前秦苻坚为加强佛教，竟于建元十八年（382年）发兵七万伐龟兹，抢夺鸠摩罗什以归。后苻坚败亡，鸠摩罗什阻于途中，为后秦姚兴迎入长安，终老于陕西户县草堂寺。从形制观，敦煌白马塔绝非前秦物，可能不会早过明代晚期。塔上镌石题曰"道光乙巳（1845年）……重修"，此外再无更早建造记载。在古道废城映带之下，夕阳西下之时，此塔也可为古原增添一景（图14-19）。

莫高窟前大泉两岸还有六七座喇嘛塔，应是当时僧人墓塔，也全是土塔，高三米至十一二米。其小者精细匀称，仪态万方；大者苍古浑朴，雄峙一界，均颇有可观处。从其总体呈现的较为细瘦的体形，应为清代所建（图14-20、图14-21）。

图14-19 "沙州故城"中的白马塔　　图14-20 莫高窟前清代喇嘛塔

图14-21 莫高窟前清代喇嘛塔

附录一

有关敦煌建筑的文献目录

一　梁思成《我们所知道的唐代佛寺与宫殿》
　　载《中国营造学社汇刊》第三卷第一期，1932年

二　梁思成《伯希和关于敦煌建筑的一封信》
　　载《中国营造学社汇刊》第三卷第四期，1932年

三　阎文儒《莫高窟的石窟构造及其塑像》
　　载《文物参考资料》1951年第4期

四　梁思成《敦煌壁画中所见的中国古代建筑》
　　载《文物参考资料》1951年第5期

五　宿白《敦煌莫高窟中的"五台山"图》
　　载《文物参考资料》1951年第5期

六　陈明达整理执笔《敦煌石窟勘察报告》
　　载《文物参考资料》1955年第2期

七　《敦煌附近的古建筑——成城湾土塔及老君堂慈氏之塔》（未署撰写人）
　　载《文物参考资料》1955年第2期

八　敦煌文物研究所《安西榆林窟勘察简报》
　　载《文物》1956年第10期

九　辜其一《敦煌石窟宋初窟檐及北魏洞内斗栱述略》
　　载《重庆建筑工程学院学报》1957年第1期

十　刘致平、傅熹年《麟德殿复原的初步研究》
　　载《考古》1963年第7期

十一　孙国璋《敦煌莫高窟53窟窟前建筑遗址》
　　载《考古》1976年第1期

十二　萧默《敦煌莫高窟北朝壁画中的建筑》
　　载《考古》1976年第2期

十三　傅熹年《唐长安大明宫玄武门及重玄门复原研究》

载《考古学报》1977年第2期

十四　萧默《敦煌莫高窟第53窟窟前宋代建筑复原》
　　　载《考古》1977年第6期

十五　傅熹年《关于"展子虔<游春图>"年代的探讨》
　　　载《文物》1978年第11期

十六　潘玉闪、蔡伟堂《敦煌莫高窟第130窟窟前遗址发掘报告》
　　　载《敦煌研究》试刊第一期，1981年

十七　萧默《屋角起翘缘起及其流布》
　　　载《建筑历史与理论》第二辑，1981年

十八　萧默《莫高窟的洞窟形制》
　　　载《中国石窟·敦煌莫高窟》第二卷，1981年

十九　萧默《敦煌壁画中的佛寺》
　　　载《中国石窟·敦煌莫高窟》第四卷，1982年

二十　余鸣谦《莫高窟第196窟檐研究》
　　　载《科技史文集》第七辑，1982年

二一　萧默《唐代建筑风貌——从敦煌壁画看到和想到的》
　　　载《文艺研究》1983年第4期

二二　萧默《敦煌壁画中的建筑画》
　　　载《美术史论》1983年第2期

二三　萧默《五凤楼名实考——兼谈宫阙形制的历史演变》
　　　载《故宫博物院院刊》1984年第1期

二四　萧默《莫高窟附近的两座宋塔》
　　　载《敦煌研究》创刊号，1984年

二五　萧默《梁思成与敦煌》
　　　载中国建筑学会、清华大学建筑系《梁思成先生诞辰八十五周年纪念文集》，1986
　　　年

二六　萧默《阙史小议》
　　　载《向达先生纪念论文集》，新疆人民出版社，1986年

二七　萧默《匠事留痕》
　　　载《古建园林技术》1986年第7期

二八　萧默《敦煌莫高窟加固工程》（日文）
　　　载日本建筑学会《建筑杂志》，转载于《古建园林技术》1989年第4期

二九　（日）田中淡《中国建筑·庭园与凤凰堂》
　　　载日本岩波书店《平等院大观》第一卷，1986年，译载于《古建筑园林技术》1990年
　　　第3、4期

三十　孙儒简《敦煌学大辞典·建筑部分》
　　　上海古籍出版社，1999年

三一　孙儒简、孙毅华《敦煌建筑画卷》
　　　香港商务印书馆，2001年

附录二

插图来源

图0-1（祁铎）

图0-2、3、4、10、11、12、13、14、15；图1-2、3、4、5、7、9、10、12、13、14、15、16、17、20、22、25、26、27、28、30、32、34、37、39、41、42、43、44、46、49、51、55；图2-1、2、3、4、5、6、7、9、10、11、12、13、14、15、17、18、21、22、23、25、30；图3-2、4、6、7、8、9、11、12、13、14、15、16、17、18、20、21、22、23、25、26、27、28、29、30、32、34；图4-2、4、5、7、9、10、11、12、13、17、19、21、28、29、31、32、34、40、41、42、44、49、50；图5-2、4、5、7、8、9、10、11、12、13、14；图6-3、4、5、6、7、12、13、14、18、20、23、24、25、26、28、29、31；图7-1、2、5、6、7、8、9、10、11、13、14、15、16、17、18、19、20、22、23、24、25、26、27、28、29、30、31、32、33、34、35、36、37、38、39、40；图8-2；图9-10、13；图10-1、2、3、4、5、6、7、8、9、10、11；图11-1、2、3、6、7、10、13、14、15、16、17、18、19、20、21、22、24、25、30、32、34、37、38、39、40、41、42；图12-1、2、3、5、6、8、9、10、11、12、13、14、15、16、17、18、22、23、24；图13-1、2、3、4、5、6、7；图14-1、7、8、9、11、19、20、21（萧默）

图0-5、7、9、16、17；图1-1、6、18、19、24、31、38、40；图2-20；图3-1、5、10、24；图4-1、33、43；图5-1、6；图6-1、2、10、11、21、22、27；图7-3、20；图8-3、5；图9-1、2、3、4、5、6、7、8、9、11、12；图11-4、20、23、26、28、29、31、33、35、36；图12-4、7（文物出版社）

图0-6、15；图7-12（敦煌文物研究所. 敦煌的艺术宝藏. 香港: 三联书店香港分社, 1980.）

图0-8；图1-21（甘肃省人民政府, 国家文物局. 敦煌. 北京: 新华出版社, 2000.）

图1-8、11（敦煌文物研究所, 日本平凡社. 中国石窟敦煌莫高窟（三）. 北京: 文物出版社, 1984.）

图1-23、52、53、54；图2-19；图3-3、33；图4-6、8、14、15、20、22、23、24、25、26、27；图5-3；图6-8、9、15、16、17、19；图7-4；图8-1；图12-19；图14-18（孙儒僴, 孙毅华. 敦煌建筑画卷. 香港: 商务印书馆, 2001.）

图1-29；图2-30；图14-12（孙大章、傅熹年）

图1-33（敦煌文物研究所, 日本平凡社. 中国石窟敦煌莫高窟（五）. 北京: 文物出版社, 1984.）

图1-35、36；图11-27（敦煌文物研究所，日本平凡社. 中国石窟敦煌莫高窟（四）. 北京：文物出版社，1984.）

图1-47、48、49；图2-16；图11-5（敦煌文物研究所，东山健吾. 敦煌石窟. 日本：平凡社，1982.）

图1-45；图2-8；图4-3（刘敦桢主编. 中国古代建筑史. 北京；中国建筑工业出版社，1984.）

图1-48（钟晓青）

图1-50（陈绶祥，吕品晶. 中国古建筑图案. 香港：万里书店，北京：轻工业出版社，1990.）

图2-24、27、28、29、51（傅熹年）

图3-19；图4-52；图14-2、3、6、16（萧默主编. 中国建筑艺术史. 北京：文物物出版社，1999.）

图3-31（萧默. 世界建筑艺术史——文明起源的纪念碑. 北京：机械工业出版社，2007.）

图4-16；图6-30；图10-12；图11-8；图14-10、14、15（罗哲文）

图4-18（张家泰）

图4-30（马炳坚）

图4-35（吴健. 敦煌佛影. 台北：艺术家出版社，1998.）

图4-36、37、38、39（阎爱宾）

图4-45（刘大可）

图4-46、47、48；图14-4、5（萧默. 天竺建筑行纪. 北京：三联出版社，2007.）

图4-48（北京古代建筑博物馆）

图8-4；图12-20、21（孙儒涧）

图11-9（甘肃省文物工作队，炳灵寺文物保管所. 中国石窟——永靖炳灵寺. 北京：文物出版社，1989.）

图11-11、12（张十庆）

图14-13（古建园林技术. 总第55期）

图14-17（四川省建设委员会等. 四川古建筑. 成都：四川科学技术出版社，1992.）